Articulate Storyline 实例教程

李　波　吴莉莉
黄琼丹　郑慧娟　王佳敏　编著

西安电子科技大学出版社

内 容 简 介

多媒体互动作为一种重要的信息交互方式，在课堂讲解、会议报告等场合起到了非常重要的作用。本书通过生动的例子对多媒体互动课件开发工具 Articulate Storyline 的使用方法进行了讲解，主要内容包括 Storyline 的主要功能特点以及安装步骤、Storyline 视图界面中每个模块的功用、各类幻灯片的制作、多媒体元素、交互式多媒体的使用及课件的发布等。

本书适用于各类学校教师及需要制作交互式多媒体课件的人员。

图书在版编目(CIP)数据

Articulate Storyline 实例教程/李波等编著.

—西安：西安电子科技大学出版社，2016.5

ISBN 978-7-5606-4040-2

Ⅰ. ① A… Ⅱ. ① 李… Ⅲ. ① 多媒体课件—制作—教材 Ⅳ. ① G434

中国版本图书馆 CIP 数据核字(2016)第 094510 号

策　　划　云立实

责任编辑　云立实　师马玮

出版发行　西安电子科技大学出版社（西安市太白南路 2 号）

电　　话　(029)88242885　88201467　邮　　编　710071

网　　址　www.xduph.com　电子邮箱　xdupfxb001@163.com

经　　销　新华书店

印刷单位　陕西华沐印刷科技有限责任公司

版　　次　2016 年 5 月第 1 版　2016 年 5 月第 1 次印刷

开　　本　787 毫米×1092 毫米　1/16　印张 16.375

字　　数　383 千字

印　　数　1～3000 册

定　　价　30.00 元

ISBN 978 – 7 – 5606 – 4040 – 2 / G

XDUP 4332001-1

前　　言

Articulate Storyline 是一款由 Articulate 公司研发的功能强大的、独立的、单机版的 E-learning 多媒体互动课件开发工具。其独特的设计、人性化的操作界面、丰富的素材库和简洁的设置方法及无可比拟的交互功能为高质量课件的制作提供了有利条件，逐渐受到众多课件制作者的关注。正是因为 Articulate Storyline 有诸多优点，我们编写了本书，希望能有助于 Articulate Storyline 的普及应用。

本书主要面向各行业需要制作交互课件和各类报告的人员，是编者根据自己使用 Storyline 制作交互课件的实践经验以及相关的课程设计理论知识编写而成的。全书共 9 章。第 1 章简单介绍了 Storyline 的主要功能特点以及安装步骤；第 2 章介绍了 Storyline 视图界面及幻灯片界面；第 3 章详细介绍了各类幻灯片的特点和制作方法，主要介绍了模板类幻灯片、基本版式幻灯片、测试题类幻灯片、录屏幻灯片、外部文件幻灯片的制作方法及如何巧用幻灯片母版高效制作幻灯片；第 4 章介绍了如何插入各类多媒体元素，如插入图片、形状、人物角色、音频、视频、动画、文本和网络对象，以及如何设置它们的属性；第 5 章介绍了插入各类交互(如插入层、按钮、触发器、热区、数据输入框、容器框等)的方法以及相关案例；第 6 章介绍了界面风格设计，主要包括舞台尺寸设置、界面主题及背景设置、播放器设置；第 7 章介绍了插入动画效果；第 8 章介绍了时间轴，以及如何给幻灯片中的元素设置时间；第 9 章介绍了如何预览和发布课件，以及 5 种发布形式的区别。本书每一章都插入了相关实例，在重点章节则增加实例数目，以帮助学习者了解每个功能的使用方法，如第 3 章的测试题类幻灯片和第 5 章的触发器都采用了大量的案例来详细阐释每个功能的用法。同时，本书除第 1、9 章外，其余每章最后都安排有“本章测试”，让学习者通过测试来了解对这一章节的掌握情况。

本书在内容上注重科学性、实用性、针对性，并且力求内容安排合理，保证知识结构的系统性和完整性，同时在选材上兼顾了初学者的接受能力，深入浅出，注重对重点内容的讲解，力求循序渐进，在详细介绍每个功能的时候辅以图和典型的实例，突出实用性。

限于编者水平，书中难免存在不足之处，恳请读者和同行批评指正。

编　者
2016 年 1 月

目　　录

第 1 章　Articulate Storyline 概述

★本章学习要点

- ◆ 了解 Articulate Storyline 软件。
- ◆ 了解 Articulate Storyline 的安装步骤。

1.1　Articulate Storyline 简介

Articulate Storyline 是 Articulate 公司于 2012 年 5 月发布的一款新的课件制作软件。其因独特的设计、人性化的操作界面、丰富的素材库和简洁的设置方法而受到了众多课件制作者的欢迎。它是一个功能强大的、独立的、单机版的 E-learning 多媒体互动课件开发工具，具有无可比拟的交互功能，可以帮助使用者建立动态的、引人入胜的课件，其中包含模拟、屏幕录制、拖放式交互、单击显示活动以及测试和评估等。

这款软件的功能特点主要有：

(1) 支持所有中文字体，无乱码烦恼(见图 1.1.1)。

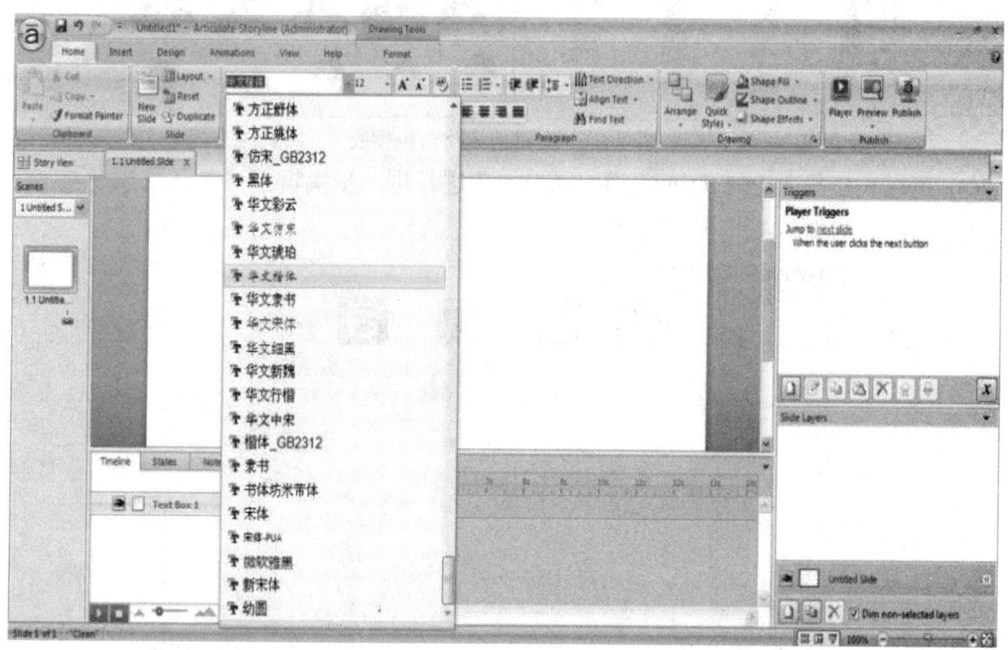

图 1.1.1　Articulate Storyline 支持所有中文字体

(2) 有大量的课件模板(见图 1.1.2)，既有静态模板又有互动模板，让课件开发变得更快捷、高效。

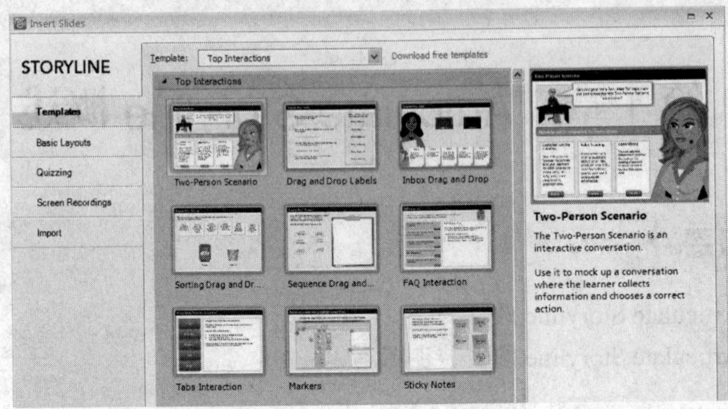

图 1.1.2　大量的课件模板

(3) 有大量生动、实用的矢量图人物角色模板(见图 1.1.3)，每种人物还有几十甚至上百种不同的表情和姿势，让课件更加丰富多彩，并可以节省在网络上搜索相关图片的时间。

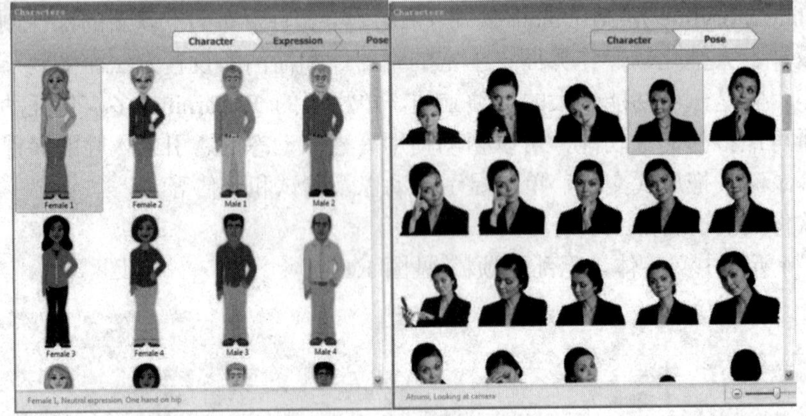

图 1.1.3　大量的人物角色模板

(4) 可以直接导入 PPT 页面(见图 1.1.4)，并进行进一步编辑。

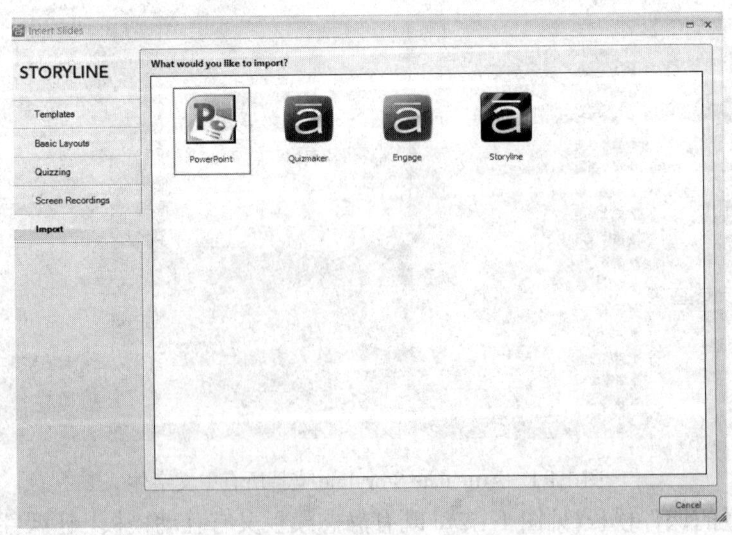

图 1.1.4　导入 PPT 页面

(5) 互动效果的设置简单、便捷，只需在互动功能面板(见图 1.1.5)中选择某一互动功能，并进行相应设置，即可看到所要的互动效果，所见即所得，让初学者更易上手。

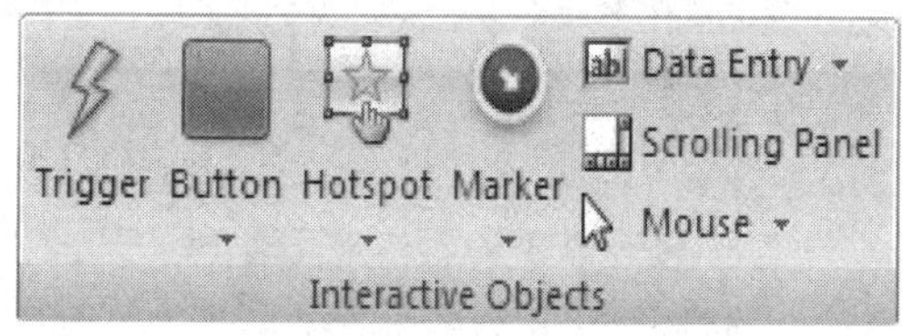

图 1.1.5　互动功能面板

(6) 播放器自带声音控制、目录、进度控制条、词典等功能(见图 1.1.6)，让课件更加容易控制。

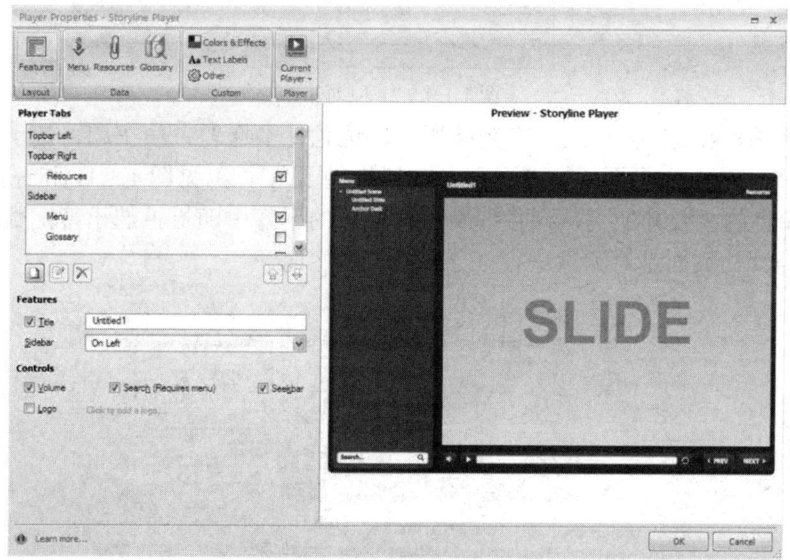

图 1.1.6　播放器设置窗口

(7) 采用图层化的设计理念(见图 1.1.7)和所见即所得的动作触发机制(见图 1.1.8)。Storyline 里提供给了 21 种动作(见图 1.1.9)和多种触发事件，课件编辑者可以结合动作和图层制作出多种多样的交互效果。

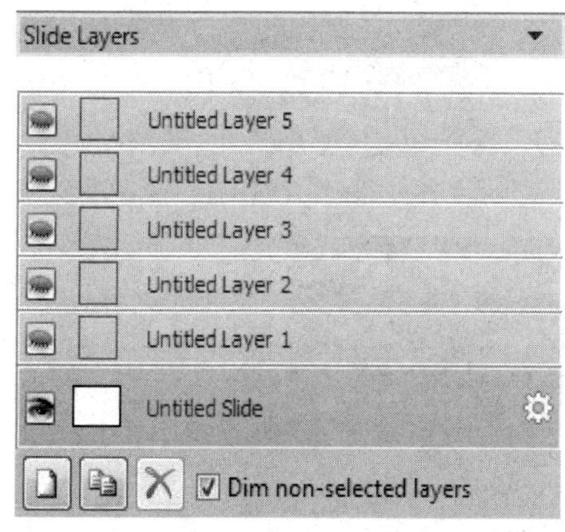

图 1.1.7　图层面板

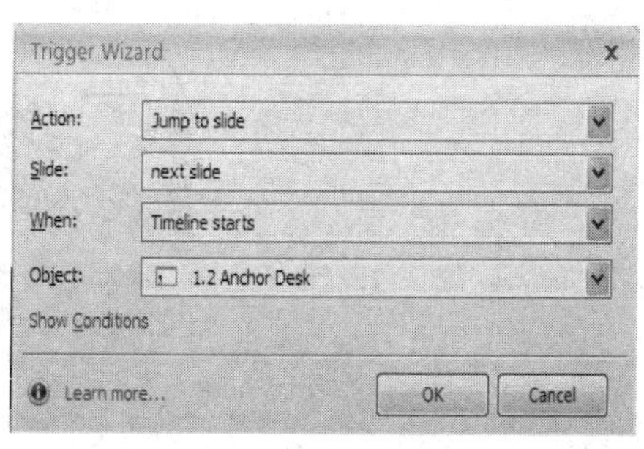

图 1.1.8　动作设置窗口

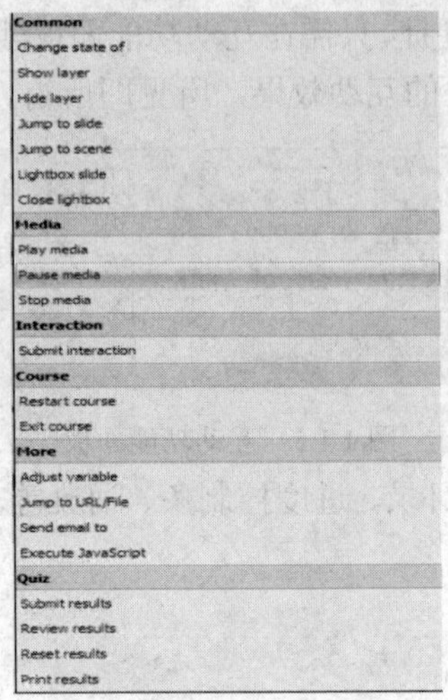

图 1.1.9　21 种动作

(8) 支持更多题型的测试题，有判断题、单选题、多选题、填空题、拖动题等，而且每种题型还有很多样式(见图 1.1.10)。此外，还提供了题库集(见图 1.1.11)和评估页面(见图 1.1.12)。题库集的主要功能是从课件编辑者设置好的题库中随机抽选出特定数目的题目让学习者作答，评估页面是对测试进行打分或者表示感谢。

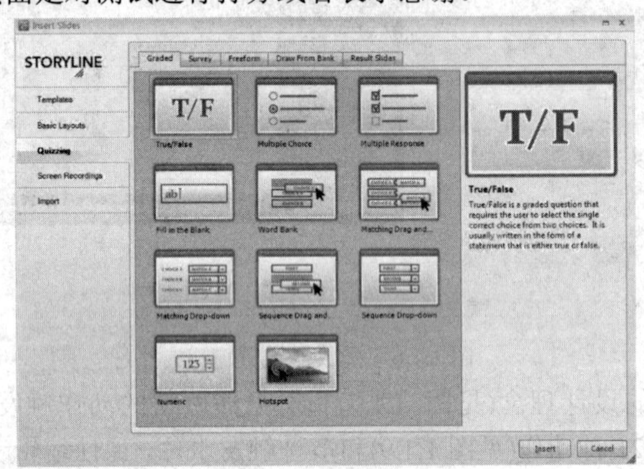

图 1.1.10　测试题设置窗口

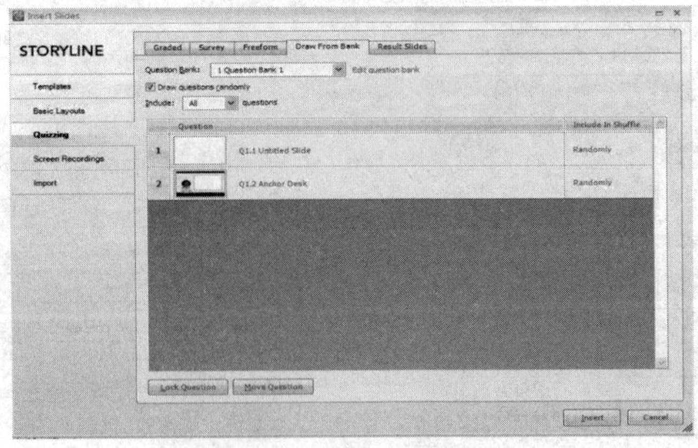

图 1.1.11　题库集设置窗口

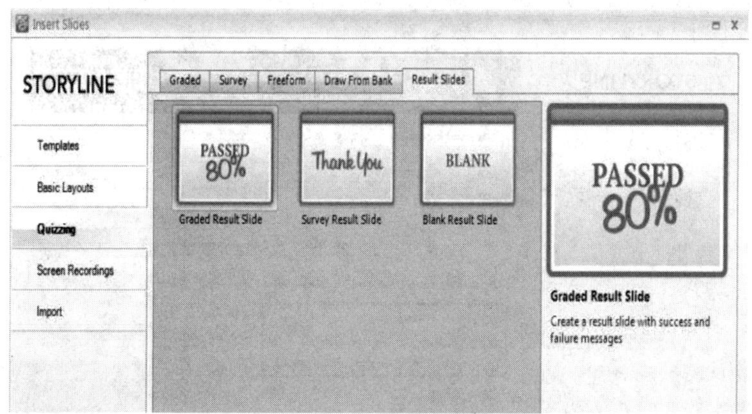

图 1.1.12　评估设置窗口

(9) 集成了屏幕录制功能，课件制作者可以在编辑的同时录制屏幕。录制完毕可以点击 Insert 直接插入到 Storyline 场景或幻灯片中，见图 1.1.13 和图 1.1.14。

图 1.1.13　录屏按钮

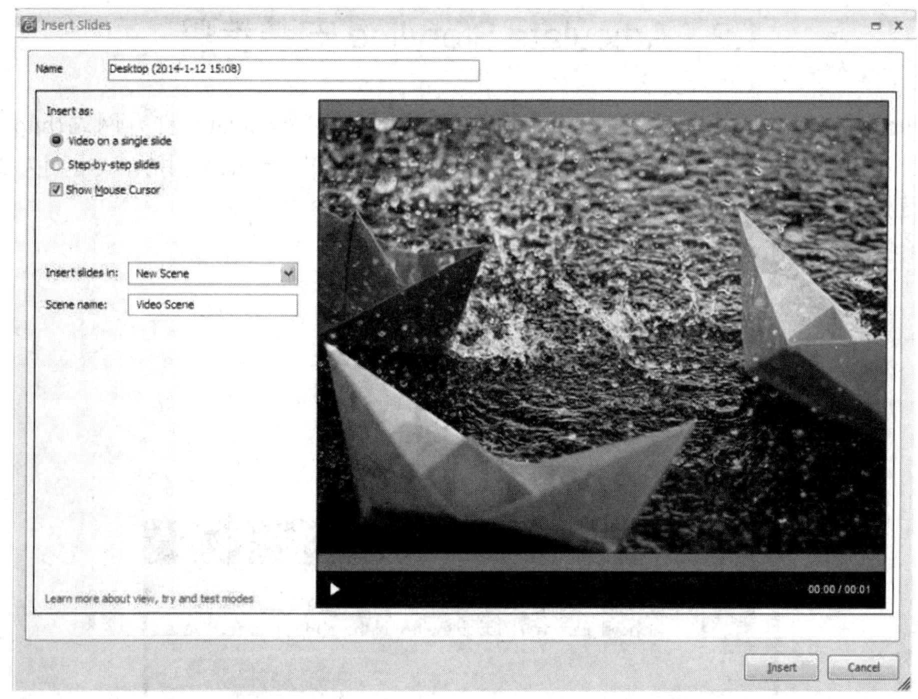

图 1.1.14　在 Storyline 里录屏完毕后的窗口

(10) 支持 SCORM 1.2 和 SCORM 2004 标准，同时可以发布为 HTML 5，在 iPad、iPhone 中播放，见图 1.1.15。

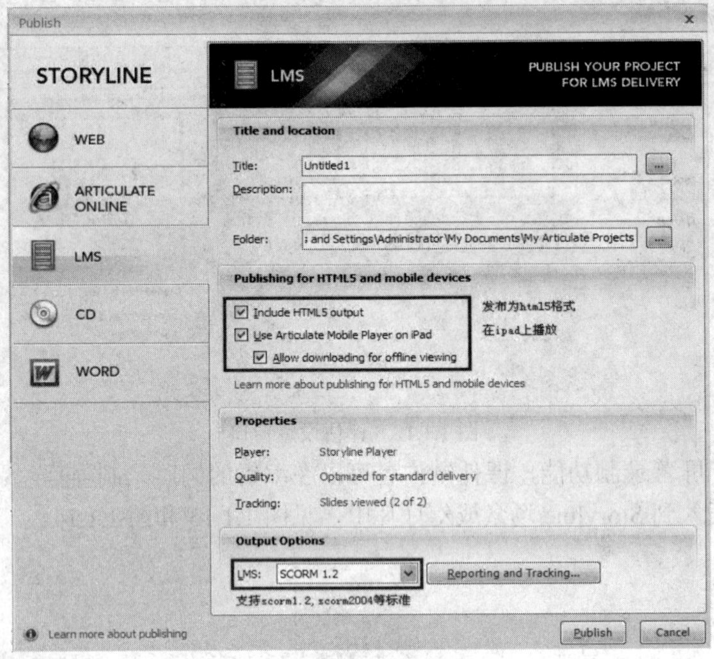

图 1.1.15　发布设置窗口

这些功能将在后面章节一一作详细介绍。

1.2　Articulate Storyline 安装步骤

Articulate Storyline 的安装比较简单，用户可以在 Articulate 官方网站(http://www.articulate.com)或者其他可以下载到 Storyline 的网站上下载 Storyline 试用版(试用期为 30 天)。

下载完毕，将 Storyline 压缩包解压缩，具体安装步骤如下：

(1) 打开 Storyline 文件夹，双击 storyline.exe，见图 1.2.1。

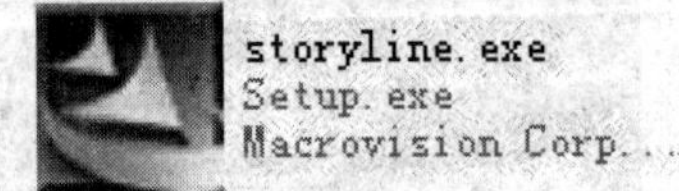

图 1.2.1　storyline.exe

(2) 启动安装向导，见图 1.2.2。

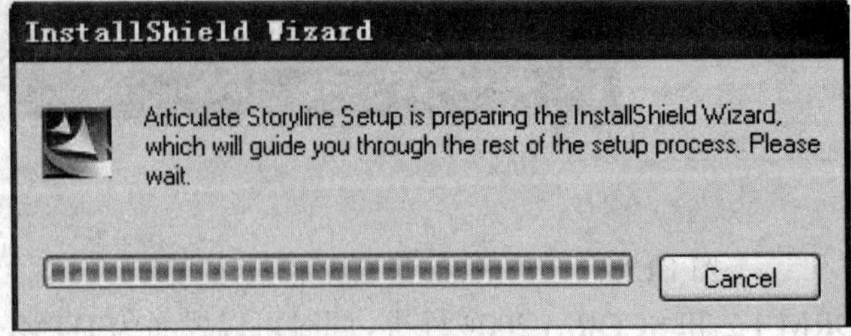

图 1.2.2　启动安装向导

(3) 下载对应组件，见图 1.2.3。

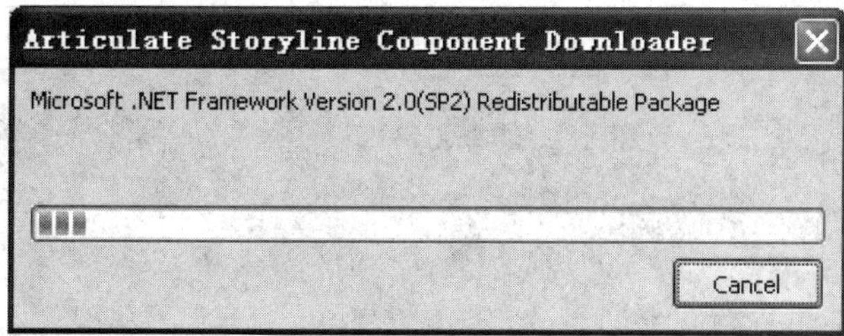

图 1.2.3　下载对应组件

(4) 准备安装 Storyline 前的提示，单击 Next，见图 1.2.4。

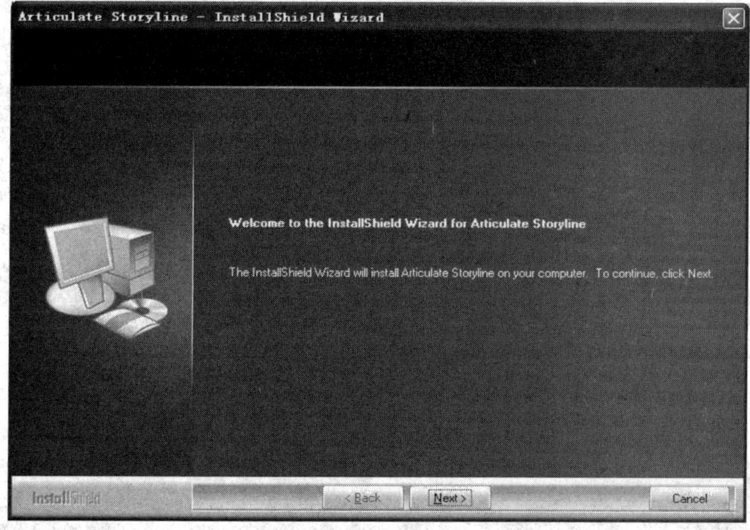

图 1.2.4　安装 Storyline 前的提示

(5) 选择 I accept the terms of the license agreement，接受用户许可协议。单击 Next，见图 1.2.5。

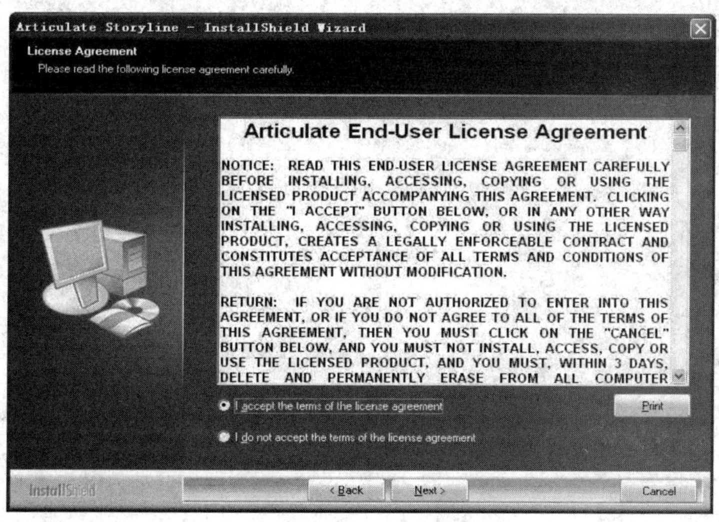

图 1.2.5　用户许可协议选择

(6) 选择安装路径，默认为 C:\Program Files\Articulate\Articulate Storyline\ ，如果需要改变安装位置，可以点击 Change 按钮进行设置，设置完毕，单击 Next，见图 1.2.6。

图 1.2.6　安装路径选择

(7) 提示开始安装程序，单击 Install 开始安装，见图 1.2.7。

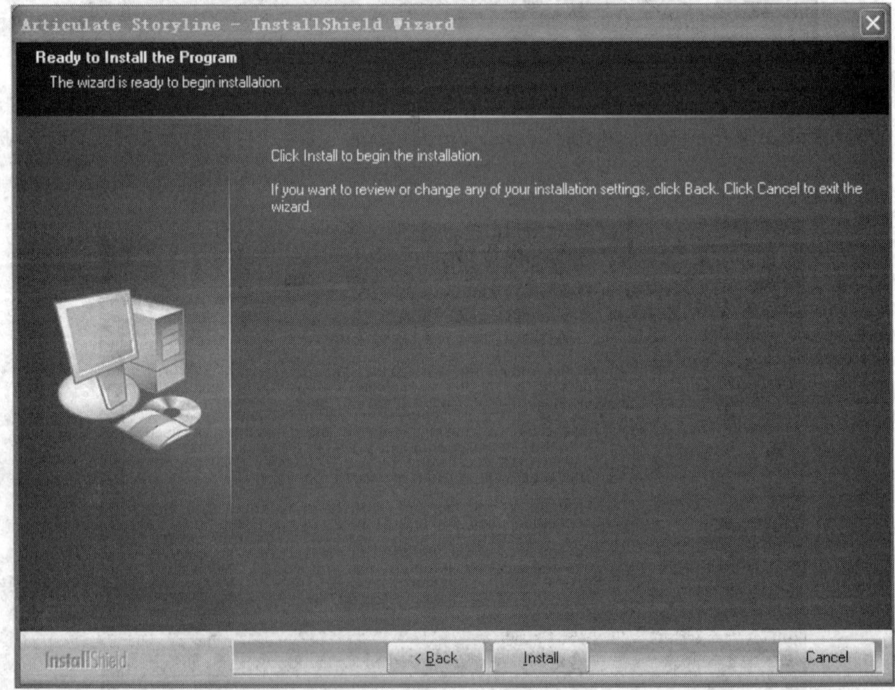

图 1.2.7　安装程序

(8) 安装过程中会显示安装进度，见图 1.2.8。

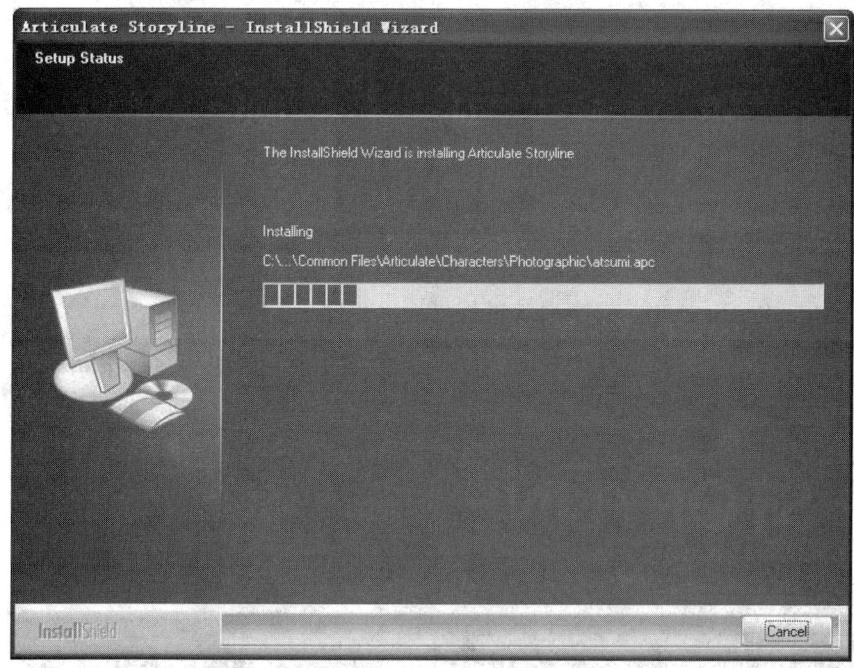

图 1.2.8　安装进度

(9) 安装结束，默认会选中 Automatically upload error statistics to help us improve Articulate Storyline，自动上传错误统计，以帮助我们提高 Articulate Storyline。单击 Finish 结束安装，见图 1.2.9。

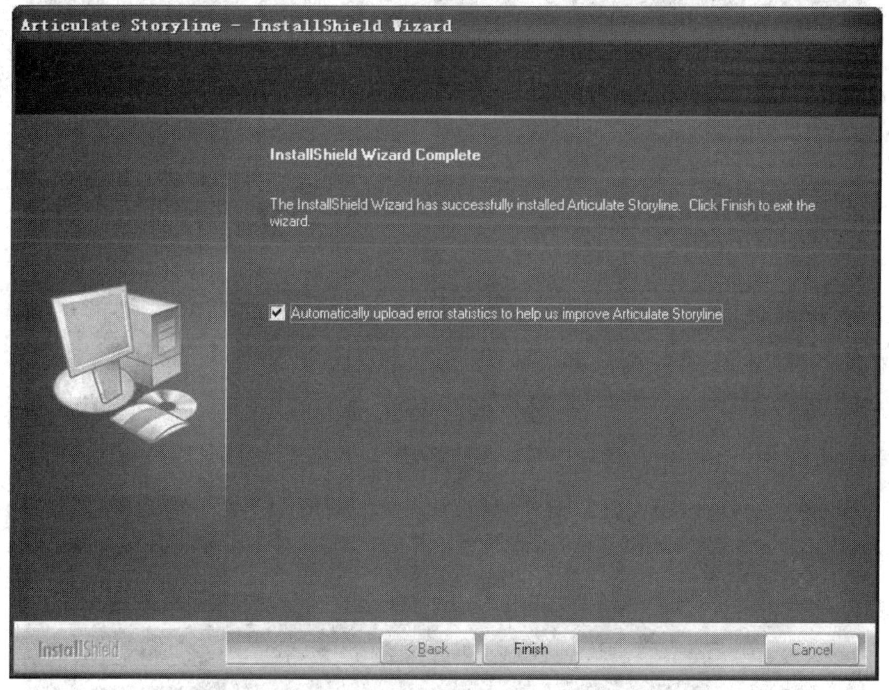

图 1.2.9　安装结束

(10) 安装完成后在开始菜单和桌面都有 Articulate Storyline 图标，我们可以直接双击桌面上的 Articulate Storyline 快捷方式图标，打开 Articulate Storyline，见图 1.2.10。

图 1.2.10 Storyline 快捷方式

(11) Articulate Storyline 程序启动过程界面，见图 1.2.11。

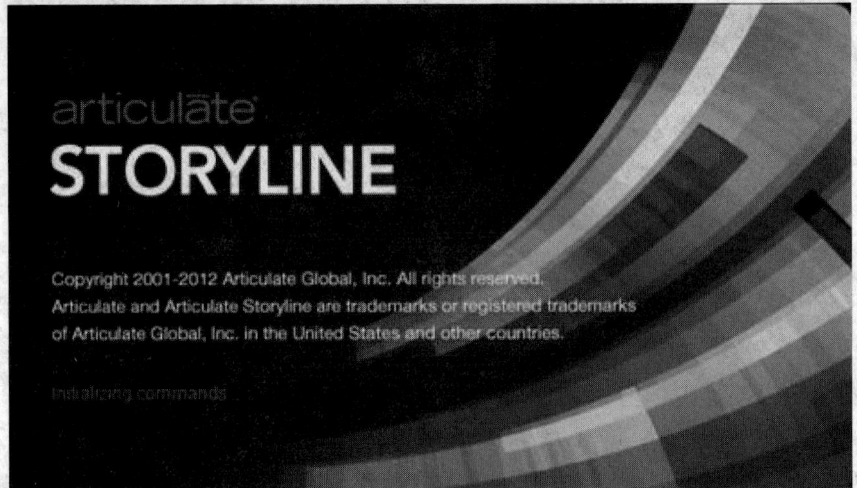

图 1.2.11 Storyline 程序启动过程界面

(12) Articulate Storyline 成功启动，进入 Articulate Storyline 欢迎界面，见图 1.2.12。

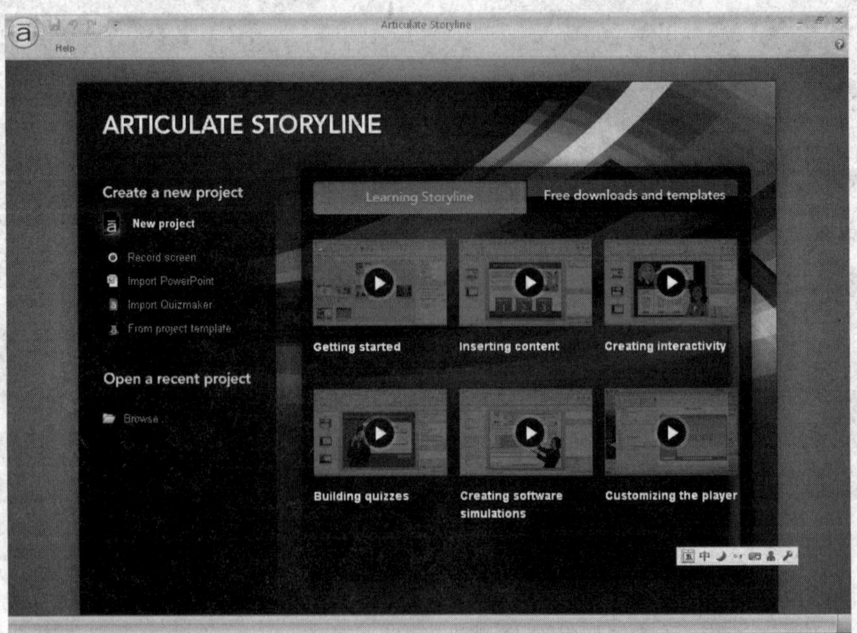

图 1.2.12 Storyline 欢迎界面

第 2 章 Articulate Storyline 工作环境基本认识

★本章学习要点

- ◆ 了解 Articulate Storyline 欢迎界面。
- ◆ 熟悉 Articulate Storyline 视图界面。
- ◆ 熟悉 Articulate Storyline 幻灯片界面。

2.1 Articulate Storyline 欢迎界面

下面来看 Storyline 的欢迎界面。

双击 Storyline 快捷键，启动成功后，进入 Storyline 欢迎界面。该界面有三个小模块，分别是创建新项目、打开近期编辑过的项目和在线学习与模板下载。具体如图 2.1.1 所示。

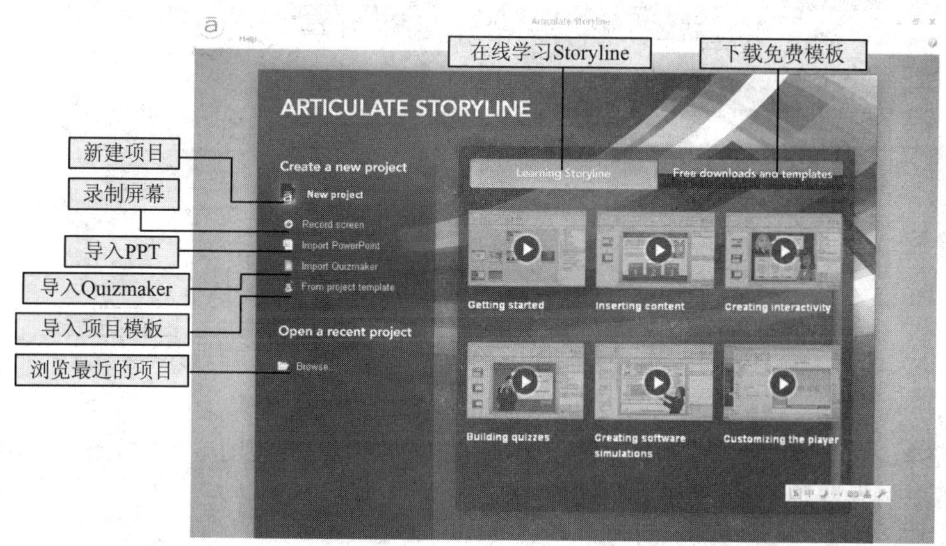

图 2.1.1 Storyline 欢迎界面

(1) 新建项目：建立一个以 .story 为后缀名的文件。一个项目里包含场景、幻灯片、各种多媒体素材、播放器等内容，并且最终可以发布出来。

(2) 录制屏幕：此功能相当于一款录屏软件，点击 Record screen ，系统自动录制当前屏幕，具体操作步骤将在后面章节详细介绍，录制完毕可以直接导入到幻灯片里，操作方便简洁。

(3) 导入 PPT：点击 Import PowerPoint ，可以将 PPT 页面导入到项目中，并且保持了 PPT 页面所有的内容、版式，并保持了一部分动画(Storyline 对 PPT 里的动画效果支持较少)，且可以继续进行进一步的编辑，加入其他在 PPT 中无法实现的交互效果以及测试题等。

(4) 导入 QuizMaker：与导入 PPT 类似，点击此按钮可以将在 QuizMaker 中编辑好的试题直接导入到 Storyline 中。

(5) 导入项目模板：可以导入 Storyline 中自带的模板，有两种类型，分别为 Character Display Panels(角色展示模板)和 Top Interactions(高度交互模板)。每种类型模板又有多种形式，这将在插入幻灯片章节详细介绍。

2.2 Articulate Storyline 视图界面

2.2.1 视图界面模块简介

在欢迎界面，点击新建项目按钮 New project，进入 Storyline 视图界面，如图 2.2.1 所示。

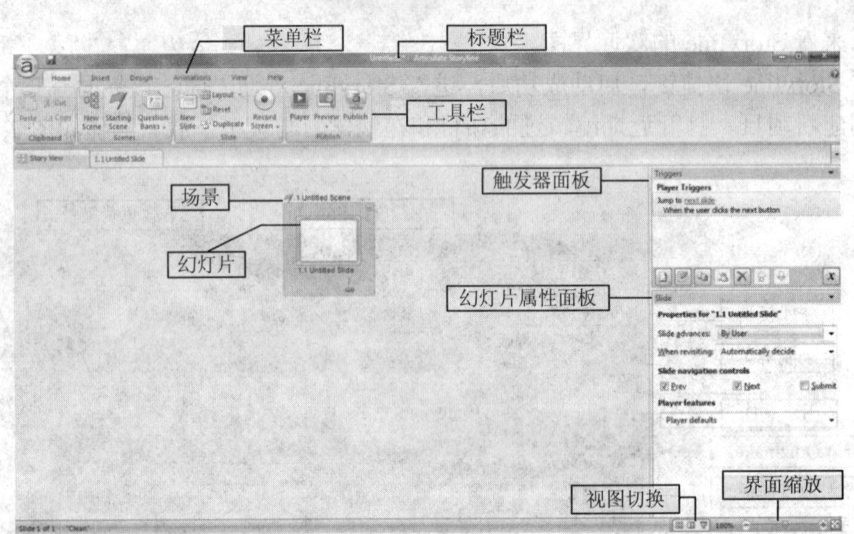

图 2.2.1 Storyline 大纲视图界面

整个课程里所有的场景和幻灯片都会显示在视图界面中。视图界面有标题栏、菜单栏、工具栏、触发器面板、幻灯片属性面板等。

(1) 标题栏：显示该项目的名称。

(2) 菜单栏：有首页菜单、插入菜单、设计菜单、动画菜单、视图菜单等，如图 2.2.2 所示。

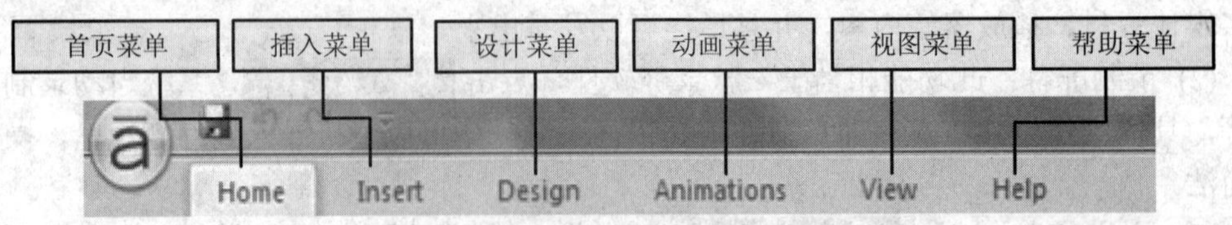

图 2.2.2 菜单栏

菜单栏与 PPT 中的菜单栏有很多类似的地方，如插入菜单主要是插入各种多媒体元素以及交互效果；设计菜单是对整个项目界面的设计以及舞台大小、颜色等属性的设计；动画菜单是用来添加各种动画效果的，与 PPT 类似，但相比于 PPT 效果类型较少；视图菜单可以用来添加幻灯片母版以及测试题反馈母版，从而提高工作效率，同时还提供标尺、网格等功能；帮助菜单与其他软件的帮助菜单类似，提供了 Storyline 的相关学习渠道。

(3) 工具栏：分为四个模块，即 Clipboard(剪切板)、Scenes(场景)、Slide(幻灯片)和 Publish(发布)，主要有新建场景和新幻灯片、插入题库集、播放器设置等选项功能，具体如图 2.2.3 所示。

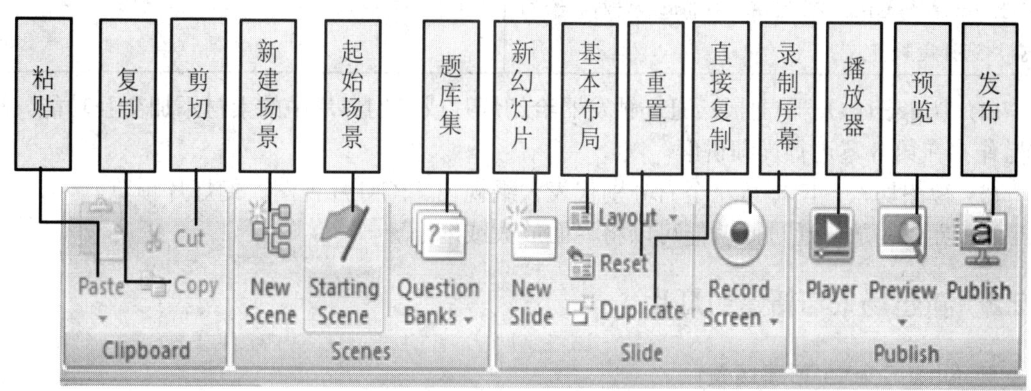

图 2.2.3　视图页面首页工具栏

在工具栏的 Clipboard(剪切板)中有 Cut(剪切)、Copy(复制)和 Paste(粘贴)功能，在视图界面可以选中场景或者幻灯片进行剪切和复制。

★**注意**：此功能也可以通过选中某个场景或幻灯片，在其右击选项中选择不同选项来实现，其中场景的右击选项与幻灯片的右击选项略有不同，分别如图 2.2.4 和图 2.2.5 所示。

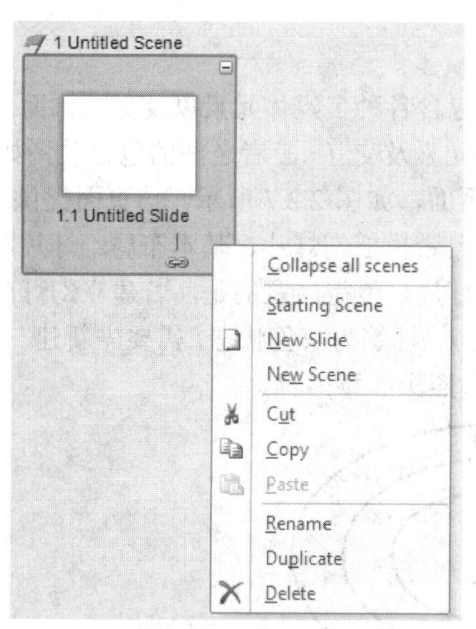

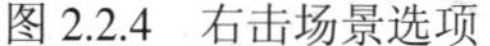

图 2.2.4　右击场景选项

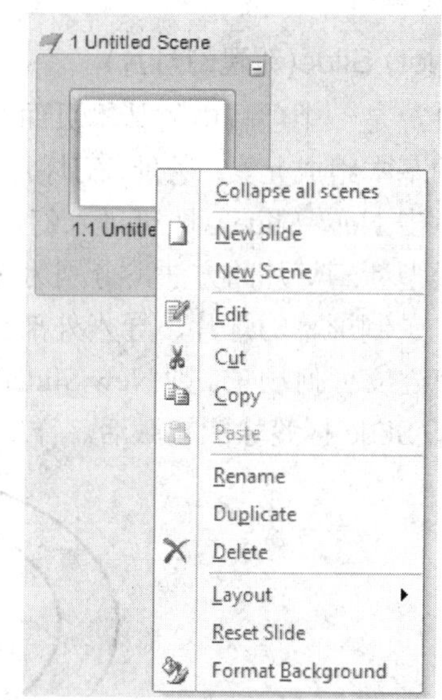

图 2.2.5　右击幻灯片选项

其中场景选项卡与幻灯片选项卡中各选项含义如表 2.2.1 所示。

表 2.2.1　场景选项和幻灯片选项

Collapse all scenes：收缩所有场景内容	Starting Scene：设置起始场景
New Slide：添加新幻灯片	New Scene：添加新场景
Cut：剪切	Copy：复制
Paste：粘贴	Rename：重命名
Duplicate：直接复制(不需要再粘贴)	Delete：删除
Edit：编辑幻灯片	Format Background：设置幻灯片背景样式
Layout：与 Office PPT 2007 中的母版一样，给幻灯片选择母版样式	

(4) Trigger(触发器)面板：通过触发器给幻灯片或者幻灯片中的素材添加交互功能。具体操作将在第 5 章进行详细讲解。

(5) 视图切换：图标从左至右分别代表大纲视图、幻灯片视图、幻灯片预览。

(6) 界面缩放：通过此功能可以将界面放大或缩小。

2.2.2　新建场景与新建幻灯片

1. New Scene(新建场景)

一般在新建一个项目后，系统自动生成一个未命名场景，也可以通过点击 New Scene 新建一个场景。双击场景名称(或右击场景，选择 Rename)，即可对其重命名。

在一个项目中可包含多个场景，一个场景又可包含多个幻灯片，幻灯片中可以插入各种多媒体素材和交互。场景与场景之间可以通过幻灯片建立起链接关系。一个项目中如果有很多场景，则需要设置一个起始场景(项目最先播放的场景)，此时选中某一场景并点击 Starting Scene 即可。

2. New Slide(新建幻灯片)

幻灯片是一个项目中的基本页面，其中可包含各种多媒体元素以及交互，而幻灯片又是场景的基本组成元素。场景、幻灯片、多媒体元素及交互，三者之间的包含关系如图 2.2.6 所示。点击 New Slide，即可进入幻灯片选择页面，如图 2.2.7 所示。该页面提供了创建 5 种不同类型新幻灯片的方法，分别为 Storyline 自带模板幻灯片、基本布局幻灯片、测试题幻灯片、录制屏幕幻灯片、导入外部文件的幻灯片。值得注意的是，若建立幻灯片之前项目中没有建立任何场景，则 New Slide(新建幻灯片)标签为灰色状态，需要先新建一个场景，如此 New Slide 标签才能被激活。详细介绍请参照第 3 章内容。

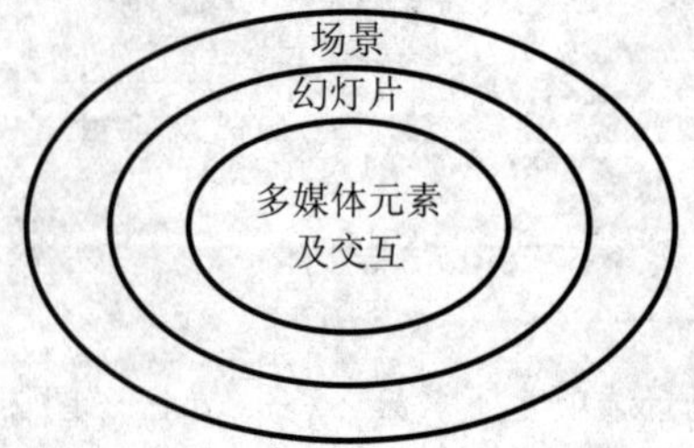

图 2.2.6　场景、幻灯片、多媒体元素及交互三者关系

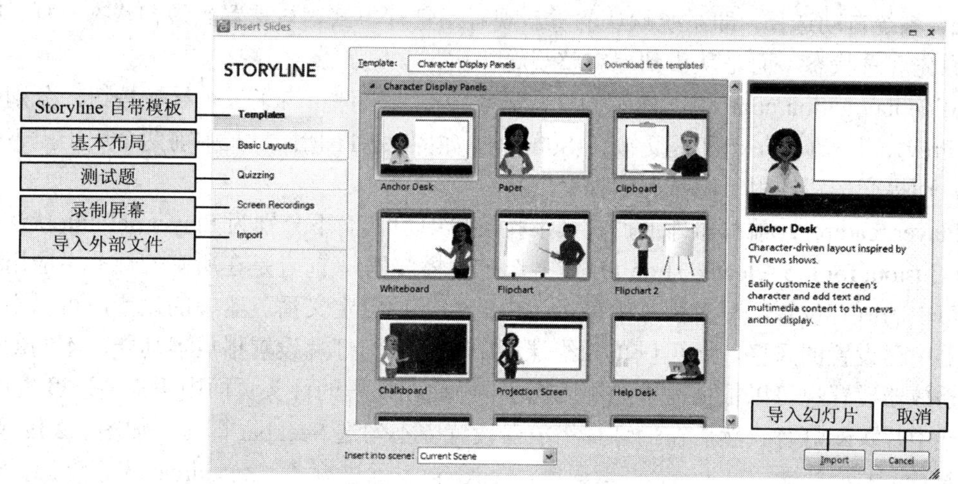

图 2.2.7　新建幻灯片选择页面

2.2.3　幻灯片属性设置

在视图界面，可以通过幻灯片面板(见图 2.2.8)对选中的某一个或者更多幻灯片进行属性设置。

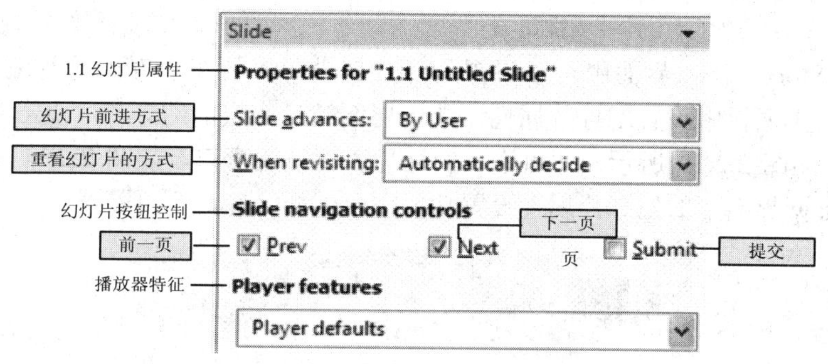

图 2.2.8　幻灯片属性设置面板

在幻灯片前进方式的下拉框里，有两种选择(见图 2.2.9)：Automatically，自动前进，即一个幻灯片播放完毕自动跳转到下一页；By user，手动前进，即一个幻灯片播放完毕通过学习者点击按钮来跳转到下一页，而不是自动跳转。

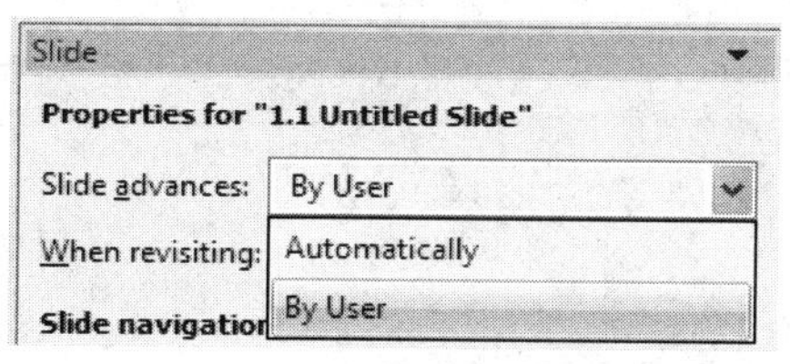

图 2.2.9　幻灯片的两种前进方式

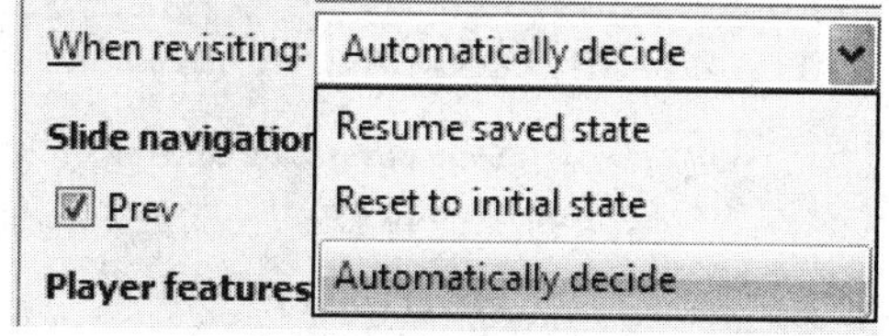

图 2.2.10　重新观看幻灯片方式选择

When revisiting(重看幻灯片)的方式有三种，如图 2.2.10 所示，分别是：Resume saved state，继续保存在原来的状态，通过设置此方式，如果第一次幻灯片未观看完毕，返回再看时，可以从未看完的地方接着观看，不必从头开始观看；Reset to initial state，重置到最初状态，设置此形式，再次观看幻灯片时，可以从头到尾完整地观看幻灯片；Automatically decide，系统自动选择，即系统默认的重新观看幻灯片方式，与重置到最初状态一样，即不保留原先观看状态，而是从头到尾完整观看一次。

Slide navigation controls：表示幻灯片导航控制。软件自带了三个导航按钮，分别是上一页(Prev)、下一页(Next)和提交按钮(Submit)，如图 2.2.11 所示。其中前两个用于上下页的切换，而提交按钮则用于测试题中提交答案。

Player features：播放器外形，在其下拉菜单中自上而下分别为 Player default(默认播放器)和 Custom for the selected slides(自定义选中的播放器)。前者是在所有幻灯片中应用播放器窗口中的所有设置，后者则是给某个选中的幻灯片自定义播放器中的设置，可以不应用播放器中已设置的风格，即可以单独给课程中的某个幻灯片设置播放器功能，不同幻灯片中的播放器设置也可以根据需求的不同而不同。如在课程的片头页面中不需要进度条功能，可以选中片头幻灯片，然后在幻灯片播放器设置中不勾选 Seekbar 即可，如图 2.2.12 所示，其中 Menu 表示目录，Glossary 表示词典，Seekbar 表示进度条，Resources 表示资源，Notes 表示备注。具体请参考 6.3 节内容。

图 2.2.11　幻灯片导航控制按钮

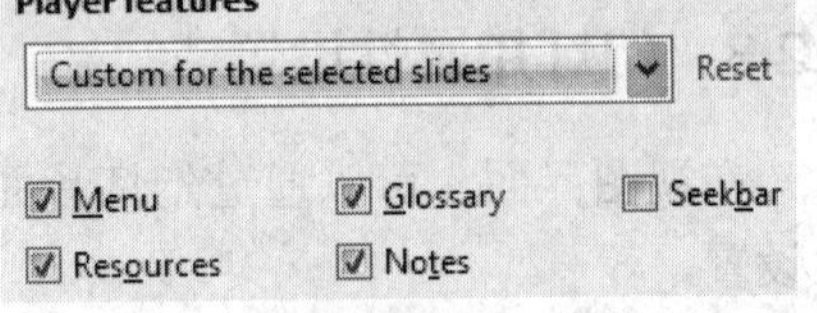

图 2.2.12　播放器特征选择

除了在 Story view 界面中可以设置幻灯片属性外，还可以在幻灯片编辑界面 Slide Layer(幻灯片层)面板中设置幻灯片属性。选中层面板最底层的幻灯片，点击右侧的属性设置按钮，如图 2.2.13 所示，即可进入幻灯片属性设置窗口，如图 2.2.14 所示。设置方法与 Story View 界面下的幻灯片属性设置功能完全一样，在此不再赘述。

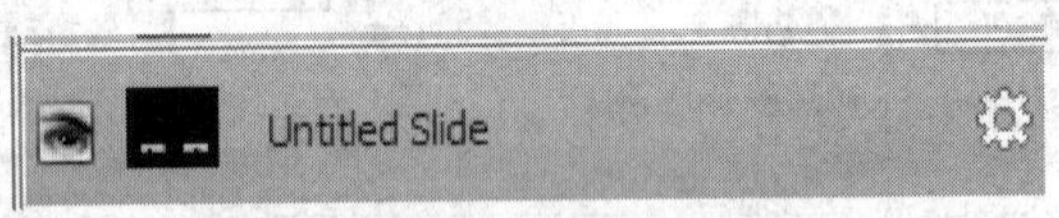

图 2.2.13　点击幻灯片右侧属性按钮

Slide Properties
Slide advances: By User
When revisiting: Automatically decide
Results slide: (None)
Slide navigation controls
Prev Next Submit
Player features
Player defaults
Learn more... OK Cancel

图 2.2.14　幻灯片属性设置窗口

2.3　Articulate Storyline 幻灯片界面

在大纲视图界面，选中一个幻灯片双击，即可进入幻灯片界面，如图 2.3.1 所示。

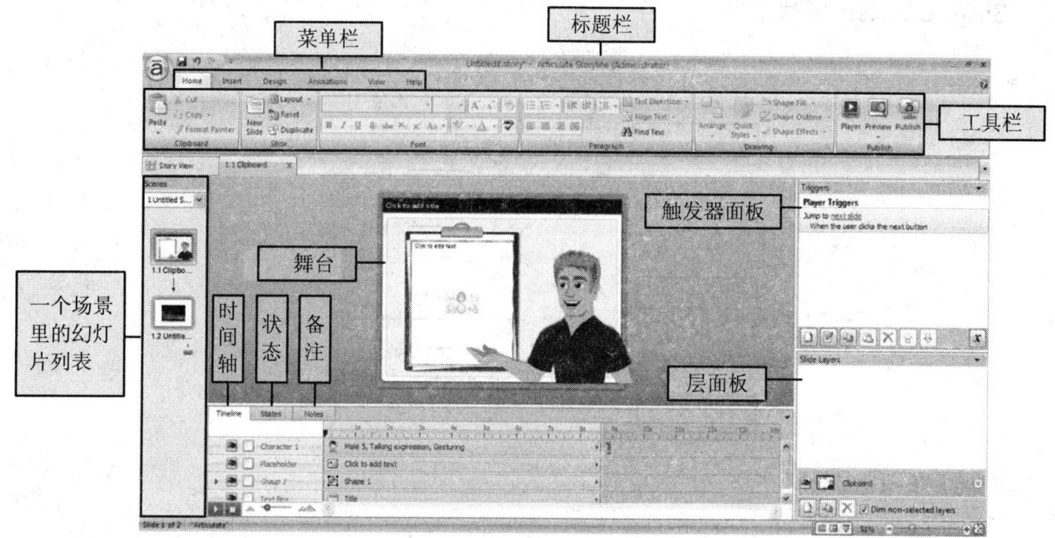

图 2.3.1　幻灯片界面

幻灯片界面主要有标题栏、菜单栏、工具栏、幻灯片列表栏、舞台、触发器面板、幻灯片层面板、时间轴、状态以及备注栏等。

菜单栏与大纲视图的菜单栏基本一样，略有不同的是，大纲视图的 Home(首页)菜单下的工具栏与幻灯片界面的不同。幻灯片视图首页菜单的工具栏，主要有剪切板、幻灯片、字体设置、段落设置、绘图设置和发布等内容，如图 2.3.2 所示。

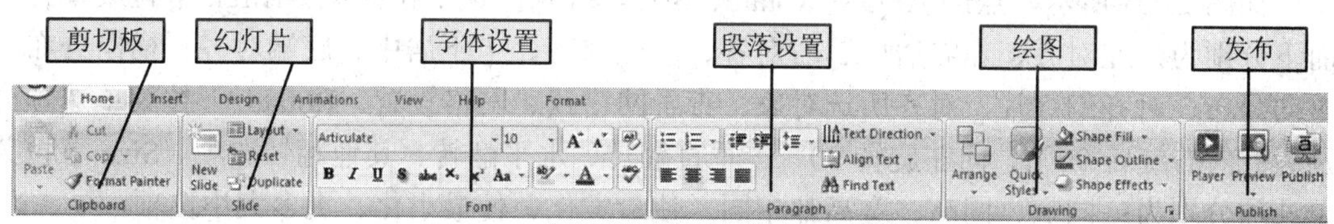

图 2.3.2　幻灯片界面首页菜单工具栏

一个场景里的幻灯片列表面板，可以让场景和幻灯片的选择更加方便快捷。通过此面板上面的下拉框按钮可以选择项目中的不同场景，选择好场景，即可看到该场景里的所有幻灯片列表。双击某一幻灯片，既可进入幻灯片编辑页面。

Clipboard(剪切板)：包含 Paste(粘贴)、Cut(剪切)、Copy(复制)、Format Painter(格式刷)。

Slide(幻灯片)：包含 New Slide(新建幻灯片)、Layout(基本布局)、Reset(重置)、Duplicate (直接复制)。

Font(字体)：与 Office PPT 2007 一样。

Paragraph(段落)：与 Office PPT 2007 一样。其中包含的选项有：Text Direction(文本方

向)、Align Text(文本对齐)、Find Text(查找文本)。

Drawing(绘图)：包含 Arrange(排列，其下拉框中显示如图 2.3.3 所示)、Quick styles(快速风格)。

Shape Fill：内容填充；

Shape Outline：轮廓填充；

Shape Effects：形状效果。

图 2.3.3 排列下拉菜单

这些设置与 Office PPT 2007 中的一样。

Publish(发布)：包含 Player(播放器)，可以对播放器的形式进行设计(如播放器的背景色、按钮颜色、目录以及功能的选择等)；Preview(预览)，可以预览当前幻灯片、场景以及整个项目；Publish(发布)，可以将项目打包成各种格式，如 exe、html、html5、CD、Word 等格式，形成一个独立可浏览的文件。

如图 2.3.3 所示，点击 Align、Rotate、Size，分别出现下拉菜单。Align 下拉菜单自上而下分别为：左对齐、左右居中、右对齐、顶端对齐、上下居中、底端对齐、横向分布、纵向分布、对齐幻灯片、对齐所选对象、查看网格线、网格设置。Rotate 下拉菜单选项分别为：向右旋转 90°、向左旋转 90°、垂直翻转、水平翻转、其他翻转选项。Size 下拉菜单选项分别为：同宽、同高、宽高都相同、使最大化、使最小化、更多大小选项。

有关幻灯片界面里的其他模块功能，将在后面章节一一详细介绍。

2.4 本章测试

一、填空题

1. Storyline 幻灯片视图界面主要由__________、__________、__________、__________、__________、__________、__________、__________等组成。

2. 新建幻灯片主要有__________、__________、__________、__________、__________五种类型。

3. 幻灯片前进有____________、____________两种方式。

4. 将幻灯片再次观看属性设置为 Resume saved state，表示______________________。

二、单选题

1. Storyline 里的 Trigger 代表(　)。

A. 触发器　B. 层　C. 幻灯片　D. 场景

2. 新建场景是点击(　)。

A. New Slide　B. New Layer　C. New Scene　D. New Project

3. 将幻灯片里的某一个元素置于顶层，应选择(　)。

A. Bring to Front　B. Bring to Back

C. Bring Frontward　D. Bring Backward

4. 导入外部文件作为一个新幻灯片，在新幻灯片选择页面中应选择(　)。

A. Import　B. Quizzing　C. Templates　D. Basic Layouts

三、操作题

请新建一个项目并保存到桌面，需满足以下要求：

(1) 项目命名为“认识场景与幻灯片”。

(2) 建立两个场景，分别命名为“认识场景”、“认识幻灯片”，并以“认识场景”为起始场景。再分别在两个场景里建立两个幻灯片，“认识场景”场景里的幻灯片分别命名为“1.1 认识场景 1”和“1.2 认识场景 2”，“认识幻灯片”场景里的幻灯片命名同理。

(3) 将幻灯片重新观看方式设置为“重置到初始状态”，前进方式设置为“自动播放”，按钮勾选上一页和下一页。

(4) 在每个幻灯片里任意插入一段文本，并设置文本为：宋体、16 号、黑色、居中对齐。

第 3 章　新建幻灯片

★本章学习要点

- 了解新建幻灯片的五种类型。
- 掌握如何新建这五种类型的幻灯片。
- 学会熟练运用幻灯片母版和测试题反馈母版。

3.1　模板类幻灯片

新建幻灯片的软件自带的模板有两种类型，分别为角色显示面板类和高度互动类模板。前者是静态人、物的模板；后者是交互类的模板，通过直接导入交互模板，学习者可以主动参与到课程中去，如做一些拖动题、选择题等。

3.1.1　角色显示面板类幻灯片

在大纲视图界面或幻灯片视图的工具栏选择 New Slide，即可进入幻灯片选择页面，如图 3.1.1 所示。在该页面共有五种类型的幻灯片模式(在第 2 章已经介绍过)。在这里，选择 Templates，在其下拉框中选择 Character Display Panels (角色显示面板)。该面板软件自带了 12 种角色类型。如果这些类型不能满足需求，还可以点击 Download free templates 到 articulate 官网下载更多免费模板。对于选中的幻灯片，导入的地方可在 Insert into scene 旁的下拉框中选择。下拉框中的选项自上而下分别为导入到当前场景、作为模板导入到当前场景、导入在新场景中。选择完毕，点击 Import 即可导入新幻灯片。

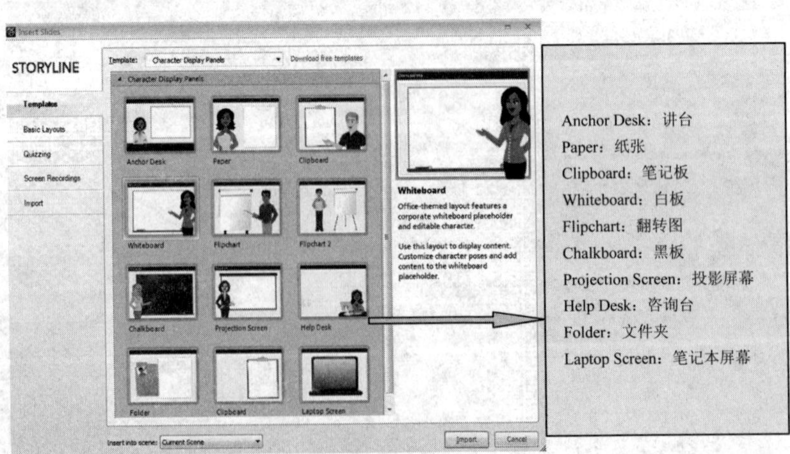

图 3.1.1　角色显示面板类模板

3.1.2　高度互动类幻灯片

互动类模板的界面设置与角色显示面板类模板的一样，如图 3.1.2 所示。插入此类模板的幻灯片，在模板里添加内容后，即刻可以交互，无需进行任何其他设置，简单便捷。

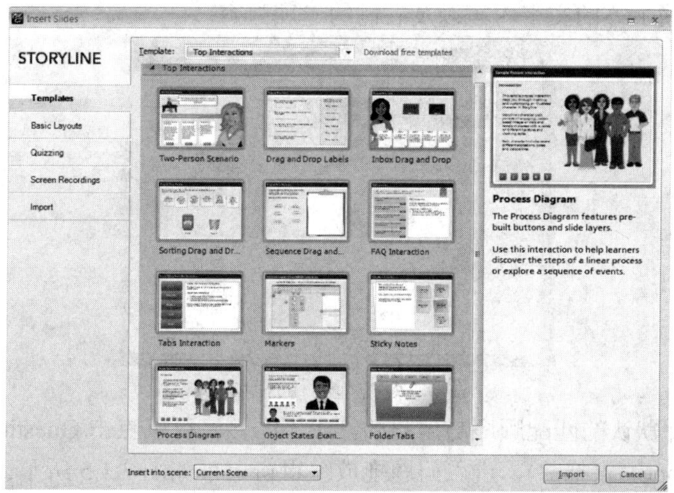

图 3.1.2　高度互动类模板

1. Two-Person Scenario(双人对话情景交互)

此模板多用于客户服务训练、销售训练等双人对话的课程。此模板中还有 choice 按钮，通过此按钮可调出层。如为客户服务类课程，可将服务专员对话的主要内容放在对话框内，将更多详细内容(如实例视频等)放置在层里，学习者可通过点击按钮来了解这些内容。同时，课程编辑者也可根据实际需求，对此模板进行修改，如更改对话框颜色、大小等。

2. Drag and Drop Labels(匹配拖放交互)

此模板导入到项目中，如图 3.1.3 所示。此模板可简称为匹配题，最终预览可达到的效果是：将右侧的选项拖动到左侧任意虚线处，与虚线上面的内容进行匹配。匹配完毕点击 Submit(提交按钮)即可得到反馈信息。

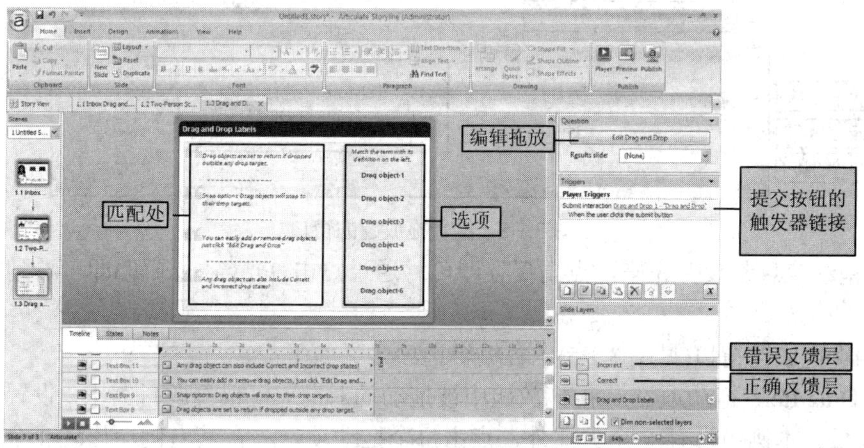

图 3.1.3　匹配拖放交互模板

匹配拖放交互大体步骤如下：

(1) 在新幻灯片选择页面，选择 Drag and Drop Labels 模板，点击 Import，导入到场景中，如图 3.1.3 所示。

(2) 根据实际需求，更换幻灯片里的交互内容，选中文本框即可更改。图 3.1.4 所示是更改左侧每个虚线上方的文字内容以及右侧的选项内容。

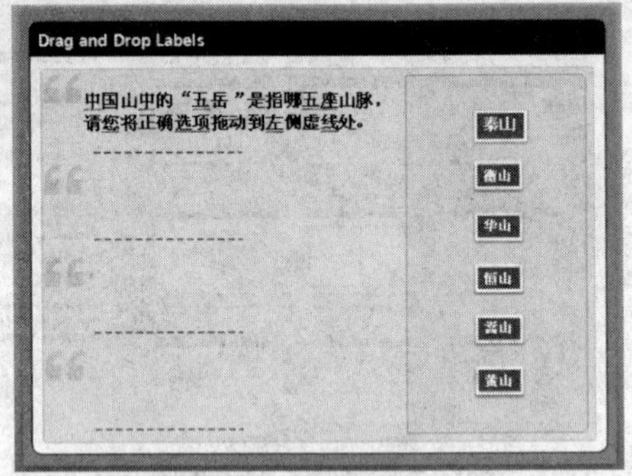

图 3.1.4　修改后的拖动题

(3) 如果软件默认的匹配顺序与用户的需求不一致，可以点击 Question(问题)面板中的 Edit Drag and Drop(编辑拖放)，进入问题拖放编辑窗口，如图 3.1.5 所示。根据题目实际需求，对拖动项目和置放区域以及反馈信息等进行详细设置。

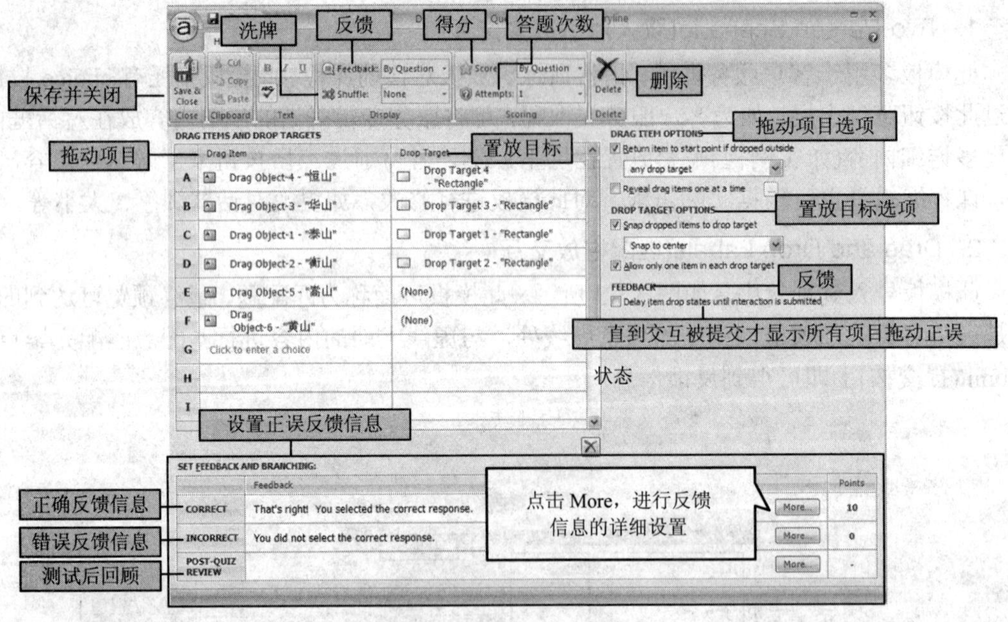

图 3.1.5　编辑拖放题的窗口

(4) 拖动信息都设置完毕，点击保存即可。通过点击 Preview(预览)即可看到实际拖动效果。

在编辑拖放题窗口(见图 3.1.5)中各编辑选项含义如下：

(1) Drag Item(拖动项目)：指拖放题中被拖动的对象。可根据题目需求，设置一个或多个拖动项目。本例中设有 6 个。此外，点击每个拖动项目，在其右侧会出现一个倒三角，点击倒三角可再重新选择拖动项目(凡是幻灯片里包含的对象都可选为拖动项目)。但一个对象被选择为拖动项目只能有一次，被选择为置放目标却可以有多次。

(2) Drop Target(置放目标)：指被拖动的对象最终放置的区域。同样，可根据题目需求，设置一个或多个置放目标。置放目标与某个拖动项目在同一行，表示两者是对应关系。注意：多个拖动项目可对应一个置放目标，也可分别对应不同的置放目标。但是，一个拖动项目不能对应多个置放目标(拖动项目可拖动到任意置放区域，但是其正确的对应区域只能有一个)。与拖动项目一样，点击置放目标，在其右侧也会出现倒三角，点击倒三角也可重新选择置放目标。

(3) Feedback(反馈)：点击其右侧的倒三角，下拉菜单中的选项自上而下分别为无反馈和根据问题反馈。无反馈即不论学习者将题目答对答错，都无反馈信息。根据问题反馈即有正误反馈，回答正确/错误，分别出现正确/错误的反馈信息，反馈信息可以是文字，也可以是插入的音频，可通过“设置正误反馈信息”进行详细设置。单击“正误反馈信息”即可进行修改，点击 Points(分数)列，可以设置正误的得分。还可点击 More 进行更多反馈信息的设置。如图 3.1.6 所示为设置反馈文字、声音以及回答正确后的跳转页面。

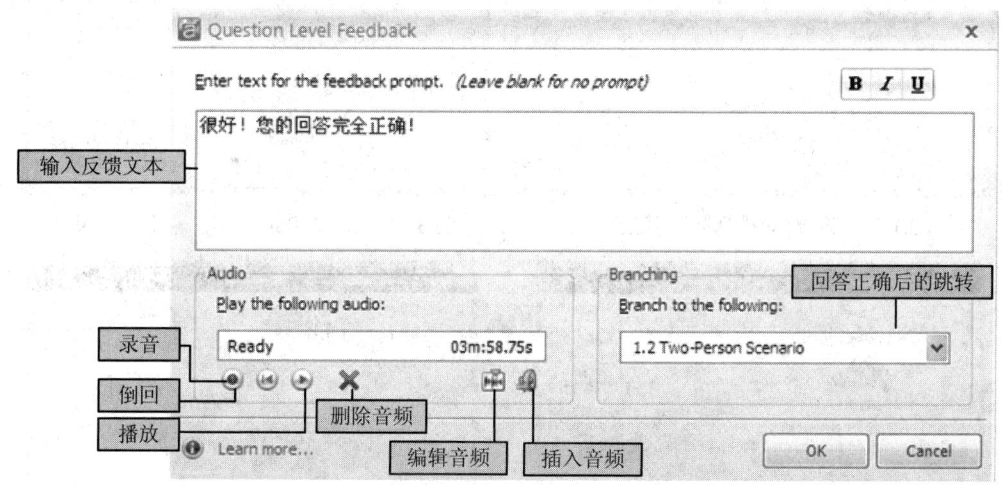

图 3.1.6　设置正确反馈信息的窗口

(4) Shuffle(洗牌)：点击右侧倒三角，下拉框中的两个选项自上而下分别为回答(回答一次后打乱选项顺序)、没有(一直不打乱选项顺序)。

(5) Score(得分)：点击右侧倒三角，下拉框中的两个选项自上而下分别为没有(无分数反馈)、根据问题(按回答对错得分)。

(6) Attempts(答题次数)：可根据需求，给学习者 1 次、2 次、3 次或更多答题次数。当答题次数超过 1 次时，在反馈面板中会多出“再试一次”的反馈设置。设置方法与正误反馈信息设置一样。

(7) DRAG ITEM OPTIONS(拖动项目选项)。

① Return item to start point if dropped outside：如果将拖动项目放置在目标区域之外，则将项目返回起始点。点击下侧倒三角，下拉框中的选项分别为任何置放区域(如果将拖动项目放在任何置放区域之外，都将项目返回起始点)、正确的置放区域(如果将拖动项目放在正确置放区域之外，将项目返回起始点)。

② Reveal drag items one at a time：选择该选项，即一次只显示一个拖动项目，将前一

个拖动项目放置好后，才出现下一个拖动项目，而不是一次将所有项目都显示出来。通过点击右侧的省略号矩形框可以设置项目的出现顺序。

(8) DROP TARGET OPTIONS(置放目标选项)。

① Snap dropped items to drop target：拖动项目放置在置放目标区域的方式。点击下侧倒三角，下拉框中的选项自上而下分别为：自动排列展开、任意堆叠、边缘堆叠、吸入置换目标区域中心、自由拖动。注意：在勾选 Snap dropped items to drop target 时，不要勾选 Allow only one item in each drop target(每个置放目标区域只能放置一个项目)，否则选择 Tile、Stack Random、Stack Offset 等后看不出来效果。图 3.1.7 至图 3.1.11 分别展示了自动排列展开效果、任意堆叠效果、边缘堆叠效果、中心排列效果以及任意放置效果。

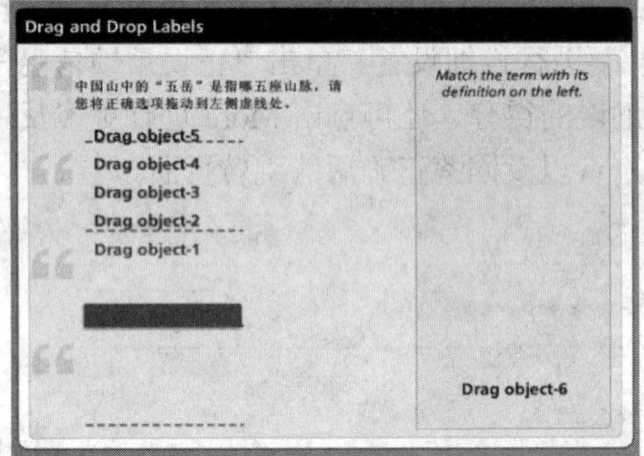

图 3.1.7　Tile(自动排列展开效果)

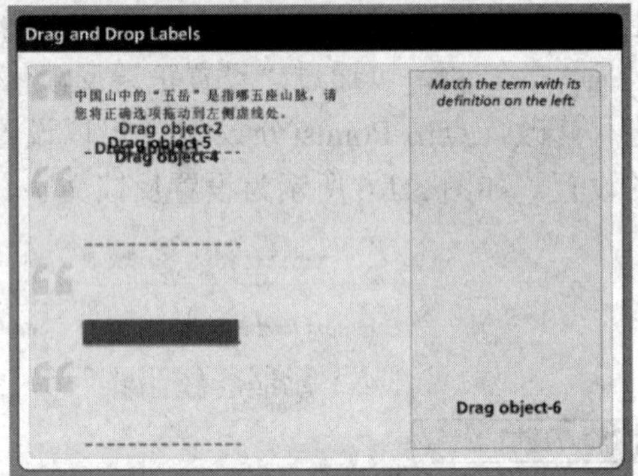

图 3.1.8　Stack Random(任意堆叠效果)

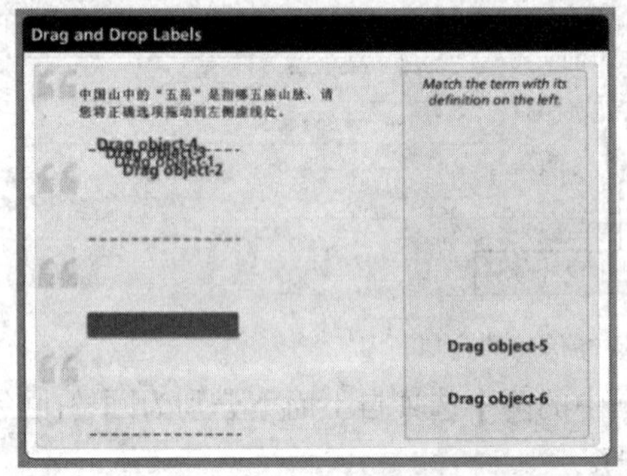

图 3.1.9　Stack Offset(边缘堆叠效果)

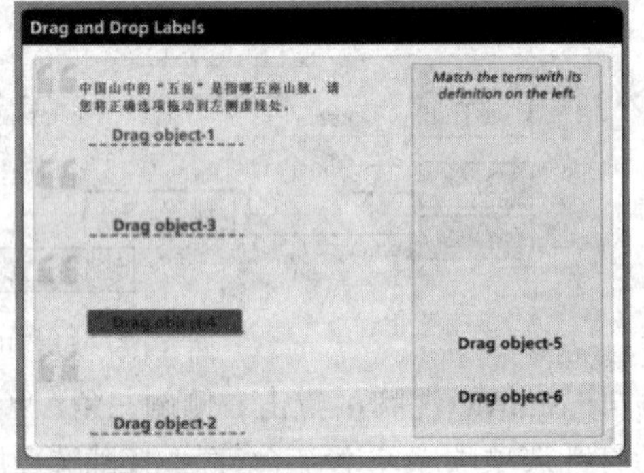

图 3.1.10　Snap to Center(中心排列效果)

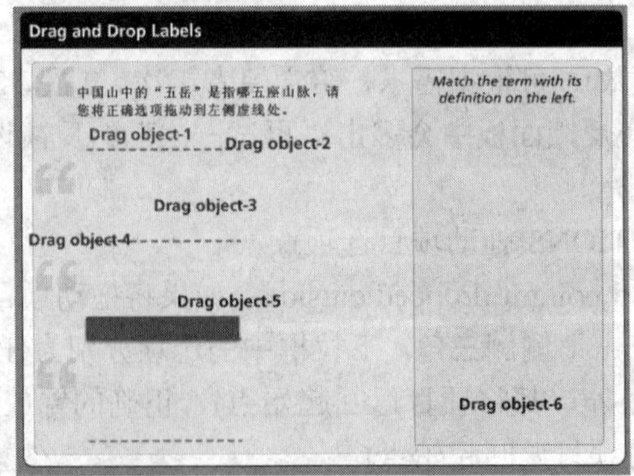

图 3.1.11　Free(任意放置效果)

至此，有关拖动题编辑窗口全部介绍完毕。其他类型拖动题的设置与此类似，后面不再详述。

3. Inbox Drag and Drop(“信箱”拖放交互，也可称为分类拖放交互)

此模板与上一个匹配拖放交互模板不同的是，共有 5 个拖动项目，但只设置了两个置放目标区域：绿色的 Keep it!(收藏箱)和红色的 Trash it!(废物箱)。此模板意在让学习者将 5 个选项分成两大类进行放置，如图 3.1.12 所示。

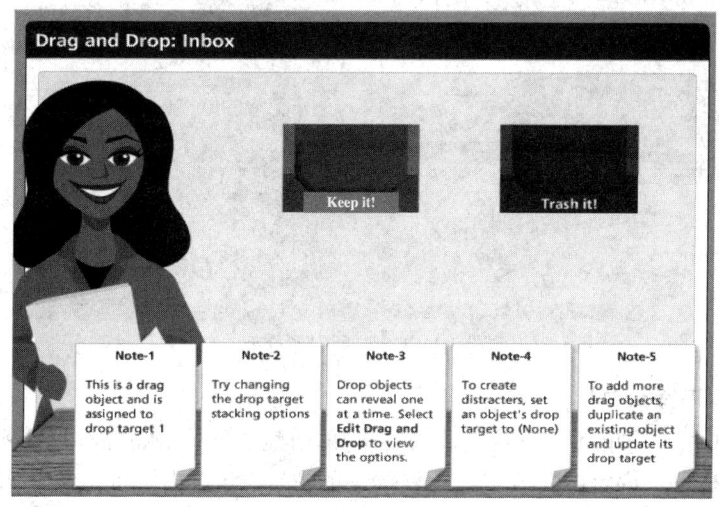

图 3.1.12 “信箱”拖放交互

4. Sorting Drag and Drop(分类拖放交互)

此模板与“信箱”拖放交互的设置一样，不同的是，它更换了两个置放目标区域的背景图。

5. Sequence Drag and Drop(顺序拖放交互)

此模板虽命名为顺序拖放交互，其实也可以通过匹配拖放交互实现。即首先通过拖放编辑窗口将拖动项目与对应的置放目标区域一一对应，然后将置放目标区域按照题目中规定的项目顺序进行排列即可。

6. FAQ Interaction(常见问题交互)

此模板的交互是通过层和触发器来实现的。模板中答案放置在 5 个层里，可通过点击不同的触发器分别调出不同的层，如图 3.1.13 所示。具体实现步骤在第 5 章中将详细介绍。此模板一般左侧是常见问题，右侧是答案，通过点击每个问题左下角的答案按钮即可查看答案。导入此模板后，可直接点击幻灯片里的题目或层里的答案进行更换问题和答案。如果模板样式不满足需求，也可以对其按钮及背景颜色等进行修改。

7. Tabs Interaction(制表符交互)、Sticky Notes(即时贴交互)与 Process Diagram(流程图交互)

这三种交互模板与常见问题交互模板的使用方法一样，原理也一样，都是通过层和触发器来实现交互的。通过点击不同按钮可调出不同内容。它们之间的不同点是触发器图形或图像使用的不同，以及适用的类型略有差异。在此不再详述。

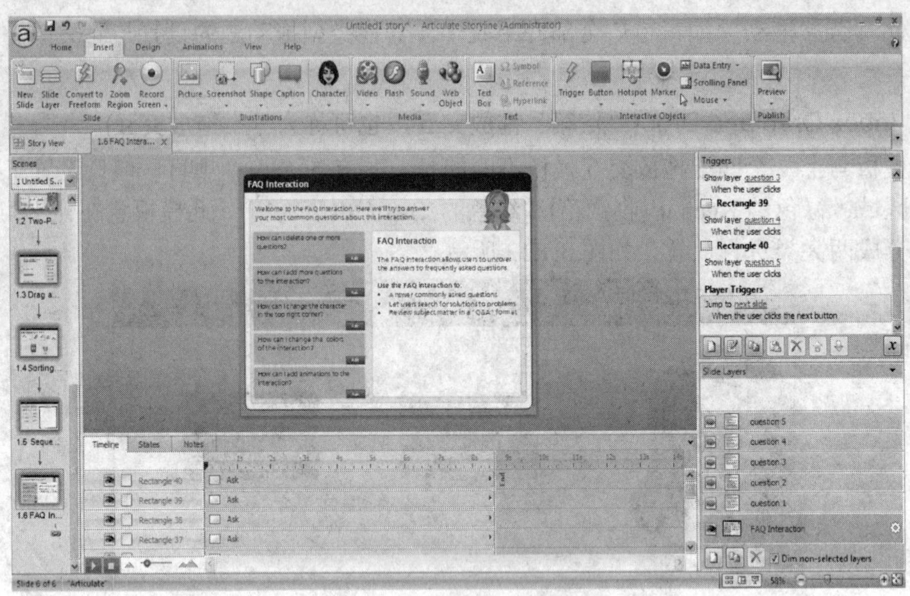

图 3.1.13　常见问题交互

8. Markers(书签交互)

此模板制作相对简单，是直接运用 Insert(插入)菜单下的 Markers 功能实现的交互。只需插入一个 Markers，然后将其放置在需要标识的位置，并点击标签，在其中输入内容即可。预览时，点击 Markers 按钮，即能看到相应内容，如图 3.1.14 所示。此模板比较适用于对整体中每个单独结构的解析。

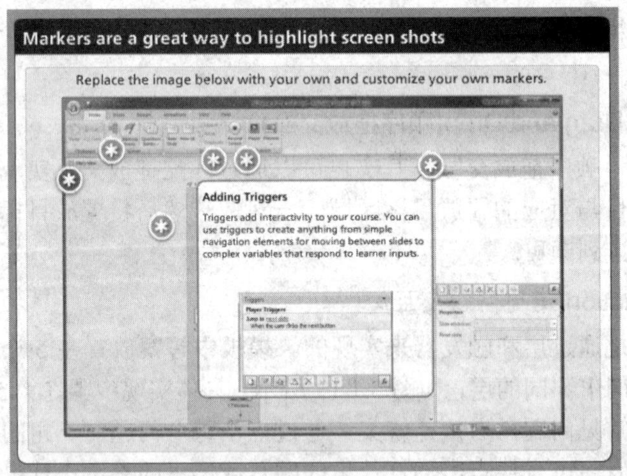

图 3.1.14　书签交互

9. Object States Example(对象状态交互)

此模板中的交互是通过设置触发器动作和不同对象状态来实现的。通过点击不同的状态，调出对象的不同状态。有关具体实现步骤在第 5 章中将详细讲述。

10. Folder Tabs(文件夹标签交互)

此模板是利用层、触发器和对象状态三者一起实现的交互。它不仅实现了同前面几种模板一样的交互功能，即点击不同触发器调出不同内容，同时还通过状态设置对访问过的标签用对钩进行了标记，如图 3.1.15 所示。

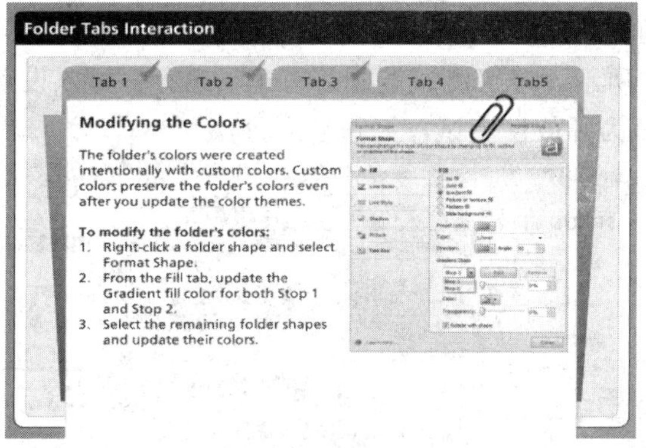

图 3.1.15　文件夹标签交互

3.2　基本版式幻灯片

基本版式幻灯片是 5 种幻灯片类型中最简单的一种，如图 3.2.1 所示。与 Office PPT 2007 中的幻灯片版式原理一样，选择某一种版式后，点击 Insert 即可导入项目中。

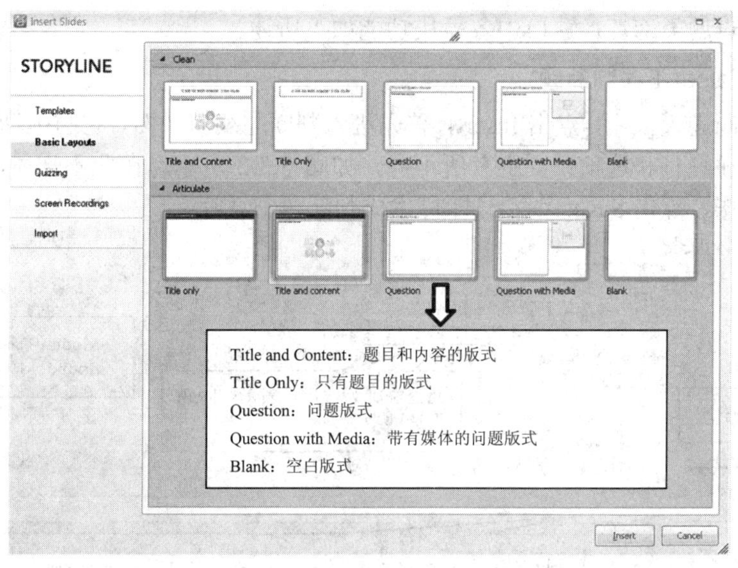

图 3.2.1　基本版式幻灯片

3.3　测试题类幻灯片

测试题类幻灯片共有五种：等级测试题类幻灯片、调查测试题类幻灯片、自由形态测试题类幻灯片、题库集类幻灯片、测试结果类幻灯片。

3.3.1 等级测试题类幻灯片

在新建幻灯片页面选择 Quizzing(测试题)，再选择 Graded(等级)，即可看到各种等级幻灯片模板，如图 3.3.1 所示。等级测试题回答有正误之分，可以设置分数反馈页面(与调查测试相区分，调查测试为开放性测试，无正误之分)。

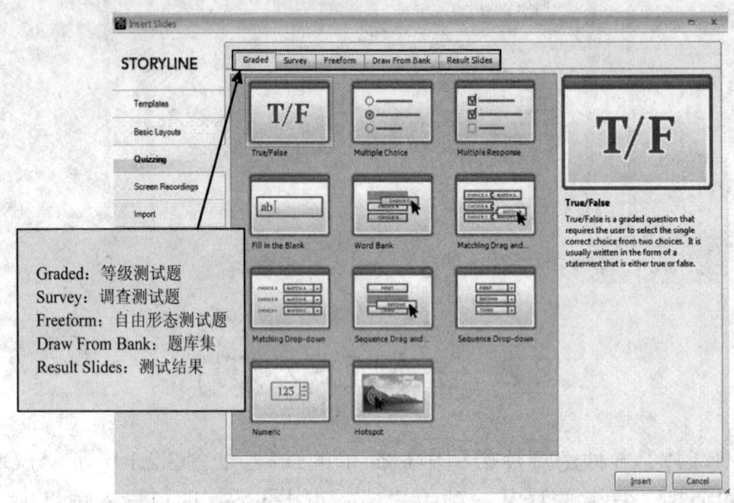

图 3.3.1 等级测试题类幻灯片

在等级测试题类幻灯片窗口中各模块功能如下所述。

1. True/False(正误判断题)

选择了判断题模板后，点击 Insert，首先进入判断题编辑页面，它与拖动题编辑页面基本相同，只是在题目和选项设置上有所不同，如图 3.3.2 所示。在此不详述，请参照 3.1.2 小节。编辑完毕，点击 Save(保存)，即可生成判断题幻灯片。

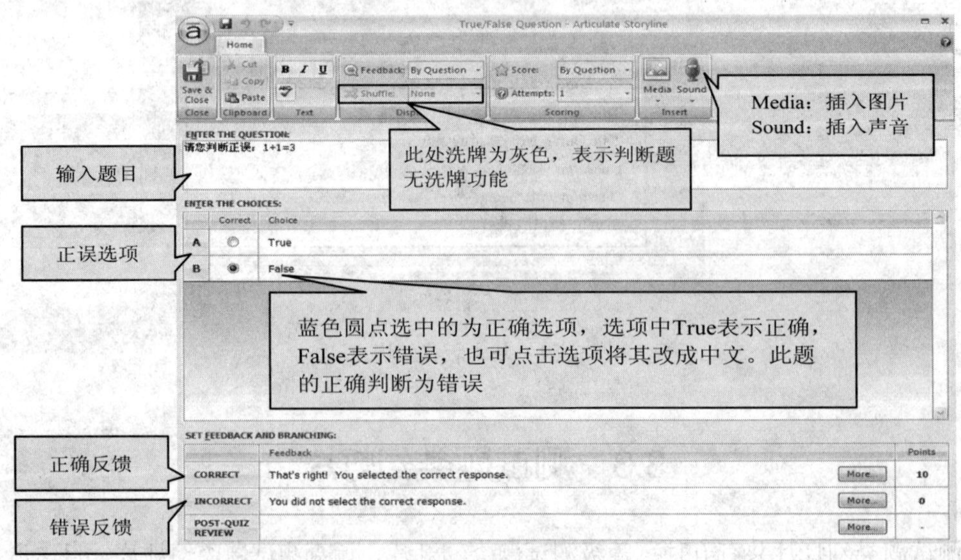

图 3.3.2 正误判断题编辑页面

2. Multiple Choice(单项选择题)

选择单项选择题并导入后，进入问题编辑页面，如图 3.3.3 所示。注意：单项选择题的选项最多为 10 项，选项中只能设置一项为正确选项。

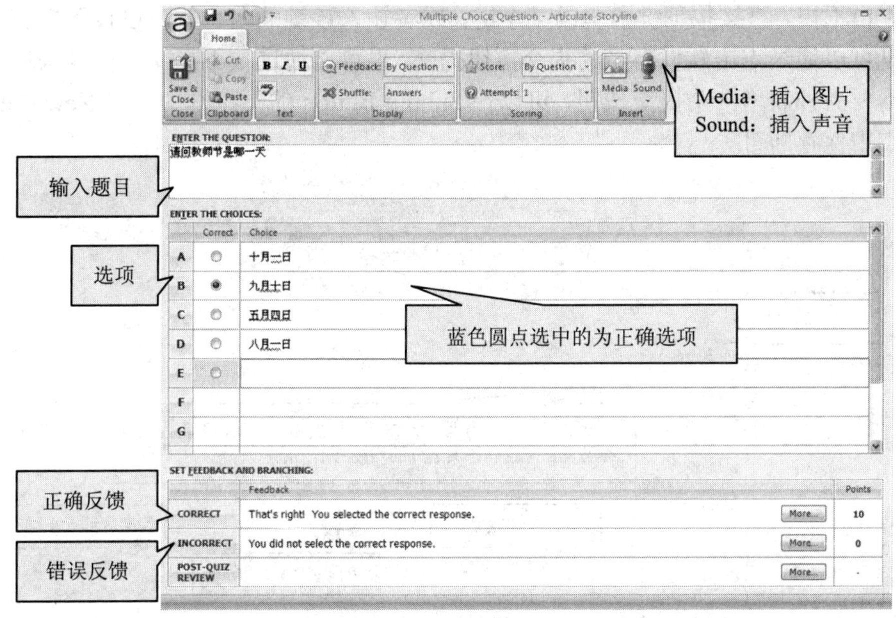

图 3.3.3　单项选择题编辑页面

3. Multiple Response(多项选择题)

选择多项选择题并导入后，进入问题编辑页面，如图 3.3.4 所示。同样，多项选择题的选项最多也为 10 项，但选项中可以设置多项为正确选项。

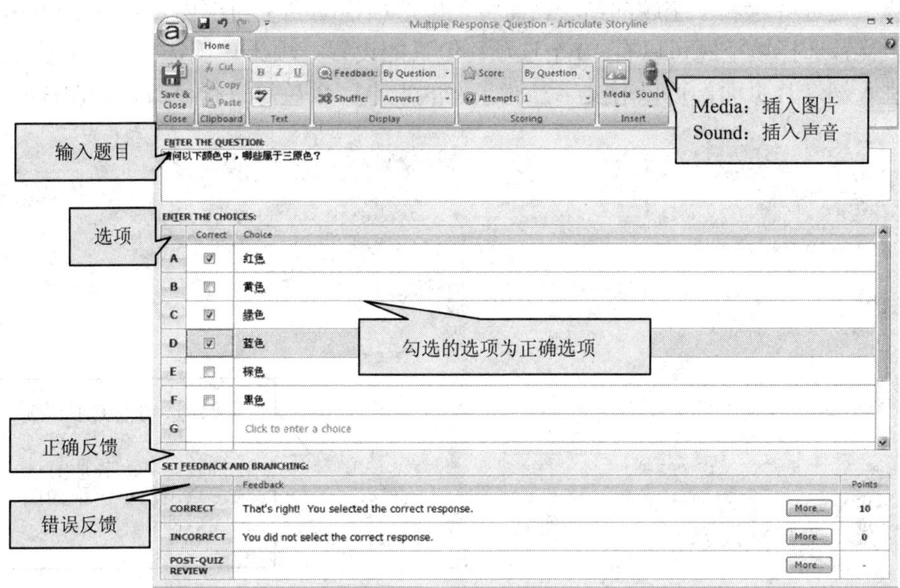

图 3.3.4　多项选择题编辑页面

4. Fill in the Blank(填空题)

选择填空题模板并导入后，进入填空题编辑页面，如图 3.3.5 所示。分别输入题目、正确答案以及相关选项设置。其中 Submit Keys 是指提交的快捷键。鼠标放置在 Submit Keys 右侧的空白框内，直接按下键盘里的某个键，或者输入该键的名称就可以设置提交快捷键。学习者既可以通过点击软件自带的提交按钮提交，也可以通过按下提交快捷键来提交答案。如果还需要另外新增一个提交按钮，可以在 Submit Button 的下拉框中选择 New Button。设置完毕点击保存即可。

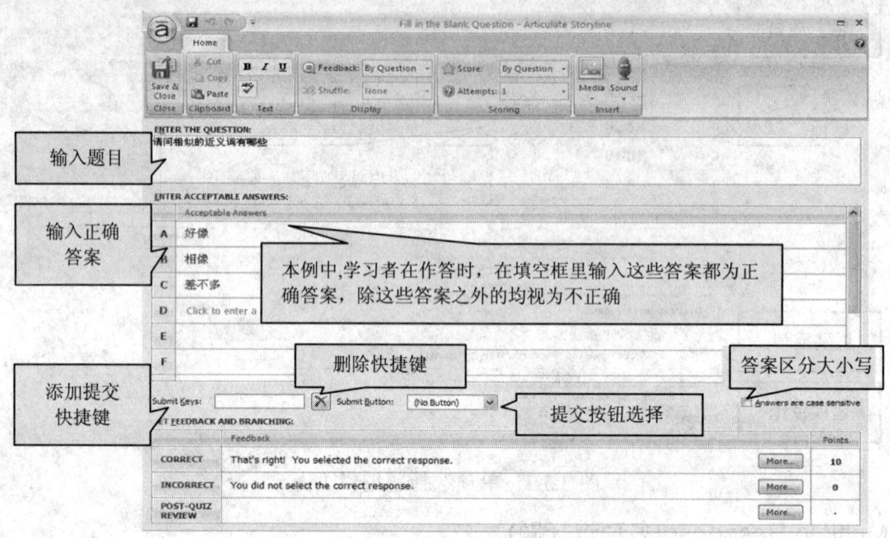

图 3.3.5　填空题编辑页面

5. Word Bank(选择填空题)

该模板是选择题和填空题的结合，需将正确选项拖动到空白框内，如图 3.3.6 所示。与单选题一样，选择填空题可以有 10 个选项，但只能设置一项为正确选项。设置完成后，点击保存进入幻灯片页面，可以对文字，背景框的大小、颜色等进行修改，如图 3.3.7 所示。

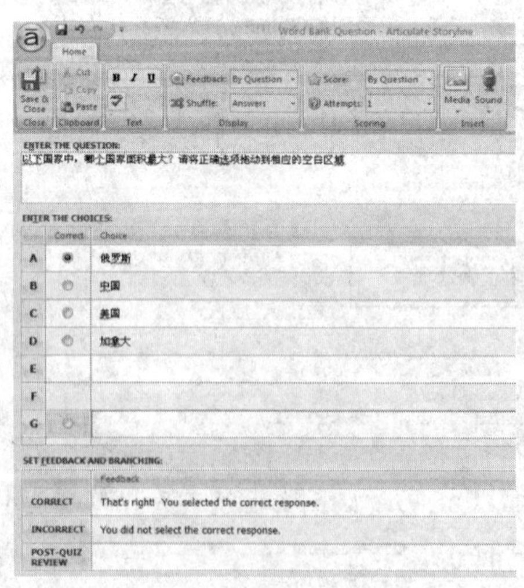

图 3.3.6　选择填空题编辑页面

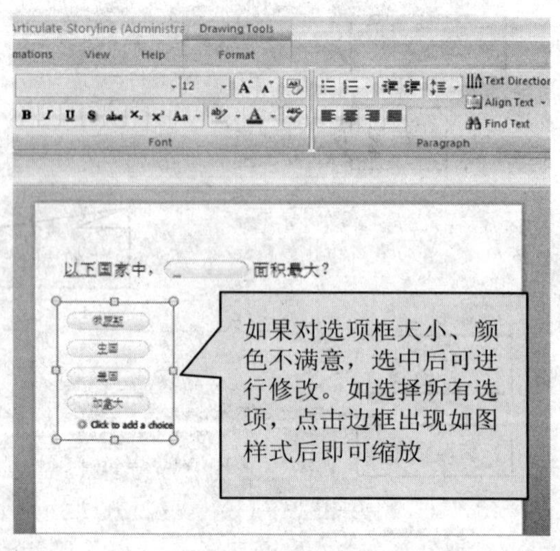

图 3.3.7　选择填空题幻灯片页面

6. Matching Drag and Drop(匹配拖动题)

该模板是将选项固定，通过拖动匹配项来与选项进行匹配。其编辑页面如图 3.3.8 所示。此类题最多可以有 10 个选项，并且每个选项都必须匹配正确，提交后才会显示正确；如果有一项匹配错误，最终结果都是错误。

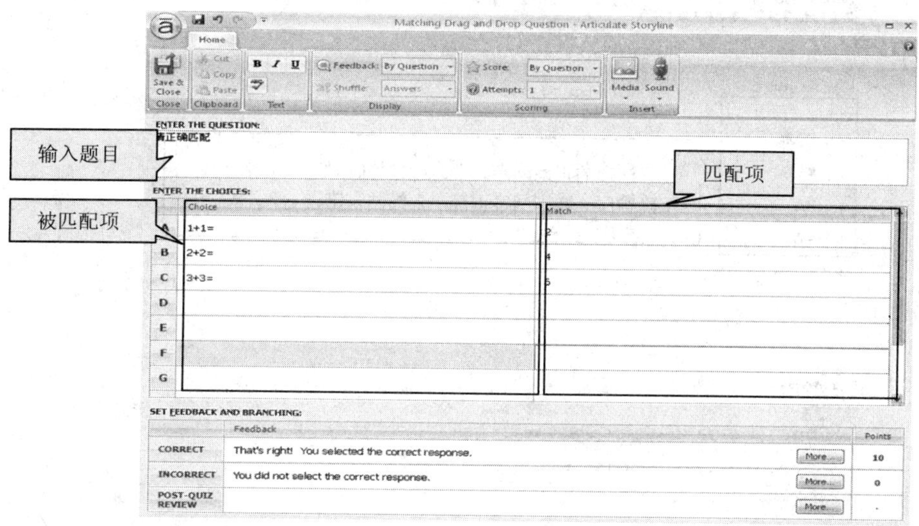

图 3.3.8　匹配拖动题编辑页面

7. Matching Drop-down(下拉菜单式匹配题)

此模板与匹配拖动题的问题编辑页面一样，不同的只是匹配方式。匹配拖动题的匹配方式是通过拖动实现，如图 3.3.9 所示。而下拉菜单式匹配题是通过在下拉菜单中选择相应的选项来实现的，如图 3.3.10 所示。

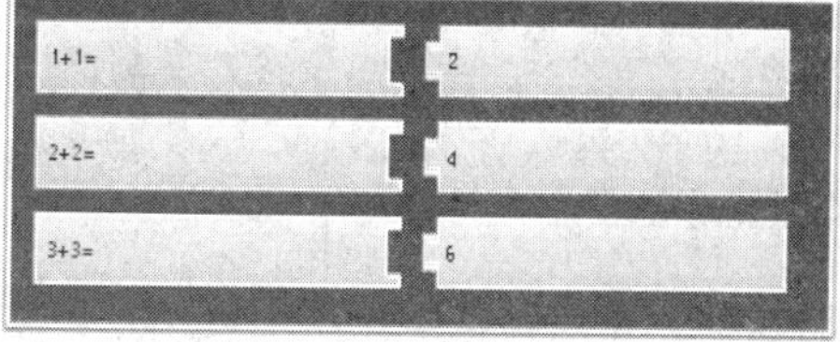

图 3.3.9　匹配拖动题

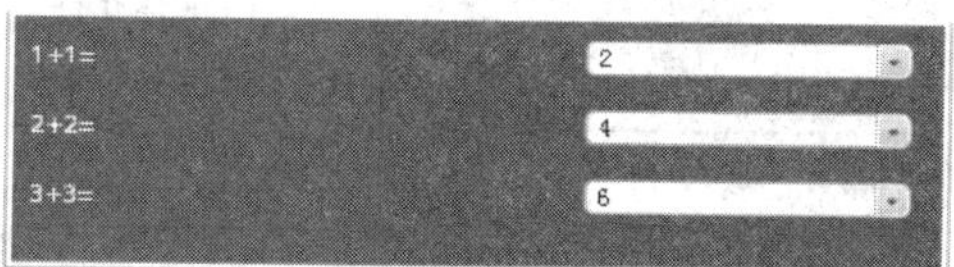

图 3.3.10　下拉菜单式匹配题

8. Sequence Drag and Drop(顺序拖动题)

顺序拖动题与其他拖动题不同的是需要对选项进行排序。顺序拖动题编辑页面如图 3.3.11 所示。

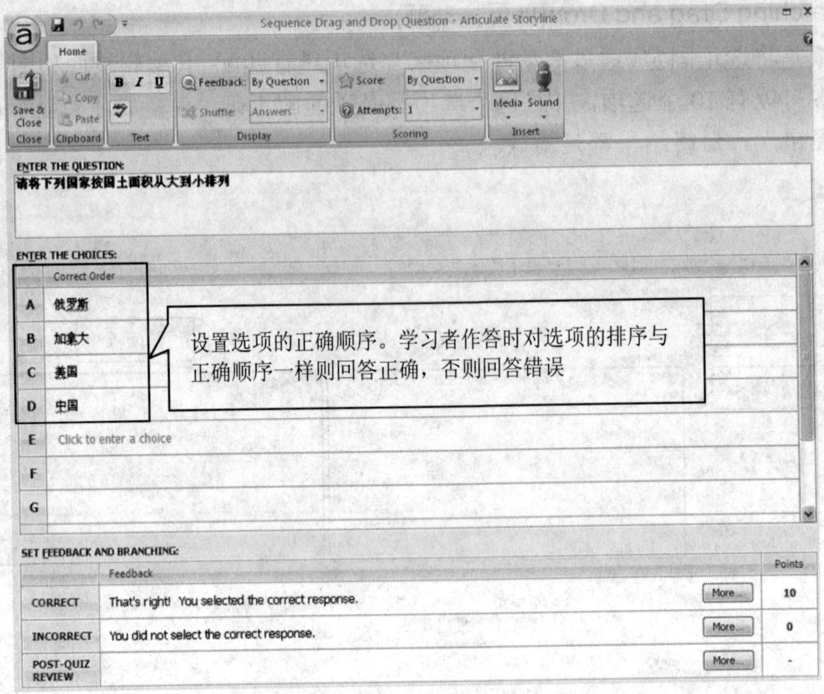

图 3.3.11　顺序拖动题编辑页面

9. Sequence Drop-down(下拉菜单式顺序选择题)

此模板的编辑页面与顺序拖动题编辑页面一样，不同的只是它通过下拉菜单来选择选项。

10. Numeric(数值填空题)

选择了 Numeric 模板后，点击 Insert 进入问题编辑页面，如图 3.3.12 所示。

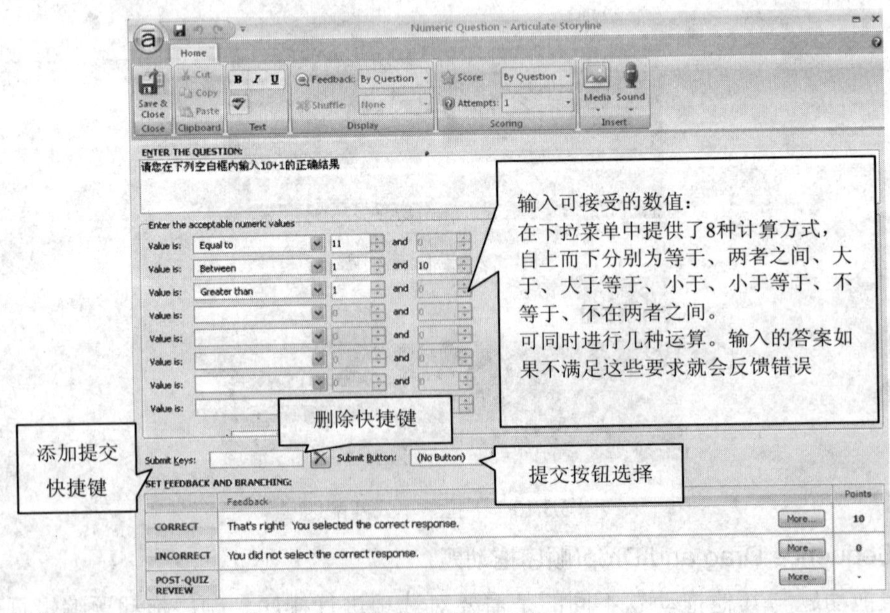

图 3.3.12　数值填空题编辑页面

11. Hotspot(热区选择题)

热区选择题主要用于让学习者认识整体中的部分结构。当鼠标移动到热区上，鼠标形状由箭头变成手型，选择热区后，点击提交即可看到反馈。

导入热区选择题模板后进入问题编辑页面，如图 3.3.13 所示。

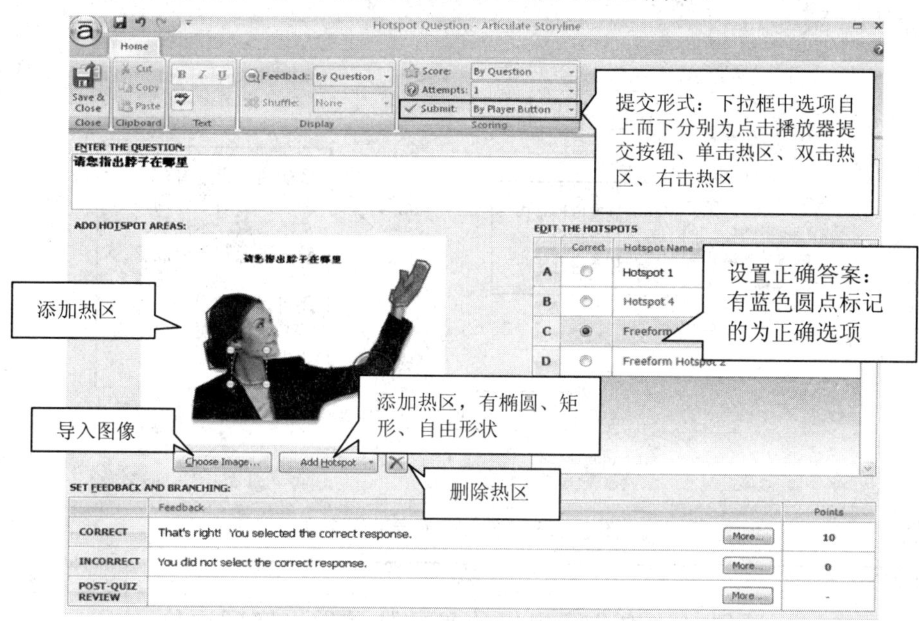

图 3.3.13　热区选择题编辑页面

3.3.2　调查测试题类幻灯片

调查测试题类幻灯片主要用于进行问卷调查，没有正误反馈，目的在于统计结果、反应情况。

此类幻灯片共有 9 种类型，如图 3.3.14 所示。

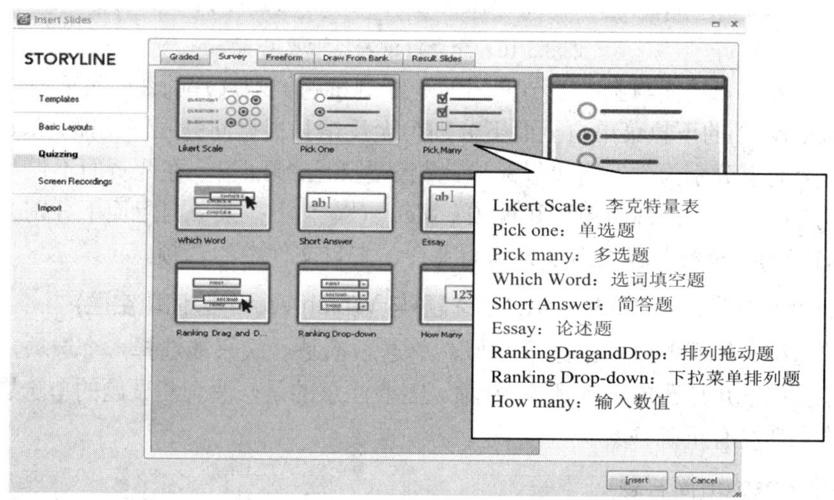

图 3.3.14　调查测试题类幻灯片选择页面

1. Likert Scale(李克特量表)

此模板又称为满意度调查表。其编辑页面如图 3.3.15 所示，预览页面如图 3.3.16 所示。

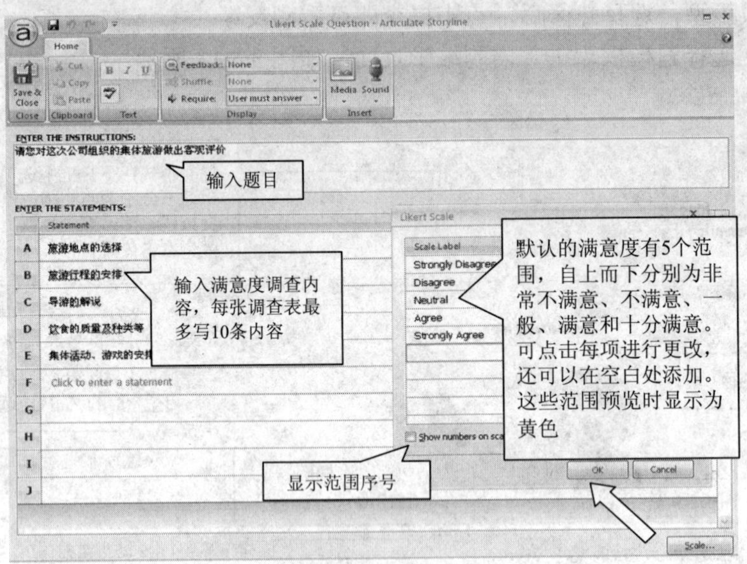

图 3.3.15　李克特量表编辑页面

请您对这次公司组织的集体旅游做出客观评价

1 2 3 4 5

旅游地点的选择

旅游行程的安排

导游的解说　满意

饮食的质量及种类等

集体活动、游戏的安排

图 3.3.16　李克特量表显示效果

李克特量表编辑页面与上一小节介绍的等级测试题类幻灯片的编辑页面略有差异。其中，Feedback(反馈)的下拉菜单自上而下分别为无反馈和根据问题回答反馈。Require(要求)下拉菜单自上而下分别为学习者可以跳过此测试题和必须回答。在此页面不仅可以设置反馈和要求，还可以插入图片、声音和视频。Media(媒体)下拉菜单自上而下分别为图片、视频。Sound(声音)下拉菜单自上而下分别为录音、来自文件中的音频。

2. Pick one(单选题)、Pick many(多选题)与 Which Word(选词填空题)

这三种题型与等级测试题的题型相似，单选题都是一次只能选择一个选项，多选题一次可以选择多项，并且选项最多都为 10 项。需要注意的是，调查测试题的单选题、多选题以及选词填空都没有正确答案。

3. Short Answer(简答题)

简答题允许学习者输入任何形式的简短内容，但是不能超过 256 个字符。

4. Essay(论述题)

论述题同样允许学习者输入任何形式的内容，但总字符数不能超过 5000。

5. Ranking Drag and Drop(排列拖动题)、Ranking Drop-down(下拉菜单排列题)

这两个模板与等级测试题中的顺序拖动题和下拉菜单排序题相似，不同的只是这两类题没有正确答案，属于开放性题目。

6. How many(输入数值)

此模板只能输入数值，也无正误判断。

3.3.3　自由形态测试题类幻灯片

自由形态测试题共有 5 种类型，如图 3.3.17 所示。相对于前两种类型的测试题，其编辑更为自由。

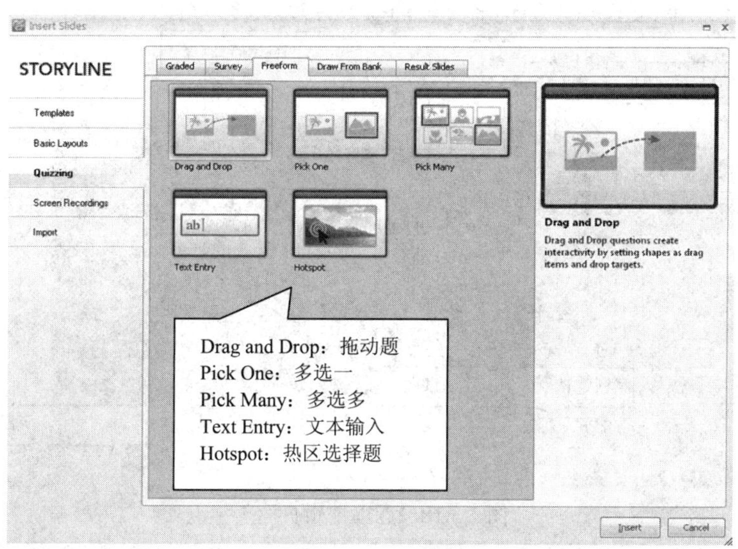

图 3.3.17　自由形态测试题类幻灯片

1. Drag and Drop(拖动题)

插入此模板后，进入幻灯片编辑页面，首先要插入至少两个可兼容的对象，才会出现问题编辑按钮，点击后进入问题编辑页面，设置拖动项目、置放目标以及其他选项。此外，题目可自由设置。此类问题的编辑页面与 3.1.2 小节中介绍的匹配拖动题问题编辑页面相同，在此不再赘述。

2. Pick One(多选一)、Pick Many(多选多)

插入这两种模板后，进入幻灯片编辑页面，首先要插入至少两个形状或图片，才会出现问题编辑按钮，点击后进入问题编辑页面(分别与等级测试题中的单选题和多选题编辑页面一样)，设置正确选项。Pick One 只能设置一个正确项，而 Pick Many 可设置多个正确项。

3. Text Entry(文本输入)

此类题与等级测试题类型中的填空题相似，正确答案可设置为 1 个或多个，对于字符数也没有限制，并且可以自由添加题目。

4. Hotspot(热区选择题)

此类题与等级测试中的热区选择类似，不同的是题目可以自由添加。

3.3.4 题库集类幻灯片

题库集通过导入各种测试题集成一个整体测试，整体测试可设置为每次在题库中随机抽取一定数量的测试题，测试完毕会有一个结果反馈。题库编辑页面如图 3.3.18 所示。点击 Edit question bank，进入图 3.3.19 所示页面，选择题库题目，可以选择 Graded(等级测试题)、Survey(调查测试题)、Import(导入已编辑好的题目)。如果没有编辑好的测试题，可以选择 Graded 或者 Survey 新建测试题；如果已经有编辑好的测试题，可以直接选择 Import，进入图 3.3.20 所示页面，选择所需要的测试题，选好后点击 OK，进入图 3.3.21 所示页面。

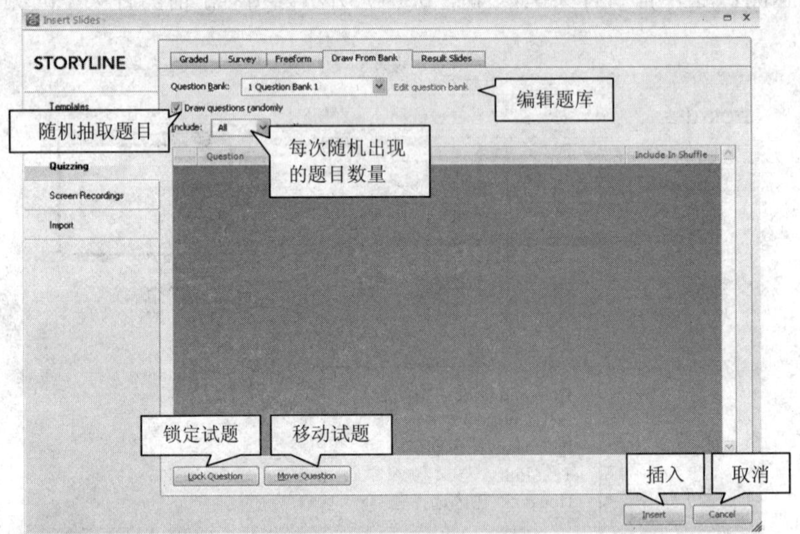

图 3.3.18 题库编辑页面 1

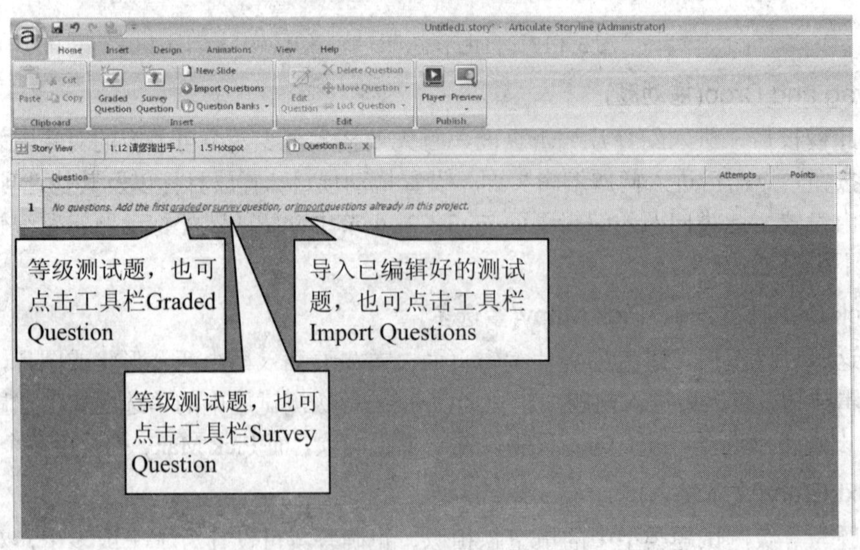

图 3.3.19 题库编辑页面 2

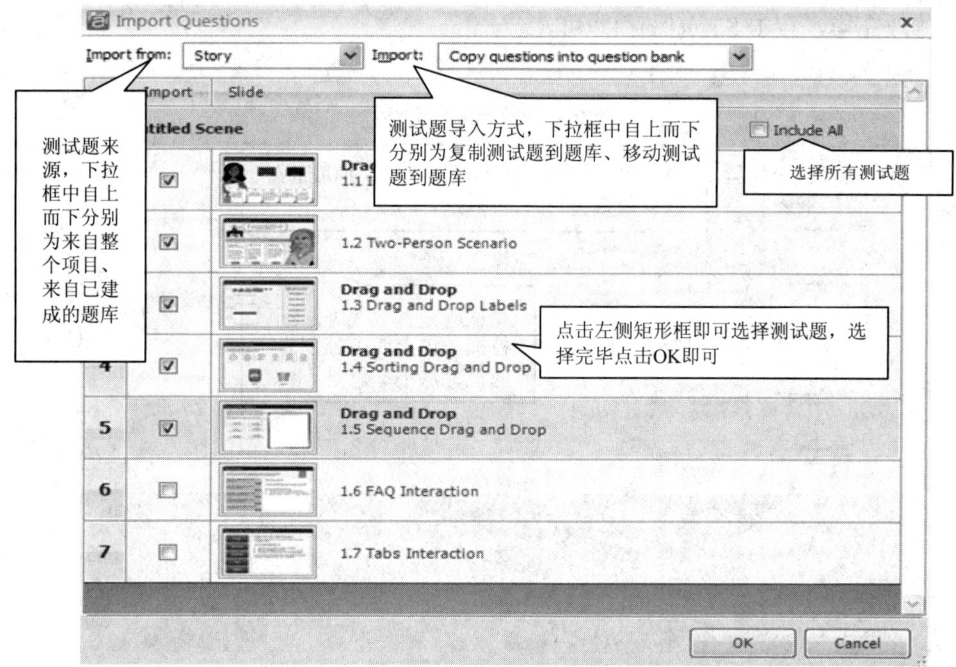

图 3.3.20　选择测试题页面

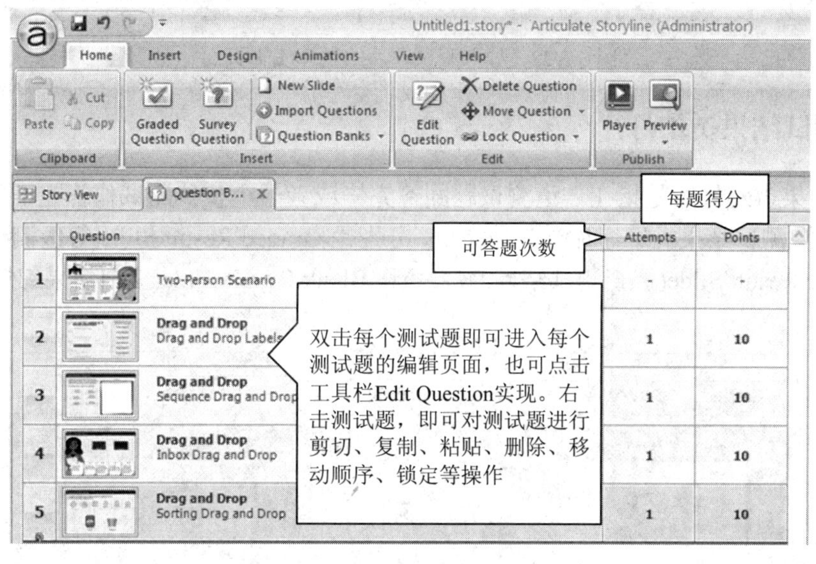

图 3.3.21　导入测试题后进入的页面

在编辑测试题时，常会用到 Move Question(移动测试题，其下拉框中自上而下分别为向上、向下)和 Lock Question(锁定测试题，其下拉框中自上而下分别为与上一个测试题锁定、与下一个测试题锁定、锁定为第一个、锁定为最后一个、解除锁定)。锁定测试题后，其出场顺序会固定。例如，将某个测试题锁定为 to top of group(第一个)，此测试题在题库集中始终会第一个出现，而其他的测试题可以随机出现。

在图 3.3.21 中设置完毕相关选项后，可以返回大纲视图界面，双击题库幻灯片，进入图 3.3.22 所示页面，修改相关设置。如修改题库中每次出现的题目数量以及题目是否随机选取。修改完毕，点击 Save(保存)即可。

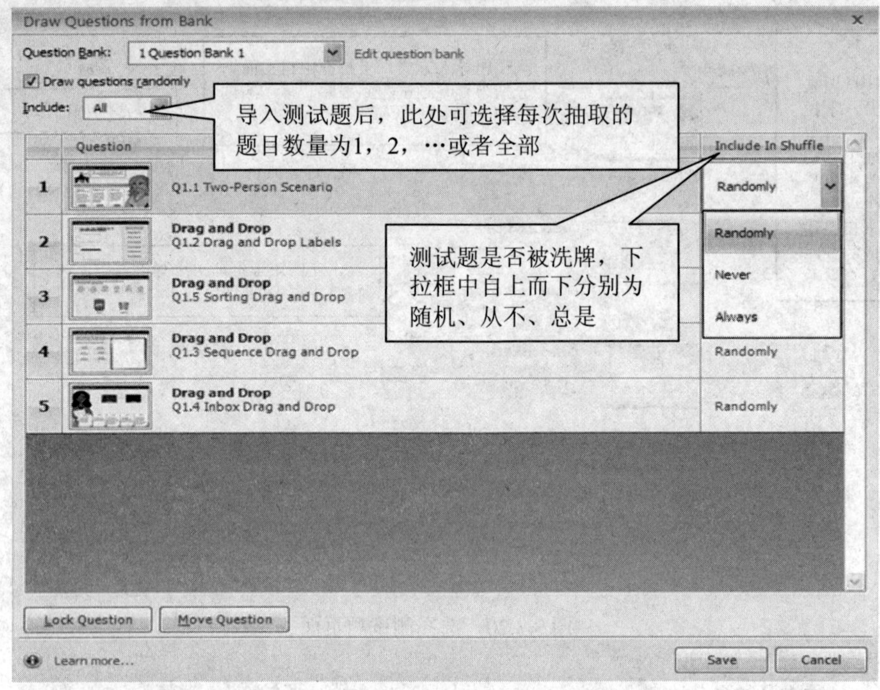

图 3.3.22　导入测试题后的题库编辑页面

3.3.5　测试结果类幻灯片

测试结果类幻灯片是指在一道测试题回答完毕或者一个整体测试作答完毕后出现的评分结果页面。测试结果类幻灯片有三种类型，分别是 Graded Result Slide(等级测试结果幻灯片)、Survey Result Slide(调查测试结果幻灯片)和 Blank Result Slide(空白结果幻灯片)，如图 3.3.23 所示。

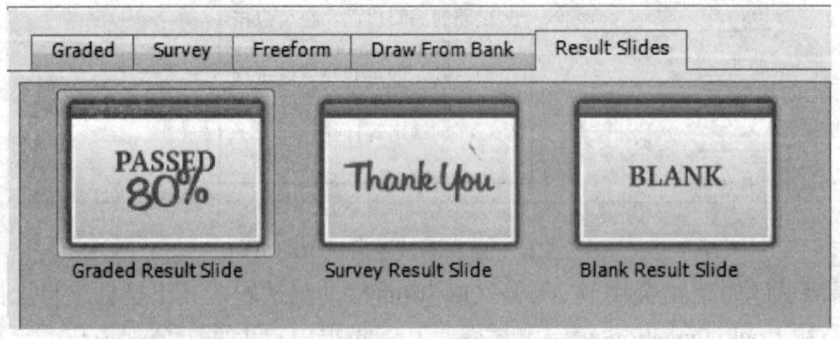

图 3.3.23　测试结果类幻灯片

现以 Graded Result Slide(等级测试结果幻灯片)为例来介绍一下该类测试结果幻灯片是如何操作的。

等级测试结果幻灯片是显示等级测试题测试结果的幻灯片。选择此模板后，点击 Insert(插入)，进入等级测试结果编辑页面，如图 3.3.24 所示。

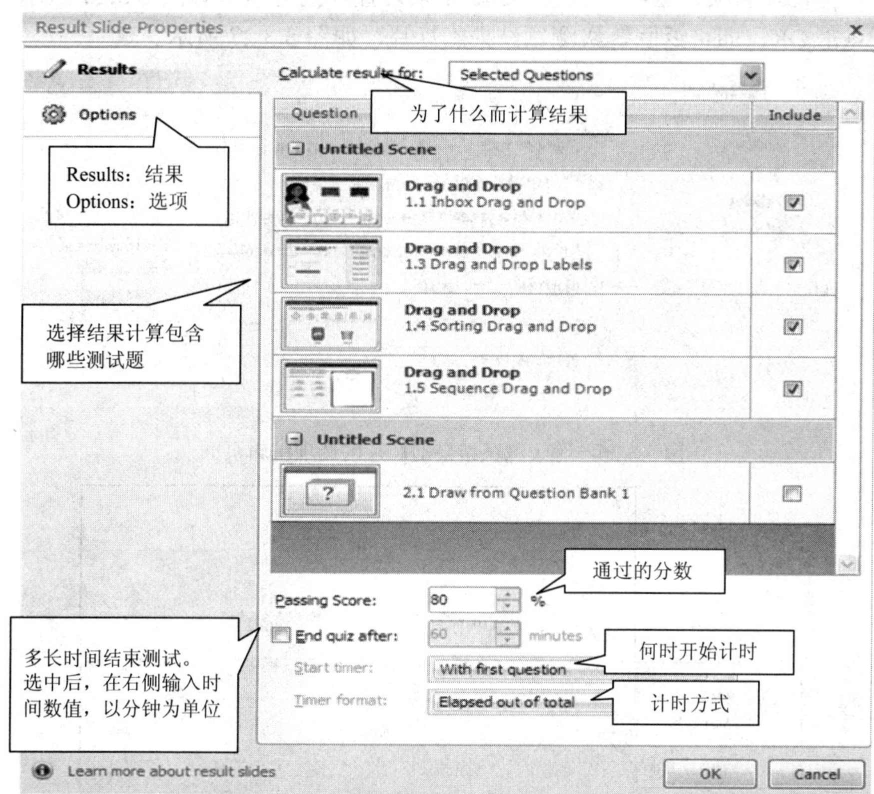

图 3.3.24 根据选择的题目来计算结果的等级测试结果幻灯片编辑页面

在 Calculate results for(为了什么而计算结果)下拉框中自上而下分别为：为被选中的问题测试题计算结果(如图 3.3.24 所示)；为被选中的结果幻灯片计算结果(如图 3.3.25 所示)。

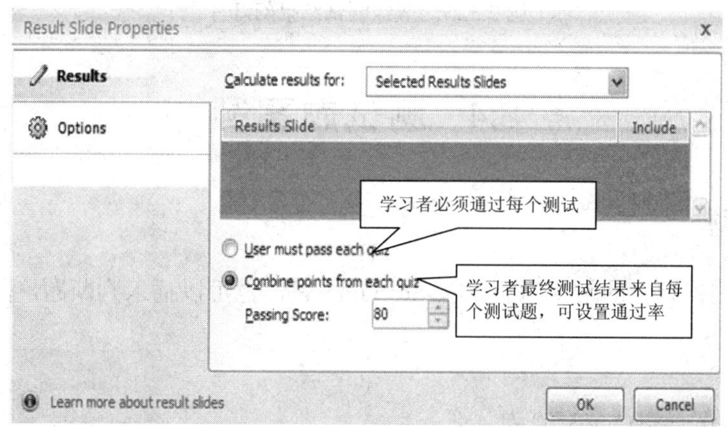

图 3.3.25 根据选择的幻灯片来计算结果的等级测试结果幻灯片编辑页面

在 Start timer(何时开始计时)下拉框中自上而下分别为：从第一个问题开始计时，从第一个幻灯片开始计时。

在 Timer format(计时方式)下拉框中自上而下分别为：显示流逝的时间和总时间，不显示时间，显示流逝的时间，显示剩余的时间。

除了这些设置选项，还可以通过 Options 来设置其他选项，如图 3.3.26 所示。所有设置完毕，点击 OK，即可返回等级测试结果幻灯片，如图 3.3.27 所示。

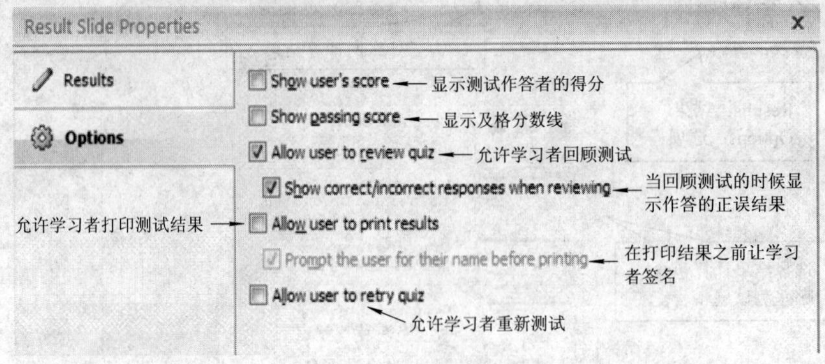

图 3.3.26　等级测试结果幻灯片的选项编辑页面

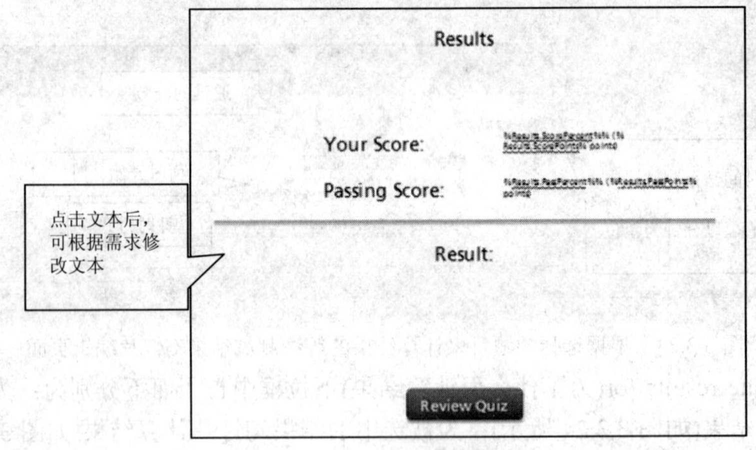

图 3.3.27　等级测试结果幻灯片

3.4　测试题案例

3.4.1　判断题

判断题是测试题中的常用题型。在 Storyline 中，也可以插入判断题，图 3.4.1 为一个案例效果图。

此题要求：

(1) 学员每次答题次数设置为 2 次。

(2) 将题目和选项调整到幻灯片的合适位置。并设置正确选项为错误。

(3) 将正确反馈信息的文字设置为绿色，错误和重试反馈信息的文字设置为红色。并调整反馈面板颜色为灰白，同时调整到合适位置，使得反馈时不会挡住题目文字。

(4) 若学员回答正确，则直接跳转到下一题。若学员回答错误两次后，则跳转到正确答案页面。

(5) 给此题插入如图 3.4.1 所示效果的人物和背景图。

图 3.4.1 判断题效果图

其具体操作步骤如下：

(1) 在 Home(首页)菜单或 Insert(插入)菜单下，点击 New Slide(新建幻灯片)标签，进入新建幻灯片窗口。点击 Quizzing(测试)，在 Graded(等级)测试类型下选择 True/False(判断题型)，如图 3.4.2 所示。

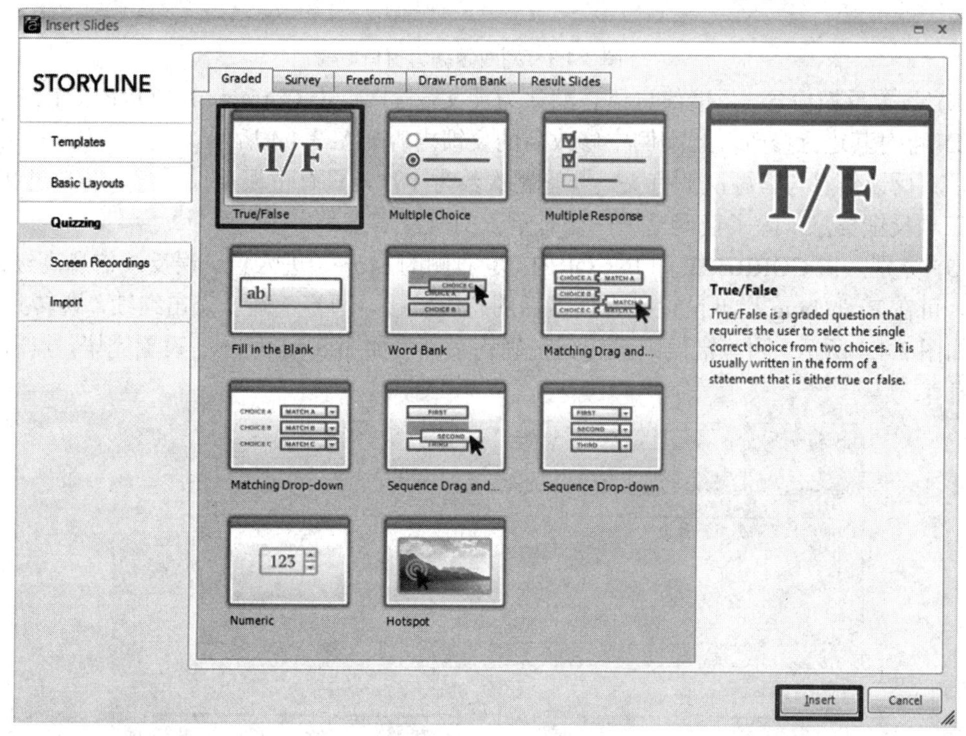

图 3.4.2 新建测试题幻灯片窗口

(2) 点击 Insert(插入)即可进入判断题编辑窗口，如图 3.4.3 所示。

(3) 输入题目，设置正确选项并根据需求选择 Feedback(反馈)类型、Score(得分)依据以及 Attempts(答题次数)等。此案例中答题次数设置为 2。

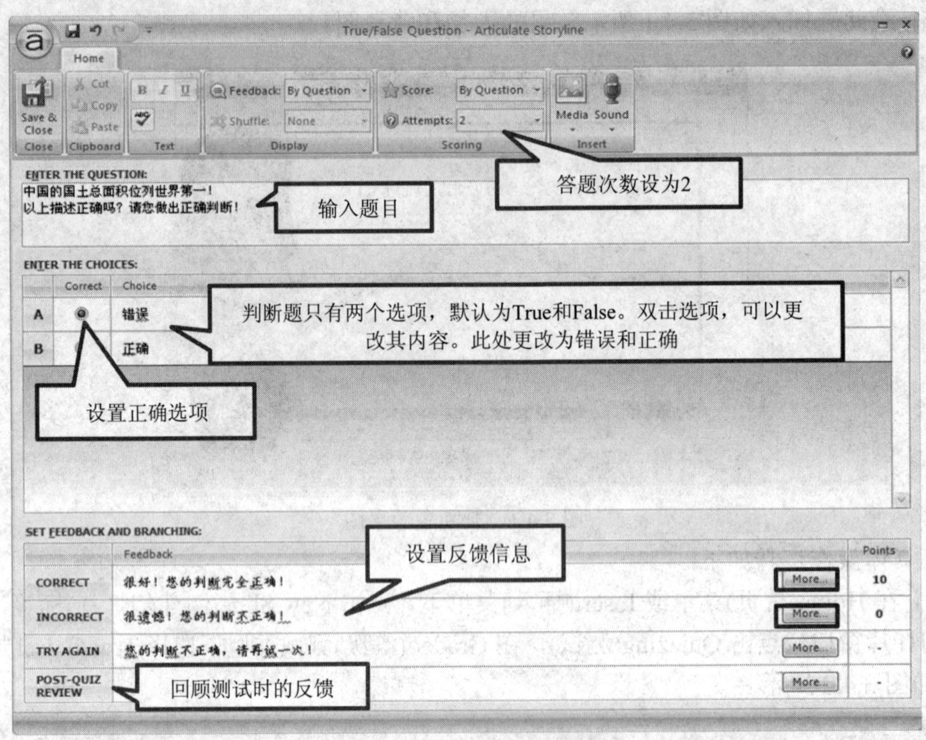

图 3.4.3 判断题编辑窗口

(4) 设置反馈信息。反馈信息语言默认为英文，直接点击 Correct、InCORRECT 或 TRY AGAIN 可对其进行修改。此案例中修改后的反馈内容如图 3.4.4 所示。

注：反馈信息与答题次数有关，若答题次数为 1 次，只有正误反馈信息。若超过 2 次，则有三项反馈信息，除了正误反馈，还有重试的反馈信息。

(5) 分别点击 CORRECT 和 INCORRECT 右侧的 More，进入正、误反馈信息高级设置窗口，可在 Branching 栏下设置正误反馈后的超级链接。回答正确后点击继续，跳转到第 2 题，如图 3.4.4 所示。回答错误则跳转到正确答案页面如图 3.4.5 所示。设置完毕，点击 OK 即可。

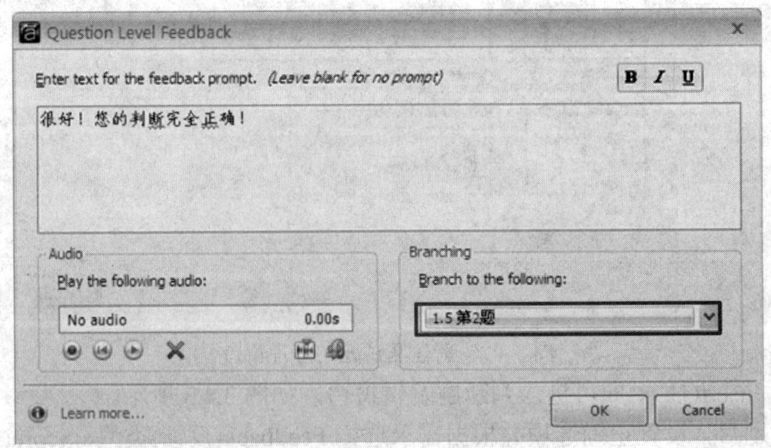

图 3.4.4 回答正确的反馈信息高级设置窗口

图 3.4.5　回答错误的反馈信息高级设置窗口

(6) 题目所有信息编辑完毕，点击 Save&Close，即可将该判断题插入到幻灯片。将题目和选项调整到合适位置，并修改选项状态。默认的鼠标经过状态条太长，可以选中全部选项后，将指针放在选择框右侧边上，当指针变为双向箭头时，向左拖动即可缩短每个选项的选择框长度。如图 3.4.6 至图 3.4.9 所示。

图 3.4.6　选项默认状态下的预览效果

图 3.4.7　默认状态下，选中选项

图 3.4.8　缩短选项选择框

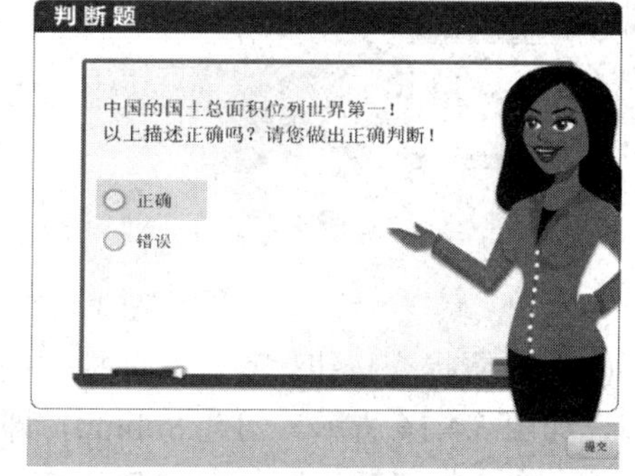

图 3.4.9　缩短选项选择框后的预览效果

(7) 点击 Insert(插入)菜单下的 Picture 标签，插入背景图和教师人物角色。

注：测试题页面与正常幻灯片一样，可以插入各种多媒体元素(如视频、动画、图片、

声音)和交互等。

(8) 修改反馈信息文字颜色。在幻灯片层 Slide Layer(面板)中，分别选择正确、错误和重试这三个层，选中文字内容，在 Home(首页)菜单下即可修改字体颜色。将正确反馈信息文字设置为绿色，错误和重试的反馈信息文字设置为红色，如图 3.4.10 所示。

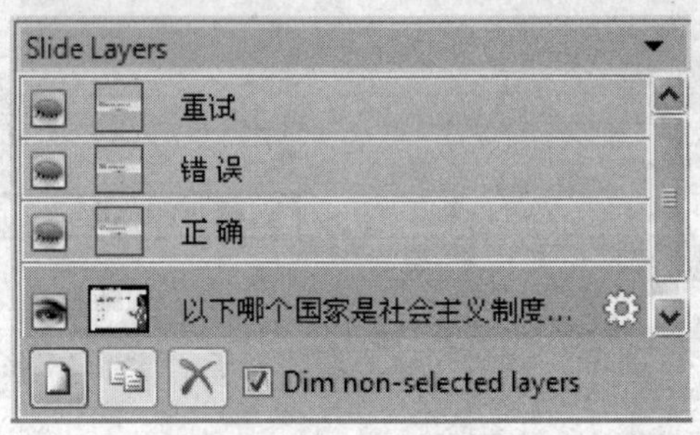

图 3.4.10　幻灯片层面板

(9) 调整反馈信息面板到合适位置，使得在反馈信息时不会遮挡题目文字。选中正确、错误或重试的任意一个层后，在 Question 面板中，点击 Edit，如图 3.4.11 所示，即可进行反馈模板编辑。如图 3.4.13 所示，分别调整正确反馈模板、错误反馈模板以及重试反馈模板。编辑完毕，点击关闭即可。注：若在层面板中选择幻灯片，则在 Question 面板中显示编辑测试题，点击 Edit True/False 即可进入判断题编辑窗口修改设置，如图 3.4.12 所示。

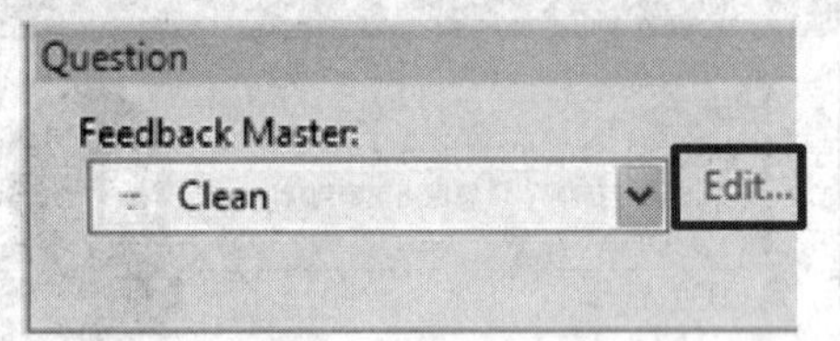

图 3.4.11　点击 Edit 编辑反馈母版

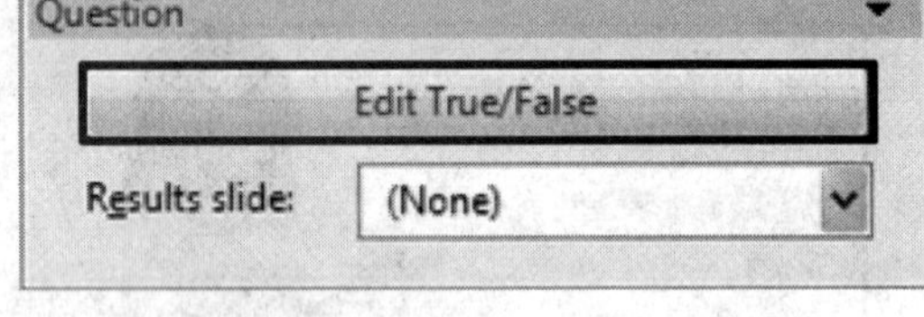

图 3.4.12　点击 Edit True/False 编辑题目

图 3.4.13　反馈模板编辑界面

(10) 设置提交按钮。点击层面板中的幻灯片层右侧的设置按钮，进入幻灯片属性设置窗口，如图 3.4.14 所示。勾选 Submit，即可在播放时显示提交按钮。

注：提交按钮默认的显示为 Submit，可以在 Player(播放器)中的 Text Lables(文本标签)中将语言类型更改为 Chinese Simplified(简体中文)，Submit 被更换为中文“提交”。点击提交，最终预览效果如图 3.4.15 所示。

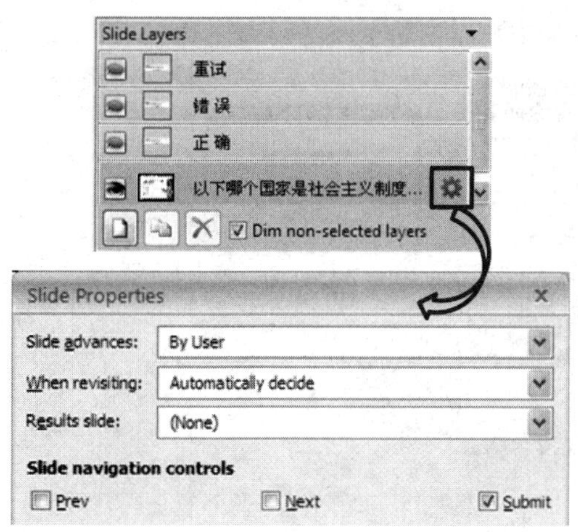

图 3.4.14　幻灯片属性设置窗口

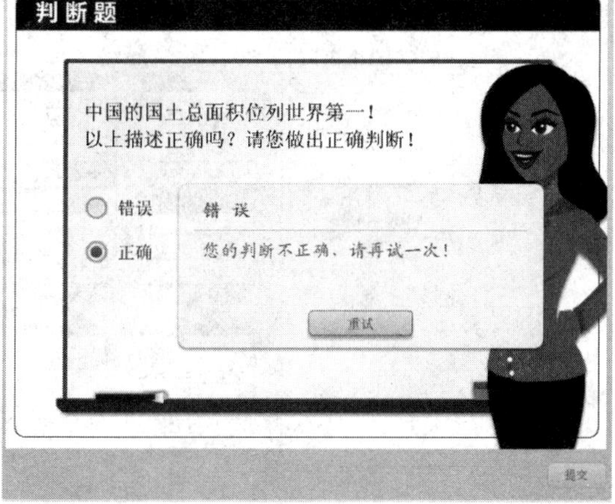

图 3.4.15　回答错误点击提交后的预览效果

3.4.2　单选题

单选题几乎是测试题中的必备题型。在 Storyline 中，单选题有三种类型，分别是 Graded 下的 Multiple Choice、Survey 下的 Pick One 和 Freeform 下的 Pick One。Graded 里的单选题可以有正误反馈，而 Survey 里的没有正误反馈。Freeform 里的单选题是图形图像的单选题，而前两者都是文字内容的单选题。

下面主要介绍插入 Multiple Choice 和 Freeform 中的 Pick One 类型单选题的操作步骤。插入 Survey 下的 Pick One 类型单选题与插入 Multiple Choice 类型单选题的步骤类似，可以参考插入 Multiple Choice 类型单选题的操作步骤。图 3.4.16 为 Multiple Choice 预览效果。

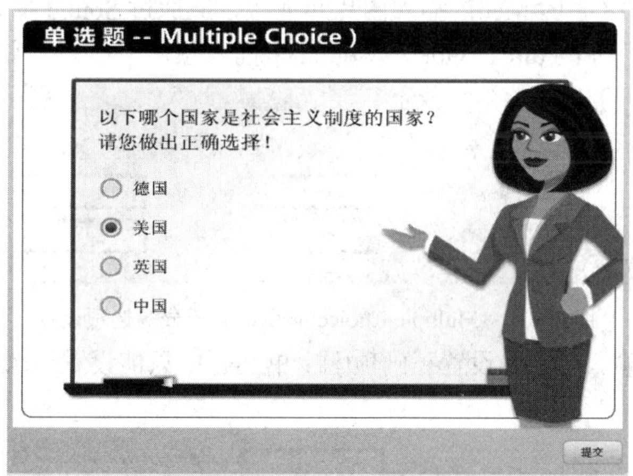

图 3.4.16　Multiple Choice 预览效果

1. 插入 Multiple Choice 类型单选题的操作步骤

(1) 在 Home(首页)菜单或 Insert(插入)菜单下，点击 New Slide(新建幻灯片)标签，进入新建幻灯片窗口。点击 Quizzing(测试)，在 Graded(等级)测试类型下选择 Multiple Choice(单选题型)，如图 3.4.17 所示。

(2) 点击 Insert(插入)，即可进入 Multiple Choice(单选题)编辑窗口。

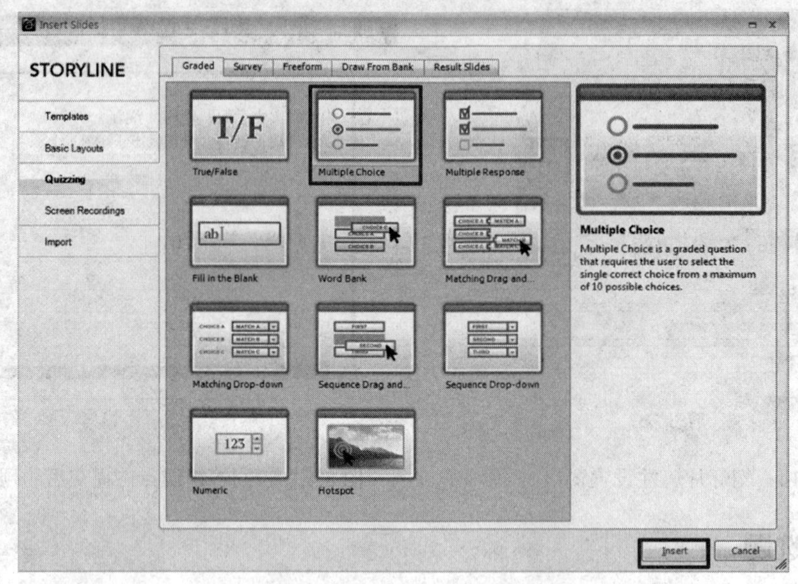

图 3.4.17　在新建幻灯片窗口中选择 Multiple Choice

(3) 在编辑窗口的最上侧的菜单栏，可以设置单选题的各类属性：此案例设置 Feedback(反馈)和 Score(得分)都为 By Question 类型(即根据回答问题的正误情况给予反馈和得分)，设置答题次数为 2，选项设置为随机出现(即 Shuffle 下拉菜单中选择 Answers)。点击 Sound 标签，在其下拉菜单下选择 Sound from File，插入此单选题的配音文件，插入完毕后，Sound 图像由麦克风变为喇叭，如图 3.4.17 所示。点击喇叭标签，其下拉菜单自上而下分别为播放音频、编辑音频和删除音频。

注：通过图 3.4.18 中的 Media 插入图片和视频，或通过 Sound 插入音频的效果，与通过 Insert(插入)菜单下的 Picture、Video、Sound 来插入图片、视频、音频的效果一样。

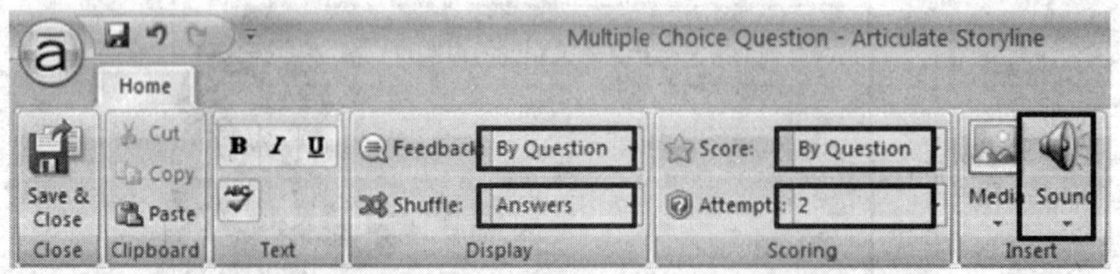

图 3.4.18　Multiple Choice 的反馈、得分等选项设置

(4) 输入题目，输入选项并设置正确项(注：单选题中只能设置一个正确项)，如图 3.4.19 所示。

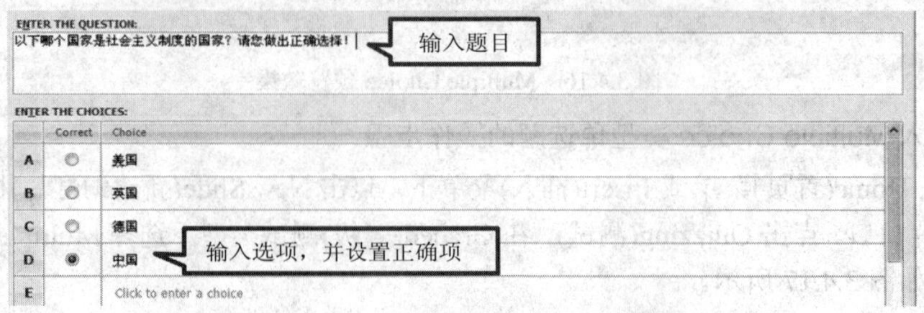

图 3.4.19　输入题目及选项模块

(5) 设置反馈信息。设置方法与判断题的类似，在此不详述。分数设置为答对得 10 分，答错不得分，如图 3.4.20 所示。单击分数即可进行修改。

图 3.4.20　反馈信息设置模块

(6) 在反馈信息中添加音频，即在正误和重试反馈时不仅有文字提示，还有相应音频提示。操作如下：分别在三种反馈右侧点击 More，进入高级设置窗口。此处以回答正确时添加配音为例，插入后的显示情况如图 3.4.21 所示。插入完毕点击 OK 即可。还可以对插入后的音频进行播放、剪辑和删除等操作。具体请参照 4.6.2 节内容。

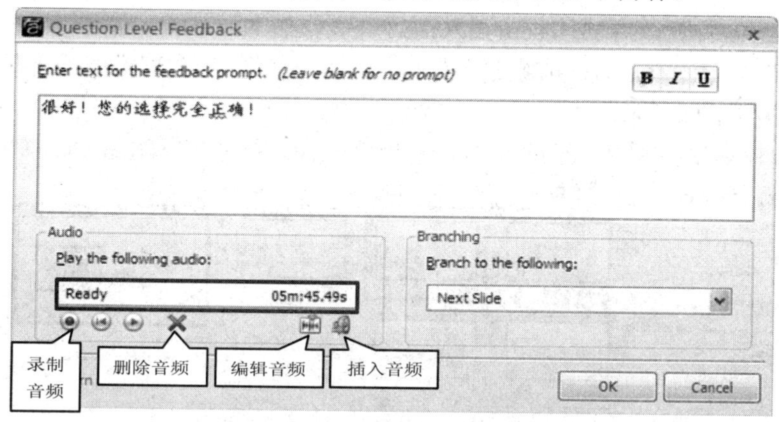

图 3.4.21　反馈信息高级设置窗口

(7) 所有题目信息编辑完毕，点击 Save&Close，可将单选题插入到幻灯片中。

(8) 进行反馈信息位置调整、设置反馈文字颜色、设置提交按钮等操作。参照判断题操作步骤(6)～(10)。在此不赘述。答题后，点击提交，效果如图 3.4.22 所示。

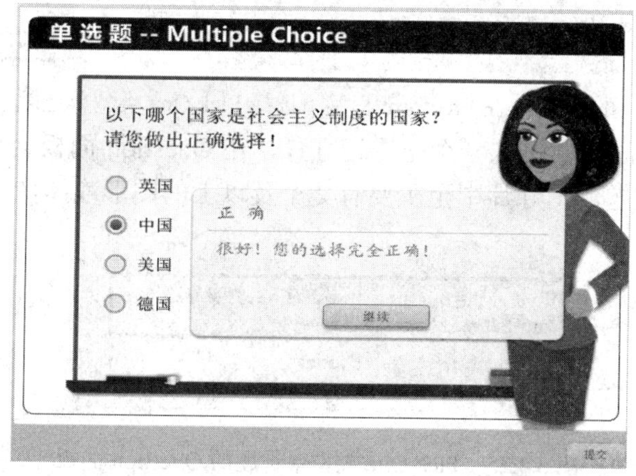

图 3.4.22　单选题答对点击提交后的效果图

2. 插入 Pick One 类型单选题的操作步骤

图 3.4.23 为 Pick One 类型单选题的预览效果图。

图 3.4.23 Pick One 类型单选题的预览效果

方法一：

(1) 在 Home(首页)菜单或 Insert(插入)菜单下，点击 New Slide(新建幻灯片)标签，进入新建幻灯片窗口。点击 Quizzing(测试)，在 Freeform(自由形式)测试类型下选择 Pick One(单选题型)，如图 3.4.24 所示。

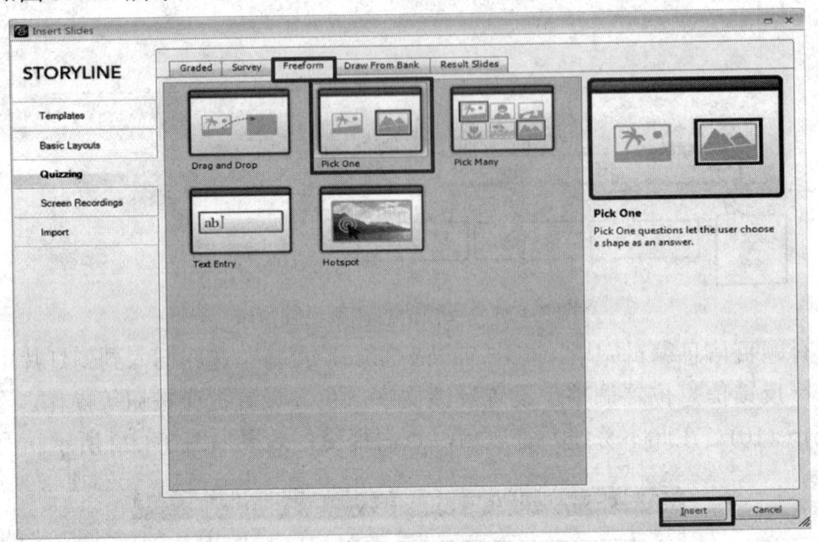

图 3.4.24 在 Freeform 标签下选择 Pick One 类型单选题

(2) 点击 Insert(插入)，进入一个空白幻灯片，在 Question 面板会显示一段提示文字，即提醒编辑此类型试题，幻灯片中至少要有 2 个及以上的图形或图像，如图 3.4.25 所示。

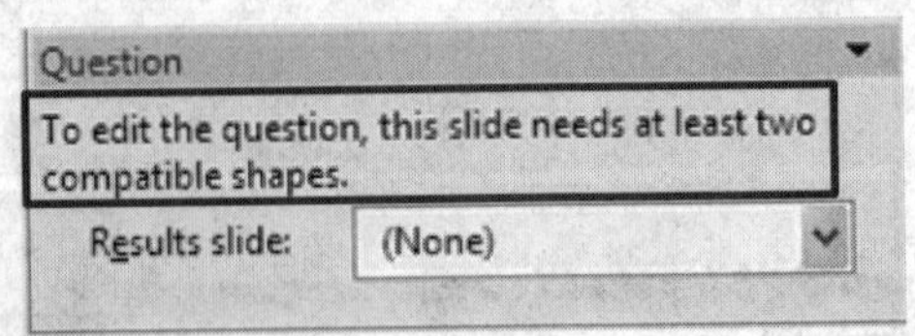

图 3.4.25 Pick One 类型单选题的 Question 面板

(3) 在幻灯片中插入图形作为选项。此案例是在 Insert(插入)菜单的 Shape(形状)下拉菜单中选择 6 种图形插入，并在幻灯片中插入题目和背景图片。此时 Question 面板中提示文字消失，变成了 Edit Pick One 按钮，如图 3.4.26 所示。

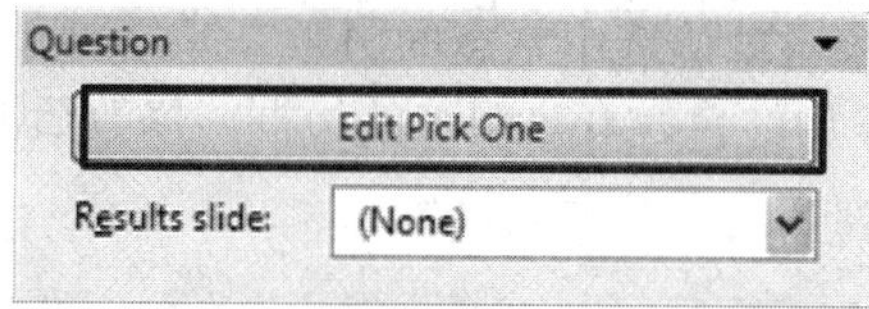

图 3.4.26 幻灯片中插入 2 个以上图形后的 Question 面板

(4) 点击 Edit Pick One，进入编辑窗口，如图 3.4.27 所示。此类型单选题编辑窗口与 Multiple Choice 编辑窗口相似，请参照 Multiple Choice 案例操作步骤(3)、(5)、(6)。主要区别在于该类型不是输入文字作为选项，而是点击 Choice 列下每行的空白处，在下拉菜单中选择幻灯片中图形或图像等元素作为选项。此例设置的正确答案为 D 项三角形。设置后的效果如图 3.4.27 所示。

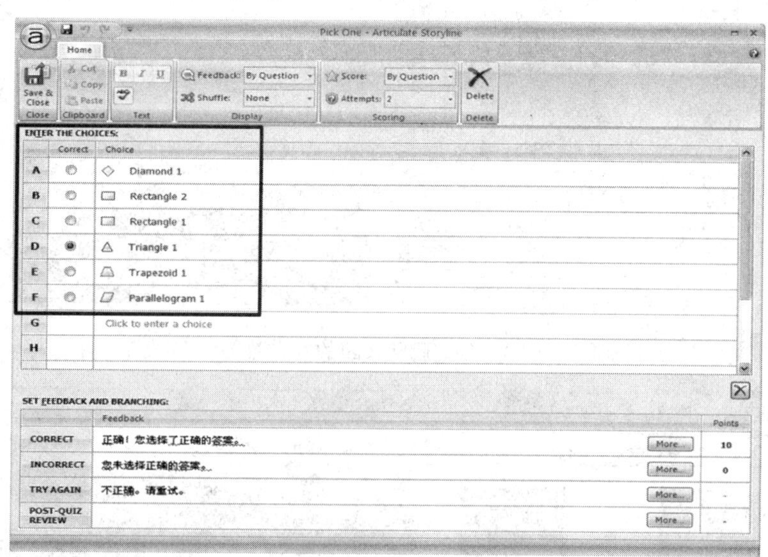

图 3.4.27 Pick One 类型单选题编辑窗口

(5) 编辑完毕，点击 Save&Close，返回幻灯片编辑页面。点击预览，选项选中的效果默认为浅蓝色发光状态，如不能满足需求，可将其选中进行修改。操作如下：

① 选中每个选项图形后，点击幻灯片舞台下方的 States，如图 3.4.28 所示。选项默认有两种状态，即 Normal(普通状态)和 Selected(选中状态)。如果两种状态不满足需求，可以对其进行更改、新增或删除，详细操作请参考 5.2 节内容。

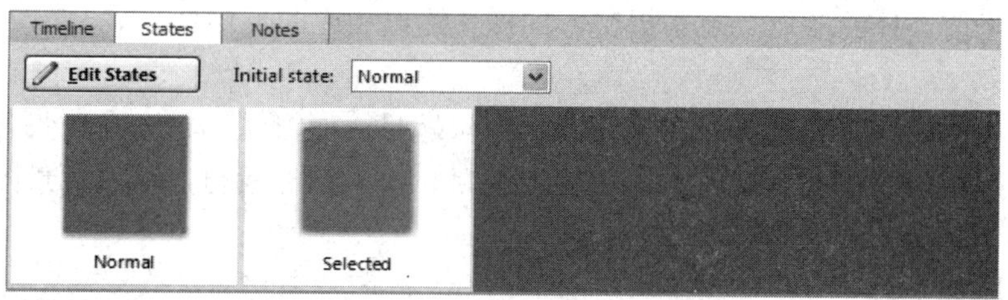

图 3.4.28 选项的状态编辑

② 点击 Edit States，选择 Selected，此时在幻灯片中会选中该图形，并显示的是 Seleoted 状态。此时，点击界面上方的 Format 菜单，点击 Shape Effects，在下拉菜单中选择 Glow，并选择 No Glow，即可将按钮默认选中状态的阴影去掉，如图 3.4.29 所示。再点击 Shape Outline，给选中状态图形添加红色、4px 粗细的边框。修改后的 Selected 状态如图 3.4.30 所示。

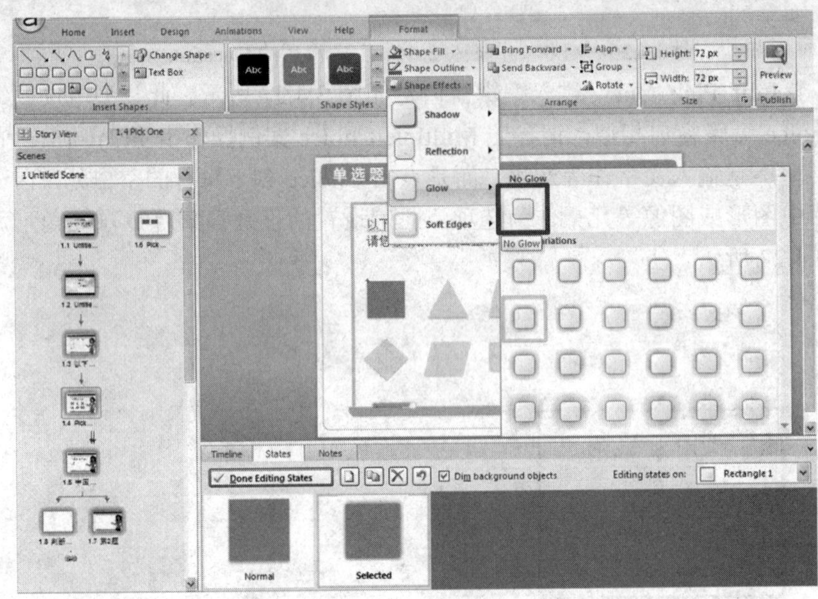

图 3.4.29　删除按钮的发光效果

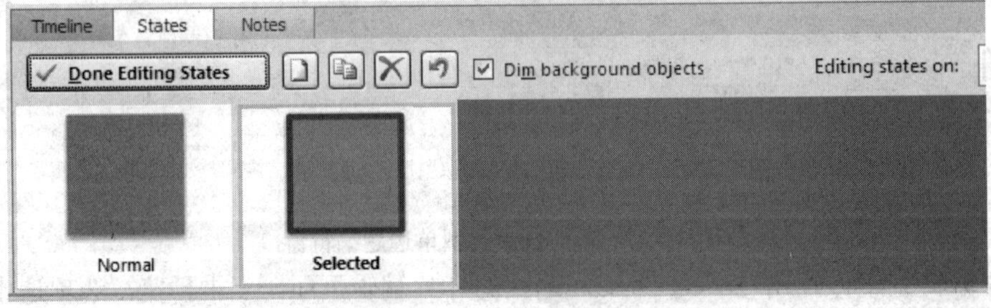

图 3.4.30　添加红色边框后的图形 Selected 状态

③ 图形的 Selected 状态修改完毕，点击 Done Editing States，即可结束状态编辑。

④ 其他选项图形的 Selected 状态修改方法与上述步骤一样，在此不重述。

(6) 所有内容编辑完毕，点击 Preview(预览)，效果如图 3.4.23 所示。其中有红色边框的图形表示当前选择的图形。点击提交，同样会给出相应的反馈信息。

方法二：

方法一中的顺序是先选择题目类型，再编辑题目。而方法二是先在一张普通幻灯片中编辑该测试题中所需要的各种元素，如输入题目、插入图形素材，插入背景图等，再将该幻灯片转换为 Pick One 类型的测试题。

操作步骤如下：

(1) 在普通幻灯片中先编辑好该测试题中所需要的各种元素。操作方法同方法一，在此不赘述。

(2) 选中该幻灯片，点击 Insert(插入)菜单下的 Convert to Freeform 标签，即可进入转换窗口，如图 3.4.31 所示。选择 Pick One，点击 OK，即可将幻灯片转换成 Pick One 类型的测试题。进入测试题编辑页面后，接下来的操作同方法一的步骤(4)、(5)、(6)，在此不重述。

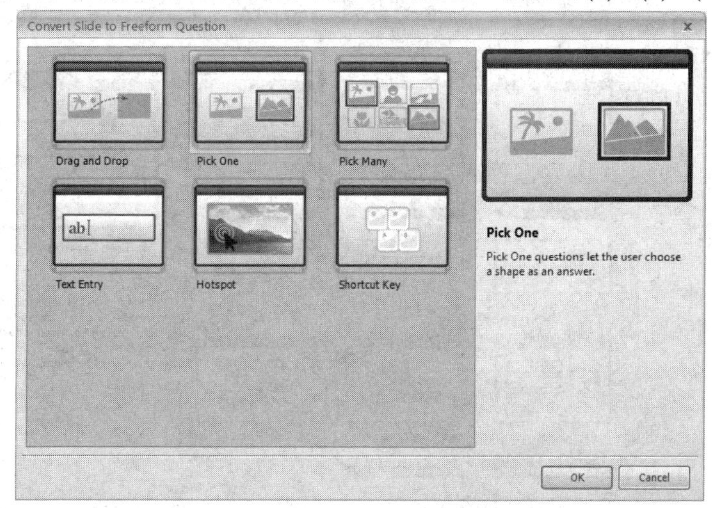

图 3.4.31 转换幻灯片为自由形式测试题的设置窗口

3.4.3 多选题

多选题也是测试题中的常见类型，在 Storyline 中，其操作步骤与单选题的相比，除了在题目类型选择以及答案设置时不同以外，其余步骤都一样，因此这里只简述插入多选题的操作步骤。Storyline 中的多选题也有 3 种类型，分别是 Graded 下的 Multiple Response、Survey 下的 Pick Many 和 Freeform 下的 Pick Many。Graded 里的多选题可以有正误反馈，而 Survey 里的没有正误反馈。Freeform 里的多选题是图形图像的多选题，而前两者都是文字内容的多选题。

1. Multiple Response 类型多选题

插入 Multiple Response 测试题的操作步骤如下。最终预览效果如图 3.4.32 所示。

图 3.4.32 Multiple Response 多选题的预览效果图

(1) 在 Home(首页)菜单或 Insert(插入)菜单下，点击 New Slide(新建幻灯片)标签，进入新建幻灯片窗口。点击 Quizzing(测试)，在 Graded(等级)测试类型下选择 Multiple Response(多选题型)，如图 3.4.33 所示。

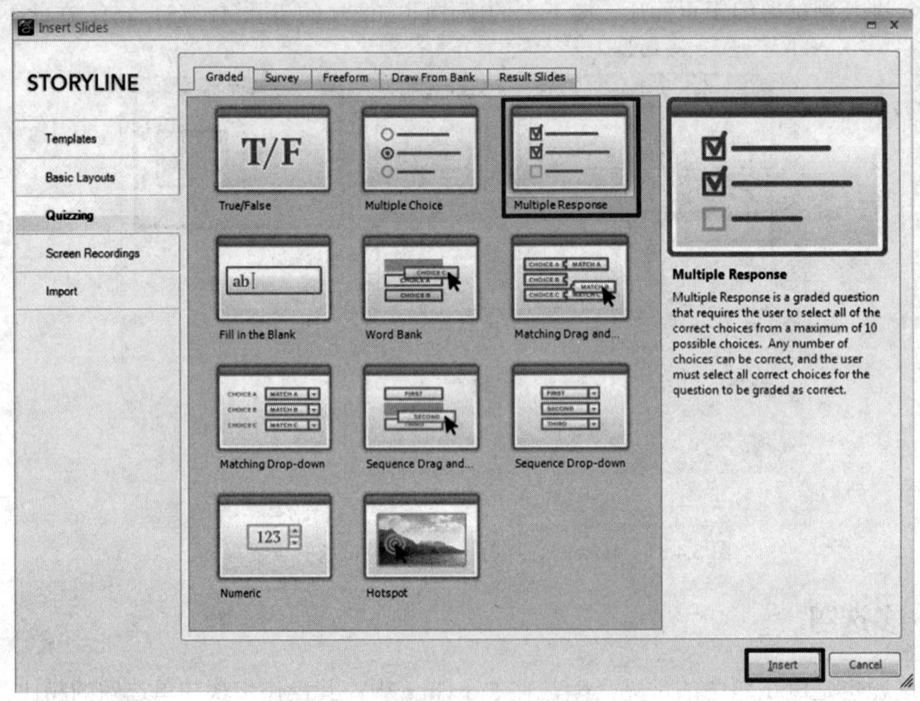

图 3.4.33　多选题的预览效果图

(2) 点击 Insert(插入)，即可进入多选题编辑窗口，与单选题编辑窗口类似(见图 3.4.27)。不同的是选项设置模块不同，可以设置多个正确选项，如图 3.4.34 所示。

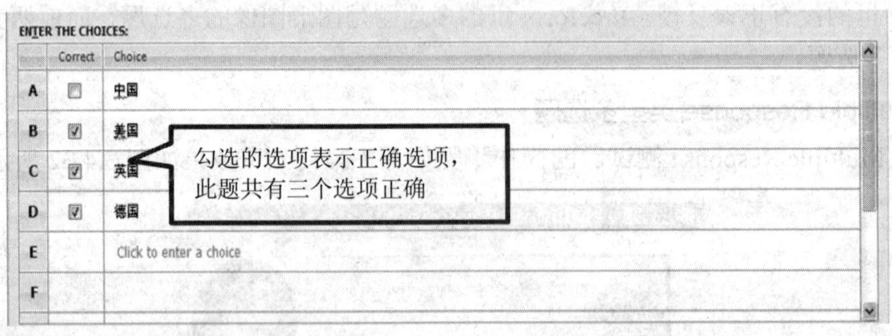

图 3.4.34　多选题的选项设置模块

(3) 接下来的步骤同 Multiple Choice 类型单选题操作步骤的(3)、(5)、(6)、(7)、(8)，在此不重述。

2. Pick Many 类型多选题

插入 Pick Many 类型多选题的操作与插入 Pick One 类型单选题的类似，区别在于 Pick Many 类型多选题可以将多个选项设置为正确答案，而 Pick One 只能设置一个图形或图像为正确答案。在此不详述新建 Pick Many 类型多选题的具体步骤。如图 3.4.35 所示为插入

Freeform 下的 Pick Many 类型多选题的预览效果。

图 3.4.35 插入 Freeform 下的 Pick Many 类型的预览效果

将一个 Pick One 类型单选题转换为 Pick Many 类型多选题的操作步骤如下：

(1) 选中 Pick One 类型单选题幻灯片，并在幻灯片视图下，点击 Insert(插入)菜单下的 Remove Freeform 标签。弹出对话框，提示是否确认删除自由形式测试题，如图 3.4.36 所示。点击确定，即可删除自由形式测试题类型，将该幻灯片由 Pick One 类型单选题转换为普通幻灯片。

此时，窗口右侧的 Question 面板消失，Insert(插入)菜单下的 Remove Freeform 标签变为 Convert to Freeform。

注：当幻灯片为普通幻灯片时，Remove Freeform(删除自由交互)标签显示的是 Convert to Freeform(转换成自由交互)，点击 Convert to Freeform，即可将普通幻灯片转换成 Freeform 形式的测试题类型。

图 3.4.36 确认是否删除自由形式测试题

(2) 点击 Convert to Freeform，进入转换窗口，如图 3.4.37 所示。选择 Pick Many，点击 OK，即可将该普通幻灯片再次转换为 Freeform 形式的多选题。

(3) 点击 OK 后进入到 Pick Many 的编辑窗口，与图 3.4.27 相似，唯一不同的是 Pick Many 编辑窗口中可以将多个选项设置为正确答案。但需要注意的是，原 Pick One 单选题中的选项都要删除，重新插入图形。然后在 Pick Many 编辑窗口选择作为选项的图形，并设置正确答案。(否则原先的选项图形仍然以单选的状态存在，预览时只能选择一项)

(4) 接下来的操作与插入 Pick One 单选题的操作一样，请参考 Pick One 单选题操作步骤的(4)、(5)、(6)。最终的预览效果如图 3.4.35 所示。

图 3.4.37 选择 Pick Many，转换成自由形式多选题

3.4.4 填空题

填空题在测试题中也是常见类型，但相对于选择题，填空题难度要稍大一些，可以较深的考察学员对某个知识点的掌握情况。

在 Storyline 的幻灯片中也可以插入填空题。共有 6 种类型，分别是 Graded 类型测试题里的 Fill in the Blank 和 Numeric，Survey 类型测试题里的 Short Answer、Essay 和 How Many 以及 Freeform 类型测试题里的 Text Entry。Graded 和 Freeform 里的填空题可以设置正误反馈，而 Survey 里的不可以设置正误反馈。Freeform 里的填空题自由度更高，还可以由普通幻灯片转换而成。Fill in the Blank、Short Answer、Essay、Text Entry 可以填入文本、数值和符号内容。而 Numeric 和 How Many 都是数值填空题，只能填入数字，并且可以对正确的数值答案设置一定范围或要求。

下面，以 Fill in the Blank 和 Numeric 这两种类型的填空题为例，详细讲述综合填空和数值填空的操作步骤。

1. Fill in the Blank 类型填空题

Fill in the Blank 类型填空题的预览效果如图 3.4.38 所示。

图 3.4.38 Fill in the Blank 类型填空题的预览效果

操作步骤如下：

(1) 在 Home(首页)菜单或 Insert(插入)菜单下，点击 New Slide(新建幻灯片)标签，进入新建幻灯片窗口。点击 Quizzing(测试)，在 Graded(等级)测试类型下选择 Fill in the Blank(填空题型)，点击下方的 Insert 按钮，即可进入 Fill in the Blank 的编辑窗口，如图 3.4.39 所示。

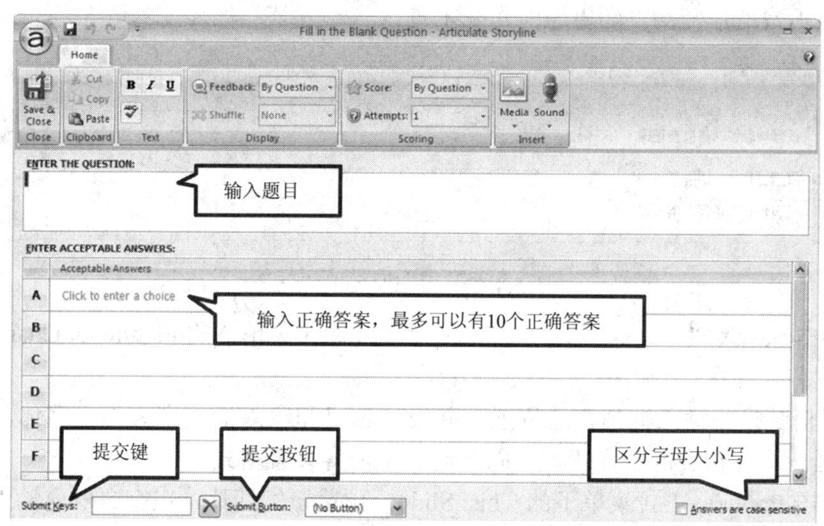

图 3.4.39　Fill in the Blank 编辑窗口

(2) 在编辑窗口中输入题目和正确答案，其中正确答案最多可以有 10 个。同时设置 Feedback、Score 和 Attempts，请参照 3.4.2 章节内容，在此不详述。

(3) 设置 Submit(提交)按钮。在编辑窗口中提供了两种设置方式，即 Submit Keys(提交快捷键)和 Submit Button(提交按钮)。

① Submit Keys：是指通过键盘来实现提交功能。操作步骤如下：鼠标指针放在 Submit Keys 右侧的空白框内，同时按住键盘上的某个键或者某些键的组合，即可将所选的键输入到空白框。如 Enter 键，Shift + D 键等。如图 3.4.40 所示。若不需要这些提交快捷键，点击右侧的删除按钮即可删除。

图 3.4.40　提交键的设置

② Submit Button：是指通过幻灯片中的按钮或者图形图像等元素来实现提交功能。操作步骤如下：点击 Submit Button 右侧空白框的倒三角，在下拉菜单中会出现该填空题幻灯片中的相关图形图像等，选择一个需要的作为提交按钮，在预览时可通过点击该对象来实现提交功能，效果如图 3.4.41 所示，隐藏了播放器自带的提交按钮，利用幻灯片里的蓝色矩形来实现提交功能。

图 3.4.41　自定义的提交按钮

注：在判断题、单选题或多选题的案例中，

所用的提交按钮都是 Storyline 播放器自带的。在它们的编辑窗口中没有提交按钮设置栏。但是，在幻灯片中插入按钮并为其添加 Submit interaction 交互动作即可实现提交功能。详细操作请参考 5.3.2 节内容。

(4) 设置正确、错误以及重试的反馈信息和正误得分情况。如图 3.4.42 所示。步骤请参考前面几小章节反馈信息的设置，在此不重述。

SET FEEDBACK AND BRANCHING:

	Feedback		Points
CORRECT	很好！您的回答完全正确！	More...	10
INCORRECT	很遗憾！您的回答不正确！	More...	0
TRY AGAIN	很遗憾！不正确！请重试！	More...	-

图 3.4.42 填空题反馈信息

(5) 点击 Save&Close，返回幻灯片界面。点击 Insert 菜单下的 Picture 和 Character 标签，插入背景图和人物图。

(6) 调整题目和输入框到合适位置，并设置题目和输入框文字大小、字体及颜色等。选中输入框，进行相应的设置即可，同普通文本内容设置格式。

(7) 点击 Preview 下拉菜单下的 This Slide，预览该幻灯片。在空白框内输入答案，并点击提交，效果如图 3.4.38 所示。

2. Numeric 类型填空题

Numeric 填空题只能填入数值，不能输入文本、符号等内容。正确答案不仅可以是一个具体数值，还可以是某个范围内的数值。但输入时，一次只能输入一个数值，不可以一次输入多个可能的数值。Numeric 填空题预览效果如图 3.4.43 所示。

图 3.4.43 Numeric 类型填空题预览效果

操作步骤如下：

(1) 在 Home(首页)菜单或 Insert(插入)菜单下，点击 New Slide(新建幻灯片)标签，进入新建幻灯片窗口。点击 Quizzing(测试)，在 Graded(等级)测试类型下选择数值 Numeric(填空题型)，点击下方的 Insert 按钮，即可进入 Numeric 类型填空题的编辑窗口，如图 3.4.44 所示。

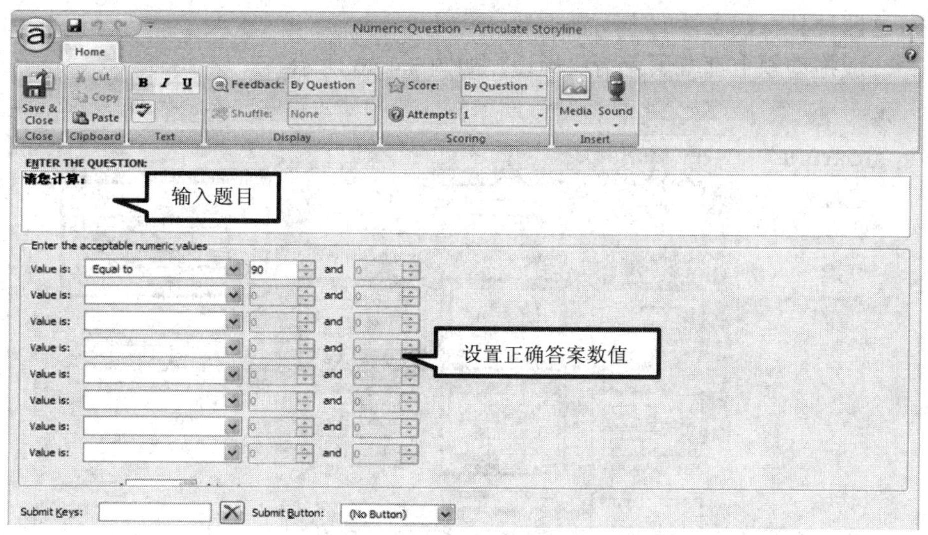

图 3.4.44　Numeric 填空题编辑窗口

(2) 输入题目，并设置正确答案数值。此案例题目是 50+20*2，点击任意一个 Value is 右侧空白框的倒三角，在下拉框中选择 Equal to(等于)，其右侧的空白框输入数值 90，即此题正确答案为 90。

注：若正确答案是某一范围内的数值，可以设置多个条件，如：Value is: Equal to 90 和 Value is: Between 100 and 110。Value is 右侧空白框的下拉菜单中自上而下分别为等于、之间、大于、大于或等于、小于、小于或等于、不等于、不在……之间，如图 3.4.45 所示。

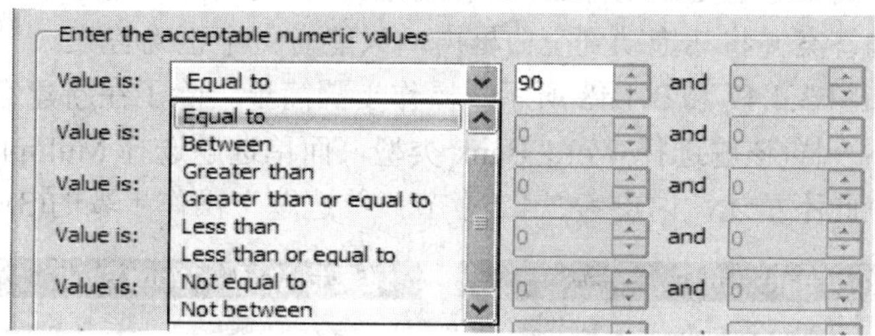

图 3.4.45　Value is 的数值计算类型

(3) 其余设置与 Fill in the Blank 类型填空题的相同，在此不赘述，请参考 Fill in the Blank 的操作步骤。

3.4.5　拖动题

在 Storyline 中，拖动题的类型也共有 6 种，分别是 Graded 类型测试题里的 Word Bank(题库选择拖动题)、Matching Drag and Drop(匹配拖动题)和 Sequence Drag and Drop(排序拖动题)，Survey 类型测试题里的 Which Word(题库选择拖动题)和 Ranking Drag and Drop(排序拖动题)以及 Freeform 类型测试题里的 Drag and Drop(拖动题)。同样，Graded 和 Freeform 里的拖动题可以有正误反馈，而 Survey 里的拖动题则没有。Word Bank 和 Which Word 都属于题库选择拖动题。Sequence Drag and Drop 和 Ranking Drag and Drop 属于排序拖动题。

下面，主要介绍 Word Bank、Matching Drag and Drop、Sequence Drag and Drop 和 Drag and Drop 这四种具有代表性的拖动题类型。

注：一般拖动题上都有黑色箭头标识，如图 3.4.46 所示。

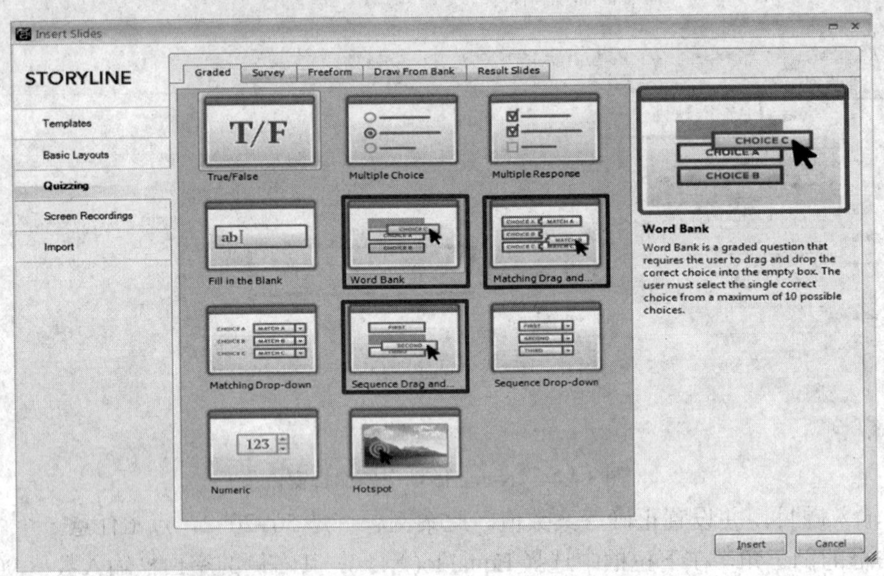

图 3.4.46　拖动题标签上一般都有黑色箭头标识

1. Word Bank 类型拖动题

Word Bank 既属于拖动题，又属于选择题。与单选题很相似，不同的是该题型是通过拖动来选择答案，而单选题是通过点击来选择答案。该类型拖动题每题至多有 10 个选项，从选项中选择正确答案并将其拖动到空白框内，只能有一个正确答案。

其预览效果如图 3.4.47 和 3.4.48 所示。操作步骤简单，除了在新建幻灯片窗口中选择的类型同单选题不一样(该题选择 Word Bank 类型，而单选题选择 Multiple Choice 类型)，其余操作相同，在此不重述，请参考 3.4.2 章节“单选题”操作步骤的(3)～(7)。

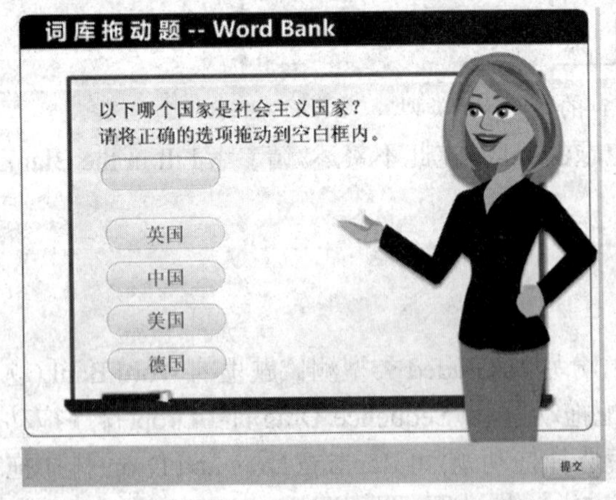

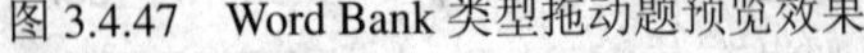
图 3.4.47　Word Bank 类型拖动题预览效果

图 3.4.48　Word Bank 类型拖动题答题提交后的预览效果

注：插入 Word Bank 类型拖动题到幻灯片后，会自动生成拖动选项和空白框。对于这两者，均可以修改大小、字体、字号、字的颜色、位置等基本设置。

但是以下几点值得注意：

(1) 拖动框和空白框的形状及格式不能更改。

(2) 拖动选项只能作为一个整体修改其位置，不能对四个选项的位置重新进行排版。

(3) 拖动选项框若更改大小，空白框会随着一起更改。

2. Matching Drag and Drop 类型拖动题

Matching Drag and Drop 是匹配拖动题，即有两栏相同数量的选项，分别将两栏中的选项一一对应，一题中最多有 10 对选项匹配。在中小学练习题中常出现的连线题可用此种题型来设置。其预览效果如图 3.4.49 和图 3.4.50 所示。

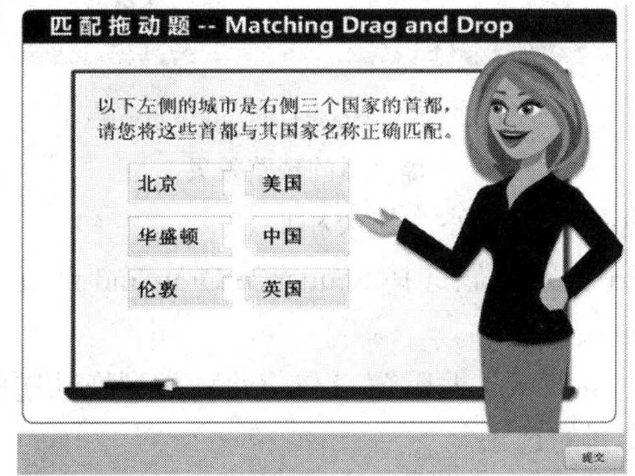

图 3.4.49　Matching Drag and Drop 类型拖动题预览效果(1)

图 3.4.50　Matching Drag and Drop 类型拖动题预览效果(2)

除了以下两个步骤不同之外，其余同 Word Bank 类型拖动题操作步骤一致：

(1) 在新建幻灯片窗口中选择的拖动题类型不同，此题选择 Matching Drag and Drop，之后点击 Insert 即可进入 Matching Drag and Drop 编辑窗口。

(2) Matching Drag and Drop 编辑窗口除了选项设置模块与 Word Bank 不同之外，其余相似，如图 3.4.51 所示。有匹配项和被匹配项，在同一行的表示是相匹配的一对。此题的正确答案便是北京与中国匹配、华盛顿与美国匹配、伦敦与英国匹配。

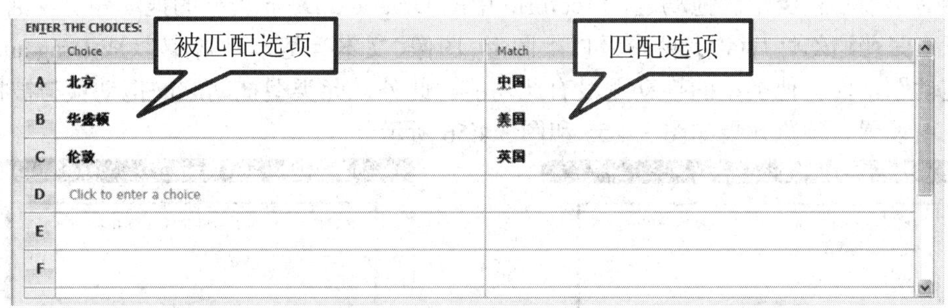

图 3.4.51　Matching Drag and Drop 编辑窗口的选项设置

3. Sequence Drag and Drop 类型拖动题

Sequence Drag and Drop 是排序拖动题，即将已给的选项按照某种要求进行先后排列。如将某些历史事件按照时间先后顺序进行排列。同样，该题型最多也是 10 个选项。

其预览效果如图 3.4.52 和图 3.4.53 所示。

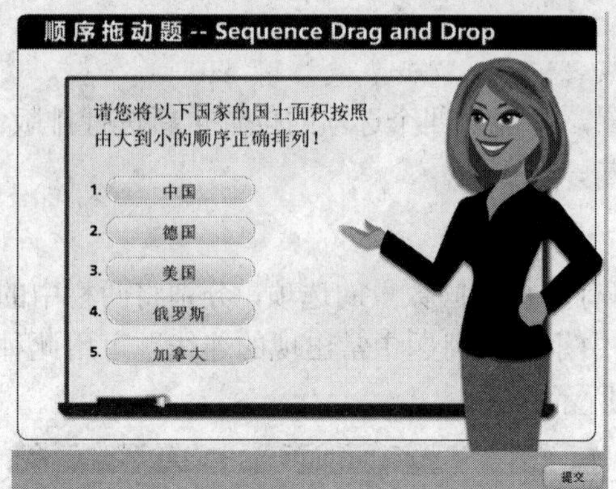

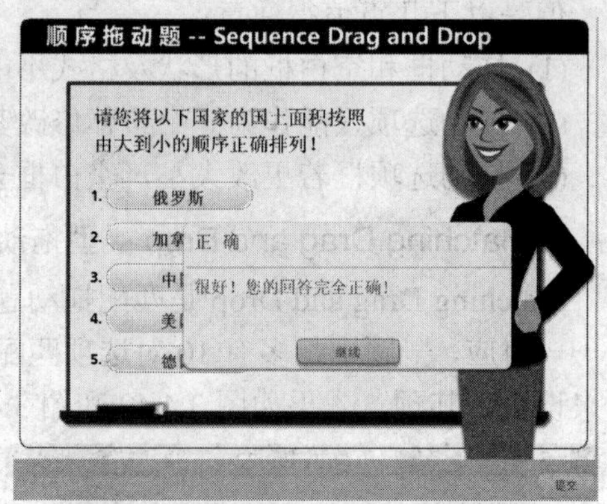

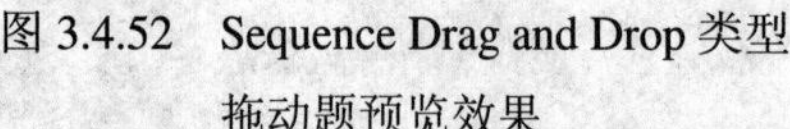

图 3.4.52　Sequence Drag and Drop 类型拖动题预览效果

图 3.4.53　Sequence Drag and Drop 点击提交后的预览效果

除了以下两个步骤与前两种类型的拖动题设置不同之外，其余相似。

(1) 在新建幻灯片窗口中选择的拖动题类型不同，此题选择 Sequence Drag and Drop，之后点击 Insert 即可进入 Sequence Drag and Drop 编辑窗口。

(2) 除了选项设置模块不同。Sequence Drag and Drop 编辑窗口与前两种类型拖动题的相似，如图 3.4.54 所示。输入的是按正确顺序排列的选项。

图 3.4.54　Sequence Drag and Drop 编辑窗口的选项设置模块

4. Drag and Drop 类型拖动题

相对于前三种类型的拖动题，Freeform 中的 Drag and Drop 类型的拖动题更灵活。可以将任意一张普通幻灯片(含有两个及以上图形、图像、文本等基本元素)转换成 Drag and Drop 类型拖动题，而其他类型的拖动题没有此功能。此外，此类型拖动题的拖动项与被拖动项可以自由设置。预览效果如图 3.4.55 和图 3.4.56 所示。

图 3.4.55　Drag and Drop 类型拖动题预览效果

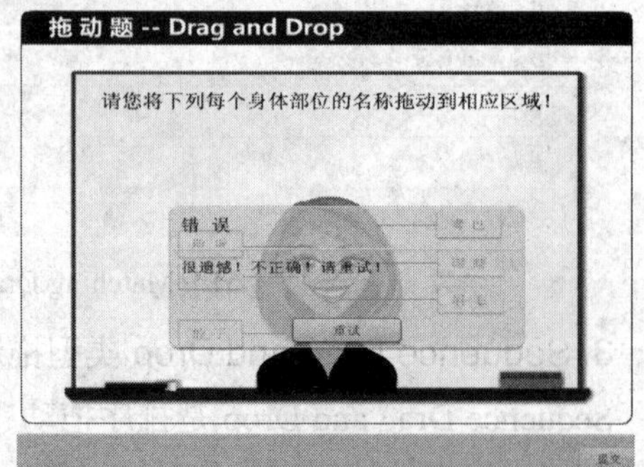

图 3.4.56　Drag and Drop 类型拖动题点击提交后的预览效果

操作步骤如下：

(1) 在 Home(首页)菜单或 Insert(插入)菜单下，点击 New Slide(新建幻灯片)标签，进入新建幻灯片窗口。点击 Quizzing(测试)，在 Freeform(自由形式)测试类型下选择 Drag and Drop(拖动题题型)，点击下方的 Insert 按钮，即可进入 Drag and Drop 的编辑窗口，如图 3.4.57 所示。

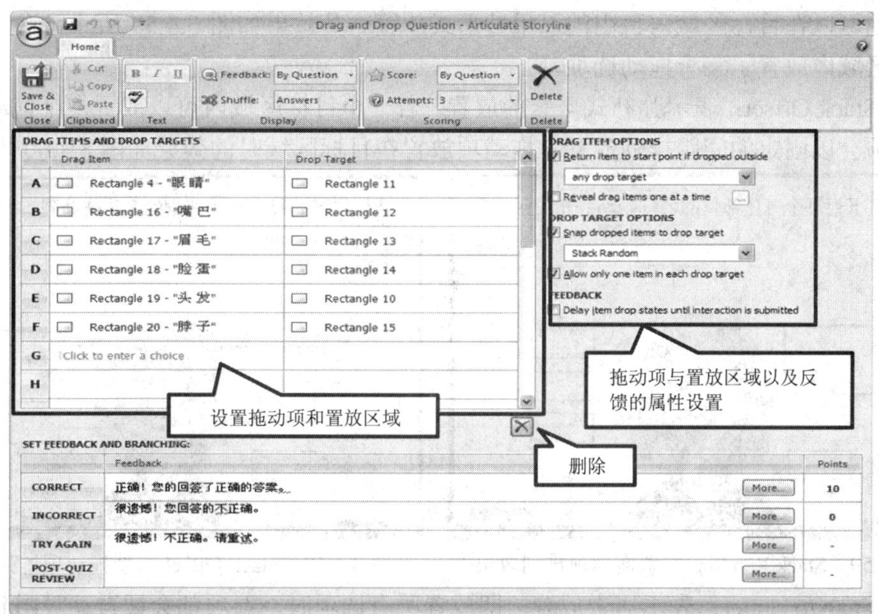

图 3.4.57 Drag and Drop 的编辑窗口

(2) 在 Drag Item 栏里选择拖动项，在 Drop Target 栏里选择同一行里拖动项的目标区域。如“眼睛”拖动项，对应的目标区域是 Rectangle 11(矩形 11)。若某个拖动项和置放区域不需要，直接选中其所在行，点击下方的删除按钮即可删除。如：“眼睛”拖动项和对应的 Rectangle 11 置放区域不需要了，选中 A 行，点击删除按钮即可。

(3) 分别设置 DRAG ITEM OPTIONS(拖动项属性)、DROP TARGET OPTIONS(目标区域属性)以及 FEEDBACK(反馈属性)。设置结果如图 3.4.58 所示。

图 3.4.58 Tile 类型拖动项排列效果

注：

① Return item to start point if dropped outside：如果拖动选项时，将其放在目标区域之外，则自动将其返回到起始处。在其下拉菜单中，自上而下分别为“任意一个目标区域”(将选项放在任意一个目标区域之外都会自动返回到起始处)、“正确的目标区域”(将选项放在正确的目标区域之外会自动返回到起始处，而放在其他目标区域则不会返回)。

② Reveal drag items one at a time：一次只显示一个拖动选项。点击右侧的省略号按钮可以查看依次显示的拖动选项顺序。

③ Snap dropped items to drop target：拖动选项到置放区域的置放方式。在其下拉菜单中，Tile 表示平铺式的放置。若一个目标区域内可以放置多个拖动项，选此类型，拖动项会以平铺的方式整齐放置，如图 3.4.58 所示，在左侧第一个目标区域内放置了四个拖动项，其以平铺形式放置。

④ Stack Random：表示自由堆叠式的放置。若一个目标区域内可以放置多个拖动项，拖动项则可以在目标区域内自由的以堆叠形式放置。其效果如图 3.4.59 所示，在左侧第一个目标区域内放置了三个拖动选项。

⑤ Stack Offset：表示弥补式堆叠的放置。若一个目标区域内可以放置多个拖动项，这些拖动项会以固定的间距排列放置。拖动项放置在目标区域时的效果如图 3.4.60 所示。

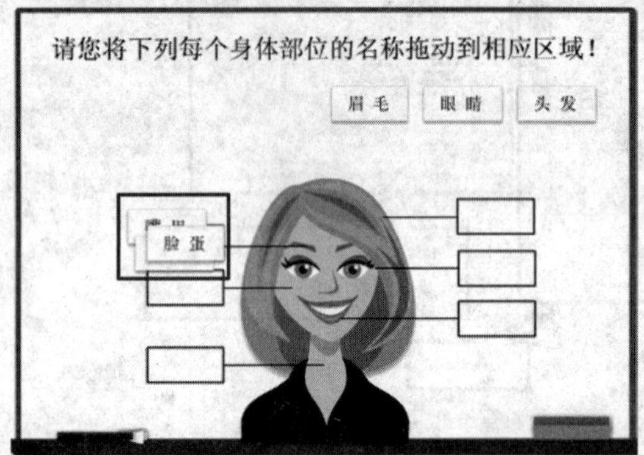

图 3.4.59　Stack Random 类型拖动项排列效果

请您将下列每个身体部位的名称拖动到相应区域！
头发
嘴巴

图 3.4.60　Stack Offset 类型拖动项排列效果

⑥ Snap to center：表示居中放置，即放置所有选项时，选项都会被自动吸附到目标区域中心，如果一个目标区域可以放置多个拖动项，用此种方式，后面的拖动项放置时则会覆盖了前面的拖动项。效果如图 3.4.61 所示，在左侧第一个目标区域框内放置了四个选项，都吸附在目标区域中心，最后放置的选项“眉毛”覆盖了前 3 个拖动项。

⑦ Free：表示自由放置，即将拖动项拖动到目标区域后可以自由放置，效果如图 3.4.62 所示，前四个拖动项任意放置在左侧第一个目标区域上。

注：Free 与 Stack Random 的区别：Free 类型的拖动项自由度大于 Stack Random，前者是在目标区域内任意自由排列，后者在自由排列的基础上还是堆叠式的排列。

图 3.4.61　Snap to center 类型拖动项排列效果

图 3.4.62　Free 类型拖动项排列效果

⑧ Allow only one item in each drop target：表示在每一个目标区域内每次只能放置一个选项。若不勾选此项，则在每个目标区域内一次可以放置多个选项。

⑨ Delay item drop states until interaction is submitted：表示直到交互提交后选项置放状态才被激活。

(4) 其他设置(如答题次数、洗牌、反馈等)与前面测试题类型的一样，在此不赘述，请参考前面章节中相应的步骤描述。

(5) 所有选项设置完毕，点击 Save&Close，返回到幻灯片界面。点击 Preview(预览)，其预览效果如图 3.4.55 所示。

3.4.6 下拉菜单式选择题

在前面几个小节，介绍了单选题和多选题，这两种选择题是常见题型。本小节将讲解一种较为新颖的选择题——下拉菜单式选择题。

下拉菜单式选择题有两种类型，分别是 Matching Drop-down(匹配式下拉菜单选择题)和 Sequence Drop-down(顺序式下拉菜单选择题)。

其中，Matching Drop-down 类型的选择题是通过在下拉菜单中选择选项来与同行的内容进行匹配，而 Sequence Drop-down 类型的选择题则是根据给定的顺序在下拉菜单中选择选项来进行正确排序。

下面将介绍插入Matching Drop-Down类型选择题和Sequence Drop-down类型选择题的操作步骤。

1. Matching Drop-down(匹配式下拉菜单选择题)

此类型的选择题，在每个下拉菜单中最多有 10 个选项。从中选择正确的一项与其所在行的内容匹配即可。

其预览效果如图 3.4.63 所示。在下拉菜单中选择选项之后的预览效果如图 3.4.64 所示。

图 3.4.63 下拉菜单式选择匹配题预览效果

图 3.4.64 下拉菜单式选择匹配题选择之后的预览效果

操作步骤如下：

(1) 在 Home(首页)菜单或 Insert(插入)菜单下，点击 New Slide(新建幻灯片)标签，进入新建幻灯片窗口。点击 Quizzing(测试)，在 Graded(等级)测试类型下选择 Matching Drop-down(下拉菜单式匹配选择题)，点击下方的 Insert 按钮，即可进入 Matching Drop-down

的编辑窗口。

(2) 在编辑窗口中输入 Enter the question(题目)、Choice(选项)、Match(匹配项)。其中选项和匹配项每行是对应的，预览时在每个选项的下拉菜单中可以看到所有匹配项，从中选择正确的一项匹配即可。此题中，北京和中国首都匹配、伦敦和英国首都匹配、华盛顿和美国首都匹配。编辑后的结果如图 3.4.65 所示。

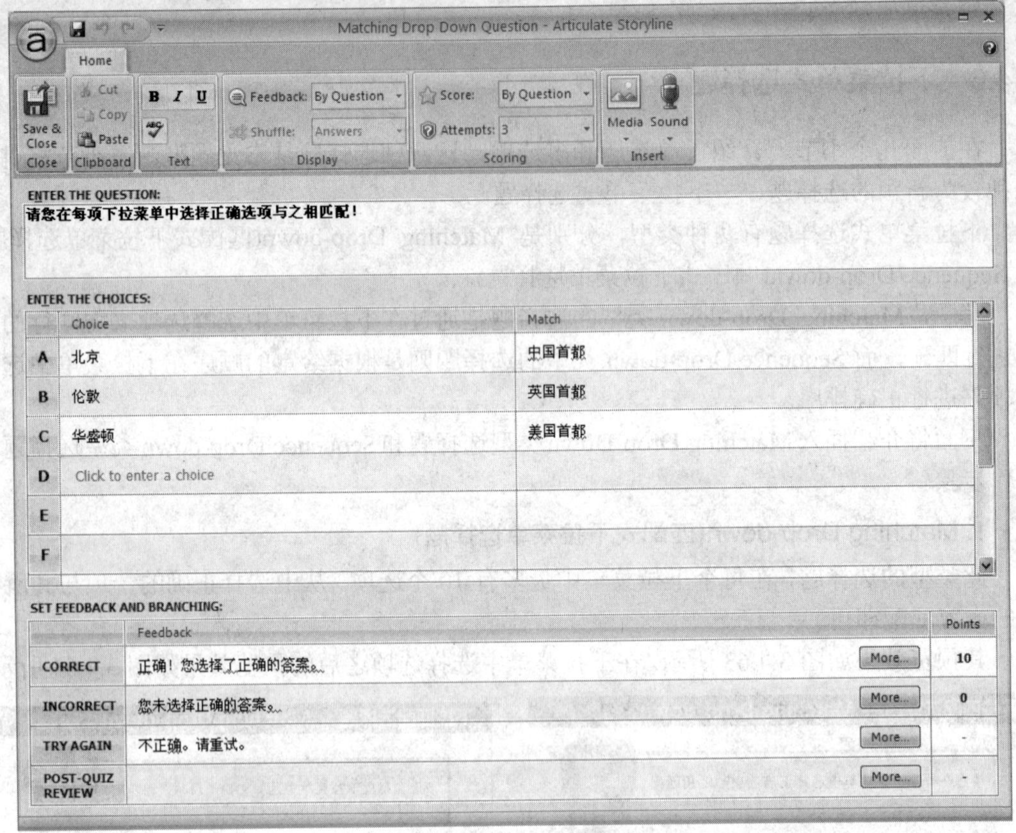

图 3.4.65　下拉菜单式选择匹配题编辑窗口的预览效果

(3) 其他设置(如答题次数、洗牌、反馈等)与前面测试题类型的一样，在此不重述，请参考前面章节中相应的步骤描述。

(4) 所有选项设置完毕，点击 Save&Close，返回到幻灯片界面。点击 Preview(预览)，其预览效果如图 3.4.63 和 3.4.64 所示。

2. Sequence Drop-down(下拉菜单排序选择题)

下拉菜单排序选择题，在每个下拉菜单中最多有 10 个选项。根据已给的顺序，从下拉菜单中选择正确的选项即可。

其操作步骤与下拉菜单匹配选择题的类似，在此简单讲述。

(1) 在 Home(首页)菜单或 Insert(插入)菜单下，点击 New Slide(新建幻灯片)标签，进入新建幻灯片窗口。点击 Quizzing(测试)，在 Graded(等级)测试类型下选择 Sequence Drop-down(下拉菜单式匹配选择题)，点击下方的 Insert 按钮，即可进入 Sequence Drop-down 的编辑窗口，如图 3.4.66 所示。

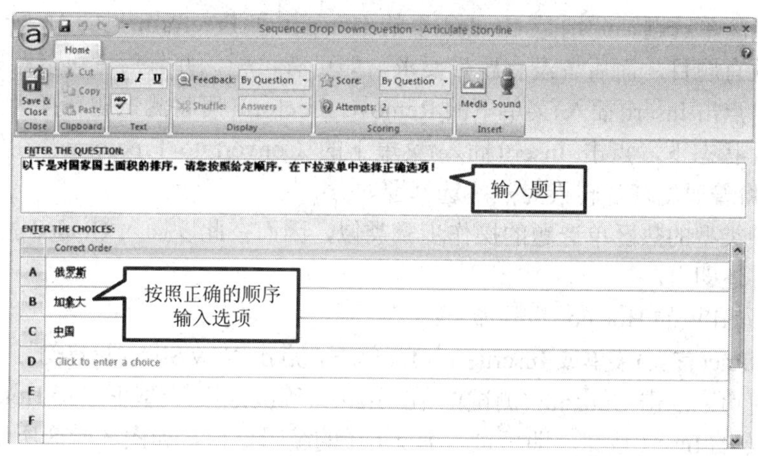

图 3.4.66 下拉菜单式排序选择题编辑窗口

(2) 在编辑窗口中输入题目和选项。

注：输入的选项要按照幻灯片中已经确定的顺序进行输入(在编辑窗口中没有给定顺序，顺序需要自己在幻灯片中输入，可以根据实际需求确定顺序)。本题中是对国家的国土面积按照由大到小的顺序进行排列，所以选项要按照此顺序进行输入，如自上而下分别为俄罗斯、加拿大、中国。

(3) 其他设置(如答题次数、洗牌、反馈等)与前面测试题类型的一样，在此不重述，请参考前面章节中相应的步骤描述。

(4) 所有选项设置完毕，点击 Save&Close，返回到幻灯片界面。调整题目、选项等元素的位置，并插入背景图。界面所有内容布置完毕，点击 Preview(预览)，其预览效果如图 3.4.67 所示。

图 3.4.67 下拉菜单式排序选择题预览效果

3.4.7 热区单选题

热区单选题是指学习者通过在图片上选择相应的区域来进行答题。在 Storyline 中，有两种类型的热区单选题，分别是 Graded 里的 Hotspot 和 Freeform 里的 Hotspot。两者的区别是前者必须有题目，而后者没有题目要求，即可有可无，并且后者可以跟普通幻灯片之间自由转换，点击 Insert(插入)菜单下的 Remove Freeform 可将测试题转换为普通幻灯片。在普通幻灯片状态下，点击 Insert(插入)菜单下的 Convert to Freeform，在转换窗口选择 Hotspot 即可将普通幻灯片转换为热区选择题。

插入两种类型的热区单选题的操作步骤类似，因而在此以插入 Graded 里的 Hotspot 操作步骤为例讲述即可。

插入 Graded 里的 Hotspot 步骤如下：

(1) 在 Home(首页)菜单或 Insert(插入)菜单下，点击 New Slide(新建幻灯片)标签，进入新建幻灯片窗口。点击 Quizzing(测试)，在 Graded(等级)测试类型下选择 Hotspot(热区单选题)，点击下方的 Insert 按钮，即可进入 Hotspot 的编辑窗口，如图 3.4.68 所示。

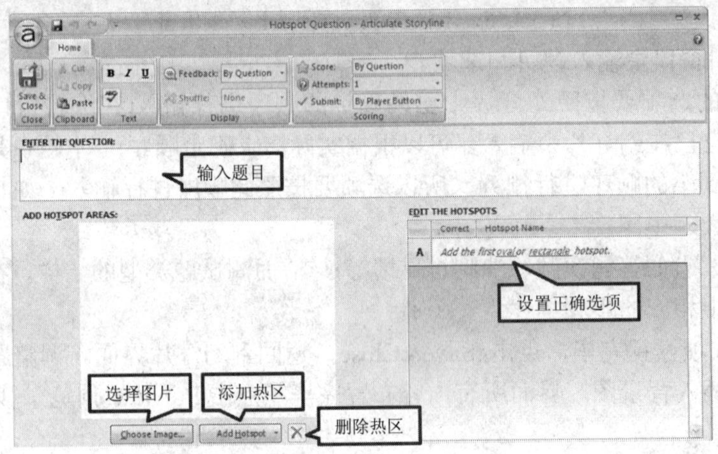

图 3.4.68 Hotspot 编辑窗口

(2) 在编辑窗口 ENTER THE QUESTION 下的空白框内输入题目，点击 Choose Image 选择图片，添加图片完毕后，点击 Add Hotspot 在图片上设置热区。在 Add Hotspot 的下拉菜单中有三种设置热区的图形，自上而下分别是椭圆、矩形和不规则图形，可以选择这三种图形来绘制热区，每绘制一个热区，在右侧的答案设置栏便会新增一个选项。热区绘制完毕，在答案设置栏设置正确答案，正确答案的热区显示为绿色，而错误答案的热区则为红色。设置完毕的效果如图 3.4.69 所示。

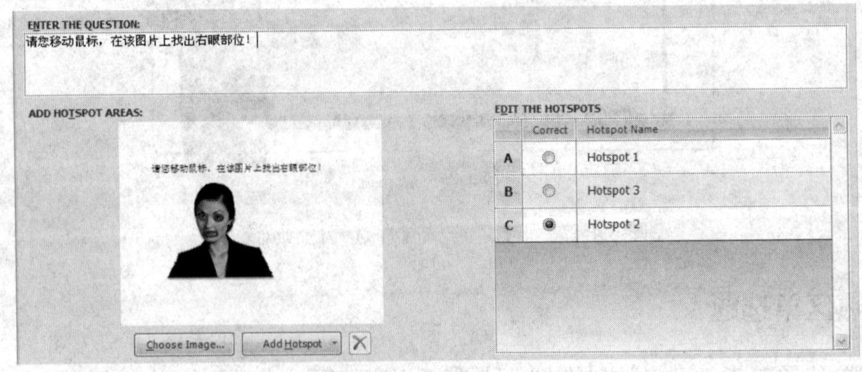

图 3.4.69 Hotspot 题目和选项设置完成的效果

(3) 设置得分、答题次数、提交等内容与其他类型测试题。不同的是，在热区单选题中多了一个 Submit 的设置，除此之外均相同。在其下拉菜单中，自上而下分别为 By Player Button(播放器自带的提交按钮)、On Click(单击)、On Double Click(双击)、On Right Click(右击)，即可以通过四种方式来提交答案。本题中选择的是通过播放器自带的提交按钮来提交答案，如图 3.4.70 中红色矩形框所示。

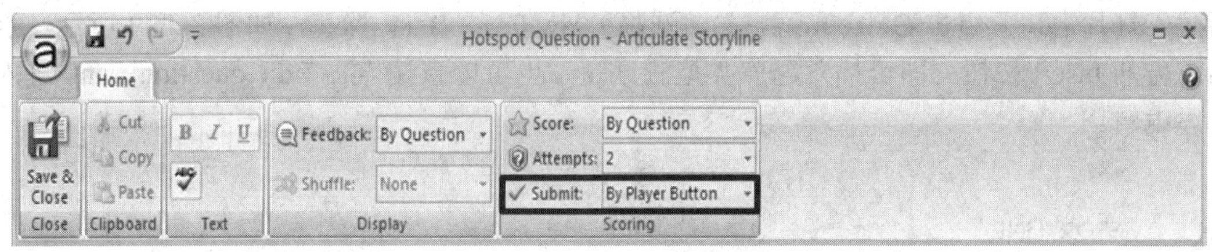

图 3.4.70 Hotspot 的得分、答题次数、提交等设置后的效果

(4) 设置反馈信息，与前几章节测试题的反馈信息设置一样，在此不重述，请参考前面章节反馈信息设置的操作步骤。

(5) 所有信息设置完毕，点击 Save&Close，返回幻灯片界面，插入背景图，并调整题目、图片以及热区的位置。调整位置时，既可以通过拖动图片和热区，大致目测其位置；也可以通过右击图片或热区，在弹出菜单中选择 Size and Position(大小和位置)，弹出 Size and Position 窗口，选择 Position，设置 Horizontal(水平位置)和 Vertical(垂直位置)。

(6) 在幻灯片中的相关设置完毕后，点击 Preview(预览)，在下拉菜单中选择 This Slide，预览当前幻灯片。本操作中选择了女士的右眼，并点击提交，其效果如图 3.4.71 所示。若选择了错误的热区，点击提交后，其效果如图 3.4.72 所示。

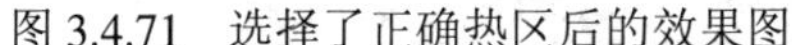

图 3.4.71 选择了正确热区后的效果图

图 3.4.72 选择了错误热区后的效果图

3.4.8 题库与结果幻灯片

相较于前几个小节讲述的单一类型测试题，题库是综合性的测试题，即题库中可以包含各种类型测试题，并且可以设置每次随机从题库中抽取一定数量的测试题让学员作答。同时，在对整个测试作答完毕，可以给予相应的结果反馈。此外，学员还可以根据反馈结

果，选择回顾测试或者重新测试的操作。如果对整体测试的时间有要求，可以在结果页面中设置时间限制等。

下面以一个整体测试的案例，讲述如何建立题库和结果幻灯片。

1. 建立题库

(1) 在 Home(首页)菜单或 Insert(插入)菜单下，点击 New Slide(新建幻灯片)标签，进入新建幻灯片窗口。点击 Quizzing(测试)，选择 Draw From Bank 标签，如图 3.4.73 所示。点击下方的 Insert 按钮，即可插入题库类型测试题，也可以直接点击 Edit question bank 进入题库编辑。

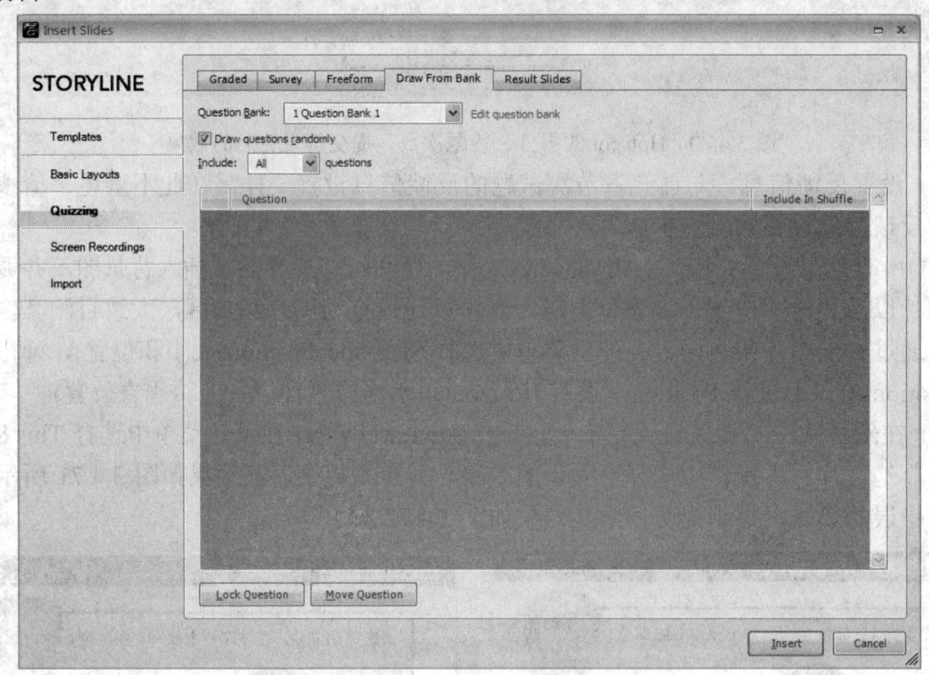

图 3.4.73　选择了 Draw From Bank 的界面图

(2) 点击 Insert 后，返回幻灯片界面，显示如图 3.4.74 所示。点击 Click to view the slide draw，弹出 Draw Questions from Bank 窗口，如图 3.4.75 所示，可以浏览或者设置从题库抽取题目的情况。点击 Click to view the question bank，进入题库编辑界面，如图 3.4.76 所示，在此界面中可以新建题库中的题目，也可以将已有的测试题导入到题库中。

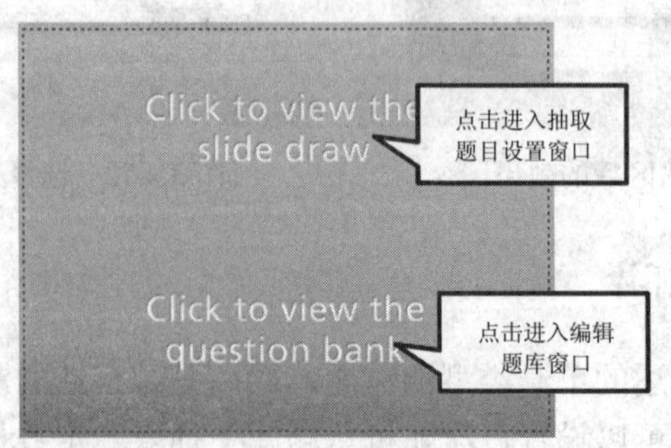

图 3.4.74　插入 Draw From Bank 后返回幻灯片的界面

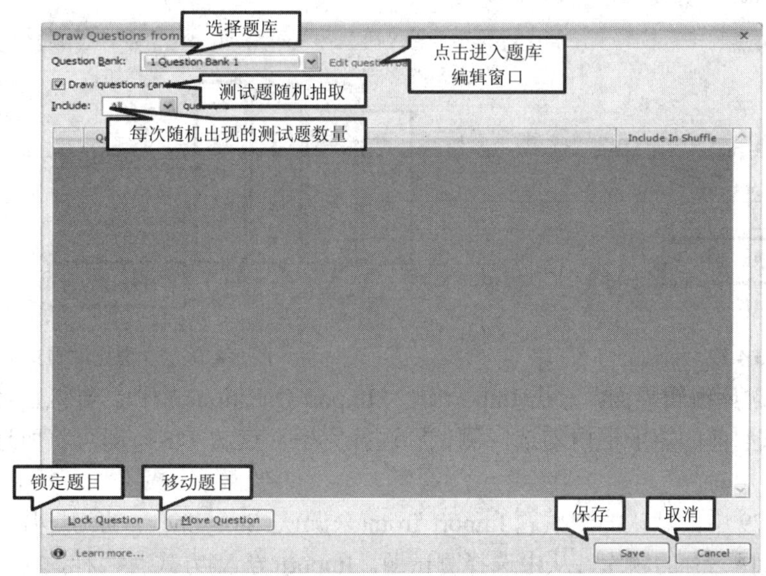

图 3.4.75　从题库抽取题目的设置窗口

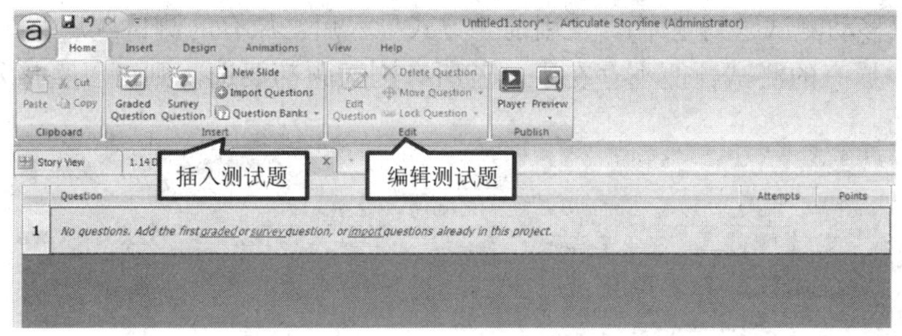

图 3.4.76　题库编辑界面

首先建立题库，然后再从题库中抽取题目并设置相关选项，即先点击 Click to view the question bank 编辑题库，再点击 Click to view the slide draw 抽取题目；或者也可以在 Draw Questions from Bank 窗口中点击 Edit question bank 切换到题库编辑窗口。

在图 3.4.75 中，勾选了 Draw questions randomly，即可以每次让整体测试的题目从题库中随机抽取，这样每次的整体测试题都不完全一样，从而提高测试效率。点击 Include 右侧的倒三角，在下拉菜单中选择每次从题库中随机抽取的测试题数量。如：题库中共有 100 道题，可以设置每次从中随机抽取 20 道题。

在图 3.4.76 中，可以点击 Graded 或者 Survey 进入新建测试题窗口选择 Graded 类型、Survey 类型或者 Freeform 类型的测试题。若在新建题库前已经建立了很多测试题，则可以点击 Import 直接导入这些已经建立好的测试题。这三个标签分别与 Home 菜单栏的 Graded Question、Survey Question 和 Import Question 功能一样。

在 Home 菜单栏，还可以插入测试题和编辑题库。点击 New Slide，可以在题库中插入各种类型的幻灯片。点击 Question Banks，在其下拉菜单中可以选择题库，有 Create Question Bank(创建题库)和 Manage Question Banks(管理题库)。点击 Create Question Bank，弹出新建题库窗口，如图 3.4.77 所示。点击 Manage Question Banks，弹出管理题库窗口，如图 3.4.78 所示。

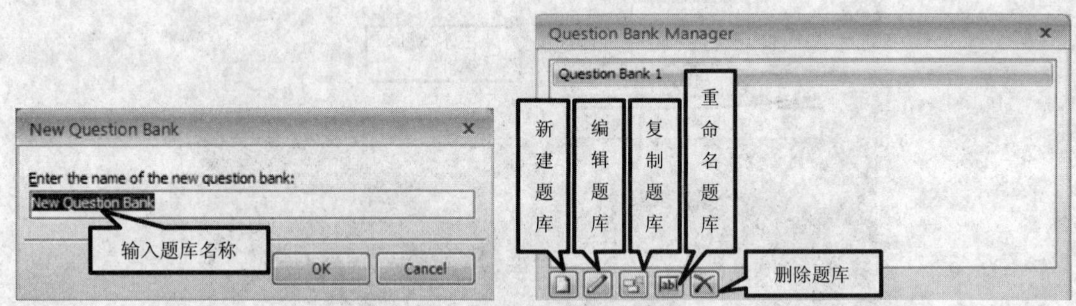

图 3.4.77　新建题库窗口　　　　图 3.4.78　管理题库窗口

(3) 进入题库编辑界面，点击 Import 进入 Import Questions 窗口，导入已经建立好的测试题。在测试题前的矩形框内勾选，测试题选择完毕，点击 OK，即可将所选测试题导入到题库中。

在图 3.4.79 中，默认的测试题 Import from(来源)是 Storyline 中的幻灯片，也可以在下拉菜单中，选择已有的题库，从中选择测试题。Import(导入)方式有两种，在其下拉菜单中自上而下分别为 Copy questions into question bank(复制测试题到题库)和 Move questions into question bank(移动测试题到题库)。采用前者方式导入后，原有的测试题还存在，采用后者方式导入后，原有的测试题便不存在了。若所有测试题都要选，则可以直接勾选 Include All(选择所有)。

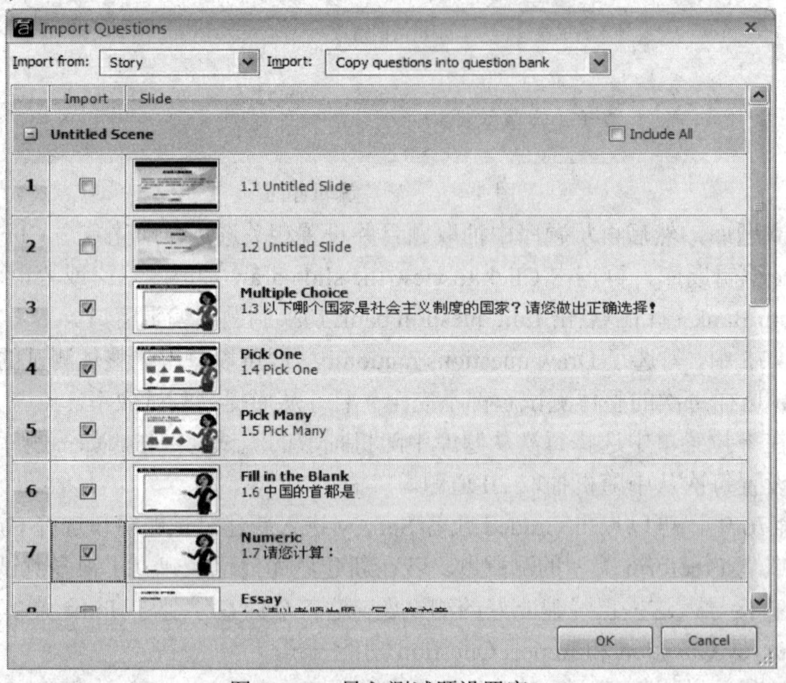

图 3.4.79　导入测试题设置窗口

(4) 在导入测试题窗口点击 OK 后，返回题库编辑界面，如图 3.4.80 所示。导入的所有测试题都会显示在此界面中。本案例中共导入了 12 道测试题。在此界面中，还可以对每个测试题的答题次数和得分进行重新设置，双击每道测试题的 Attempts 栏，即可更改答题次数，双击每道测试题的 Points 栏，即可更改每题的得分。此案例中，将每道测试题的答题次数修改为 1 次，每道题的分值都设置为 10 分。

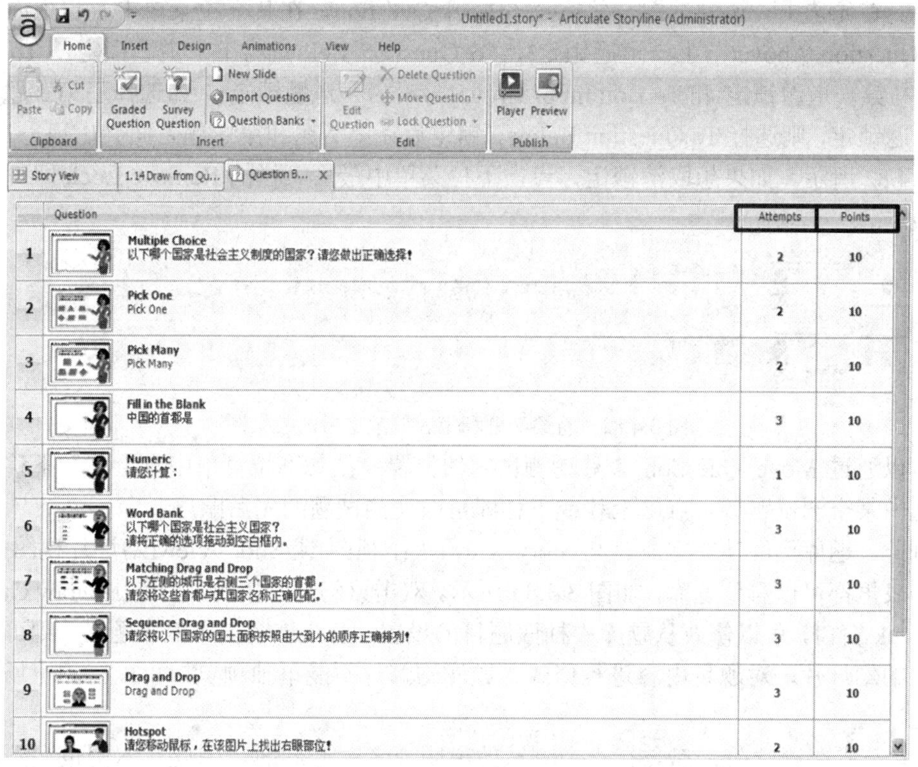

图 3.4.80　测试题导入成功后的题库编辑界面

(5) 题库建立完成后，返回 Draw from Question Bank 1 幻灯片，点击 Click to view the slide draw，进入 Draw Questions from Bank 窗口。设置 Draw questions randomly(测试题随机出现)以及每次从题库中随机抽取 5 题，如图 3.4.81 所示。设置完毕，点击 Save 即可。

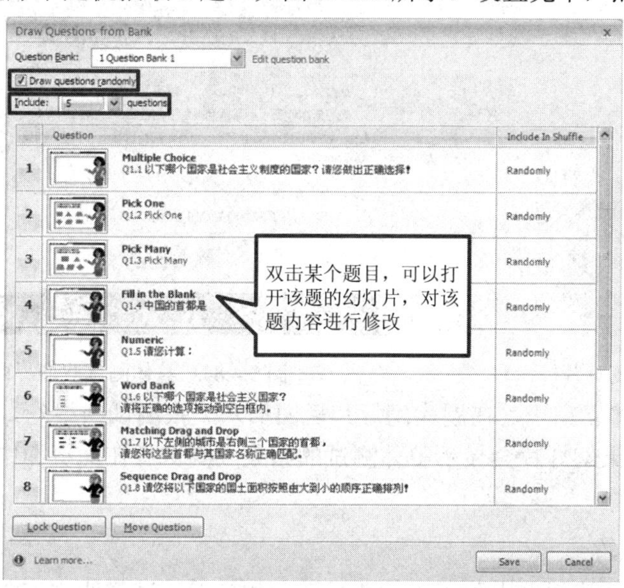

图 3.4.81　测试题导入成功后的题库编辑界面

若在整体测试中，希望某几道测试题能始终连在一起出现，则可以通过 Lock Question 来实现。首先选中一道测试题，然后点击 Lock Question，在其下拉菜单中，自上而下分别为 To Question Above(与上一道题锁定)、To Question Below(与下一道题锁定)、To Top of Group(与第一道题锁定)和 To Bottom of Group(与最后一道题锁定)。如选择了第 2 题，让其与第 3 题锁定，则选择 To Question Below，锁定后在第 2 题和第 3 题之间会出现一个小锁，如图 3.4.82 所示。如果想取消锁定，点击下拉菜单中最后一栏的 Remove Lock 即可解除两者的锁定。

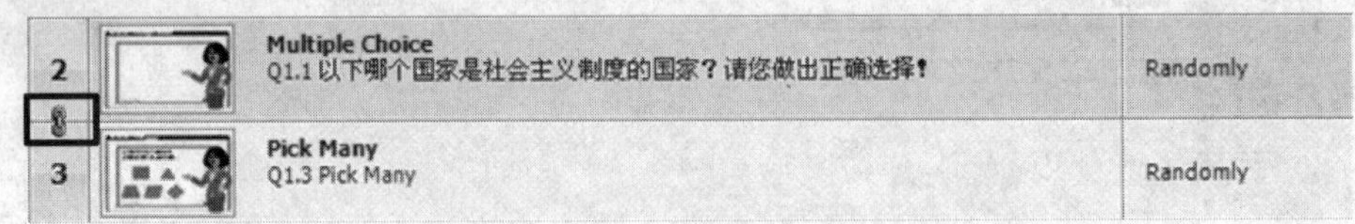

图 3.4.82　将第 2 题和第 3 题锁定后的效果图

可以通过 Move Question 来移动测试题的位置。在其下拉菜单中有上移和下移两个选项。选中某个测试题后，点击上移或下移即可改变测试题的先后顺序。

到此，题库已经建立完成。在 Story View(大纲视图)或 Slide View(幻灯片视图)里的幻灯片列表里都可以看到题库，如图 3.4.83 所示。双击该幻灯片图标，会弹出 Draw Questions from Bank 窗口，可以修改从题库中抽取题目的设置，若在该窗口中双击题目，则可以打开该题目的幻灯片，对题目内容进行修改。题库幻灯片不能单独预览，可以在预览场景时一起预览。

(6) 一般在测试前，都会有一个测试的说明或者欢迎界面。因此，本例也在题库前添加一张欢迎幻灯片。在 Home(主页)或(Insert)插入菜单下，点击 New Slide，插入一张新幻灯片，在其中插入图片和相应文字信息，如图 3.4.84 所示。

图 3.4.83　题库幻灯片

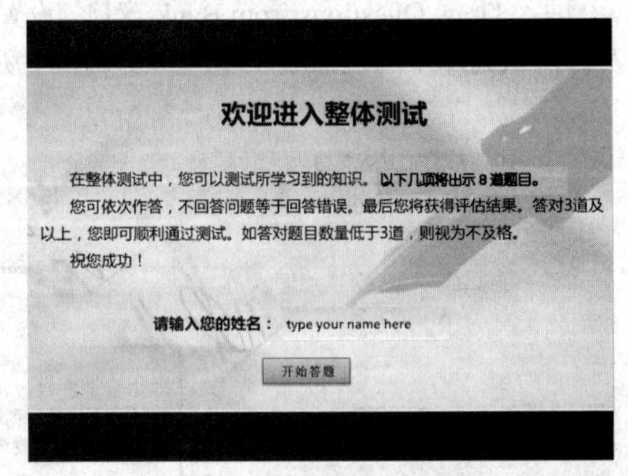

图 3.4.84　整体测试欢迎界面

(7) 欢迎界面建立完毕，在题库幻灯片后面插入一张测试结果幻灯片。当学习者答完所有测试题，在结果幻灯片会显示整体测试的结果。测试者在此页面中还可以回顾测试或者重新测试。

2. 按钮动作设置

本案例中，在欢迎页面中除了添加背景图和相应的测试说明文字外，还添加了姓名输入功能，即学习者测试前必须在此页输入姓名后，点击“开始答题”按钮才会进入测试题页面进行答题。若不输入姓名，直接点击“开始答题”按钮是无效的，即不能跳转到测试题页面。答题完毕，该学员在欢迎界面输入的姓名还会显示在结果页面中。

有关输入姓名动态文本的具体操作步骤，请参考 4.10.3 节内容。

“开始答题”按钮的动作设置需要满足两个条件才能达到本案例的效果：① 点击“开始答题”跳转到题库页面；② 跳转的条件：必须输入姓名。

操作步骤如下：

(1) 在幻灯片中选中“开始答题”按钮，在触发器面板中，点击新建触发器按钮，进入触发器动作设置窗口，首先进行满足条件①的设置，设置后的效果如图 3.4.85 所示。该设置的含义是：当测试者点击“开始答题”按钮，跳转到 2.2 Draw from Question Bank1 幻灯片(测试题幻灯片)。

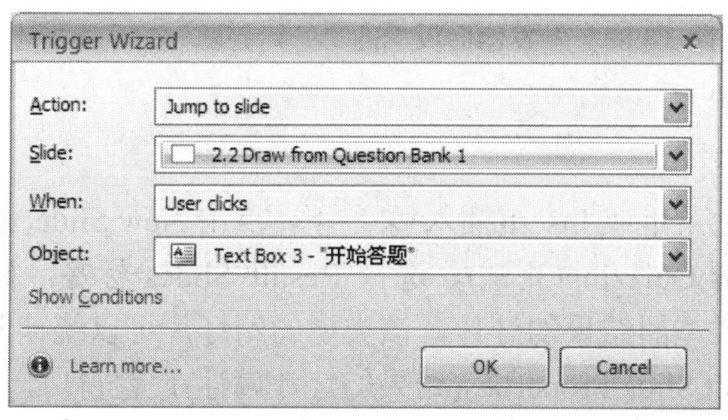

图 3.4.85　“开始答题”按钮动作设置 1

(2) 点击 Show Conditions(显示条件)，打开条件窗口，点击 ，进入 Add Trigger Condition(添加触发器条件)窗口，选择 AND(表示与运算，即同时满足)，在 List 中选择 Variables。在 If 的下拉菜单中选择姓名输入框的名称，此案例中为 TextEntry12；在 Operator 的下拉菜单中选择运算类型，这里选择!=Not equal to(不等于)；在 Type 的下拉菜单中选择 Value(值)；在 Value 中不输入任何值，表示空值，设置如图 3.4.86 所示。此设置的含义为：同时 TextEntry12 不等于空值，即 TextEntry12 中必须输入内容。设置完成，点击 OK，即可返回到触发器设置窗口，如图 3.4.87 所示。

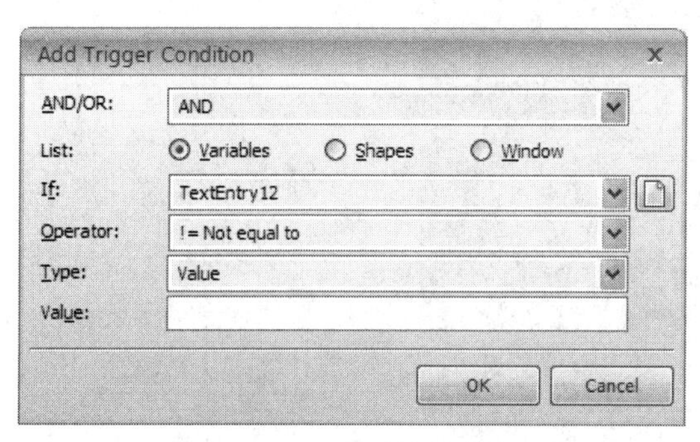

图 3.4.86　“开始答题”触发器条件设置

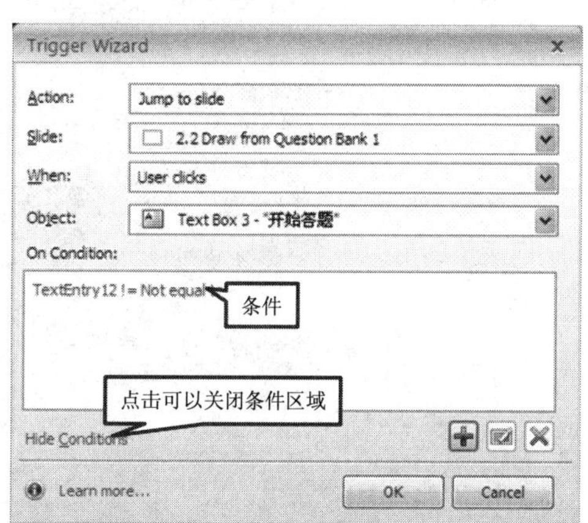

图 3.4.87　“开始答题”按钮动作设置完成

在图 3.4.87 中，若不需要某条件了，可以选中该条件，点击 即可删除条件；若需要修改该条件，则选中条件，点击 即可重新编辑条件；若要添加其他条件，点击 即可进入添加触发器条件窗口添加条件。

(3) 确认所设置的动作后，点击 OK，即可关闭触发器动作设置窗口。返回幻灯片，在触发器面板中会显示该动作的描述，如图 3.4.88 所示。

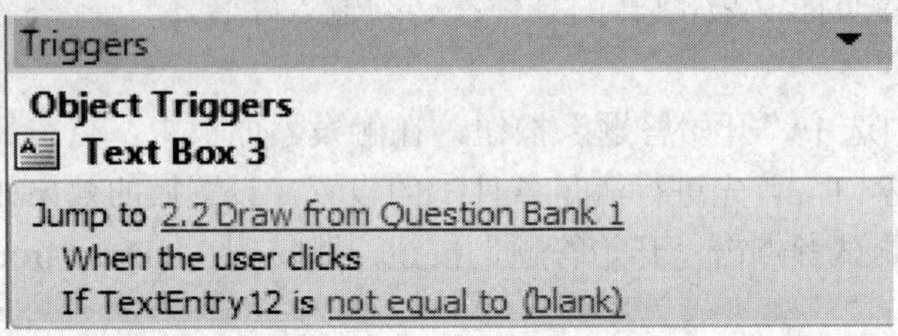

图 3.4.88 触发器面板中的“开始答题”的动作描述

3. 添加结果幻灯片

具体操作步骤如下：

(1) 在 Home(首页)菜单或 Insert(插入)菜单下，点击 New Slide(新建幻灯片)标签，进入新建幻灯片窗口。点击 Quizzing(测试)，选择 Result Slides 标签，如图 3.4.89 所示。选择 Graded Result Slide 类型的结果幻灯片，该类型的幻灯片可以统计测试得分。点击下方的 Insert 按钮，弹出 Result Slide Properties(结果幻灯片属性)设置窗口，如图 3.4.90 所示。从中选择结果统计所包含的测试题幻灯片，并设置及格分数线以及答题时间等。

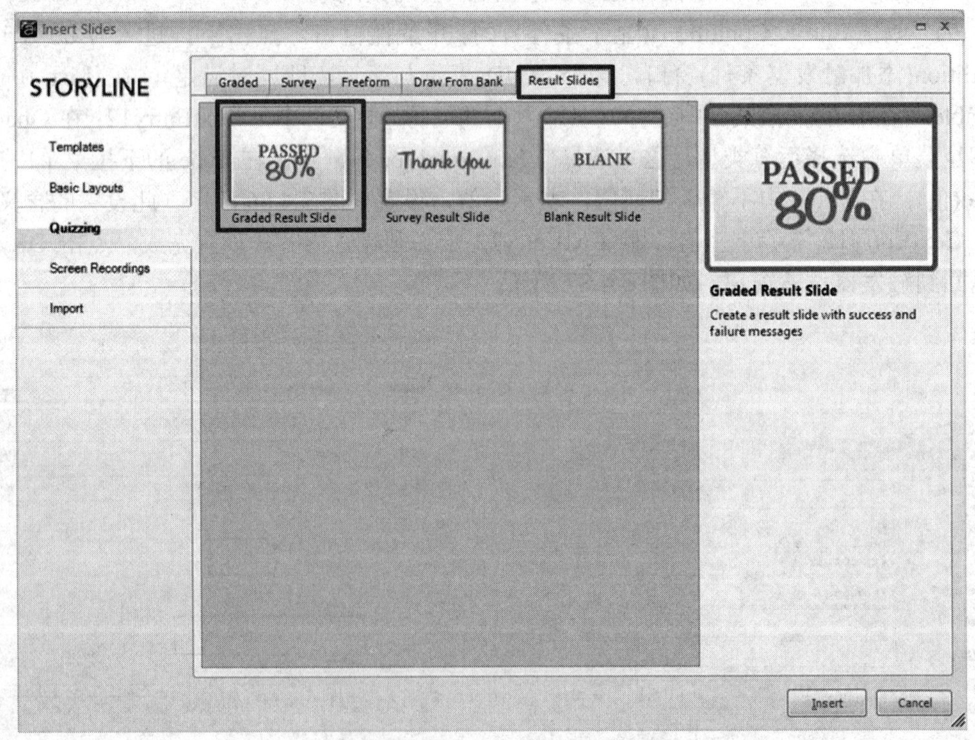

图 3.4.89 选择 Graded Result Slide 类型的结果幻灯片

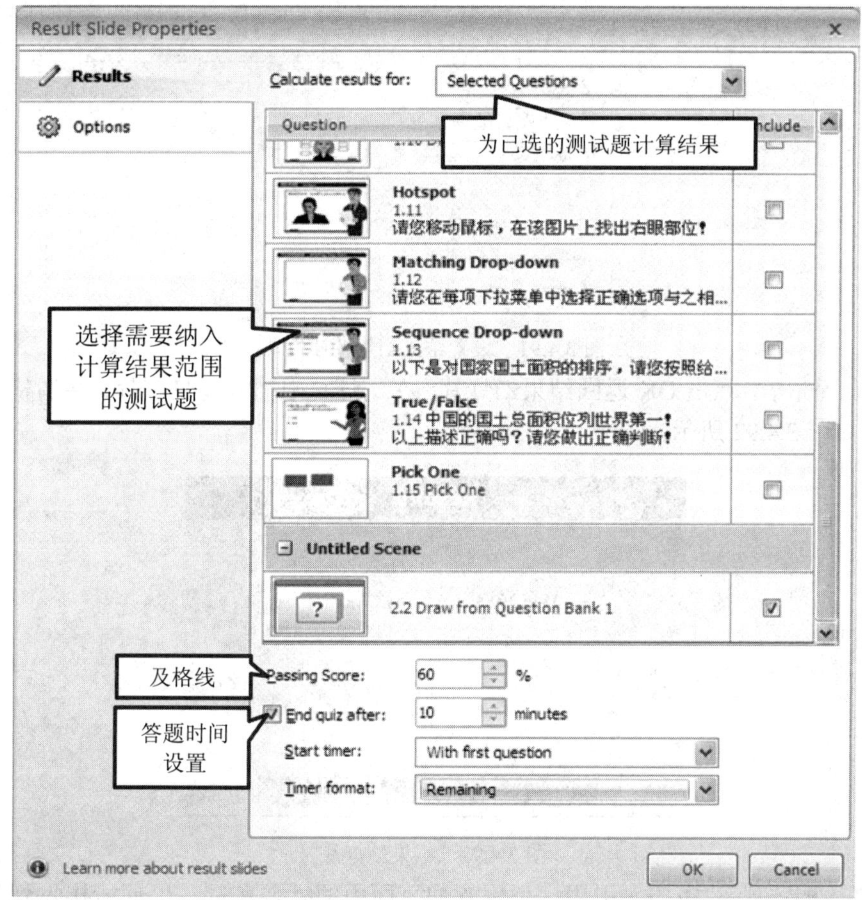

图 3.4.90 设置结果幻灯片属性 1

在图 3.4.90 中，本案例纳入计算结果的幻灯片只有 2.2 Draw from Question Bank1 题库。结果幻灯片中显示的结果是测试者回答整体测试的得分情况。Passing Score(及格线)设置为 60%，即若整体测试的总分为 100 分，及格分数为 60 分；若总分 50 分，则及格分数是 30 分。答题时间设置为 10 minutes(分钟)，计时从整体测试中的 With first Question(第一个测试题)开始，Timer format(计时方式)选择 Remaining(剩余时间)，即离测试结束还剩多少时间。

Start timer 的下拉菜单中自上而下分别为 With first question(从第一道测试题开始计时)和 With first slide(从第一个幻灯片开始计时)。Timer format 的下拉菜单中自上而下分别为 Elapsed out of total(流逝的时间/总时间)、Do not show time(不显示时间)、Elapsed(流逝的时间)和 Remaining(剩余的时间)。可以根据具体需求选择不同类型。

(2) 在 Result Slide Properties 窗口中，点击 Options(选项)标签，进入选项设置窗口，如图 3.4.91 所示。选项设置菜单从上到下分别是 Show user's score(显示测试者得分)、Show passing score(显示及格分数线)，Allow user to review quiz(允许测试者回顾测试)，Show correct/incorrect responses when reviewing(当回顾测试时显示正确或错误的反馈)，Allow user to retry quiz(允许测试者重新测试)、Allow user to print results(允许测试者打印测试结果)和 Prompt the user for their name before printing(在打印前提示测试者填写姓名)。

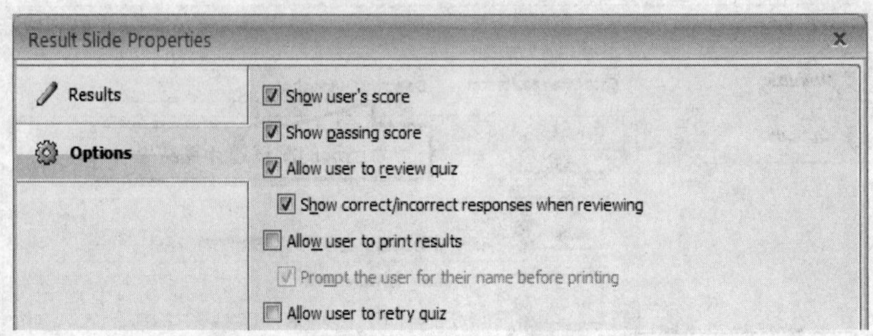

图 3.4.91 设置结果幻灯片属性 2

(3) 设置完毕，点击 OK 返回结果幻灯片。在幻灯片中插入背景图片，并调整结果元素的位置，如图 3.4.92 所示。

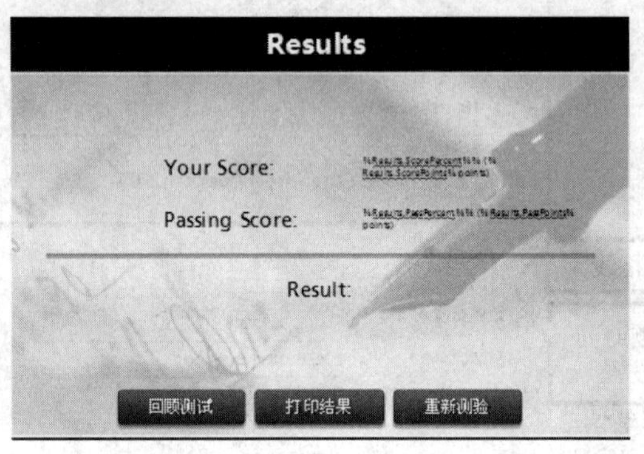

图 3.4.92 结果幻灯片

(4) 在结果幻灯片中插入引用，引用欢迎页面中的姓名变量，以便能接收到测试者在欢迎页面中输入的信息。在 Insert 菜单下，点击 TextBox，鼠标变为十字形，在结果幻灯片中拖动鼠标即可绘制一个空白文本框，光标在文本框内闪烁时，在 Insert 菜单下点击 Reference，在弹出窗口的列表中选择 Variable1 变量，点击 OK，即可引用 Variable1，在幻灯片中显示为%Variable1%。

(5) 根据需求，可以将结果幻灯片中部分英文更改为中文，如“Your Score”可以更改为“您的得分”，“Passing Score”可以更改为“及格分数线”，测试通过的反馈信息“Congratulations, you passed.”可以更改为“恭喜！您已通过测试！”，测试不及格的反馈信息“You did not pass.”可以更改为“很遗憾！您未通过测试！”。对于按钮的形式也可以根据需要进行修改。

注：Your Score 和 Passing Score 右侧的得分函数不可改。

(6) 至此，结果幻灯片的设置已经完成。若需要修改相关设置，点击 Question 面板的 Edit Result Slide 即可修改。

4. 整体测试

点击 Preview，在下拉菜单中选择 This Scene，预览整体测试的场景。本案例的场景中只有三张幻灯片，即测试欢迎幻灯片、题库幻灯片、结果幻灯片，预览效果分别如图 3.4.93、3.4.94、3.4.96 所示。

欢迎进入整体测试

在整体测试中，您可以测试所学习到的知识。以几页将出示8道题目。

您可依次作答，不回答问题等于回答错误。最后您将获得评估结果。答对3道及以上，您即可顺利通过测试。如答对题目数量低于3道，则视为不及格。

祝您成功！

请输入您的姓名：　吴莉莉

开始答题

图 3.4.93　测试的欢迎幻灯片

图 3.4.94　其中的两道测试题

在测试题的每张幻灯片中都有提交按钮，答完一道题点击提交即可知道所选答案正确与否。若不需要每道测试题都有反馈，而是希望测试者将所有题目回答完毕，在结果幻灯片显示得分，可以在题库编辑窗口中，双击每道测试题，进入编辑测试题的幻灯片页面，在右下角的 Slide Layers(层面板)，点击最底层右侧的属性图标 ，进入属性设置窗口，如图 3.4.95 所示。不要勾选 Submit，在每道测试题中便不会出现播放器自带的提交按钮。若在幻灯片中插入的是自定义的提交按钮，则在幻灯片中直接删除即可。

图 3.4.95　幻灯片属性设置窗口

若测试题中没有了提交按钮，则需要有下一页按钮或者一道测试题回答完毕自动跳转下一页的功能，否则做完一题无法进入下一题。勾选 Next，在播放器中便会显示下一页按钮，在 Slide advances(幻灯片前进方式)的下拉菜单中选择 By User(手动点击)。如果选择 Automatically，则无需添加 Next 按钮，当前测试题回答完毕会自动跳转下一页。

设置完毕，点击 OK。

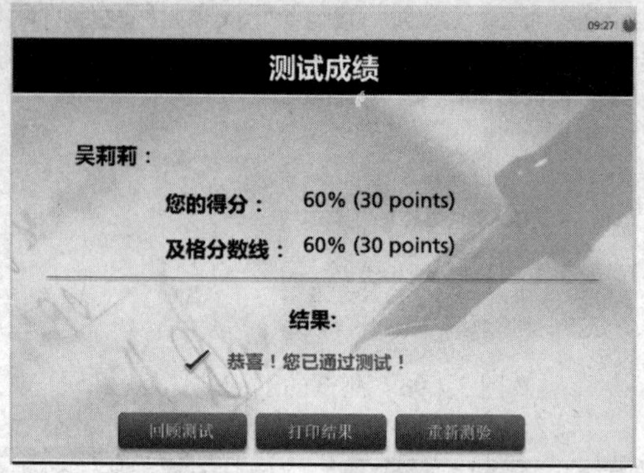

图 3.4.96　结果显示页面

在图 3.4.96 所示结果页面中，点击回顾测试，可以回顾整个测试的作答情况以及每道测试题的正误。点击重新测验，可以回到测试题页面进行重新答题。点击打印结果，弹出输入姓名的对话框，输入姓名后即可打印(在机器安装了打印机的情况下)。

下面重点介绍回顾测试。如图 3.4.97 所示，是其中一道题的回顾页面，显示了该题的回答情况、正误反馈以及正确答案。若答题正确，回顾时会在最底栏用绿色矩形条显示正确；若答题错误，回顾时会在最底栏用红色矩形条显示错误，并且显示正确答案和之前的选项，如图 3.4.98 所示，在人物的右眼上有绿色椭圆表示是正确答案，左眼上有黑白相间的圆形表示是测试者的选项。

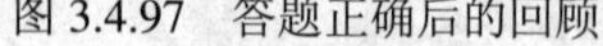

图 3.4.97　答题正确后的回顾

图 3.4.98　答题错误后的回顾

注：正确答案是软件根据编辑测试题时设置的正确选项显示的，答案的排版以及格式设置等是不可更改的，所以可以根据实际情况调整测试题的排版。

同时，某些题型不会显示正确答案，如 Graded 里的 Pick Many(多选题)、Freeform 里的 Drag and Drop(拖动题)，如图 3.4.99 到图 3.4.104 所示。此时可以在幻灯片的审阅层中添加正确答案。这项操作首先需要在编辑测试题窗口中的反馈信息设置栏里，输入正确答案信息，保存后回到幻灯片编辑界面，才可以在审阅层中添加相应的内容，如图形、按钮等。

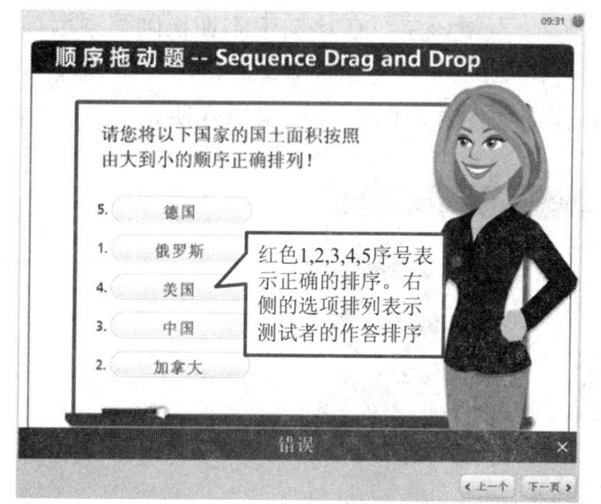

图 3.4.99 答错顺序拖动题后的回顾

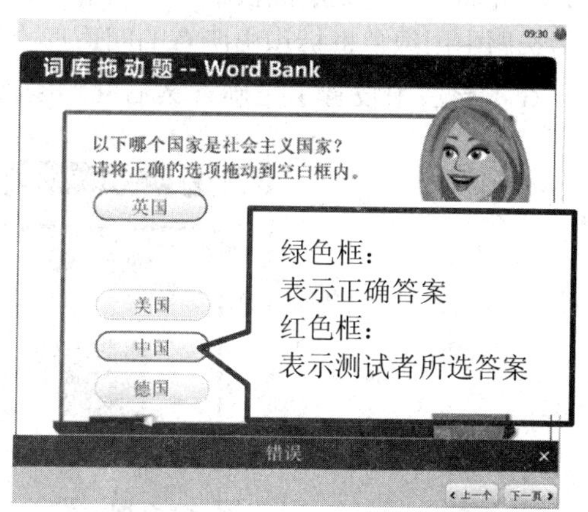

图 3.4.100 词库拖动题答错后的回顾

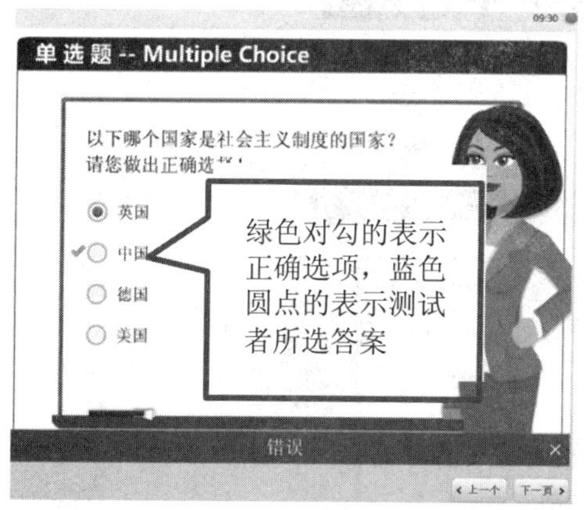

图 3.4.101 单选题答错后的回顾

图 3.4.102 匹配拖动题答错后的回顾

图 3.4.103 多选题答错后的回顾

图 3.4.104 自由拖动题答错后的回顾

在图 3.4.103 和图 3.4.104 中都未显示正确答案，此时可以进入测试题编辑窗口的反馈信息栏的 POST-QUIZ REVIEW 行输入“正确答案”四个字，点击 Save&Close，返回幻灯片编辑界面，会看见层面板中多出一个“审阅”层。点击该层，在该层中添加正确答案选项。如多选题中用绿色框标识出所有的四边形；拖动题中将每个部位的正确名称写在相应位置。

在审核层中设置了正确答案后回顾的效果分别如图 3.4.105、图 3.4.106 所示。

图 3.4.105　设置正确答案后回顾多选

图 3.4.106　设置正确答案后回顾拖动题

至此，整体测试的整个操作已经介绍完毕。

此案例实现的功能如下：

① 每次测试者测试时，软件都自动从题库中随机抽取了 5 道题。

② 测试时，每次答题只有 1 次机会，并且答完一题自动跳转到下一页。

③ 测试结束显示得分、及格分数线。

④ 测试开始时，测试者必须先输入姓名才能激活“开始答题”，点击进入测试题页面，并且在结果页面显示测试者输入的姓名。不输入姓名，即使点击“开始答题”也不能进入测试题页面。

⑤ 结果页面有回顾测试、重新测验、打印结果三个按钮。回顾测试时提供正误反馈情况以及每套题的正确答案。打印结果时，要求测试者输入姓名。

以上讲述的基本都是以 Graded 类型和 Freeform 类型里的测试题为例，Survey 类型里的测试题操作与它们的类似，不同的只是没有分数反馈，而是“谢谢”之类的感谢语，同样，在结果页面中也可以有回顾测试、重新测验、打印结果的功能。在此不赘述。请参考 3.4.8 节内容。

3.5　插入录屏幻灯片

3.5.1　录屏及其选项设置

录屏是 Storyline 的功能之一，具体操作如下：

(1) 在 Home(主页)菜单或者 Insert(插入)菜单下点击 Record Screen(录屏)标签即可，如图 3.5.1 所示。或者在视图大纲界面空白处和幻灯片界面的幻灯片列表空白处右击，选择 New Slide(新建幻灯片)，进入幻灯片选择页面，点击 Screen Recording(屏幕录制)即可，如图 3.5.2 所示。

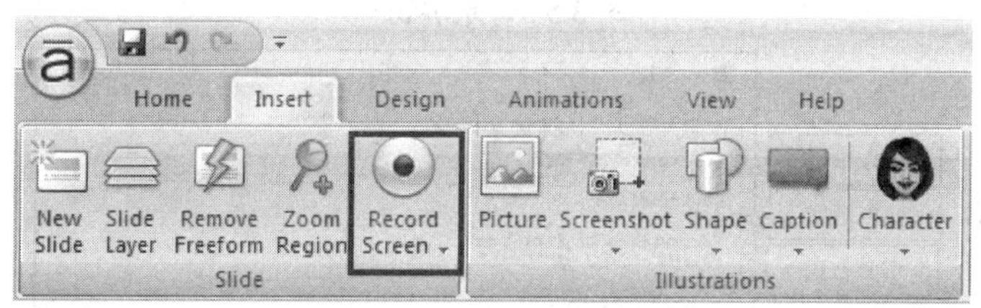

图 3.5.1　插入菜单下选择录屏

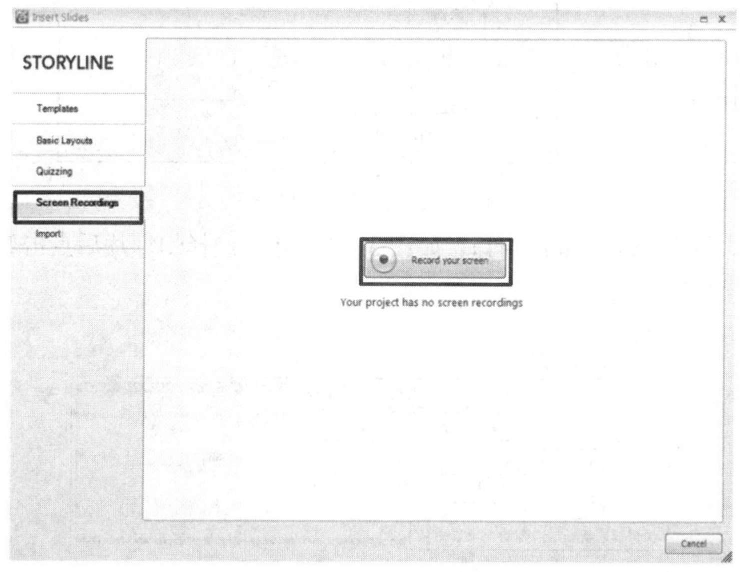

图 3.5.2　新建幻灯片页面选择录屏

(2) 点击录屏后，出现如图 3.5.3 所示的对话框。其中，虚线框表示录屏区域，可以拖动边框放大或缩小区域。录屏区域确定后，点击红色按钮即可开始录屏。如果要取消录屏，点击 CANCEL(取消)即可。录屏完毕，点击 DONE，进入录屏设置窗口，如图 3.5.4 所示。

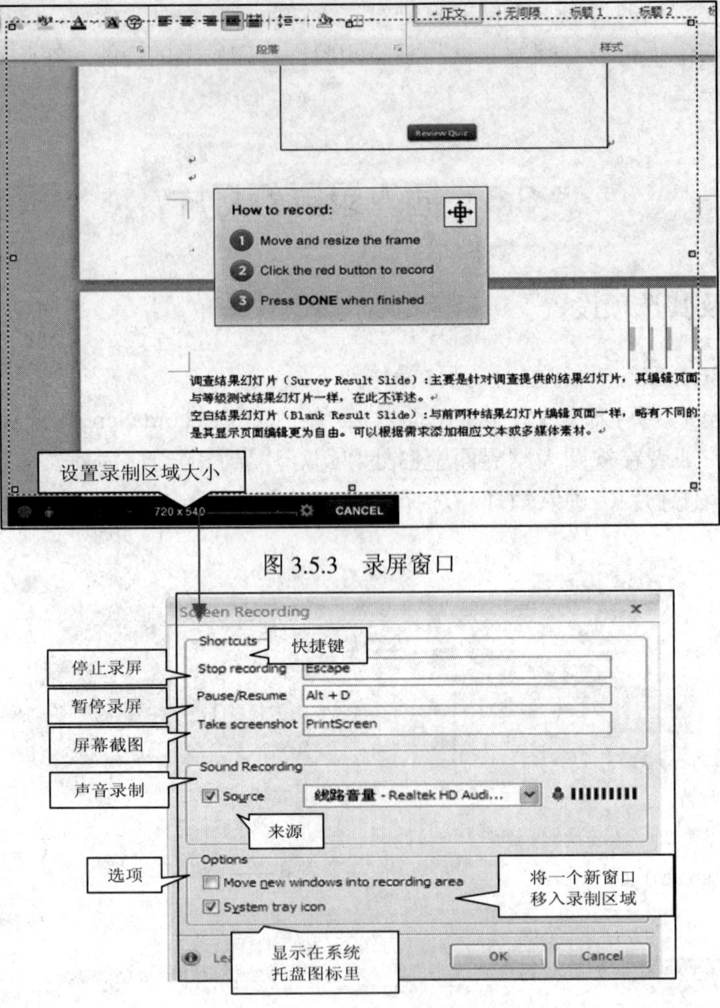

图 3.5.3　录屏窗口

图 3.5.4　录屏设置窗口

设置完毕，进入 Insert Slide 窗口，如图 3.5.5 所示。选择幻灯片后点击 Insert 即可插入录屏幻灯片。

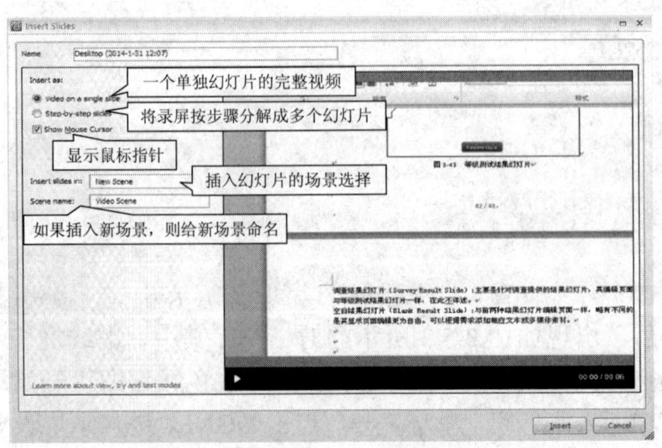

图 3.5.5　录屏结束的编辑窗口

3.5.2　四种录屏形式幻灯片

插入的录屏幻灯片有两种模式。一种是 Video on a single slide(录屏作为完整的视频在一个幻灯片里)，另一种是 Step-by-step slides(将录屏按照每个点击分解成多个步骤幻灯片)。

选择 Step-by-step slides(逐步幻灯片)后，点击其右侧倒三角，下拉框中自上而下分别为 View mode slide(演示模式幻灯片)，Try mode slide(引导操作模式幻灯片)和 Test mode slide(测试模式幻灯片)。这三种模式都是将录屏按照操作步骤分解成多张幻灯片，而不是显示在一个幻灯片里。

View mode slide：录屏在播放时，对于每个操作系统会自动添加步骤描述的标注。这种模式主要适用于给学习者演示操作步骤。

Try mode slide：系统会自动给录屏的每个操作步骤添加交互(如点击、选择、拖动等)和步骤描述的标注，学习者通过标注提示按照原先录屏中的步骤操作一遍，此模式适用于加深学习者对操作步骤的印象。

Test mode slide：系统会自动将录屏的每个步骤设置成一道道测试题，并且按照原先的录屏操作步骤设置结果反馈。如果学习者的操作与原先录屏操作一致，则反馈正确，否则错误。并且在没有目录的情况下，学习者必须在前一个操作正确的基础上才能进行下一步的操作。

三种录屏步骤分解的幻灯片模式还分别有选项设置，选择不同的模式，分别点击下侧的 View mode options、Try mode options 或者 Test mode options，分别进入各自的选项设置窗口，如图 3.5.6～图 3.5.8 所示。

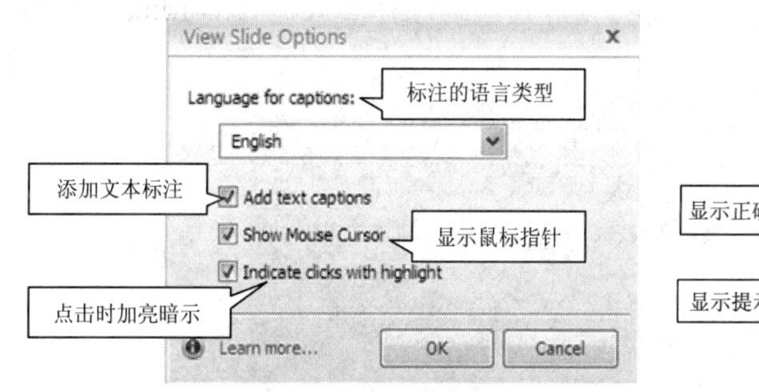

图 3.5.6　演示模式幻灯片选项

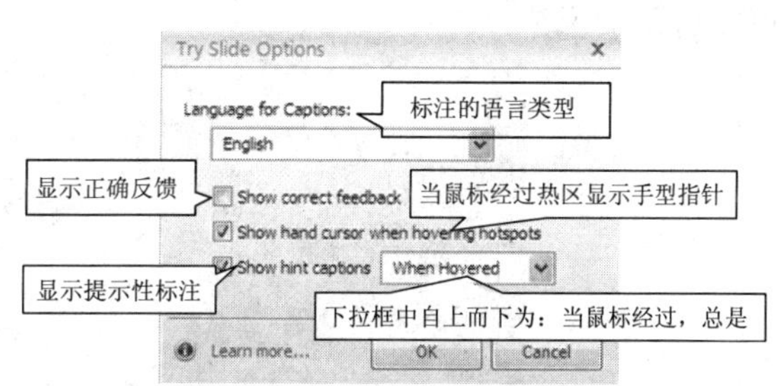

图 3.5.7　引导操作模式幻灯片选项

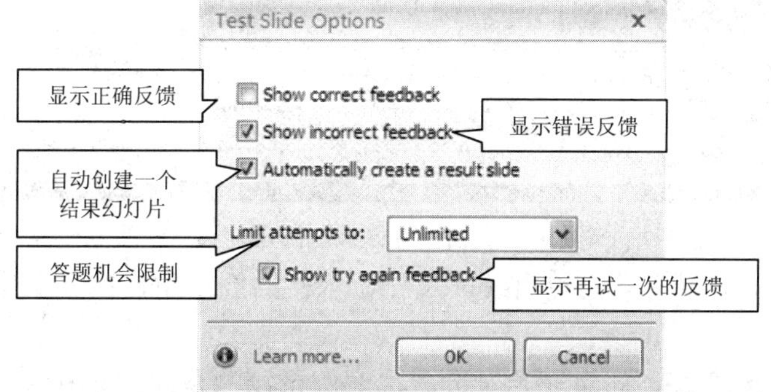

图 3.5.8　测试模式幻灯片选项

录屏选项设置完毕，点击 Insert(插入)即可，进入大纲视图界面，双击幻灯片进入幻灯片界面，可以对幻灯片其他内容进一步编辑。

3.6 插入录屏幻灯片案例

通过 3.5 小节“插入录屏幻灯片及属性设置”的介绍，可知道 Storyline 的录屏不只是简简单单的录制屏幕，它的形式更加多样。对于录制后的屏幕，它提供了四种类型的处理模式，分别是 Video on a single slide(作为完整的视频插入一张幻灯片)、View mode slide(演示模式幻灯片)，Try mode slide(引导操作模式幻灯片)，Test mode slide(测试模式幻灯片)。

下面将以四个案例详细讲述这四种类型的录屏。

3.6.1 案例 1 Video on a single slide(插入视频形式的录屏)

Video on a single slide 形式的录屏是一种普通形式的录屏方式，即将录制好的屏幕以视频形式插入到一张幻灯片中，学习者通过观看视频来了解录制的内容。

插入该类录屏的具体操作步骤如下：

(1) 在 Home(主页)菜单或 Insert(插入)菜单下，点击 Record Screen 标签，即可进入录屏窗口，如图 3.6.1 矩形红色框内所示。

注：可以通过在 Home 或 Insert 菜单下点击 New Slide 标签(若项目中还没有场景，则 New Slide 标签为灰色状态，需要先新建场景，New Slide 标签才被激活，此时选择某个场景并点击 New Slide 即可新建幻灯片)，进入新建幻灯片窗口，选择 Screen Recording，同样可以进入录屏窗口。

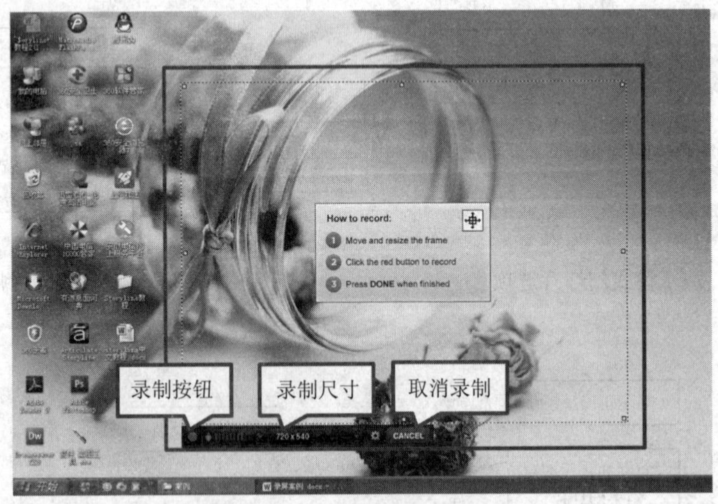

图 3.6.1 Storyline 录制屏幕窗口

(2) 设置录制的屏幕尺寸。点击录屏尺寸显示栏的倒三角，在其下拉菜单中选择 Full Screen(全屏)。

(3) 点击录制按钮 ■，即可开始录制。本案例录制的是卸载某软件的操作，在此不详述此操作的步骤。录制完毕，按下电脑键盘上的 Escape 键即可退出录制，并保存录制的屏幕。进入插入幻灯片窗口，如图 3.6.2 所示。

图 3.6.2　屏幕录制完毕进入 Insert Slide 窗口

(4) 在 Insert Slide 窗口中勾选 Video on a single slide(以视频形式显示在一张幻灯片中)。勾选 Show Mouse Cursor(显示鼠标指针)。在 Insert slide in 的下拉菜单中选择 New Scene，即将该录屏幻灯片放置在一个新建的场景中。在 Scene name 右侧的空白框内输入场景的名称，如 Video Scene。如图 3.6.2 所示。设置完成后，点击 Insert，即可将录制的屏幕成功插入到一个新场景的幻灯片中。

(5) 录屏插入到幻灯片后如图 3.6.3 所示。双击幻灯片，进入幻灯片页面，选中视频，在菜单栏会新增 Options(选项)菜单，可以对该视频进行编辑，如时长剪辑、画面尺寸裁剪、视频音量等。具体编辑的操作请参考 4.7.2 节内容。

图 3.6.3　录屏插入到幻灯片中

以上即是 Video on a single slide(以视频形式)插入录屏的操作，插入到幻灯片后的录屏就是标准视频格式。点击 Preview 预览时，录屏与普通的视频一样播放。该方式的录屏设置简单，学习者观看该录屏可当做观看一段视频，通过视频上自带的播放按钮和进度条来控制播放、暂停等操作，对于每个操作步骤可理解透彻。缺点是该录屏方式表现效果较为单一，没有突出需要注意的操作方法，也没有对每个步骤配备相应的文字说明等。

3.6.2　案例 2　View mode slide(插入演示步骤形式的录屏)

View mode slide 形式的录屏是一种演示操作步骤的录屏方式，其每个操作步骤都单独成为一张幻灯片，可以让学习者更清晰的了解每个步骤。它适用于讲授式的教学。

插入该类录屏的具体操作步骤如下：

(1) 在 Home(主页)菜单或 Insert(插入)菜单下，点击 Record Screen 标签，进入录屏窗口，与图 3.6.1 矩形红色框内所示一样。也可以点击 Record Screen 下方的倒三角，在下拉菜单中选择 Record your screen 进入录屏窗口。

(2) 设置录制的屏幕尺寸。鼠标移动到虚线矩形框上的调节点处，当鼠标指针变为双向箭头时，开始拖动虚线边框，使得矩形虚线框尺寸与桌面尺寸(除去任务栏的面积)一样。

(3) 点击录制按钮 ●，开始录制屏幕。此案例是设置隐藏文件夹的操作，操作过程中不涉及到任务栏，所以在设置屏幕尺寸时没有将任务栏包含在内，在此不详述该操作步骤。

(4) 录制完毕，按下电脑键盘上的 Escape 键即可退出录制，并保存录制内容到 Storyline，进入 Insert Slide 窗口。

(5) 在 Insert Slide 窗口中，勾选 Step-by-step slides(分步骤幻灯片)，在下拉菜单中选择 View mode steps(演示类型步骤)，如图 3.6.4 所示。

图 3.6.4　演示型录屏插入到幻灯片时的选项

(6) 在 Insert Slide 窗口中，点击 View mode options(演示类型选项)，进入 View Slide Options(演示幻灯片选项)设置窗口，如图 3.6.5 所示。语言类型选择 Chinese(Simplified)(简体中文)，分别勾选 Add text captions(添加文本标题)、Show Mouse Cursor(显示鼠标指针)以及 Indicate clicks with highlight(高光强调点击区域)。设置完毕点击 OK，返回 Insert Slide 窗口，点击右下角 Insert 即可导入演示型录屏幻灯片。

(7) 导入 Storyline 后，在 Story View(大纲视图)界面下，可以看到演示型的录屏幻灯片如图 3.6.6 中的场景 2“View Scene”所示，它不只是一张幻灯片，而是多张幻灯片，每张幻灯片便是录屏中的一个操作步骤。视频形式的录屏只有一张幻灯片，如图中的场景 1

“Video Scene”所示。

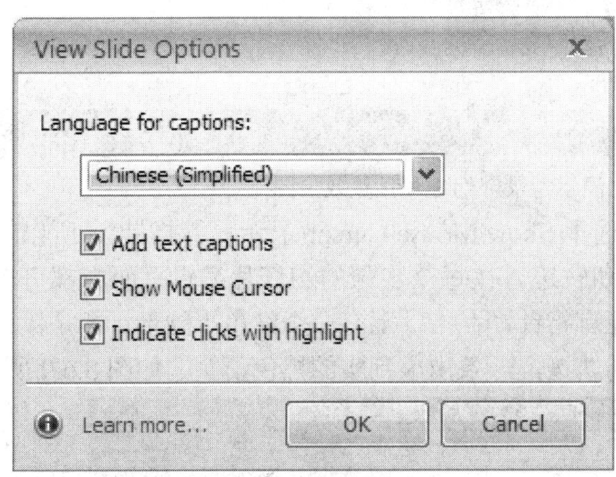

图 3.6.5　演示型幻灯片选项设置

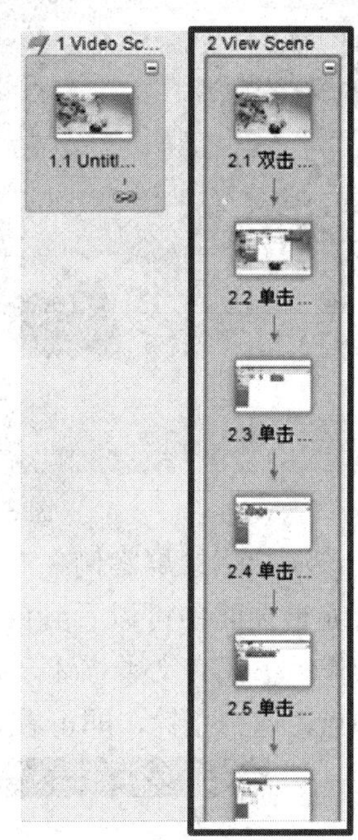

图 3.6.6　Story View 界面下的演示型录屏幻灯片

(8) 选中场景 2“View Scene”，点击 Preview 下的倒三角，在下拉菜单中选择 This Scene，预览当前场景即可看到整个录屏的演示步骤。如图 3.6.7 所示是其中两个步骤的预览效果图，对于每个步骤不仅有箭头和高光显示，还自动配备有文字描述。

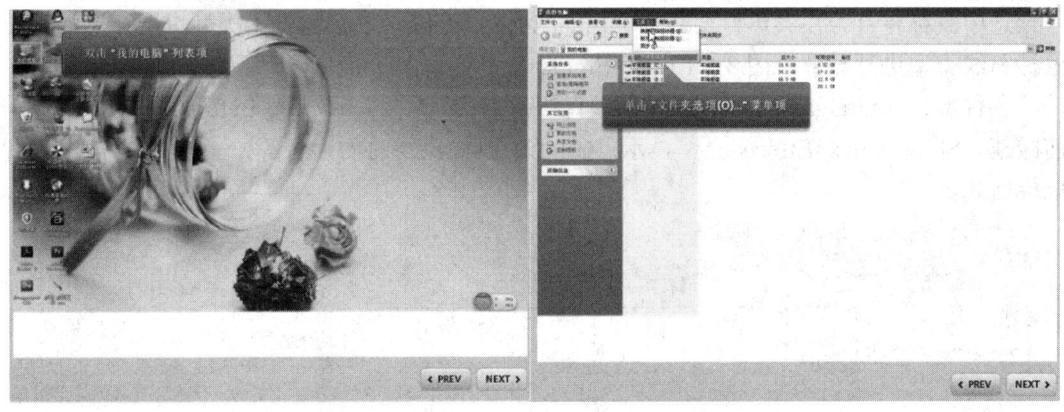

图 3.6.7　演示型录屏幻灯片预览效果图

如果对这里的文字描述或者文本框颜色及形状不满意，可以回到幻灯片编辑界面，在幻灯片中对文字描述和文本框颜色等属性进行修改。还可以删除某些多余的或错误的步骤(由于每个步骤都是一张单独的幻灯片，删除步骤即是删除幻灯片)。这样，即使在录屏时出现了小失误，也可不必重新录制，以演示形式导入到幻灯片后，可以在幻灯片中对该录屏进行二次编辑。如图 3.6.8 所示是在幻灯片中对操作步骤进行修改后的预览效果，重新简化了描述文字并修改了提示框的颜色。

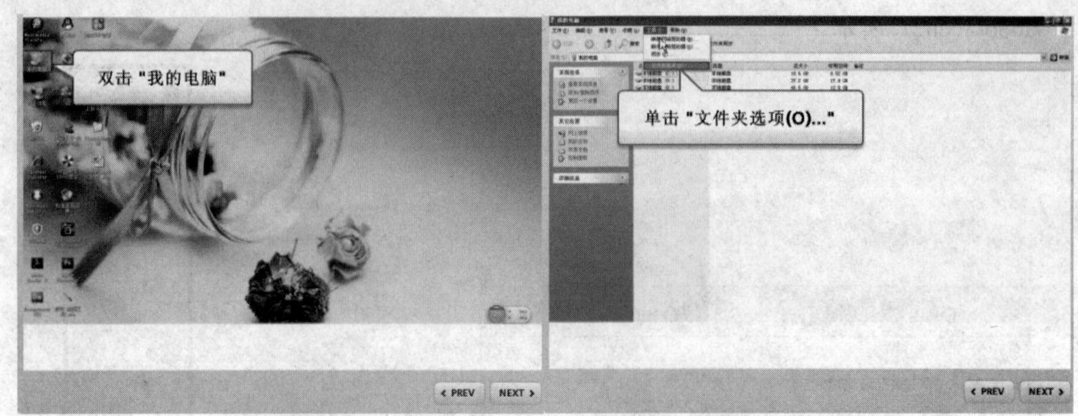

图 3.6.8 修改后的演示型录屏幻灯片预览效果图

该演示型录屏案例在选项设置里勾选了 Show Mouse Cursor(显示鼠标指针)，所以在幻灯片编辑页面中可以看到鼠标指针的移动轨迹。在每个步骤的幻灯片编辑页面中都可以看到操作上不仅有文本描述、高光显示，还有指针，在指针上有一个红色小圆形，即是鼠标的落脚点，选中指针，即可看到鼠标的移动轨迹，一条由虚到实的黑色箭头，如图 3.6.9 所示。

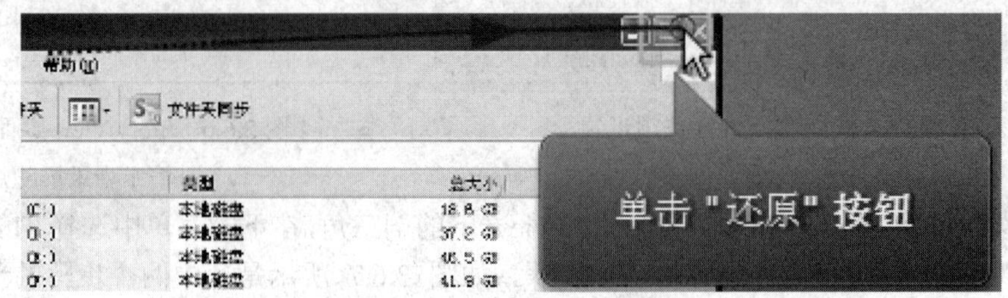

图 3.6.9 选中箭头显示鼠标移动轨迹

选中鼠标指针，在菜单栏会新增 Format 菜单，可以对鼠标的点击类型、指针形状以及鼠标路线类型进行设置。图 3.6.10 中，Single 表示单击，Double 表示双击，Cursors 里是指针的各种形状，Straight Pointer Path 表示直线点路径，Reduce Speed Before Click 表示点击前减速，Show Click Effects 表示显示点击的效果(如点击时的声音等)，可以根据需求设置鼠标格式。

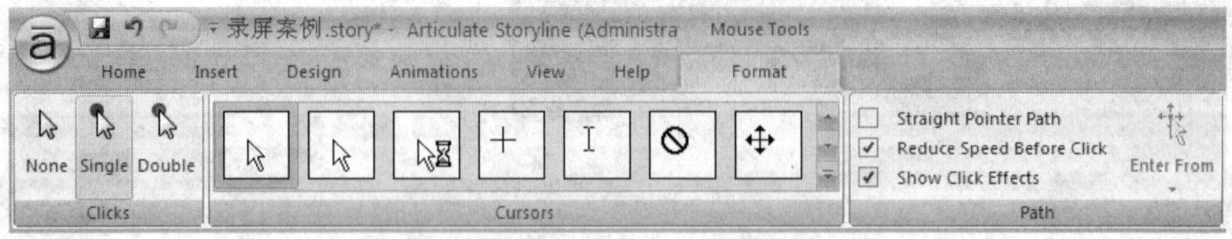

图 3.6.10 鼠标指针 Format(格式)菜单

3.6.3 案例 3 Try mode slide(插入引导操作形式的录屏)

Try mode slide 形式的录屏是一种引导式操作的录屏方式，其每个操作步骤也都单独成为一张幻灯片。该类型录屏幻灯片主要是将录制屏幕过程中的每个操作区域设置为一个热区，当学习者点击到正确的区域时便会显示相应的操作描述。它是一种引导式的教学，而不是直接将所有步骤呈现给学习者观看。

操作步骤如下：

(1) 首先进入录制屏幕的界面。具体操作请参考 3.6.2 章节的第(1)、(2)步，在此不重述。

(2) 点击录制按钮，开始录制屏幕。本案例是查看计算机 IP 地址和 DNS 地址的操作，在此不详述该操作步骤。

(3) 录制完毕，按下电脑键盘上的 Escape 键即可停止录制，并将已经录制的内容保存到 Storyline 中。进入 Insert Slides 窗口，进行如图 3.6.11 所示的设置。

图 3.6.11　引导型录屏插入到幻灯片时的选项

(4) 在 Insert Slides 窗口中，点击 Try mode options，进入 Try Slide Options(引导型幻灯片选项)设置窗口，进行如图 3.6.12 所示的设置。语言类型选择 Chinese(Simplified)(简体中文)，勾选 Show correct feedback(显示正确反馈)，即如果学习者选对了步骤热区给予正确的反馈信息，若选错了则给予错误反馈。勾选 Show hand cursor when hovering hotspots(当鼠标经过设置的热区时显示鼠标指针)，勾选 Show hint captions(显示隐藏的标题)，即若学习者选对了热区，则显示出该步骤的描述。并在下拉菜单中勾选 When Hovered(当鼠标经过时)。设置完毕，点击 OK 返回 Insert Slides，点击窗口右下角的 Insert 即可成功插入引导型录屏幻灯片。

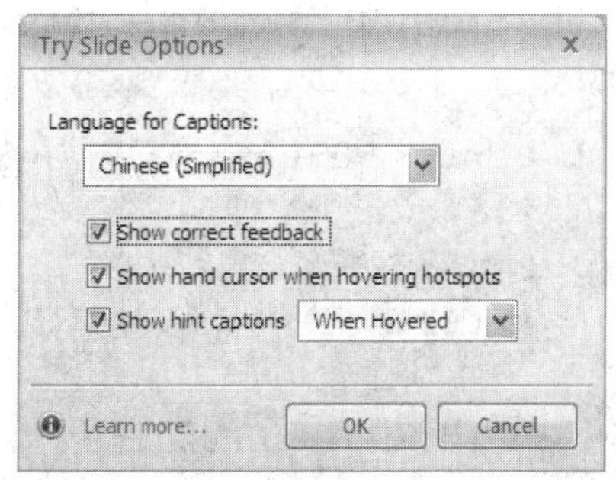

图 3.6.12　引导型录屏幻灯片选项设置

(5) 将幻灯片导入 Storyline 后，在 Story View(大纲视图)界面下，可以看到引导型的录屏幻灯片，与演示型录屏的一样，都是有很多个幻灯片组成，如图 3.6.13 中的场景 3 “Try Scene” 所示。

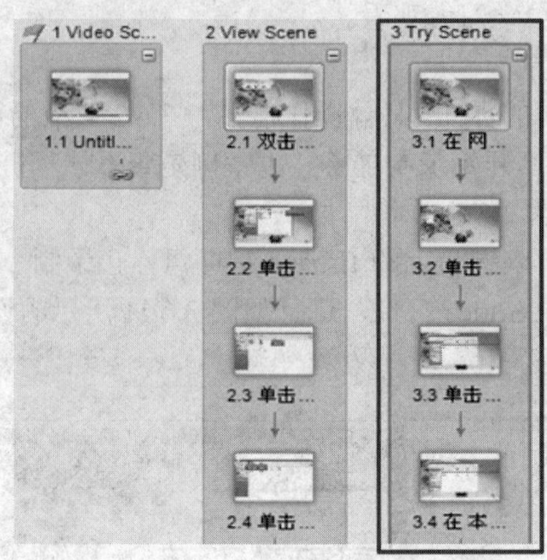

图 3.6.13　Story View 界面下的引导型录屏幻灯片

(6) 选中场景 3“Try Scene”，点击 Preview 下的倒三角，在下拉菜单中选择 This Scene，预览当前场景，即可看到整个录屏。

与前两种录屏形式不同的是，引导型录屏不会直接显示操作步骤，而是自动将录屏中的操作区域设置为热区，需要学习者自己去探索并触发热区，才会显示步骤。图 3.6.14 是未触发步骤热区的效果图。如图 3.6.15 所示是学习者触发了该步骤的热区“网上邻居”，从而显示了该步骤的动作描述。

图 3.6.14　引导型录屏幻灯片预览效果—未触发步骤热区

图 3.6.15　引导型录屏幻灯片预览效果—触发步骤热区后

若学习者没有选择正确的热区，则会出现错误的反馈信息，如图 3.6.16 所示。点击反馈信息框的 Try Again 按钮即可重新选择。若选择正确，则会出现图 3.6.15 中的提示框，按照提示框的动作描述操作，操作正确后会出现正确的反馈信息，同时显示下一个画面，如图 3.6.17 所示。

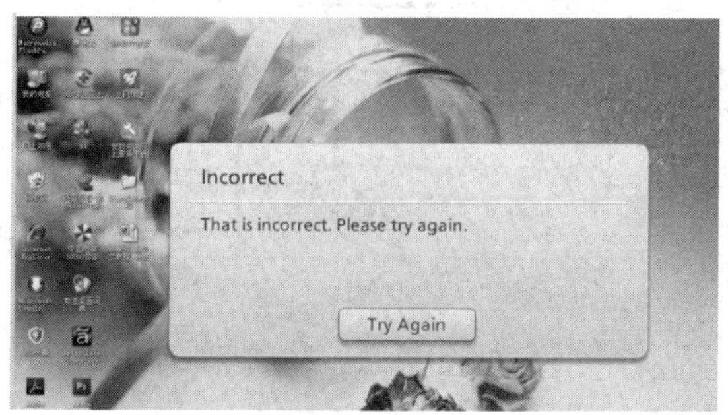

图 3.6.16　选错了步骤热区后的反馈信息

图 3.6.17　步骤操作正确后的反馈信息

如果对于软件自动默认的格式如标题的字号、颜色、文本框格式、反馈信息格式等属性不满意，可以回到幻灯片编辑页面对录屏幻灯片进行修改。还可以在幻灯片中修改正确步骤的热区，即使在录制时出现失误，也可不必重新录制。但需注意，若录制时某个操作的整个画面错误，在幻灯片中不可更改，可更改的步骤是热区选择。

(7) 回到幻灯片编辑页面，打开某一个步骤幻灯片，如图 3.6.18 所示。浅绿色透明矩形框便是热区，此热区选择框过宽，可以将其选中并缩短至合适的宽度。

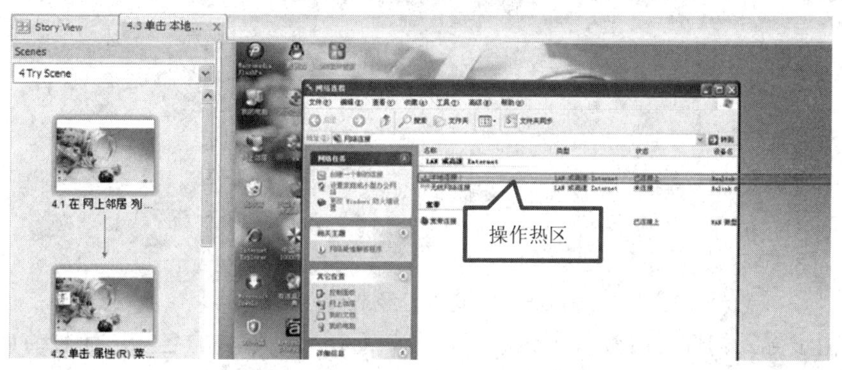

图 3.6.18　引导型录屏幻灯片编辑窗口

在图 3.6.19 中，可以在三个层中分别修改正确反馈信息、重试反馈信息、隐藏标题信息的字体、字号、背景等。若要修改反馈母版，点击 View 菜单，选择 Feedback Master 即可更改反馈模板。在此不详述，请参考 3.4.1 节内容。

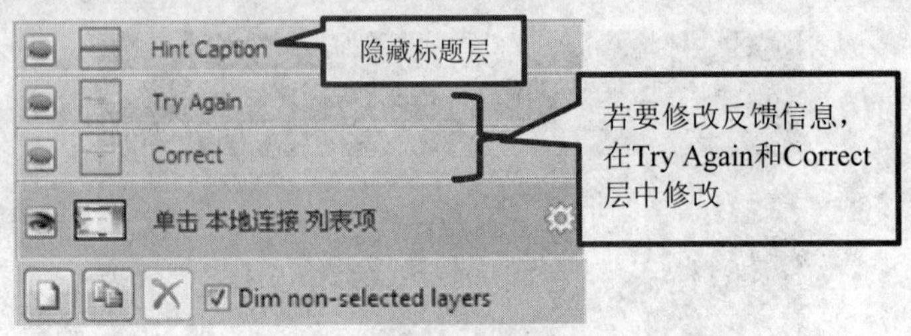

图 3.6.19 引导型录屏幻灯片层面板

3.6.4 案例 4 Test mode slide(插入测试形式的录屏)

Test mode slide 形式的录屏是一种测试类型的录屏方式，其每个操作步骤也都单独成为一张热区类型测试题的幻灯片。该类型录屏幻灯片主要是将录制屏幕过程中的每个操作区域设置为一个热区，并作为一道测试题的正确答案。学习者操作正确给予正确反馈，操作错误，给出错误反馈并给予重试机会。它主要用于检测学习者对于某个已经学过的操作的掌握情况。

由于本例所录制的内容与 3.6.3 节的一样，都是查找计算机 IP 地址和 DNS 地址的操作。因此不需要重新录制。操作如下：

(1) 在 Home(主页)菜单或 Insert(插入)菜单下，点击 Record Screen 标签下方的倒三角，在下拉菜单中选择录制过的引导操作形式的屏幕，如图 3.6.20 所示。

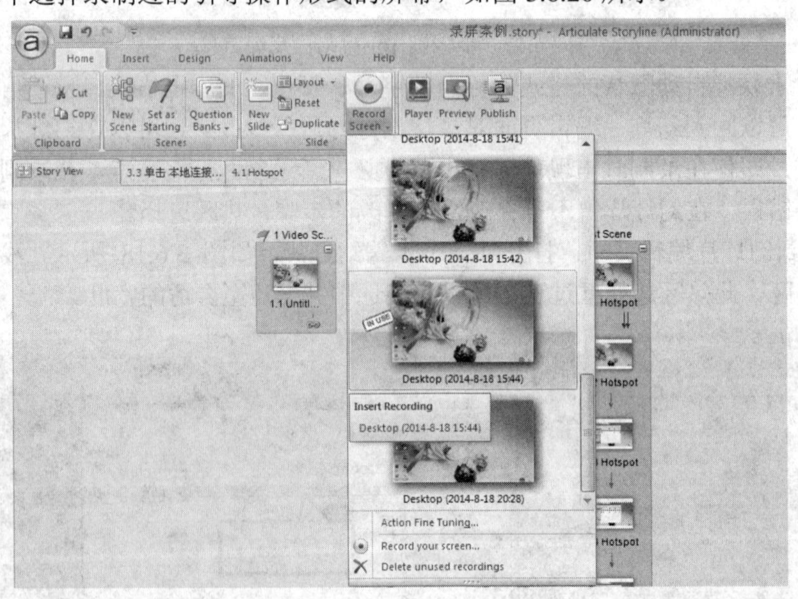

图 3.6.20 选择已经录制的屏幕

注：由于导入幻灯片时没有为该录屏命名，而是采用默认的名字。而且前后几个录屏的第一个画面都一样，所以在这里不太好查找。但还是可以根据名称全称选择出来，即每

个录屏的默认名称都显示为录制时间，案例 3 的录制时间最靠后，并且正在使用，所以选择如图 3.6.21 所示的录屏。

图 3.6.21　测试型录屏插入到幻灯片时的选项

(2) 选择后弹出 Insert Slides 窗口，进行如图 3.6.21 所示的设置。勾选 Step-by-step slicles，在下拉菜单中选择 Test mode steps。默认将录屏幻灯片插入到新建场景中。场景名称默认为 Test Scene。点击 Test mode options，弹出 Test Slide Options(测试幻灯片选项)窗口，如图 3.6.22 所示。

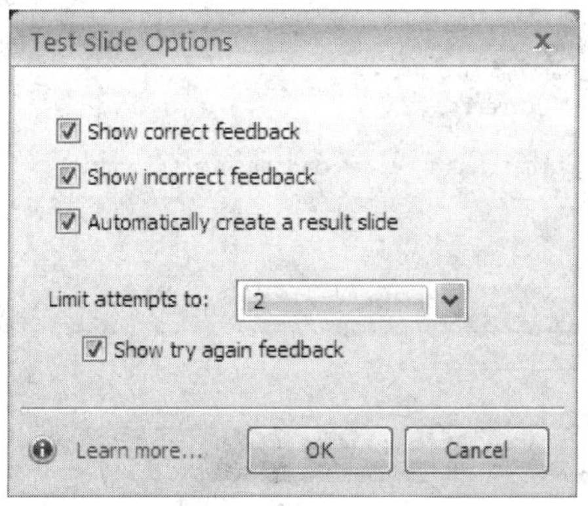

图 3.6.22　测试型幻灯片选项设置

在图 3.6.22 中，选项从上到下分别为 Show correct feedback(显示正确反馈)、Show incorrect feedback(显示错误反馈)、Automatically create a result slide(自动生成一个结果幻灯片)和 Show try again feedback(显示重试反馈信息)。还可以选择每个操作测试题的答题次数，此案例中设置的是 2 次。设置完毕，点击 OK 返回 Insert Slide 窗口。点击窗口右下角的 Insert 即可插入测试类型的录屏幻灯片。

(3) 将其导入 Storyline 后，在 Story View(大纲视图)界面下，可以看到测试型的录屏幻灯片与演示型、引导型的录屏幻灯片类似，都是由许多幻灯片组成，每个幻灯片是一个操作步骤的测试，如图 3.6.23 所示，可以看到大纲视图下的四种类型的录屏幻灯片。

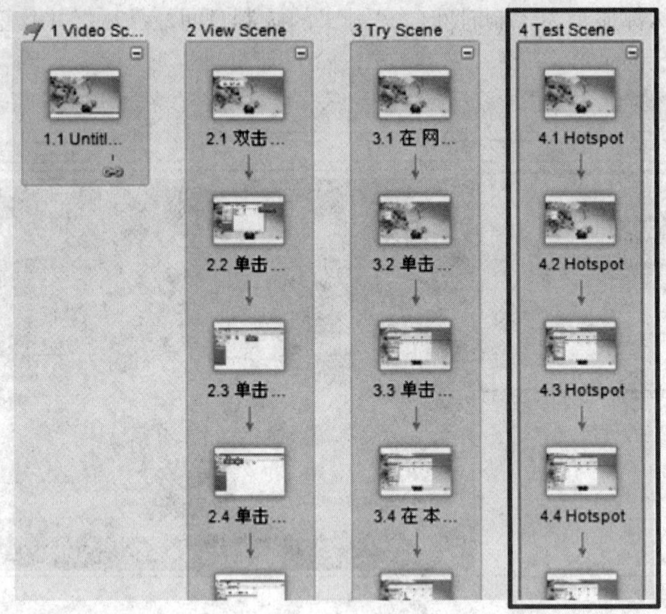

图 3.6.23 Story View 界面下的测试型录屏幻灯片

(4) 选中场景 4"Test Scene"，点击 Preview 下的倒三角，在下拉菜单中选择 This Scene，预览当前场景，即可看到整个录屏。学习者每进行一个操作后，都会给出相应的正误反馈信息，如图 3.6.24 所示为操作正确后的反馈信息。点击 Continue，可以继续下一步操作。

图 3.6.24 测试型录屏幻灯片操作正确后的截图

(5) 如果软件默认的热区或反馈信息不满足需求，可以返回幻灯片编辑页面重新编辑热区或反馈信息。每个幻灯片都是一个热区型测试题，如图 3.6.25 所示。若要修改热区，点击界面右侧 Question 面板下的 Edit Hotspot 即可修改。具体操作在此不详述，请参考 3.4.7 节内容。若要修改反馈信息，则可以在 Slide Layers(幻灯片层面板)下修改 Correct、Incorrect、Try again 三个层即可。在此不详述，请参考 3.4.1 节内容。

图 3.6.25 测试型录屏幻灯片编辑界面

3.7 导入外部文件

Storyline 不仅提供了各种类型幻灯片，还可以导入外部文件作为幻灯片，主要有 PPT、Quizmaker、Engage、Storyline 四种类型，如图 3.7.1 所示。其中，PPT 和 Storyline 已众所周知，Quizmaker 是 articulate 公司下的一款独立测试题编辑软件，Engage 是 articulate 公司下的一款交互设计编辑软件。

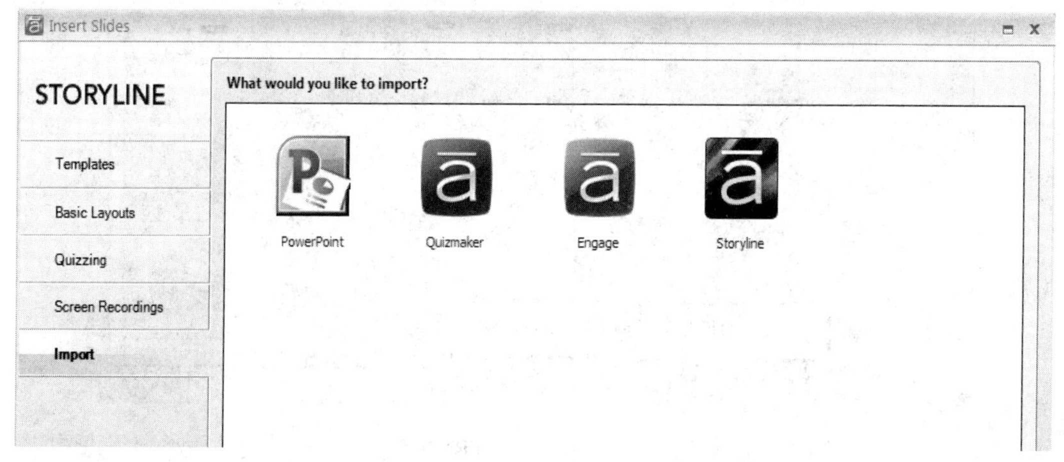

图 3.7.1 导入外部文件窗口

下面，以导入 PPT 为例来讲述导入外部文件的基本步骤。其余 3 个类型文件的导入步骤与导入 PPT 文件的类似，在此不详述。

(1) 在图 3.7.1 所示的窗口中，点击 PPT 图标，弹出“打开”窗口，如图 3.7.2 所示。

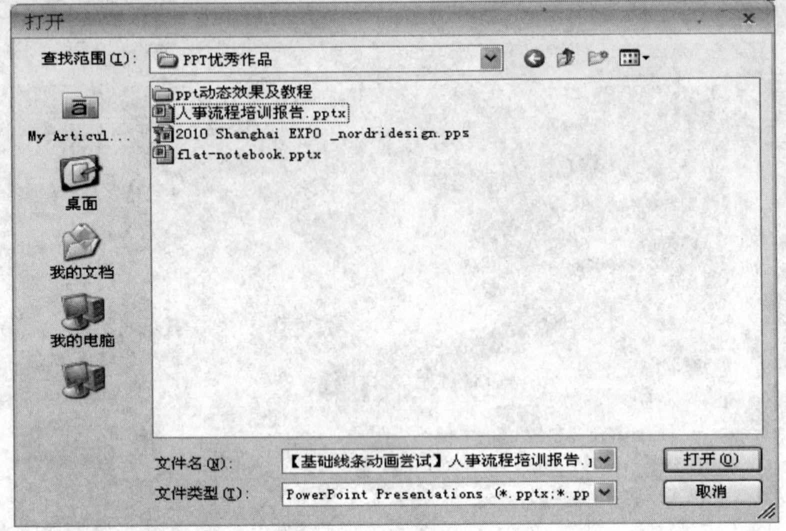

图 3.7.2　打开 PPT 窗口

(2) 找到需要导入的 PPT 所在位置，选中该 PPT，如本例中导入的 PPT 为“人事流程培训报告”，点击右下角的“打开”按钮，Storyline 即刻读取 PPT 内容，并以缩略图形式展现 PPT 中的所有页面，如图 3.7.3 所示。

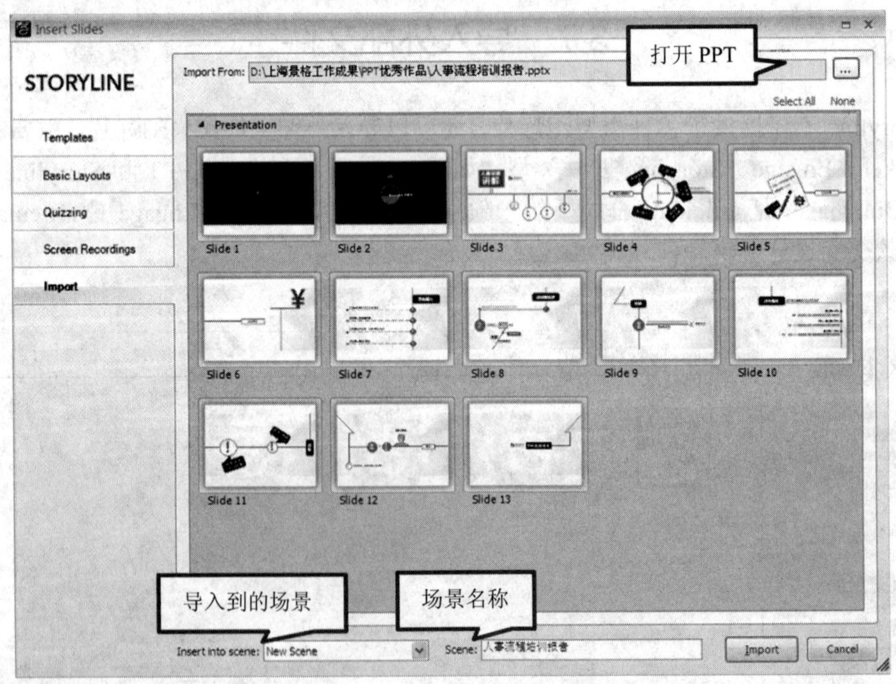

图 3.7.3　Storyline 读取 PPT 所有页面

(3) 在图 3.7.3 中，默认的是将所有 PPT 页面都选中，也可以重新选择需要导入的页面。在页面缩略图上点击即可，选中状态有黄色边框。在窗口下方的 Insert into scene 下拉框中选择 New Scene，即将 PPT 导入到一个新场景中，场景名称默认与 PPT 名称一样，设置完毕，点击 Import 即可导入到 Storyline 中。

由于 Storyline 中所支持的动画效果有限，一般只有淡入/淡出、扩展\收缩、飞入/飞出、旋转、旋转扩展这 5 类动画效果。PPT 中很多复杂的动画特效在 Storyline 中都得不到支持，因此，在预览导入的 PPT 时，一些动画效果便会消失。此外，还会看到一些排版的错乱。这是由于 PPT 被导入到 Storyline 时，Storyline 对其进行了重新编码，因此会有部分细节上的错乱，需要简单调整。

除了以上两处的不足之外，导入到 Storyline 中的 PPT 还是基本保持了本来的面貌，原先 PPT 的内容是什么格式，在 Storyline 中依旧是原来的格式。如 PPT 中的文本、图片、图形、组合，导入到 Storyline 中依旧如是。

3.8 巧用幻灯片母版与测试题反馈母版

PPT 中幻灯片设置母版可以提高工作效率，Storyline 中的母版也同样，其操作方法也与 PPT 中的类似。而且 Storyline 母版中不仅可以插入静态多媒体元素，还能添加动态交互，如在母版里的按钮可以设置多种交互状态(鼠标经过、按下、离开等不同状态)，也可以添加层和触发器等交互对象。幻灯片可以根据需求选择某个母版后直接应用，而不用对不同幻灯片中的相同元素每个都重新设置一次，这样即可节约时间，大大提高了工作效率。同时，在后期修改时，也大大减少了工作量，只需修改母版，其他应用该母版的幻灯片便随之改变，不用单独去修改每个幻灯片。

如若一个课程中有一个自定义目录，需要在每张幻灯片中通过点击目录按钮显示目录内容，点击关闭按钮也可以关闭目录。此时，可以利用幻灯片母版，将目录制作在一个幻灯片母版中，包括目录按钮、目录内容、关闭按钮以及触发动作等。随后，返回幻灯片视图界面，选中所有幻灯片，点击右键，在弹出菜单中点击 Layout(布局)，从列表中选择设置好的目录母版即可将其应用到所有幻灯片。这样，每个幻灯片都增加了目录功能。

Storyline 中的母版在 View(视图)菜单下，Slide Master 为幻灯片母版，Feedback Master 为测试题反馈母版，如图 3.8.1 所示。点击 Slide Master，进入幻灯片母版编辑页面，如图 3.8.2 所示。在幻灯片母版中可插入任何多媒体元素，甚至交互对象。点击 Feedback Master，进入测试反馈母版编辑页面，与图 3.8.2 所示基本一致，在此不详述。测试题反馈母版主要用于测试的反馈，如正确反馈、错误反馈、重试反馈以及审阅反馈。

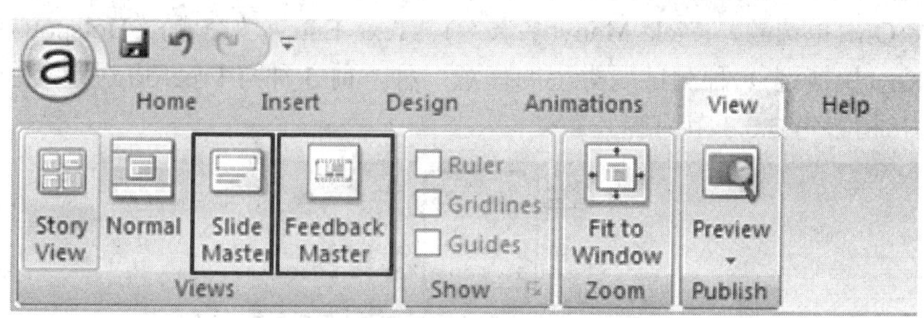

图 3.8.1 视图菜单

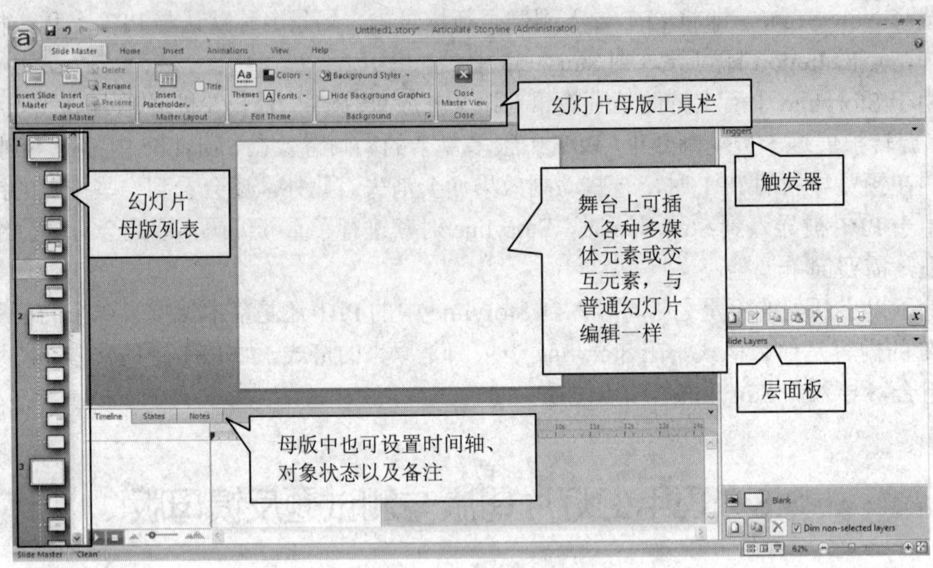

图 3.8.2　幻灯片母版编辑

幻灯片母版工具栏有 5 个模块，分别是：

(1) Edit Master(编辑母版)：Insert Slide Master(插入幻灯片母版)；Insert Layout(插入布局)；Delete(删除)；Rename(重命名)；Preserve(保护)。

(2) Master Layout(母版布局)：Insert Placeholder(插入占位符)；Title(题目)。

(3) Edit Theme(编辑主题)：Themes(主题)；Colors(颜色)；Fonts(字体)。

(4) Background(背景)：Background Styles(背景风格)；Hide Background Graphics(隐藏背景图)。

(5) Close(关闭)：Close Master View(关闭母版视图)。

3.9　转换幻灯片形式及幻灯片局部放大

3.9.1　转换幻灯片形式

如图 3.9.1 所示，在 Insert(插入)菜单下的 Slide(幻灯片)面板中，选择 Convert to Freeform，进入转换幻灯片形式编辑窗口，如图 3.9.2 所示，可以将选中的幻灯片转为 Drag and Drop(拖动题)、Pick One(单选题)、Pick Many(多选题)、Text Entry(填空题)、Hotspot(热区选择题)或 Shotcut Key(快捷键)六种测试题类型的任意一种，前 5 种与 Freeform 类型测试题一样，在此不详述，请参考 3.3.3 节内容。

图 3.9.1　幻灯片面板

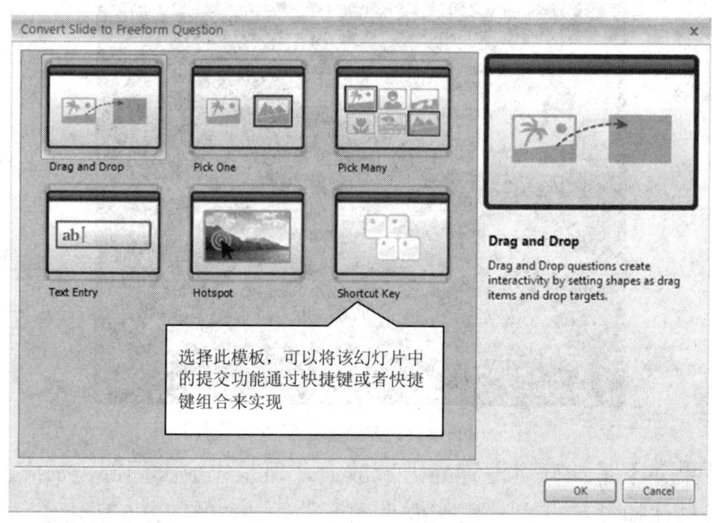

图 3.9.2　转换幻灯片为自由形式选择窗口

Shotcut Key 测试题是检测学习者对于某个键或者快捷键的掌握情况。回答此类测试题，学习者只需要在电脑键盘上按下认为正确的键，点击提交即有正误反馈结果。Shotcut Key 的设置提交快捷键的窗口如图 3.9.3 所示。

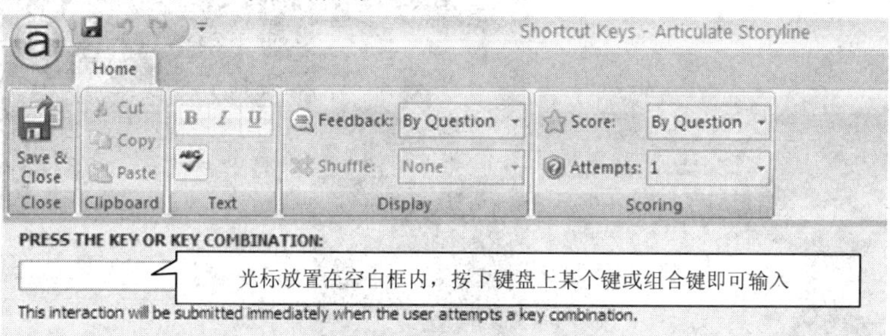

图 3.9.3　设置提交快捷键的窗口

3.9.2　幻灯片局部放大

如果一张幻灯片中内容过多而导致内容尺寸偏小，可以使用幻灯片局部放大效果来解决此问题。在 Insert(插入)菜单下选择 Zoom Region(局部放大)，如图 3.9.4 所示。在幻灯片中会出现一个矩形框，如图 3.9.5 所示。矩形框便是放大区域，可以拖拉矩形框，对其进行放大或缩小。注意：局部放大的矩形框只能按比例缩放，不能单独改变长度或宽度。同时，形状也只能是矩形，不能更改为其他形状。

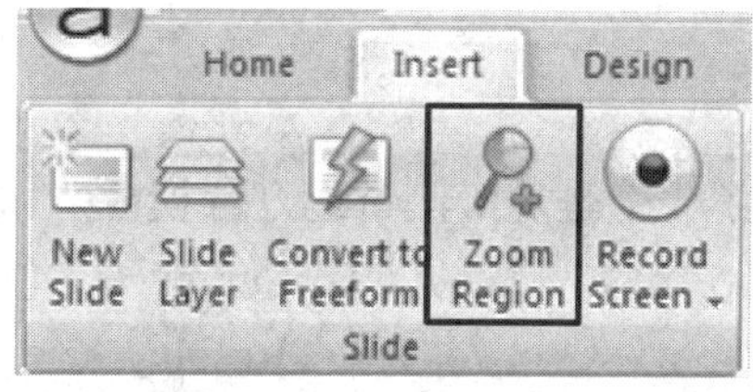

图 3.9.4　选择 Zoom Region 进行幻灯片局部放大

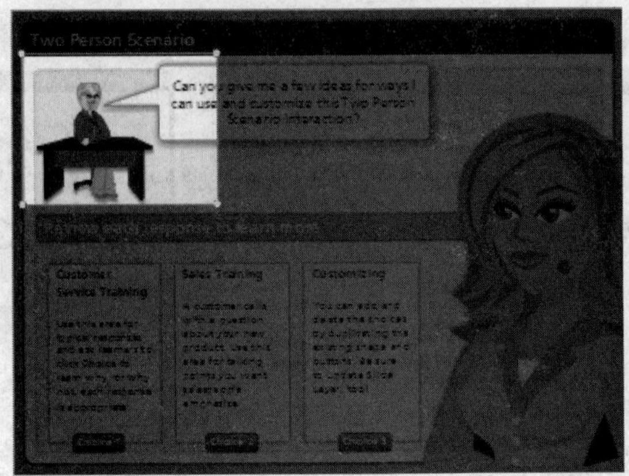

图 3.9.5　幻灯片局部放大编辑窗口

局部放大效果并不是一直将设置的区域放大，而是先放大局部，后缩回到整个屏幕，是一种先局部后整体的过渡方式。局部放大的预览效果如图 3.9.6 所示。

在幻灯片中，右击局部放大矩形框，在弹出菜单中，选择 Zoom Transition Speed(局部放大效果过渡速度)，如图 3.9.7 所示，在其弹出框中自上而下分别为 Very Slow(非常慢)、Slow(慢)、Medium(中等)、Fast(快)、Very Fast(非常快)和 Instantaneous(瞬间)。

图 3.9.6　幻灯片局部放大预览效果

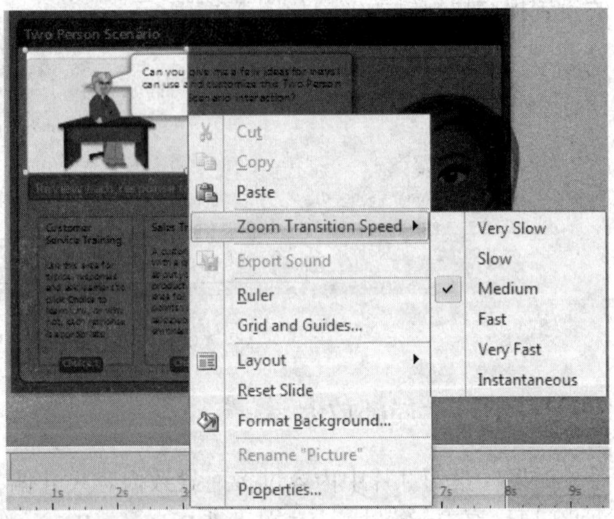

图 3.9.7　右击局部放大矩形框设置局部过渡速度

3.10　本章测试

一、单选题

1. 以下幻灯片模板中，哪一个是等级测试幻灯片模板(　)。

A. Record Screen　　B. Survey

C. Graded　　D. Result

2. 以下调查测试的幻灯片中，哪一个可用于论述题(　)。

A. Pick Many B. Essay

C. Short Answer D. Which Word

3. 以下测试题型中，哪一个表示选择填空题( )。

A. Matching Drop-down B. Sequence Drag and Drop

C. Sequence Drop-down D. Word Bank

4. 在编辑题库时，如果需要将某个测试题锁定，应选择( )。

A. Move Question B. Delete Question

C. Lock Question D. Import Question

二、操作题

1. 利用 Storyline 录制一个 40 秒的视频并导入到项目中，需满足以下要求：

(1) 录制区域大小为 800 像素乘以 600 像素。

(2) 停止录制的快捷键设置为 Backspace 键。

(3) 录屏以步骤分解的幻灯片形式导入到项目中，并且是测试模式，要有正误反馈和结果幻灯片，每题的答题机会设置为 2 次。

(4) 导入的录屏显示在一个单独的新场景中。

2. 编辑一个分数等级类型的整体测试题，需满足以下要求：

(1) 首先建立一个题库，题库中需要有 1 个判断题、1 个单选题、1 个多选题、2 个不同类型的填空题、2 个不同类型的拖动题和 1 个热区选择题。整体测试时每次从题库中随机抽取 5 道题。

(2) 每个测试题的回答机会设置为 1 次，每次回答完毕设置洗牌。

(3) 整体测试完毕需要有一个结果幻灯片，结果幻灯片需要显示学习者的得分和及格分数线，及格分数线为 60%。同时设置回顾测试和重新测试。

(4) 测试过程中幻灯片上显示考试的剩余时间。

(5) 允许测试者打印分数结果页面。

第 4 章　插入多媒体元素

★本章学习要点

- ◆ 掌握插入文本、图片、声音、视频、动画等静态对象的方法及相关设置。
- ◆ 掌握如何插入层、触发器、热区、标签等，实现多种交互。
- ◆ 掌握如何插入数值输入框、容器框以及鼠标形状设置等。

4.1　插入图片及属性设置

4.1.1　插入图片

图片是一个课程里必不可少的元素，在 Storyline 中，你可以插入图片到任何幻灯片、幻灯片层，或者任何幻灯片母版层或者反馈层。可以插入的图片格式主要有 BMP、EMF、GIF、GFA、JFIF、JPE、JPG、JPEG、PNG、TIF、TIFF 和 WMF。

在 Storyline 中插入图片与在 PPT 中插入图片的操作一样。在 Insert(插入)菜单下，点击 Picture(图片)，如图 4.1.1 所示，接着查找所要插入的图片，如图 4.1.2 所示，选中后双击或者点击打开即可将图片导入到幻灯片中。

图 4.1.1　点击 Picture 插入图片

图 4.1.2　选择图片并导入

如果打开了 Windows 资源管理器，可以选择一个或多个图片文件，然后直接拖曳图片到 Storyline 幻灯片中即可。

图片导入到幻灯片中，默认是选中的，将鼠标移动到图片上时，会出现✥图标，按住鼠标不放即可移动图片。鼠标移动到图片上的旋转手柄处，出现旋转图标时，可以按住鼠标旋转图片。利用图片上的 8 个缩放点可以灵活地放大或缩小图片，如图 4.1.3 所示。

图 4.1.3　选择图片并导入

4.1.2　图片属性设置

在幻灯片中选中插入的图片后，菜单栏中会增加一个 Format(格式)菜单，如图 4.1.4 所示。通过格式菜单可以设置图片大小、边框、位置等各种格式。

图 4.1.4　图片的格式菜单

Brightness(亮度)：点击该图标，在其下拉菜单中可以为该图片选择不同的亮度，如图 4.1.5 所示。

Contrast(对比度)：点击该图标，可以为该图片选择不同的对比度，如图 4.1.6 所示。

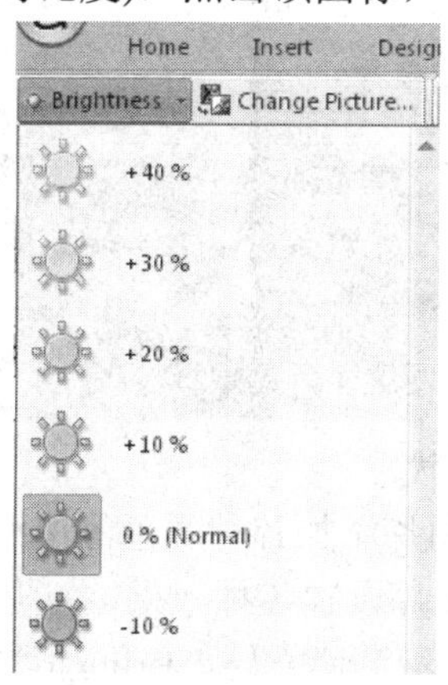

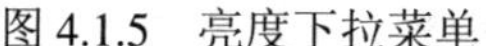

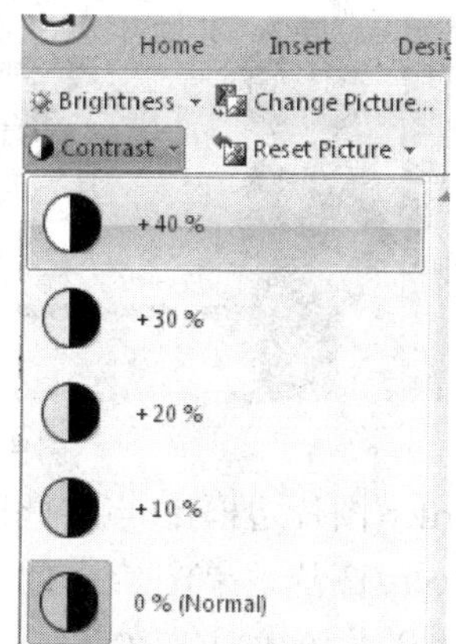

图 4.1.5　亮度下拉菜单　　　图 4.1.6　对比度下拉菜单

Recolor(重新着色)：点击该图标，在其下拉菜单中可以为该图片重新着色，如将图设置为黑白图片、黄色怀旧图片、冷色调或暖色调图片等。其中，More Variations 表示更多色调选项，Set Transparent Color 表示设置透明色，如图 4.1.7 所示。

图 4.1.7　重新着色图片

Change Picture(重新导入新图片)：替换当前的图片。

Reset Picture(重置图片)：将图片还原到原先状态。

Picture Shape(图片形状)：点击此图标，可以为图片选择不同的形状。如图 4.1.8 所示，选中图片，再在 Picture Shape 下拉菜单中选择 6 角星，即可将原先图片改变为 6 角星形状。

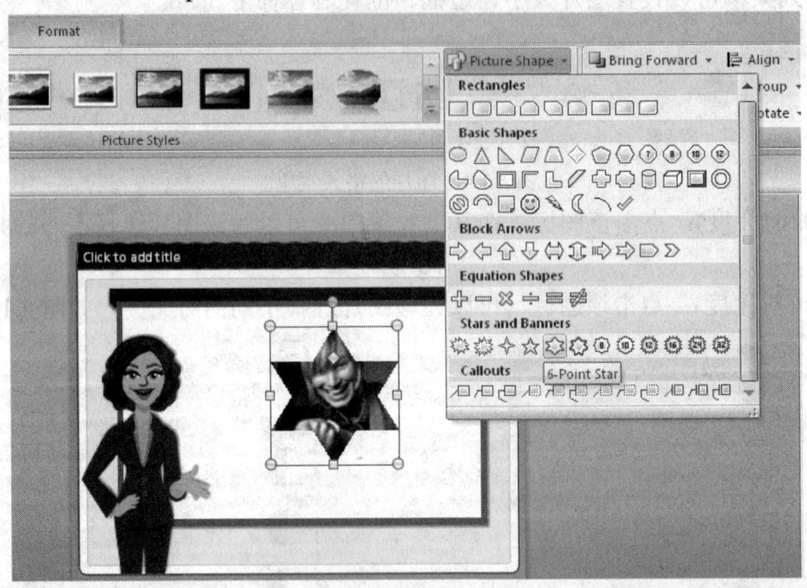

图 4.1.8　改变图片形状

Picture Border(图片边框)：点击此图标，可以给图片添加各种颜色的边框。

Picture Effects(图片效果)：点击此图标，可以对图片设置各种效果，如阴影效果、倒影效果、发光效果以及边缘羽化效果。Bring Forward 表示上移一层；Bring to Front 表示置于顶层；Send Backward 表示下移一层；Send to Back 表示置于底层。

Align(对齐)：将选中的不同对象的位置进行对齐设置。其中，Align Left：左对齐；Align Center：左右居中；Align Right：右对齐；Align Top：顶端对齐；Align Center：上下居中；Align Bottom：底端对齐；Distribute Horizontally：横向分布； Distribute Vertically：纵向分

布；Align to Slide：对齐幻灯片；Align Selected Objects：对齐已选对象；View Gridlines：查看网格线；Grid Settings：网格设置。

Group(组合)：将选中的不同对象组合为一个整体(Ungroup：解组；Regroup：重组)。

Rotate(旋转)：旋转对象。其中，Rotate Right 90°：向右旋转 90°；Rotate Left 90°：向左旋转 90°；Flip Vertical：垂直翻转；Flip Horizontal：水平翻转；More Rotation Options：更多旋转选项。

Zoom Picture(使图片全屏显示)：如果图片在幻灯片中被缩小了，添加此功能，通过点击可让图片放大到原始尺寸，再次点击，又可以让图片恢复到设置尺寸。

Crop(裁剪图片)：可以分别对图片的长、宽以及整体进行裁剪。

此外，还可以通过右击图片，在其弹出的菜单中进行格式设置，如剪切、复制图片等操作，如图 4.1.9 所示。选择 Format Picture 可对图片进行格式设置，如图 4.1.10 所示。其设置选项与 PPT 中图片格式设置相似，可以根据需求设置不同效果。

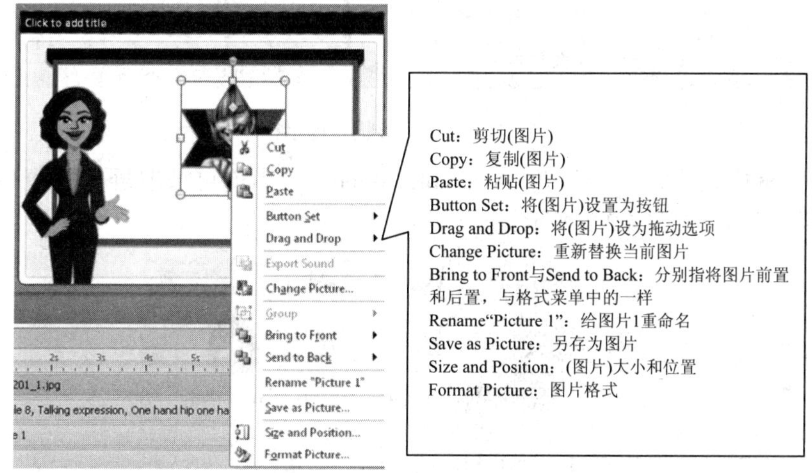

图 4.1.9　右击图片弹出菜单

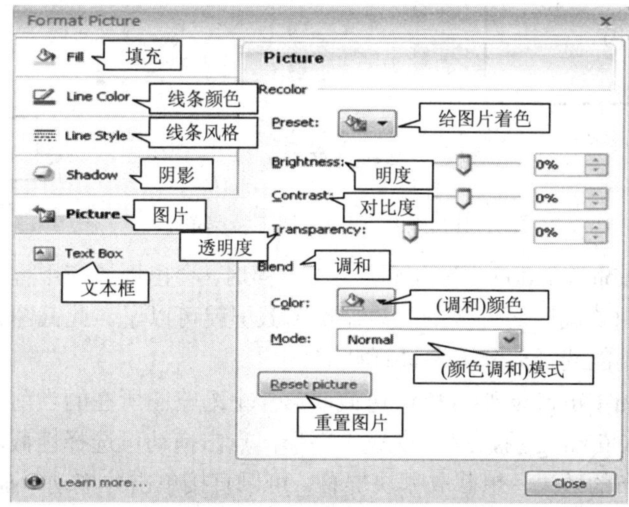

图 4.1.10　图片格式设置窗口

4.2 插入截图及属性设置

4.2.1 插入截图

Storyline 的屏幕截图功能不需要来回切换程序就可以快速实现屏幕截图。在 Insert(菜单)下，选择 Screenshot，如图 4.2.1 所示。

图 4.2.1 截图、形状、提示框

在其下拉框中自上而下分别为 Available Windows(当前可截取屏幕的窗口)、Screen Clipping(屏幕截图)，如图 4.2.2 所示。

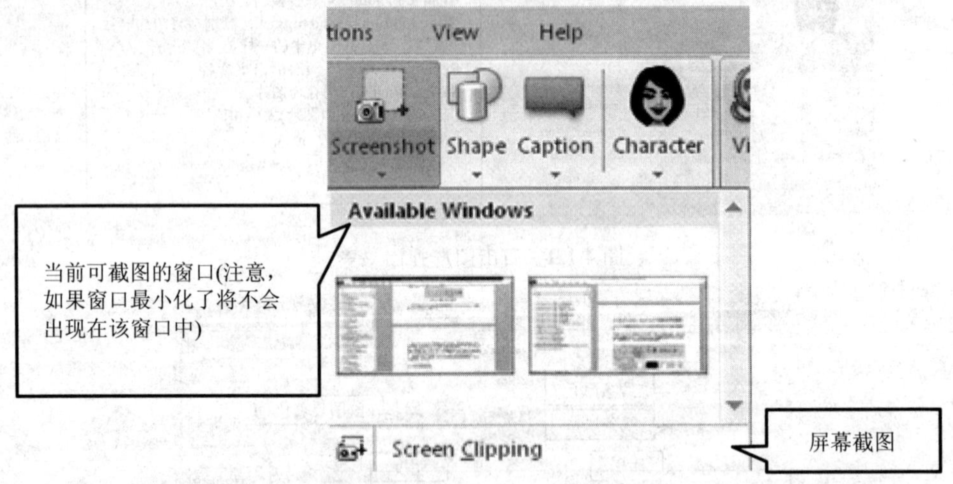

图 4.2.2 屏幕截图下拉菜单

当鼠标在 Available Windows 下的缩略图上悬停时，会出现该应用程序或浏览器及对应文件的名称，如果想要截屏，直接单击该缩略图截屏就可以了。此截图方式快捷，但是只能截取全部屏幕，不能选择部分屏幕进行截取。

用下方的 Screen Clipping 则可以快速截取第一个缩略图所在的当前屏幕的部分或全部窗口。选择 Screen Clipping 后，鼠标变成十字形，点击拖动可选择性截取当前屏幕。屏幕会变成一个白色蒙布的效果，想截取哪块屏幕，可以直接单击并拖动，画出一个矩形区域，此区域会变清晰，代表截屏之后的区域，如图 4.2.3 所示。

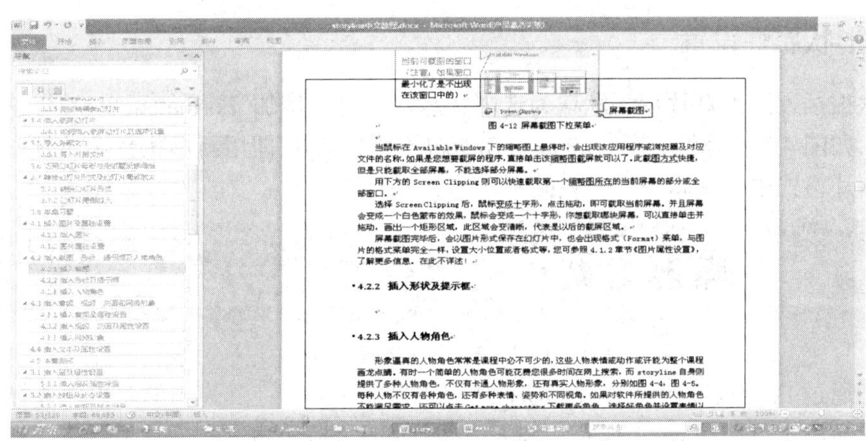

图 4.2.3　屏幕截图窗口

4.2.2　截图属性设置

屏幕截图完毕后，会以图片形式保存在幻灯片中，同时会出现 Format(格式)菜单，如图 4.1.4 所示，可以设置大小、位置、色调等格式，详情可参照 4.1.2 节。

4.3　插入形状及属性设置

4.3.1　插入形状

除了插入屏幕截图，还可以插入各种形状，如线条、矩形框、基本形状、各种箭头以及数学符号等，如图 4.3.1 所示。

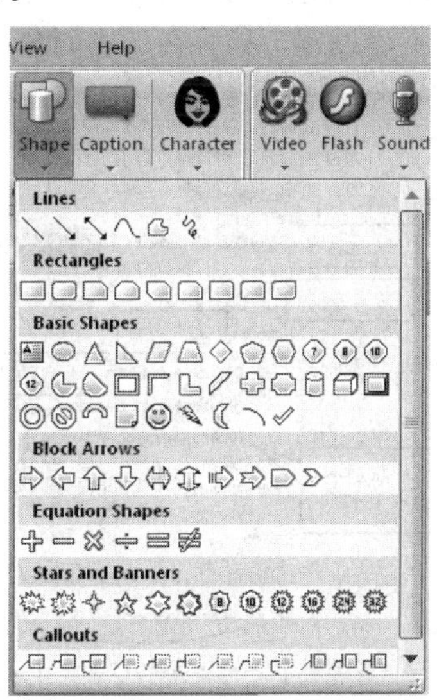

图 4.3.1　形状下拉菜单

在 Shape(形状)的下拉菜单中选择所需形状，鼠标变成十字形状，按住鼠标左键拖动或者左键单击即可将形状插入到幻灯片中。

4.3.2 形状属性设置

形状被插入到幻灯片后，默认为选中状态，同时会增加 Format(菜单)。与图片格式菜单类似，如图 4.3.2 所示，其中 Change Shape(改变形状)，即用新形状替换当前形状。其他选项与图片格式中的基本一样，在此不详述。

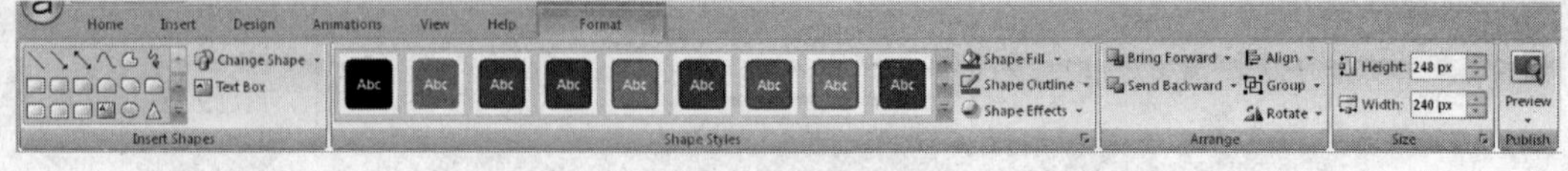

图 4.3.2 形状格式菜单

除了通过 Format 菜单来设置形状，还可以右击形状，在其弹出的菜单中选择相应设置选项。其弹出菜单如图 4.3.3 所示。与右击图片弹出的菜单类似，在此不详述。

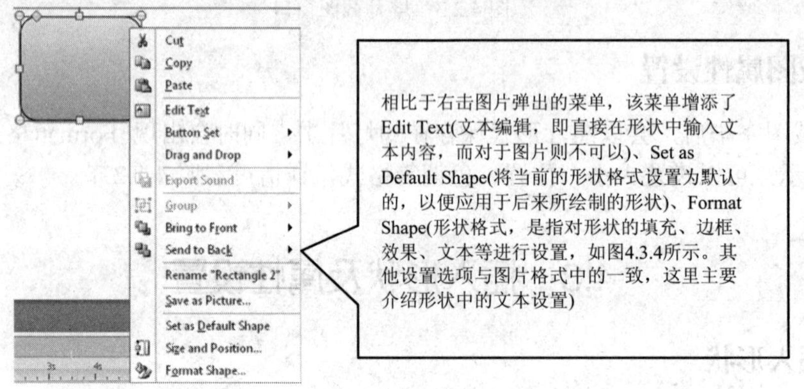

图 4.3.3 右击形状弹出菜单

图 4.3.4 中，可以分别对形状的填充色、边框、线条风格、阴影、文本进行设置。Picture(图片)里的所有设置选项为灰色，不可设置，只有在选中对象为图片的时候选项才被激活，但

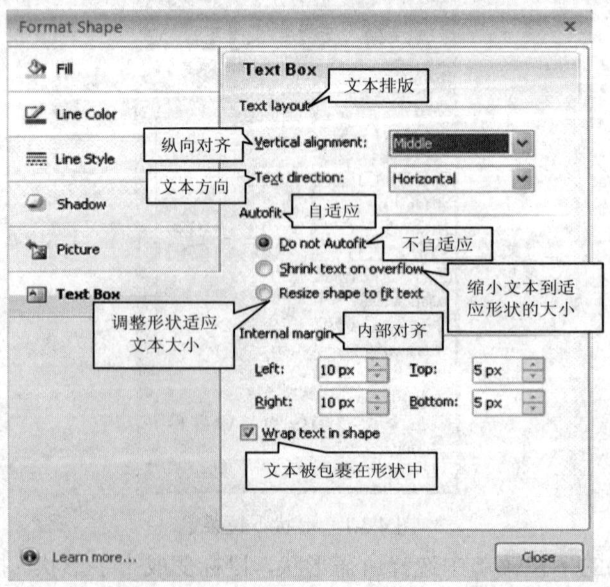

图 4.3.4 形状格式菜单

图片格式中的 Text Box(文本框)选项为灰色，也不可设置，因为在图片里不可以输入文本。而双击形状，则可以在形状里输入文本。所以形状格式中可以设置文本框格式，如图 4.3.4 所示。可以设置文本的排版、大小、对齐方式等。其中，Vertical alignment(纵向对齐)下拉菜单中自上而下分别为顶部对齐、居中对齐、底部对齐。Text direction(文本方向)下拉菜单中自上而下分别为水平、顺时针旋转 90°、顺时针旋转 270°。

文本与形状大小的适应情况有 4 种，分别如下：

① Do not Autofit(不自适应)：文本尺寸可以设置成任意大小，不会受形状大小的影响。

② Shrink text on overflow(缩小文本到适应形状的大小)：如果文本尺寸大于形状，则缩小文本尺寸到适应形状的大小。

③ Resize shape to fit text(调整形状适应文本大小)：如果文本尺寸小于形状，则将形状缩小到文本尺寸的大小。

④ Wrap text in shape：使文本被包裹在形状中。勾选了此项，当文本长度超过形状长度时，文本会自动换行以适应形状大小。如果不勾选此项，则文本不会主动与图形的形状相匹配，但是可以通过手动换行来与形状匹配。

4.4　插入提示框及属性设置

提示框也是课程中常用的一个元素，尤其是在人物场景对话中。

在 Insert(插入)菜单下，点击 Caption，在其下拉菜单中即可选择各种形式的提示框，如图 4.4.1 所示。选择后鼠标变成十字形，按住鼠标左键拖动即可插入提示框，双击提示框即可输入文本内容，其格式设置与形状的一样，在此不详述。

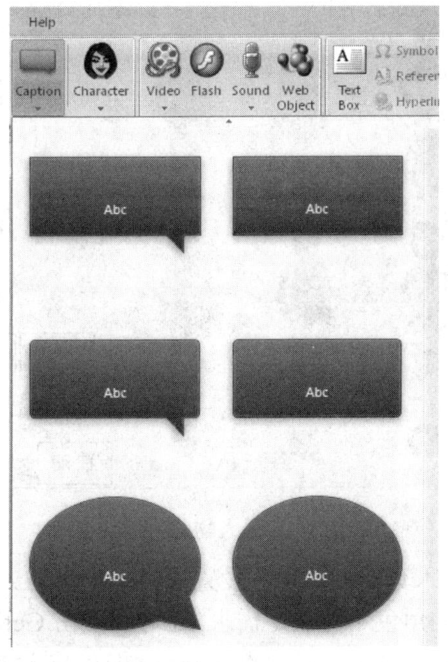

图 4.4.1　Caption 下拉菜单

4.5 插入人物角色及属性设置

4.5.1 插入人物角色

形象逼真的人物角色常常是课程中必不可少的元素，这些人物表情或动作或许能为整个课程画龙点睛。有时一个简单的人物角色可能需要花费很多时间在网上搜索，而 Storyline 自身则提供了多种人物角色，不仅有卡通人物形象，还有真实人物形象。每种人物都有多种表情、姿势和不同视角。

在 Insert(插入)菜单下，点击 Character，如图 4.5.1 所示，其下拉菜单中自上而下为卡通人物角色和真实人物角色。

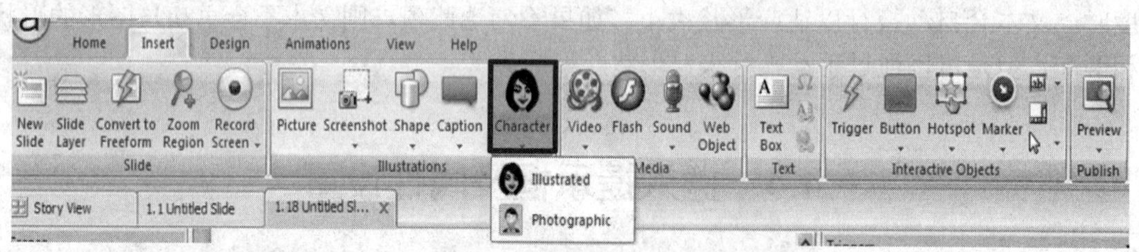

图 4.5.1　人物角色菜单

点击 Illustrated，进入卡通人物角色设置窗口，如图 4.5.2 所示。

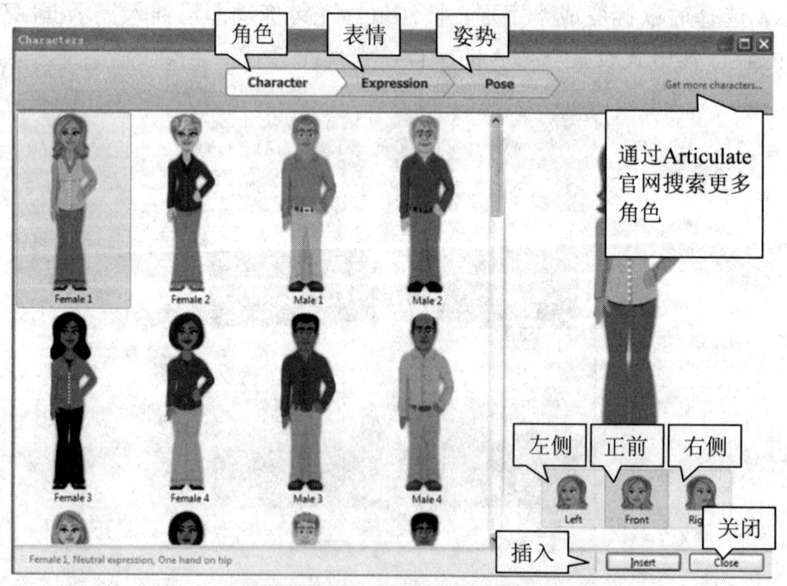

图 4.5.2　卡通人物角色选择窗口

点击 Photographic，进入真实人物角色设置窗口，如图 4.5.3 所示。

如果软件所提供的人物角色不能满足需求，还可以点击 Get more characters 下载更多角色。选择好角色并设置表情以及姿势后，点击 Insert 即可将人物角色插入到幻灯片中。

图 4.5.3　真实人物角色设置窗口

此外，这些形象的人物角色还能另存为图片，以便日后用于其他课程。人物角色导入到幻灯片后，右击人物角色，在弹出的菜单中选择 Save as Picture(保存为图片)，如图 4.5.4 所示，再在弹出的对话框中选择图片存放位置，点击保存即可。在右击的菜单中，还可以对人物角色进行其他操作，如 Cut(剪切)、Copy(复制)等操作。

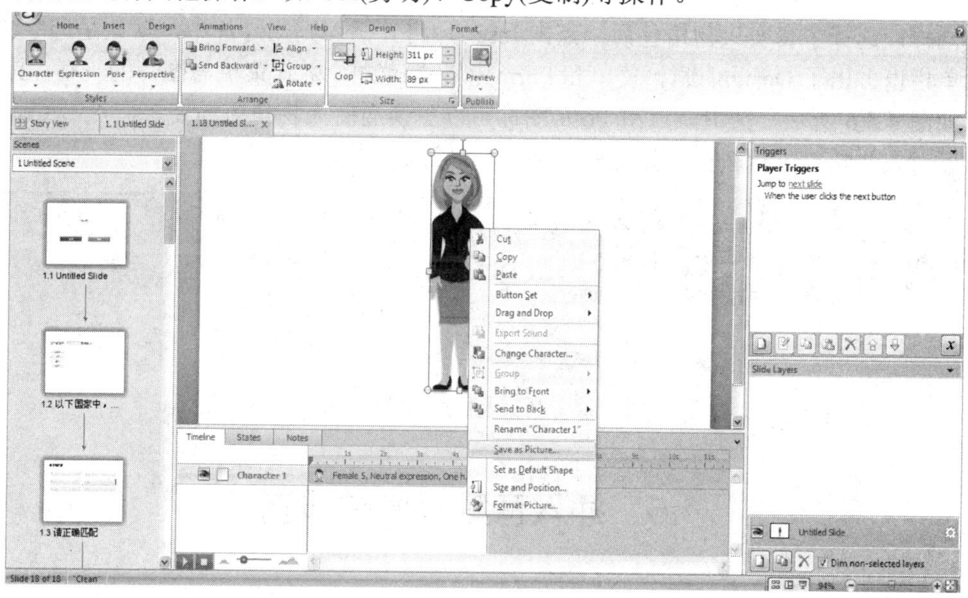

图 4.5.4　另存人物角色为图片

4.5.2　人物角色属性设置

人物角色插入到幻灯片中，默认是选中状态，此时菜单栏会多出 Design(设计)菜单和 Format(格式)菜单，如图 4.5.5 所示，可进一步对人物角色进行编辑。其中格式菜单与图片的相同，在此不详述，主要介绍设计菜单。

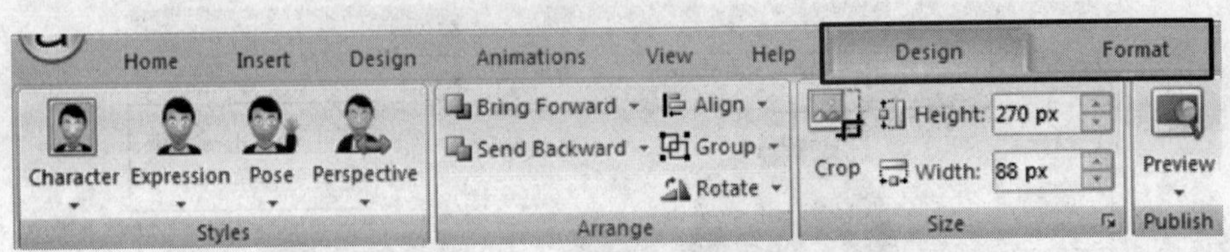

图 4.5.5 卡通人物角色设计菜单

Character(人物角色)：点击此图标，在其下拉菜单中可以选择其他人物来替换当前的人物角色。

Expression(表情)：点击此图标，在其下拉菜单中可以选择该人物的其他表情来替换当前的表情。如当前的人物表情是“苦恼”，可将其更改为“欢乐”。

Pose(姿势)：点击此图标，在其下拉菜单中可以选择该人物的其他姿势来替换当前的姿势。

Perspective(视角)：点击此图标，在其下拉菜单中可以选择该人物的其他视角来替换当前的视角。

另外，与图片一样可以设置 Bring Forward 或 Send Backward(位置)、Align(对齐方式)、Group(组合)、Rotate(旋转)、Crop(裁剪)以及人物的大小等，在此不详述，具体请参照 4.1.1 节内容。

菜单中的部分选项，也可以通过右击图片，在弹出的菜单中选择。这些选项与图片、形状的弹出菜单选项相似，在此不详述。

同样，选择了真实人物角色后，点击 Insert，将其插入到幻灯片中，默认是选中状态，在菜单栏也多出了 Design(设计)菜单和 Format(格式)菜单。格式菜单与图片的一样，其设计菜单如图 4.5.6 所示。其中，点击 Pose 图标可以更换当前人物角色的姿势，点击 Crops 图标可以对人物角色进行裁剪，如裁剪头部、半身等。

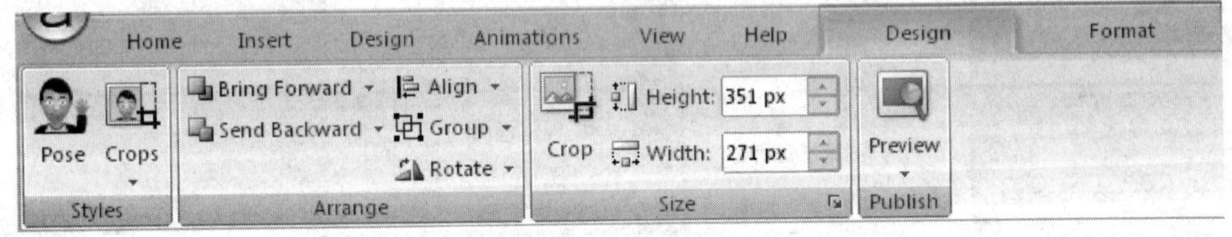

图 4.5.6 真实人物角色设计菜单

4.6 插入音频及属性设置

4.6.1 插入音频

音频几乎是每个课程中必不可少的元素，在 Storyline 中同样可以添加音频，其支持的音频格式主要有 AAC、AIF、AIFF、M4A、MP3、OGG、WAV 和 WMA。

那么在 Storyline 中如何插入音频呢？主要有三种方式：

(1) 在 Insert(插入)菜单下，点击 Sound(音频)，可从外部文件中选择音频插入。点击 Sound 下的倒三角，选择 Sound from File(来自文件中的音频)，如图 4.6.1 所示。选择所需的音频文件后，点击打开，或者直接双击该音频文件，即可导入音频。

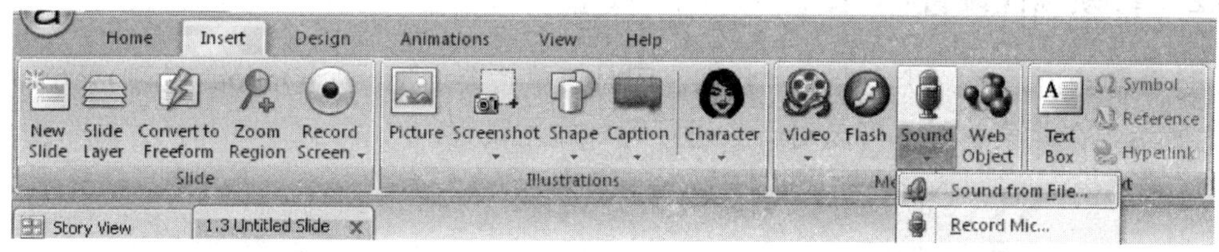

图 4.6.1　从外部文件中导入音频

(2) 点击 Sound 下面的倒三角，选择 Record Mic(录制音频)，进入音频录制窗口，如图 4.6.2 所示。点击红色按钮，即可通过麦克风录制声音，录制时，红色按钮变成蓝色方形按钮，如图 4.6.3 所示。如果需要停止录音，点击蓝色按钮，窗口又恢复成如图 4.6.2 所示的界面。

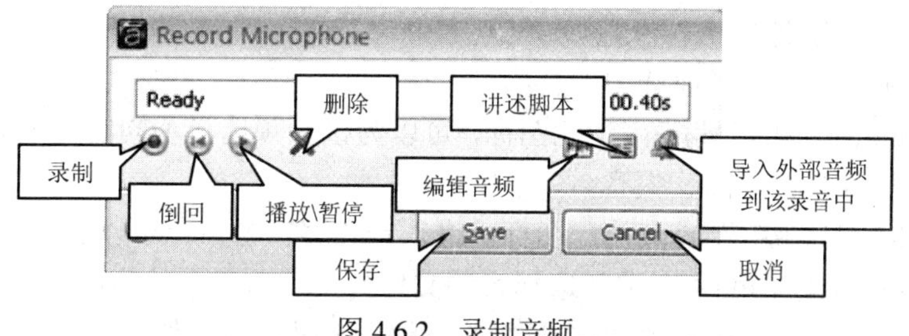

图 4.6.2　录制音频

图 4.6.3　音频正在录制的窗口

当声音录制完毕，可以点击编辑音频按钮，对音频进一步剪辑或者给该音频添加文本描述。文本描述信息将会显示在幻灯片中的 Notes(备注)栏里。(有关音频剪辑，接下来会详细讲解。)如果不需要编辑，直接点击 Save(保存)即可。

(3) 从外部导入的文件资源中提取音频，如图 4.6.4 所示。如果从 PPT、Quizmaker、Engage、Storyline 模板中导入的内容中包含音频，那么在导入整个文件的同时，音频也会被导入。同样，也可以对导入的音频进行进一步编辑。注意 Engage 交互中的音频在 Storyline 中是不可以编辑的，必须在 Engage 中编辑。

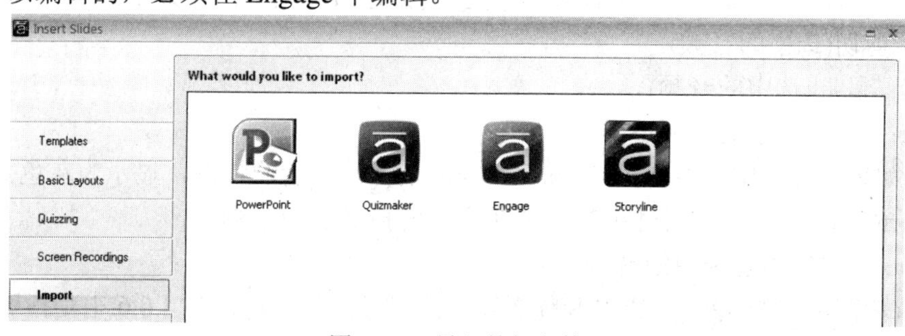

图 4.6.4　导入外部文件

4.6.2　音频属性设置

导入音频后，音频默认为选中状态，同时菜单栏会增加一个 Options(选项)菜单，如图 4.6.5 所示。在此菜单下，可以对音频进行各种属性设置。

图 4.6.5　音频选项菜单

音频选项含义分别如下：

Preview(预览)：预览当前选中的音频。

Sound Volume(音频音量)：点击此图标，可以为该音频选择不同的音量大小。下拉框中自上而下分别为低、中、高、尖音。

Audio Editor(音频编辑)：点击此图标，进入音频编辑窗口，可以剪辑音频文件。

Change Sound(改变声音)：重新选择音频文件替换当前选中的音频。

Export Sound(导出声音)：将当前选中的音频导出另存为文件。

在图 4.6.6 中，拖动音频时间轴上的红线，选中一段音频，此时会激活工具栏所有按钮。

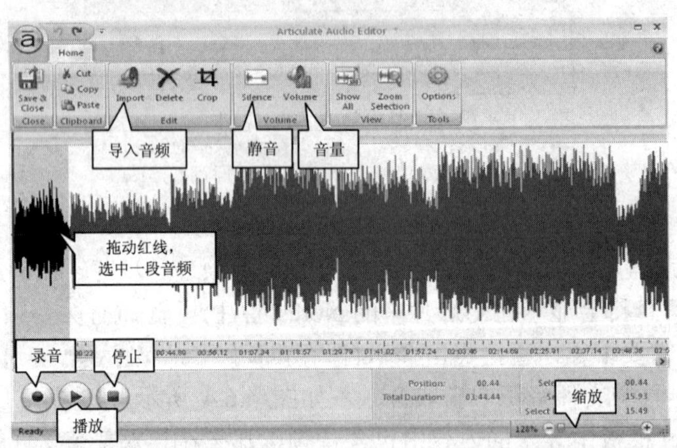

图 4.6.6　选中音频的编辑窗口

其中，Save&Close(保存并关闭)：保存已编辑好的音频文件并关闭。

Cut：剪切(选中的音频)。

Copy：复制(选中的音频)。

Paste：粘贴(选中的音频)。

注：如果没有选中一段音频，Cut 和 Copy 是不被激活的状态，显示为灰色。

Import(导入)：从外部文件中导入音频文件替换当前的音频。

Delete：删除(当前选中的音频)。

Crop(裁剪)：删除除当前选中音频之外的其他音频部分，如图 4.6.6 中是指删除灰色区域外的音频部分。

Silence(静音)：在音频中插入静音，或者选中一段音频将其改变为静音。点击该图标后，弹出静音持续时间设置窗口，如图 4.6.7 所示。

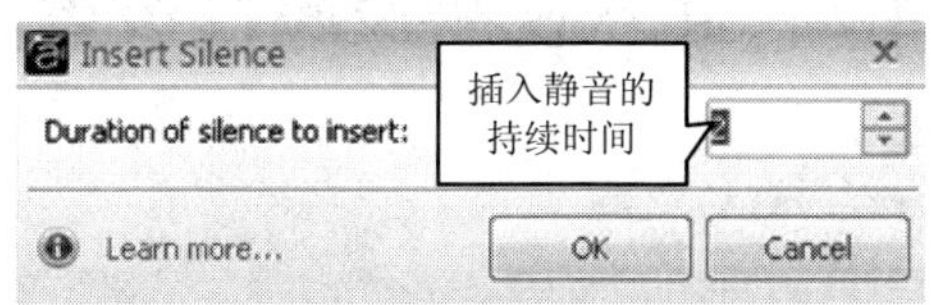

图 4.6.7　静音持续时间设置窗口

Volume(音量)：通过点击此图标来调节音频的音量大小。

Show all：显示整个音频的波形。

Zoom Selection：放大所选音频区域，使得剪辑更方便。

Options(选项设置)：点击此图标，可以对音频重放、录音以及音量进行设置，如图 4.6.8 所示。

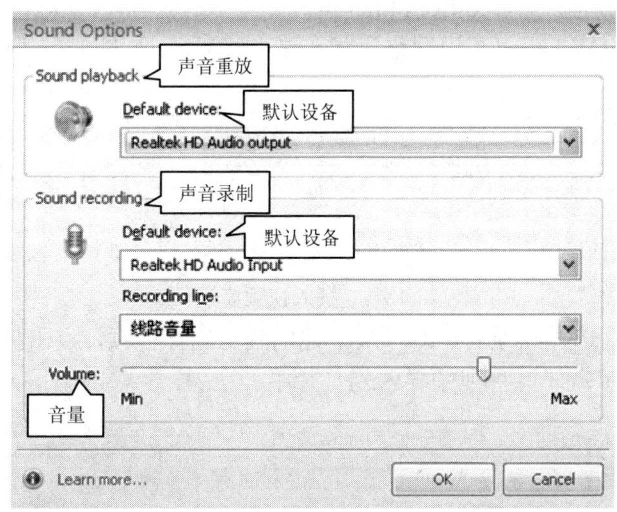

图 4.6.8　音频设置窗口

所有选项设置完毕，可以点击播放按钮进行试听，如果满意，点击保存即可保存当前编辑的音频到幻灯片中。

在时间轴上右击音频文件或者选中音频文件右击，将分别弹出如图 4.6.9 和图 4.6.10 所示的菜单。在其弹出菜单中也可对音频进行剪切、复制、粘贴、剪辑音频、导出音频等操作。

图 4.6.9　在时间轴上右击音频菜单

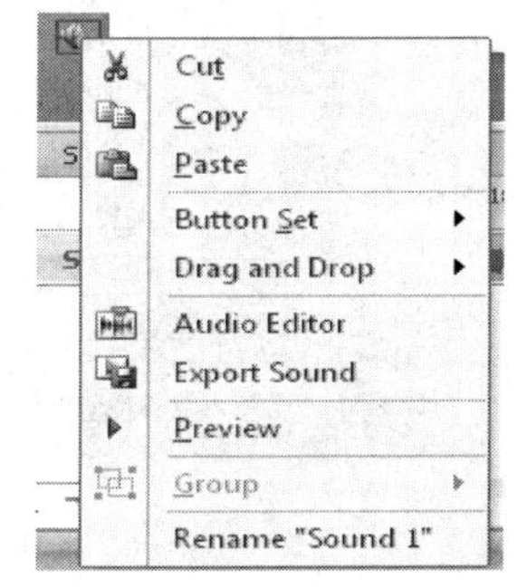

图 4.6.10　右击音频弹出菜单

4.7 插入视频及属性设置

4.7.1 插入视频

有时在课程中须展现一个完整的操作过程，插入视频则是较好的选择。在 Storyline 中对视频也有很好的支持，支持的视频格式主要有 FLV、MP4、SWF、3G2、3GP、ASF、AVI、DV、M1V、M2V、M4V、MOV、MPE、MPEG、MPG、QT、WMV。其中，对 FLV、MP4、SWF 是以原格式支持。除了这三种格式之外的其他视频，在被导入到 Storyline 中会转换为 MP4 格式。

在 Insert(插入)菜单下，点击 Video(视频)，即可选择视频插入。点击 Video 下的倒三角，下拉框中自上而下分别为：Video from File(来自文件中的视频)、Video from Website(来自网站中的视频)、Record Webcam(利用网络摄像头录制视频)，如图 4.7.1 所示。

图 4.7.1 插入视频菜单

Video from File：选择此项后，即可从本地电脑上选择视频，点击打开，或者直接双击视频，如图 4.7.2 所示，即可将视频导入幻灯片中。

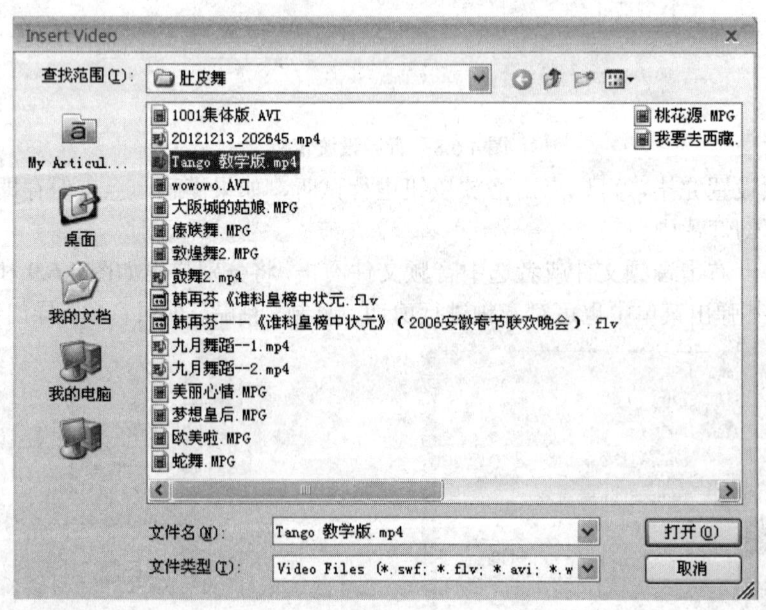

图 4.7.2 从外部导入视频窗口

Video from Website：从网站导入视频，选择此项后，弹出设置窗口，如图 4.7.3 所示。

将该网站视频的内嵌代码复制后粘贴到空白框内，之后点击 Insert，即可将此视频插入幻灯片中。

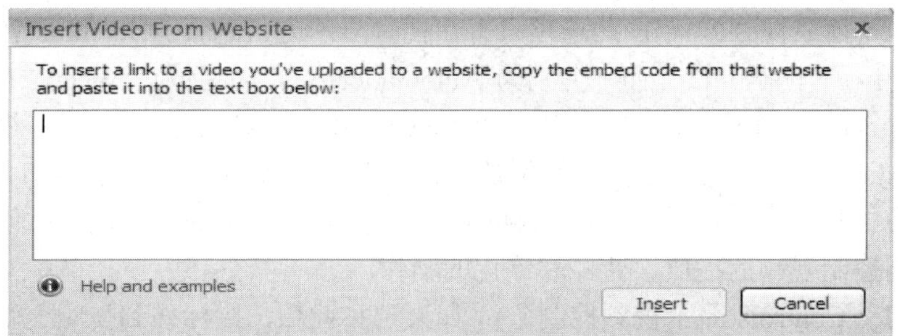

图 4.7.3　从网站导入视频的设置窗口

4.7.2　视频属性设置

导入视频后，选中视频，在菜单栏会增加一个 Options(选项)菜单，如图 4.7.4 所示。

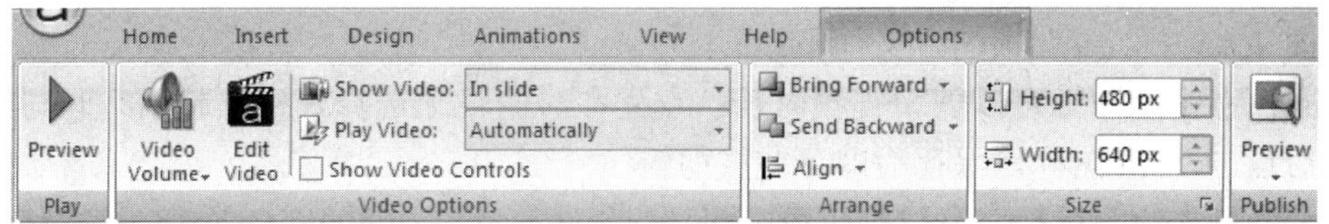

图 4.7.4　视频、动画选项菜单

视频选项含义分别如下：

Preview(预览视频)：点击此图标即可以预览插入的视频。

Video Volume(视频音量)：下拉框中自上而下分别为低音、中音、高音、尖音。

Edit Video(编辑视频)：点击此按钮可以简单剪辑视频，点击后弹出的窗口如图 4.7.5 所示。

图 4.7.5　视频剪辑窗口

Show Video(显示视频方式)：下拉框中自上而下分别为 In slide(显示在幻灯片中)、In new browser window(单独显示在新的浏览器窗口中)。

Play Video(播放视频方式)：此选项只有在视频显示方式选择为 In Slide(在幻灯片中显示)时才可使用，下拉框中自上而下分别为 Automatically(自动播放)、When clicked(点击播放)、From trigger(通过触发器播放)。其中 Automatically 表示幻灯片播放时，视频便会自动同步播放；When clicked 表示在幻灯片播放时，需要在视频上点击才可播放；From trigger 表示幻灯片中的视频需要通过触发器来触发播放。如设置一个播放按钮、暂停按钮以及停止按钮来分别控制视频的播放、暂停和停止的动作。

Show Video Controls(显示视频控制条)：如果选择此项，鼠标移到视频上就不会变成手型，必须通过点击控制条上的控制按钮来控制视频的播放。若不选择此项，鼠标移动到插入的视频上时会变成手型，可以点击视频控制其播放和停止。若插入的是动画，即使不选此项，鼠标移到动画上时也不会变成手型。

同样，对视频还可以进行 Bring Forward(前置)、Send Backward(后置)、Bring to Front(置于顶层)、Send to Back(置于底层)以及对齐(Align)等设置。

在图 4.7.5 中，各选项的含义如下：

Trim：点击此图标可以剪辑视频时长。首先在时间轴上选择好视频起始时间与结束时间，然后点击 Trim 图标，保存后即可完成剪辑。

Crop：点击此图标后，在视频图像中即会出现矩形框，如图 4.7.6 所示。鼠标移动到矩形框上的八个调节点处，即可对视频的长宽进行调整。调整完毕点击 Save&Close(保存)即可完成尺寸裁剪。

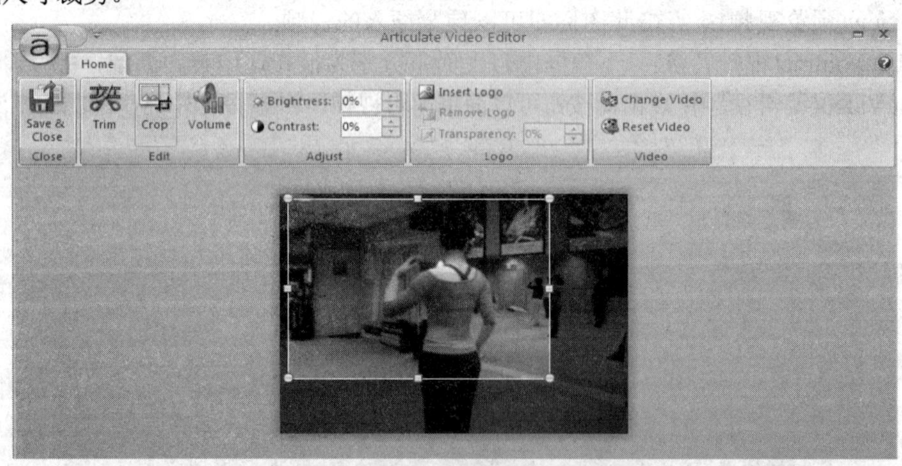

图 4.7.6　视频剪辑窗口中的尺寸裁剪

Volume：点击此图标可以调整视频中的音量大小。点击后，弹出如图 4.7.7 所示的窗口。以 0%为原点，向右拖动箭头指针，即可放大音量；向左拖动箭头指针，即可缩小音量。放大或缩小的音量比例会显示在右上角。设置完毕，点击 OK 即可设置成功。

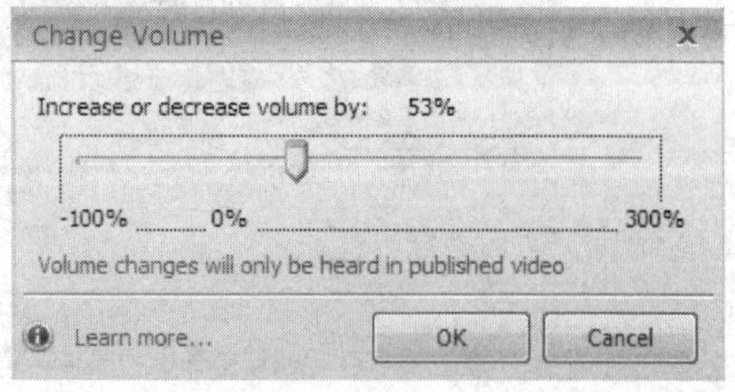

图 4.7.7　设置视频中音量大小窗口

注：音量大小改变的效果只能在发布后听到，

预览时是听不到的。

Brightness：表示亮度，在其右侧空白框内输入数值，即可调整视频亮度。

Contrast：表示对比度，在其右侧空白框内输入数值，即可调整视频对比度。

Insert Logo：点击此图标可在视频中插入 Logo，插入 Logo 后，其下侧的两个图标被激活。Remove Logo 表示移除 Logo，如果在视频中添加 Logo 后又想删除，选中 Logo 点击此图标即可。Transparency 表示透明度，在此图标右侧的空白框中输入数值，即可设置 Logo 的透明度。

Change Video：点击此图标可更换视频，但仍可保持原有的视频剪辑设置。

Reset Video：点击此图标可重置视频到初始默认状态。

上述部分视频选项还可通过右击视频，在弹出菜单中设置。此外，还可通过右击弹出菜单设置视频的大小、位置及格式。

右击视频，在弹出的菜单中选择 Size and Position，进入位置和大小编辑窗口，如图 4.7.8、图 4.7.9 所示。设置完毕，点击 Close(关闭)即可。

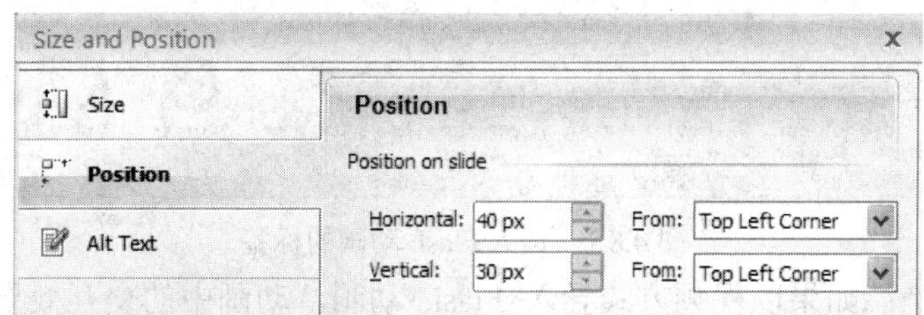

图 4.7.8 视频、动画位置设置窗口

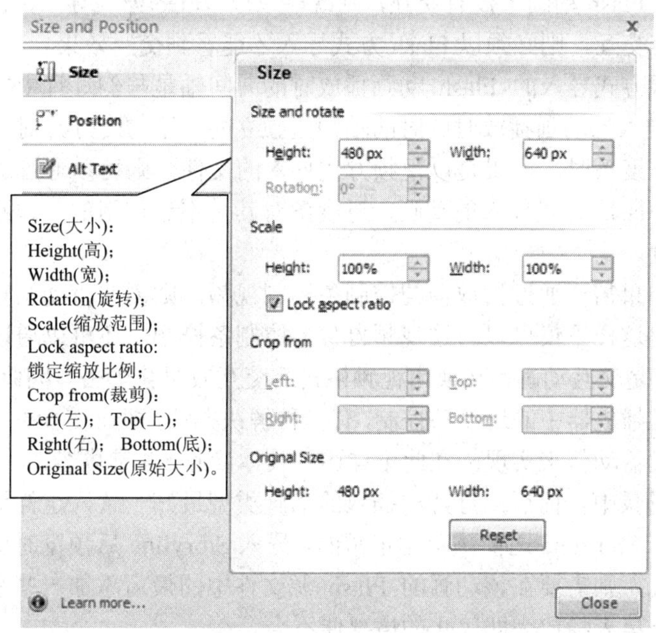

图 4.7.9 视频、动画大小设置窗口

Position on slide(在幻灯片中的位置)：Horizontal(水平位置)；Vertical(垂直位置)；From Top Left Corner(从左上角)；From Center(从中间开始)。

4.8 插入动画及属性设置

4.8.1 插入动画

Storyline 中不仅可以插入视频，还可以插入具有交互效果的 Flash 动画。

插入 Flash 动画主要有以下两种方法：

(1) 在 Insert(插入)菜单下，选择 Video(视频)，在其下拉菜单中选择 Video from file。在弹出的窗口中选择相应的 Flash 动画，再点击打开，即可将动画导入幻灯片中。或者选中 Flash 动画直接双击也可导入。

(2) 在 Insert(插入)菜单下，选择 Flash，如图 4.8.1 所示，在弹出的窗口中选择相应的 Flash 动画，再点击打开，即可将动画导入幻灯片中。或者选中 Flash 动画直接双击也可导入。

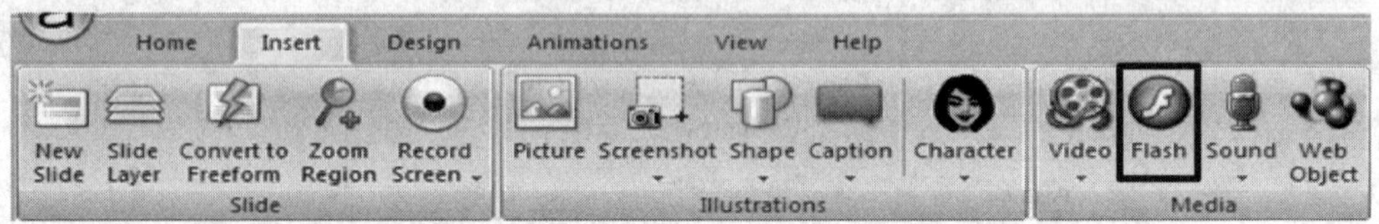

图 4.8.1　插入 Flash 动画的标签

需要注意的是：如果以视频方式导入 Flash 动画，动画中的交互效果在预览和发布时是无效的，即不能实现交互。如果以 Flash 方式导入 Flash 动画，动画中的交互效果则是有效的。所以，如果 Flash 动画中没有交互，则既可以以 Video 方式导入，也可以以 Flash 动画方式导入；若有交互，则必须以 Flash 方式导入才能看到交互效果。

同时，以视频方式导入的 Flash 动画播放时的时间轴是与幻灯片中的时间轴同步的。而以 Flash 方式导入的动画播放时的时间轴则是独立的，不与幻灯片时间轴同步。例如：播放器中勾选了进度条时，如果是以视频方式导入的文件，则可以通过进度条控制其播放进度。如果是以 Flash 方式导入的动画，进度条对其是不起作用的，即不能通过拖动进度条来调节动画进度。

因此，一般如果需要通过播放器的控制条控制视频，则需要将动画转换为视频后，以视频的格式导入，这样不仅可以通过视频自身的控制条控制，还可以通过播放器中的进度条控制。但是，若是交互动画，转换为视频格式后交互效果会失去。因此，对于交互动画，如果希望也能通过播放器中的进度条控制，有一种解决办法，即将交互直接编辑在 Storyline 中，通过各种触发器动作来实现。在此不详述，具体参照 5.3 节内容。

注：在一个场景中，前后幻灯片中插入的动画类型最好一致，这样播放时会更顺畅。如果动画在未导入 Storyline 之前预览是正常的，导入 Storyline 后预览时出现末尾部分未播放完即停止的情况，则需要在该动画的 Flash 源文件中的最后添加一些空白帧，再重新导出，上述的动画末尾未播放完即停止的情况便不会存在。

4.8.2 动画属性设置

动画属性设置与视频属性设置几乎一样，如图 4.8.2 所示。不同的是，动画属性选项菜单中的 Edit Video 选项标签为灰色，即动画不能设置剪辑。其他选项设置与视频的一致，在此不详述。

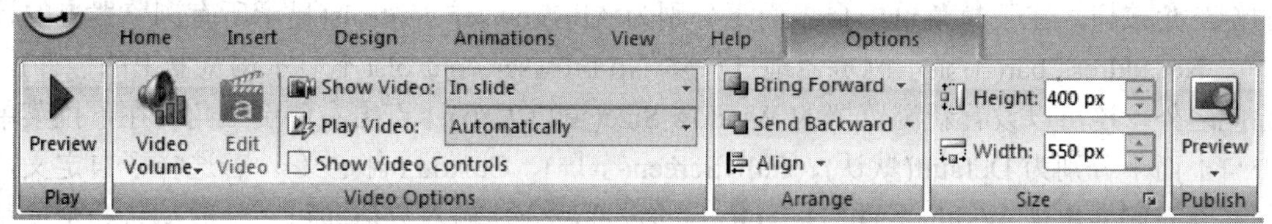

图 4.8.2　动画属性设置窗口

4.9　插入网络对象及属性设置

4.9.1　插入网络对象

在 Storyline 中不仅可以插入音频、视频、动画，还可以插入网络对象，在 Insert(插入)菜单下，点击 Web Object 即可进入插入网络对象的设置窗口，如图 4.9.1 所示。

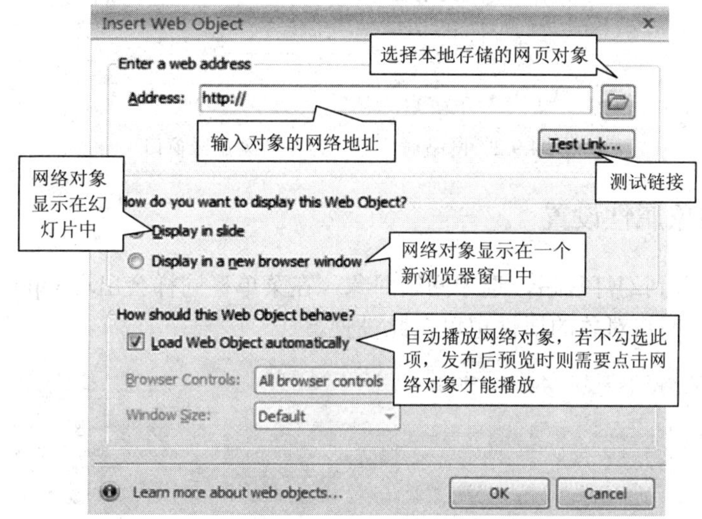

图 4.9.1　插入网络对象设置窗口

插入网络对象可以将很多网络资源(如视频、动画、Web 应用、游戏等)直接嵌入到课程当中，简单便捷。插入网络对象有两种方式，分别是：通过输入对象的网络地址来插入；选择本地已经存储的包含了网页(以 htm 或 html 为后缀)的文件夹来插入。

注：通过文件夹按钮插入的对象只能是包含网页文件以及支持该网页文件运行的所有内容的文件夹，而不是单独的网页文件或者只包含网页文件的文件夹。

插入网络对象后，设置好相关选项，点击 OK 即可。只有在发布后才可以看到效果，预览时看不出效果。

注：如果插入的网络资源所在的因特网或局域网访问时有权限限制，则学习者浏览课程中的网络资源时必须有相应的权限才可查看。否则，插入的网络资源便不可查看。

在图 4.9.1 中，插入的网络对象显示方式是在幻灯片中。若选择显示在一个新的浏览器窗口中，则如图 4.9.2 所示。其中可以设置 Browser Controls(浏览器控件)情况：点击其右侧的倒三角按钮，在下拉菜单中自上而下分别为 All browser controls(显示所有浏览器上的控件)、No address bar(不显示浏览器地址栏)、No browser controls(不显示浏览器上的控件)。除此之外，还可以设置新浏览器的 Window Size(窗口大小)：点击右侧倒三角，在下拉菜单中自上而下分别为 Default(默认)、Full Screen(全屏)、Custom(自定义)。若选择了自定义，则在其右侧会出现 Width(宽)和 Height(高)的设置，分别输入数值即可。一般默认和全屏都是指插入的网络对象与幻灯片大小一样，而不是和电脑的屏幕大小一样。

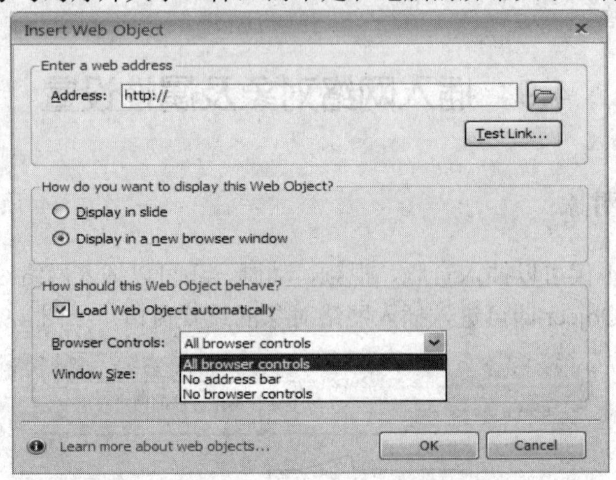

图 4.9.2　网络对象显示为在新浏览器窗口

4.9.2　网络对象属性设置

网络对象插入到幻灯片后，选中网络对象，在菜单栏同样会出现 Options(选项)菜单，如图 4.9.3 所示。网络对象的属性也可在此设置。

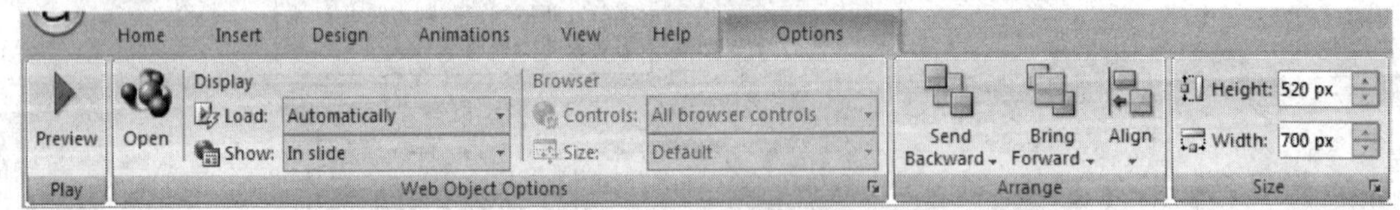

图 4.9.3　网络对象的属性菜单

其中，Preview 表示预览，但是网络对象预览时看不出效果。Open 表示通过网络打开该网络资源。显示方式以及浏览器的控件与尺寸设置和插入网络对象窗口中的相应选项一致，在此不重述。此外，还可以对网络对象进行前置、后置、对齐等设置。

4.10　插入文本相关内容

4.10.1　插入文本及属性设置

文本是每个课程中所必备的元素。在 Storyline 的 Insert(插入)菜单下点击 Text Box(见图

4.10.1)后，鼠标变为十字形，在幻灯片中拖动鼠标即可生成一个文本输入框。在虚线框内输入内容即可。选中文本后，在菜单栏同样会增加一个 Format(格式)菜单，如图 4.10.2 所示。文本的颜色、字体、字号、背景色等需要在 Home(首页)菜单下设置，与其他 Office 软件中的文本设置类似，如图 4.10.3 所示。

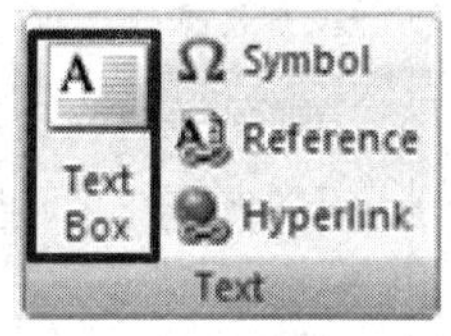

图 4.10.1　文本选项

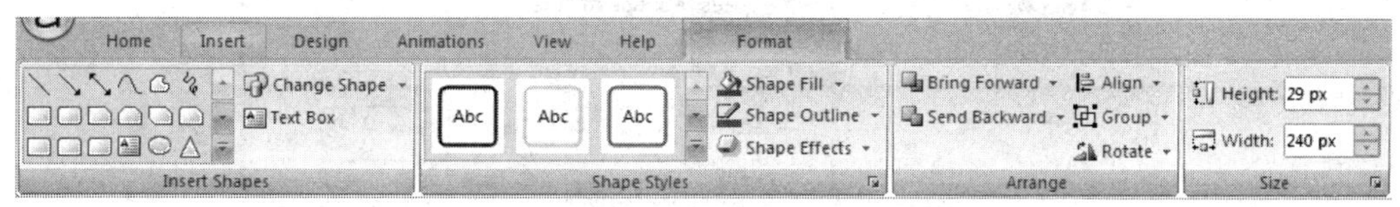

图 4.10.2　文本框属性选项

在图 4.10.2 中，可以在最左侧的形状列表栏里选择形状插入幻灯片中，在形状中可以直接输入文本内容。通过点击 Change Shape 图标可以更改文本框形状。通过 Text Box 可以重新插入一个新文本，还可以分别对文本形状的填充色(Shape Fill)、边框色(Shape Outline)、形状效果(Shape Effects)、文本层次(对齐(Align)、组合(Group)、旋转(Rotate))以及文本高(Height)和宽(Width)进行设置，在此不详述。

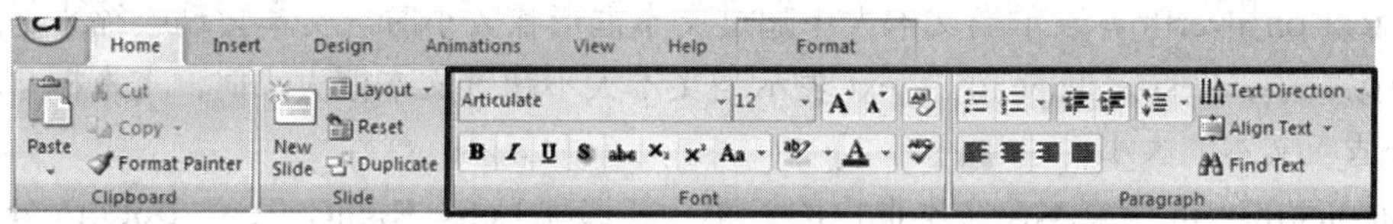

图 4.10.3　文本颜色、字体、字号等属性设置

在图 4.10.3 中，选项与 Office 软件中开始菜单里的基本一致。其中，点击 Aa 右侧倒三角，下拉菜单中自上而下分别为句首字母大写、全部小写、全部大写、每个单词首字母大写、切换大小写、全角。Text Direction 表示文本排版方向，其下拉菜单中分别是横排、顺时针旋转 90° 排版、顺时针旋转 270° 排版。Align Text 表示文本垂直对齐方式，其下拉菜单中分别是顶端对齐、居中对齐、底端对齐。Find Text 表示查找文本内容，也可以实现替换。点击 Find Text，弹出窗口如图 4.10.4 所示。其他文本设置选项与 Office 软件中的一致，在此不详述。

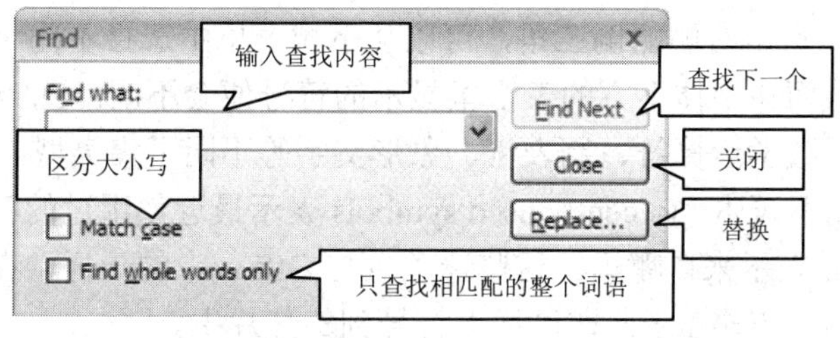

图 4.10.4　查找设置窗口

同时，也可以通过右击文本，在弹出的菜单中选择 Format Shape，对文本形状格式进行设置，如图 4.10.5 所示。

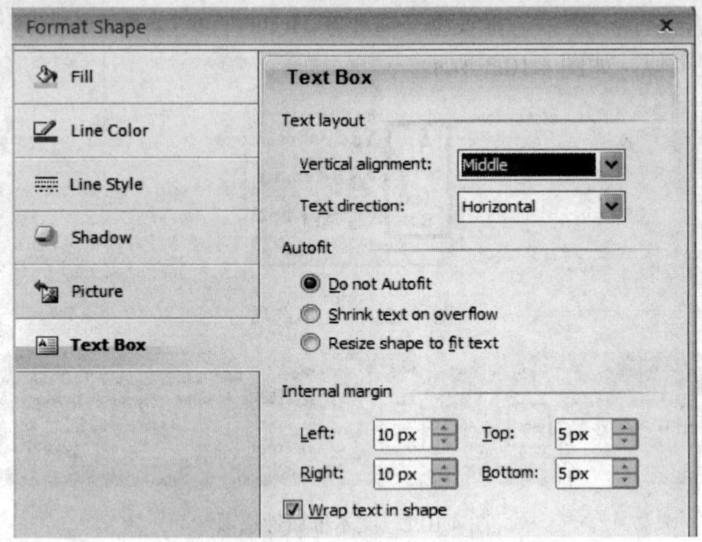

图 4.10.5　文本框内容设置

在图 4.10.5 中，Vertical alignment 表示文本的垂直对齐方式，在其下拉框中自上而下分别是 Top(顶端对齐)、Middle(居中对齐)、Bottom(底端对齐)。Text direction 表示文本方向，在其下拉框中自上而下分别为水平方向、顺时针旋转 90° 方向和顺时针旋转 270° 方向。

Autofit 表示文字自适应方式。其选项 Do not Autofit 表示文本不与文本框自动适应大小；Shrink text on overflow 表示当文本大小超过文本框形状大小时，文本自动收缩来适应文本框的原始大小；Resize shape to fit text 表示当文本大小超过文本框大小时，文本框自动调整大小来适应文本的大小。

Internal margin 指文本在文本框内的边距。其选项 Left、Right、Top、Bottom 分别指文本的左边距、右边距、上边距、下边距。

Wrap text in shape 表示将文本包裹在文本框形状内。如果不勾选此项，文本则可以超出文本框。

4.10.2　插入 Symbol(符号)

当在幻灯片中未插入文本框时，Symbol(符号)、Reference(引用)、Hyperlink(超级链接)这三个标签为灰色，即不可用。插入文本框后，光标在文本框内闪烁，三个标签被激活。

通过 Symbol 标签可以插入各种符号。点击 Symbol，进入符号窗口，如图 4.10.6 所示。

Font 表示字体，点击右侧的倒三角，可以从下拉菜单中选择不同字体。不同的字体所含有的符号不同，从而在字体下方的表格里显示的符号便会不同。Subset 表示子集，在其下拉菜单中可以选择数学运算符、制表符、象形文字等不同子集类型，与 Office 中的符号子集设置相同，在此不详述。Recently used symbols 表示最近使用过的符号。Character code 表示字符编码。from 表示来自哪里。这些选项也与 Office 中的一样，在此不详述。

符号选择完成后，点击 Insert 即可插入符号到幻灯片中。

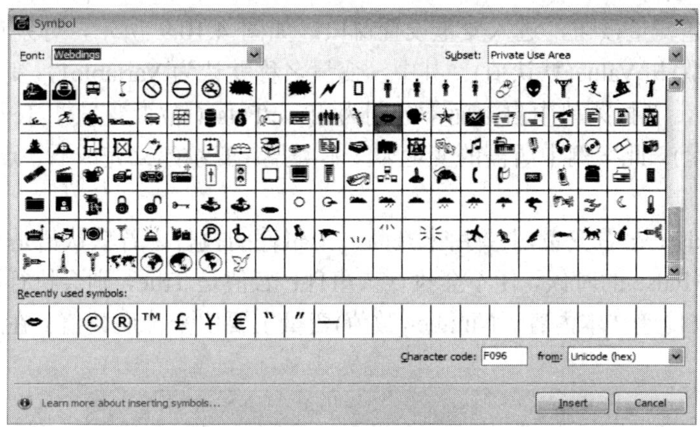

图 4.10.6　符号选择窗口

4.10.3　插入 Reference(引用)

在 Storyline 中，Reference(引用)的作用主要是传递和接收变量。例如：在一个课程中设计了一个整体测试，学员在进行整体测试前首先需要输入自己的姓名，在测试结束后又有一个测试反馈页面，反馈页面中也需要显示学员之前输入的姓名。由于进行测试的学员是不同的，所以测试前学员输入的姓名也是不确定的，在反馈页面又需要正确反映出学员的姓名。这时，就需要插入变量和引用才可实现，即在测试开始的页面添加一个姓名变量和动态文本输入框，在测试反馈页面插入引用，引用测试开始页面设置的姓名变量，即可在每个学员输入姓名时，将相应的姓名传递到反馈页面中。具体操作如下：

(1) 在 Insert(插入)菜单下，单击 Reference(引用)，如图 4.10.7 所示，进入引用设置窗口，如图 4.10.8 所示。

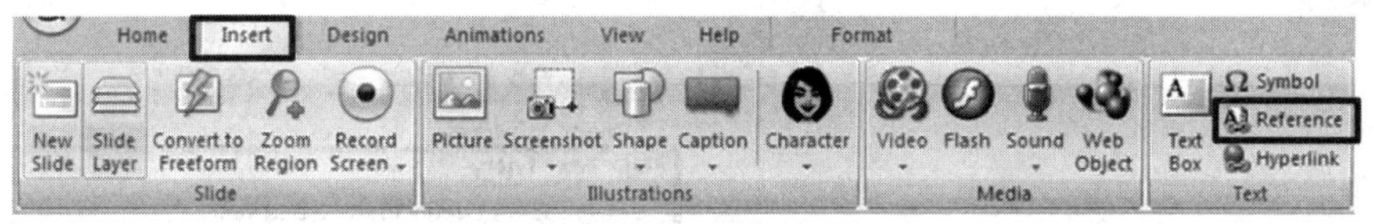

图 4.10.7　引用标签选择

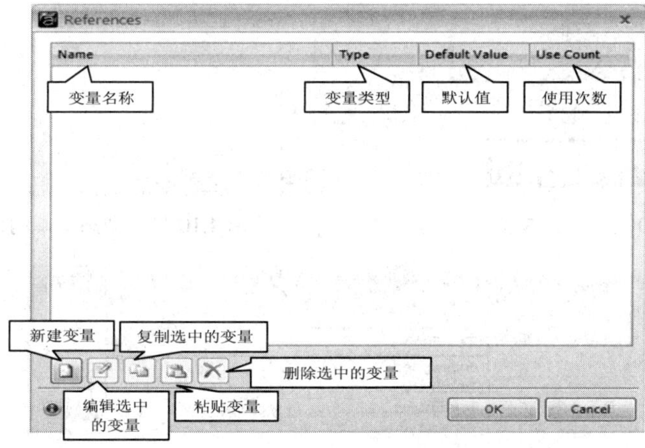

图 4.10.8　引用设置窗口

(2) 点击新建变量按钮，进入变量设置窗口，如图 4.10.9 所示，分别设置 Name(变量名称)、Type(类型)和 Value(默认值)。其中，变量名称默认为 Variable1，变量类型有三种，点击右侧倒三角，下拉菜单中自上而下分别为 True/False(是/否变量)、Text（文本变量)和 Number(数值变量)。此案例中所需的变量为文本类型。变量建立完成后，点击 OK，在引用窗口即可显示变量。

注：True/False(是/否变量)主要用来判断一个事件的执行。若默认值是 True，当某一个事件的值设置为 False 的时候，便不会执行该事件；若值是 True，则会执行该事件。Text(文本)变量主要用来传递文本内容。Number(数值)变量主要用来传递数值。在此不详述，请参考 4.11 节内容。

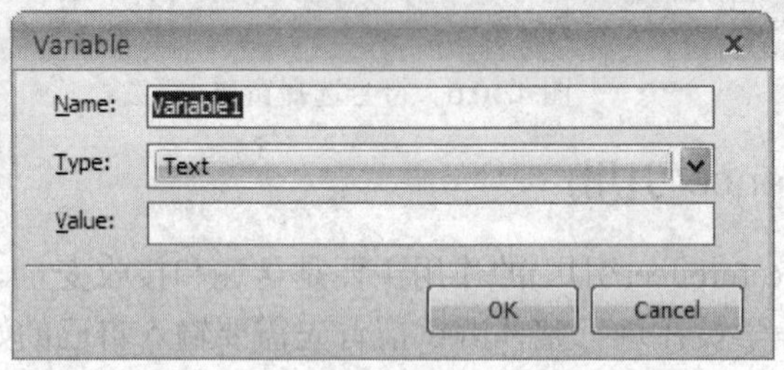

图 4.10.9　变量设置窗口

(3) 建立了姓名变量 Variable1 后，需要在测试开始页面插入一个动态文本，在 Insert(插入)菜单下，选择 Data Entry，在其下拉菜单中选择 Text Entry(文本输入)，如图 4.10.10 所示。此时鼠标变为十字形，在幻灯片中拖拉即可插入动态文本。插入完毕，幻灯片右侧触发器面板中便会出现动态文本动作描述，如图 4.10.11 所示。双击此描述，进入触发器动作设置窗口，如图 4.10.12 所示。在下拉菜单中将动态文本的变量选择为 Variable1。这样，学员测试前在动态文本中输入的姓名即是变量 Variable1 的一个值。插入后的动态文本如图 4.10.13 所示。

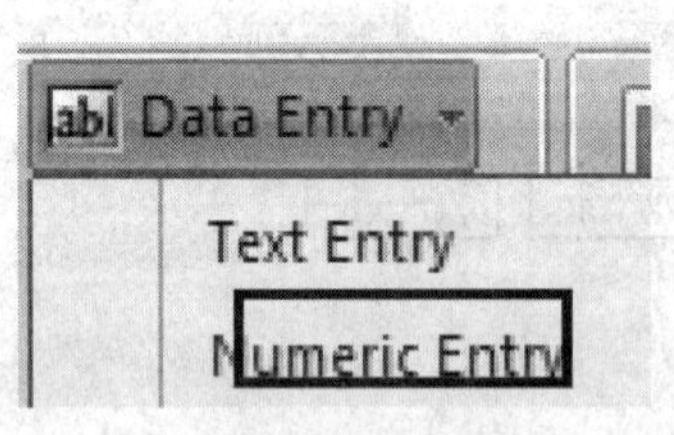

图 4.10.10　动态文本选择

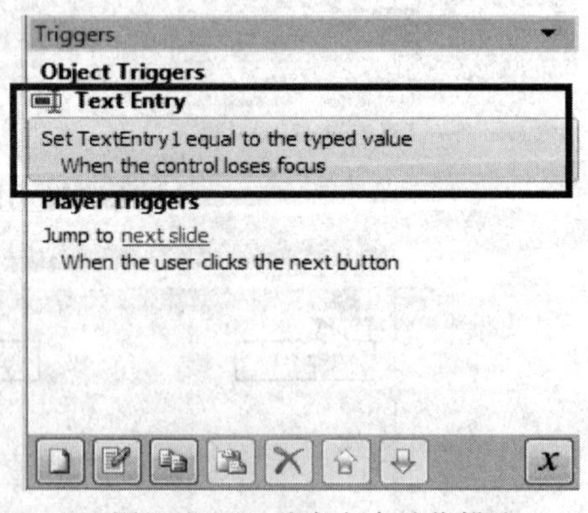

图 4.10.11　动态文本动作描述

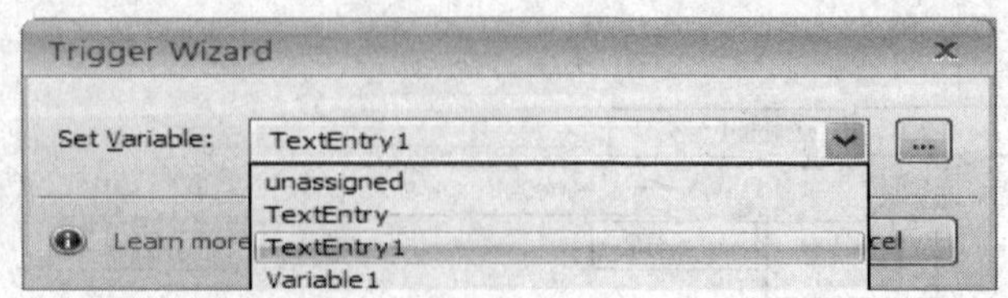

图 4.10.12　动态文本动作设置窗口

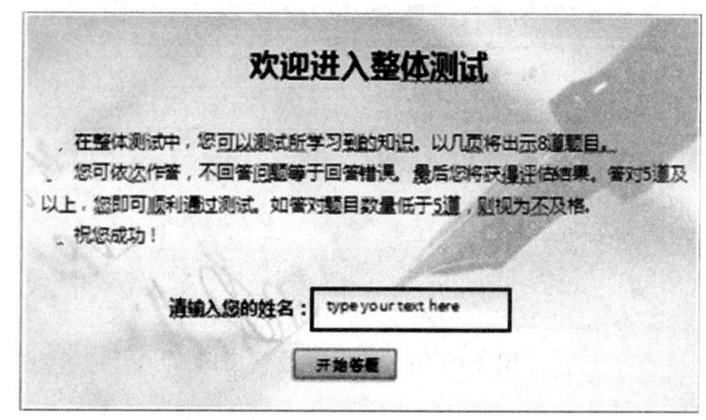

图 4.10.13 插入了姓名动态文本

(4) 在测试结束页面插入引用，引用姓名变量，则学员在测试开始页面输入的不同姓名便会出现在测试结束页面。如在测试开始页面输入姓名“小莉”，测试结束页面出现的学员姓名即是“小莉”。如开始输入了“张三”，测试结果页面显示的学员姓名便是“张三”。

具体操作如下：在 Insert(插入)菜单下首先插入一个文本框，然后单击 Reference(引用)，进入引用设置窗口，如图 4.10.14 所示。选择姓名变量 Variable1，点击 OK，即可插入姓名变量的引用。插入后的效果如图 4.10.15 所示。

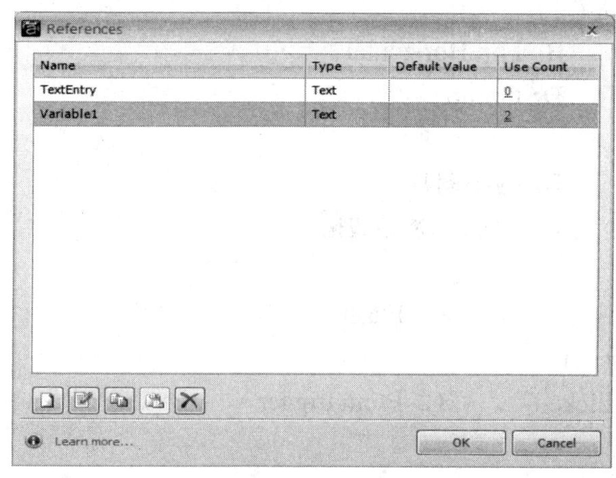

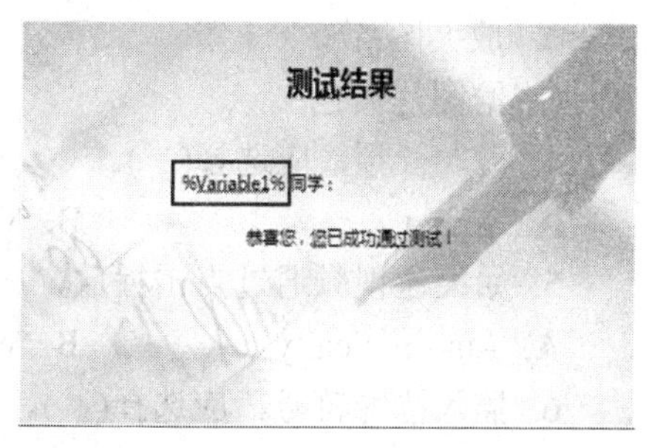

图 4.10.14 引用设置窗口

图 4.10.15 在幻灯片中插入了姓名变量引用

4.10.4 插入 Hyperlink(超链接)

在 Storyline 中，可以对幻灯片的每个元素(如图形、图像、视频、文本框)等通过触发器动作来设置链接，同时也可以对幻灯片中的每个文字设置超链接，将文本框中的文字与项目中的其他内容建立起链接关系。例如，如果课程中不用播放器自带的目录而自制目录，便可以对目录中的文字设置超链接。

具体操作如下：在 Insert(插入)菜单下单击文本框，输入文本内容并选中文本内容，点击 Hyperlink 标签，弹出触发器设置窗口，如图 4.10.16 所示。Link Text 是指链接的文本内容。在其他三个选项的下拉菜单中选择相应的内容，在此不详述，具体请参考 5.3 节内容。

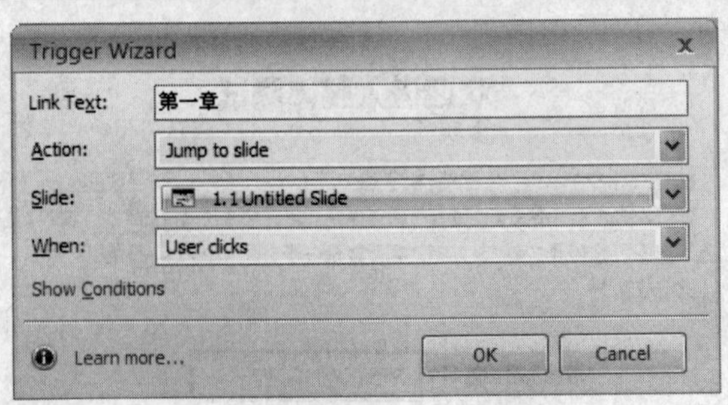

图 4.10.16　触发器设置窗口

4.11　本章测试

一、单选题

1. 以下对齐方式中，表示顶端对齐的是(　)。

A. Align Top　　B. Align Center
C. Align Bottom　　D. Align Left

2. 以下翻转方式中，表示垂直翻转的是(　)。

A. Flip Vertical　　B. Flip Horizontal
C. Rotate　　D. Group

3. Zoom Picture 的功能是(　)。

A. 放大图片　　B. 缩小图片
C. 给图片着色　　D. 给图片添加边框

4. 插入音频，应选择(　)。

A. Sound　　B. Video　　C. Flash

5. 如果让视频通过点击播放，应选择(　)。

A. Automatically　　B. When clicked　　C. From trigger

6. 插入特殊符号，应选择(　)。

A. Hyperlink　　B. Symbol　　C. Reference

二、操作题

在幻灯片中插入一个视频，需满足以下要求：

(1) 视频显示在幻灯片中。
(2) 给视频添加控制条。
(3) 视频通过触发器播放。
(4) 视频位置为水平 40 像素，垂直 30 像素，都是从左上方开始的。

第5章　插 入 交 互

★本章学习要点

- ◆ 掌握如何插入触发器及进行属性设置，理解触发器中的每个选项含义。
- ◆ 掌握如何插入层及层的属性设置，理解层属性中的每个选项含义。
- ◆ 掌握如何插入按钮以及进行状态设置，理解每个状态的含义。
- ◆ 掌握如何插入热区和标签。
- ◆ 掌握如何插入数据输入框、容器框和鼠标形状。

5.1　层

5.1.1　插入层

层是项目交互中的主要元素之一，与触发器相结合可以实现多种互动效果。那么，如何添加层呢？

有两种方式：

(1) 点击 Insert(插入)菜单下的 Slide Layer(幻灯片层)即可在当前幻灯片中新建一个层，如图 5.1.1 所示。

(2) 点击幻灯片编辑窗口右下角层面板中的新增层按钮也可以新建层，如图 5.1.2 所示。

图 5.1.1　插入菜单下的添加层

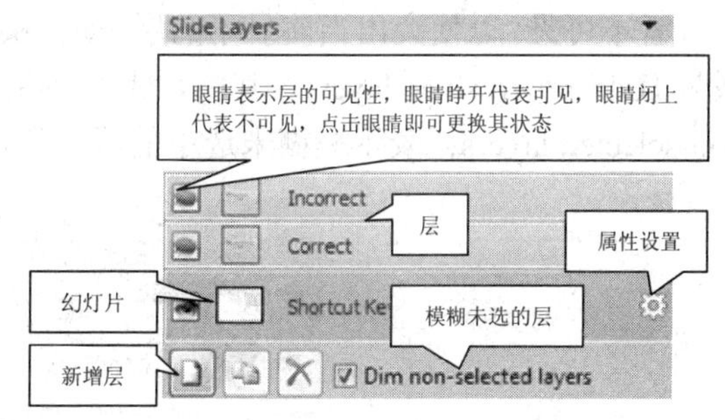

图 5.1.2　层面板

5.1.2　编辑层

1. 层里编辑的内容范围

插入层之后，选中该层，进入层编辑窗口。层的舞台大小与幻灯片一样，在层中也可以添加任何在幻灯片中可以添加的元素，如：文本、图片、声音、视频、交互等等。

需要注意的是，层附属于幻灯片，不能像幻灯片一样成为测试题类型。若要在层中添加测试题，可以在 flash 或其他软件中编辑好测试题，然后以动画形式导入到层。

2. 层的显示

层与幻灯片不同，层不能像幻灯片一样直接出现在课程中，需要通过触发器触发才可出现，即需要给对象设置 Show Layer 动作才能显示层。具体操作请参考 5.3.2 节和 5.4.2 节内容。

3. 层的重命名

为了让每个层的主题更加清晰，一般都会在新建层后，更改层的名称。有两种更改层名的方法：

(1) 直接在该层的名称上双击，即可进入名称编辑状态，如图 5.1.3 所示，在空白框内输入合适的名称即可。

(2) 选中层，右击，在弹出菜单中选择 Rename，如图 5.1.4 所示，也可对其重命名。

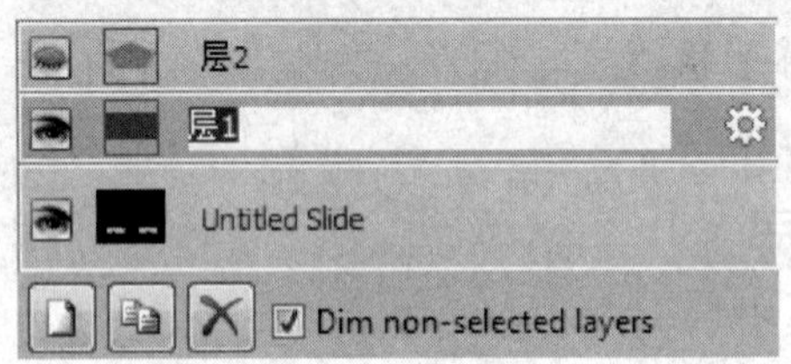

图 5.1.3　重命名层方法一

图 5.1.4　重命名层方法二

4. 层的可见性

在层面板中，可以发现当选中某一个层时，该层的“眼睛”是睁开的(可见的)，而其他未选层的“眼睛”则自动是闭合的(不可见的)，幻灯片底层除外。如图 5.1.2 所示，选中了最底层的幻灯片层，则该层可见，其他两层不可见。

若要使得某层可见，只需在该层闭合的眼睛处点击，让眼睛睁开即可；若要使层不可见，同样在眼睛上点击，让眼睛闭合即可。

点击“眼睛”按钮可控制当前层可见或不可见。那么，若要当前层可见时，其他层模糊或者不可见，以便突出当前显示的层，如何实现呢？可以通过勾选 Dim non-selected layers 或者 Hide other slide layers。其中，Hide other slide layers 设置请参考 5.1.4 节内容。Dim non-selected layers：表示模糊未选中的层，软件默认的模糊效果是灰色，如图 5.1.5 所示。

图 5.1.5　设置“模糊未选中的层”

注：若要看到未选择层的模糊效果，则需要未选择的层都在可见状态(即“眼睛”睁开)，如图 5.1.5 所示。否则未选择层是不可见的，自然也不会看见模糊效果。

图 5.1.5 中选中的是层 2，勾选了 Dim non-selected layers，同时三层都在可见状态。预览效果如图 5.1.6 所示。层 2 中的五边形是可见的，而层 1 和幻灯片层中的对象则都被模糊了，层 1 中的红色矩形和幻灯片中的黑色背景与白色按钮预览都显示为灰色。

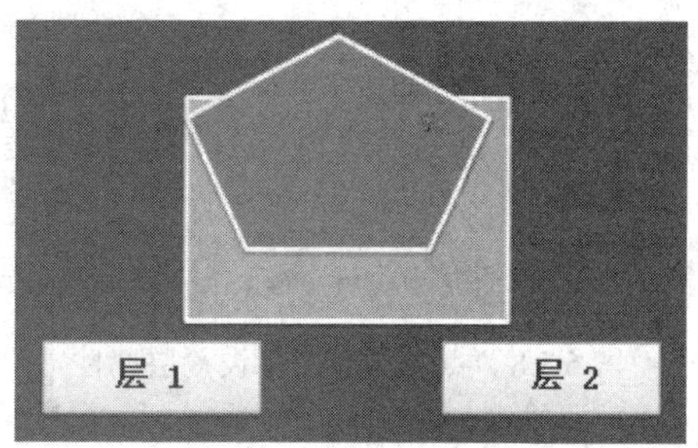

图 5.1.6 设置的预览效果

5.1.3 复制层

若要复制某个层，选中该层后，有两种处理方式：

(1) 点击层面板下方的复制按钮 ，即可复制选中的层。

(2) 右击选中的层，在弹出菜单中选中 Duplicate 也可以复制选中的层。复制层后软件会直接将其粘贴在当前幻灯片的层面板中。如图 5.1.7 所示。复制层 1 和层 2 后，默认粘贴在层面板中，并且默认的名称为原先层的名称后面加 Copy。

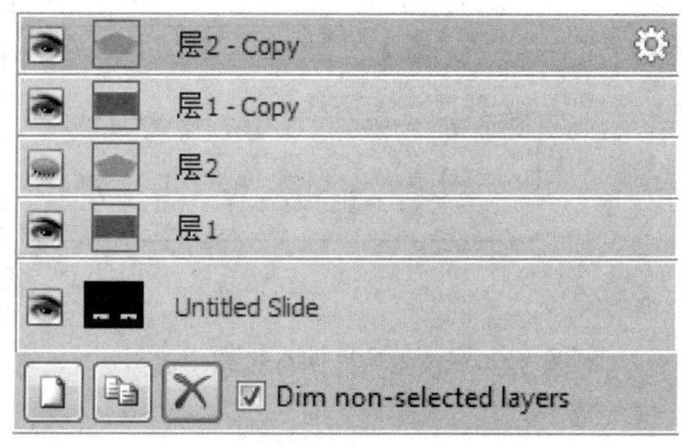

图 5.1.7 复制了层 1，层 2 后默认粘贴在当前层面板

注：复制层只能粘贴在当前幻灯片层面板中，不可粘贴到其他幻灯片中，但是层中的内容可以复制粘贴到任何地方。并且，层只可以单个复制，不能多个一起复制。这也是软件需要完善的地方之一。

5.1.4 删除层

如果不需要某个层，如何删除该层呢？有两种方法：

(1) 选中需要删除的层，点击层面板下方的删除按钮 ，即可删除。

(2) 选中需要删除的层，右击该层，在弹出菜单中选择 Delete 也可删除。

5.1.5 层的属性设置

层和幻灯片一样也有属性，选中层，点击右侧的属性图标(见图 5.1.8)，弹出层的属性设置窗口(见图 5.1.9)；选中幻灯片层，其右侧也同样有属性设置图标，点击该图标也可以进行幻灯片属性设置，在此不详述，详细请参考 2.2.3 节内容。

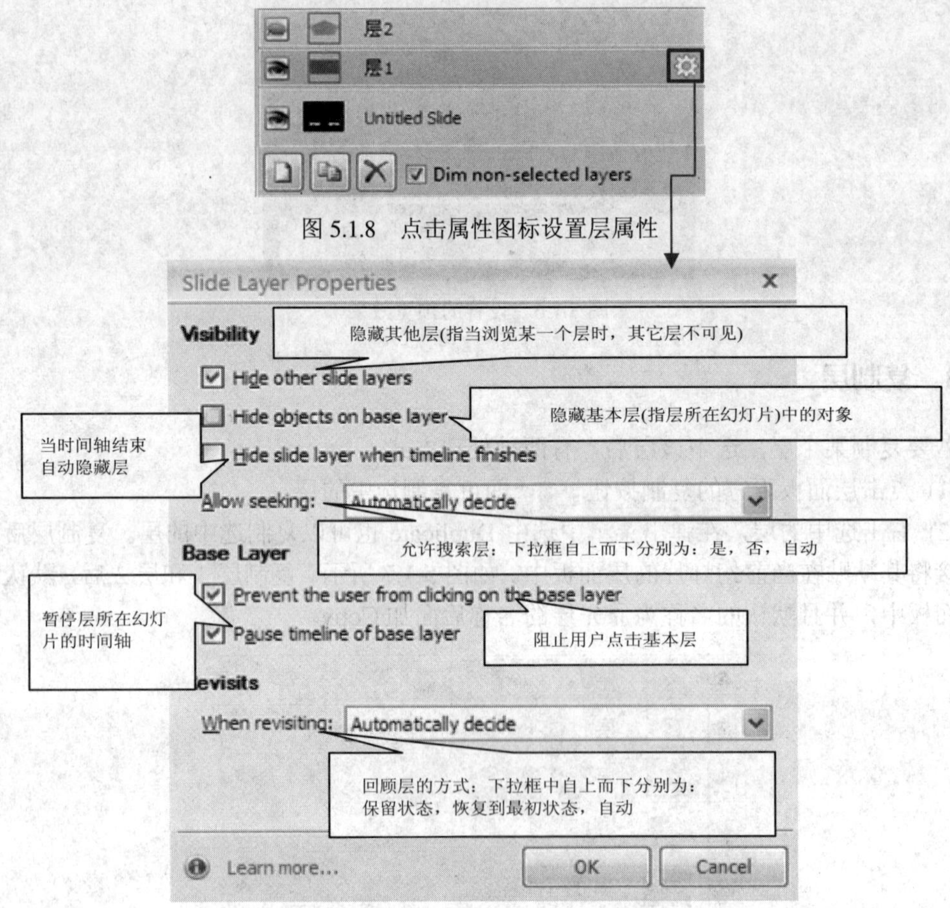

图 5.1.8　点击属性图标设置层属性

图 5.1.9　点击属性图标设置层属性

图 5.1.9 中选项的含义：

Hide other slide layers：勾选此项后，在预览该层时，其他的层则不可见，如图 5.1.10 所示。若不勾选此项，当预览该层，则其他层仍然可见，如图 5.1.11 所示。

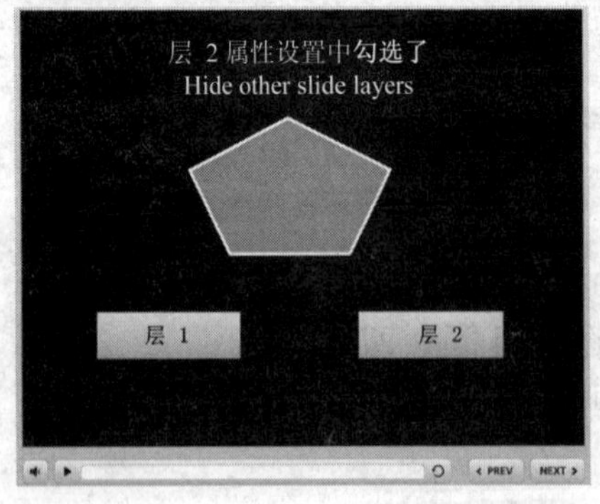

图 5.1.10　点击层 1、层 2 按钮预览效果一

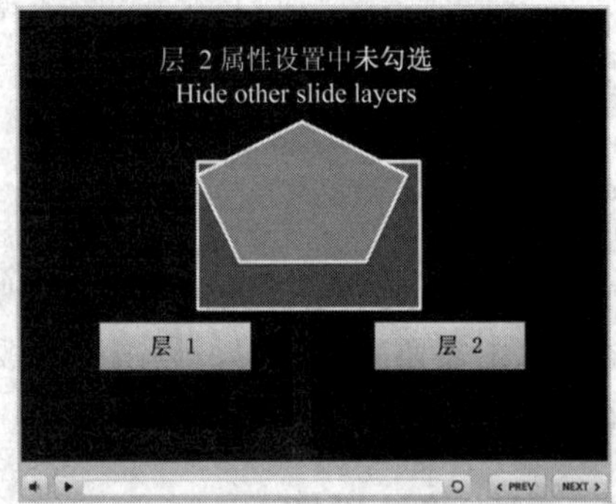

图 5.1.11　点击层 1、层 2 按钮的预览效果二

在图 5.1.10 和图 5.1.11 中，层 1 的属性设置相同，都勾选了 Hide other slide layers。不同的是在图 5.1.10 中层 2 勾选了 Hide other slide layers，而图 5.1.11 中的层 2 没有勾选。

Hide objects on base layer：指当在浏览层的内容时，层所在幻灯片中的所有内容是不可见的，即打开了层就关闭了幻灯片中的内容，如图 5.1.12 所示。在图 5.1.10 与图 5.1.11 中可以看到，打开了层 1 或层 2，幻灯片中的内容仍然可见。图 5.1.13 与图 5.1.10 中层属性设置的区别只有：图 5.1.13 的层 2 属性中勾选了 Hide objects on base layer，而图 5.1.1 中的层 2 没有勾选。

注：图 5.1.10 与图 5.1.11 中幻灯片里的内容为黑色背景和“层 1”、“层 2”按钮。

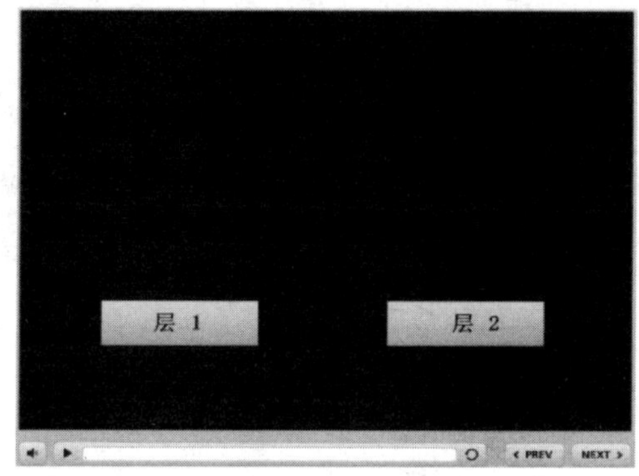

图 5.1.12　点击层 2 按钮前的预览效果

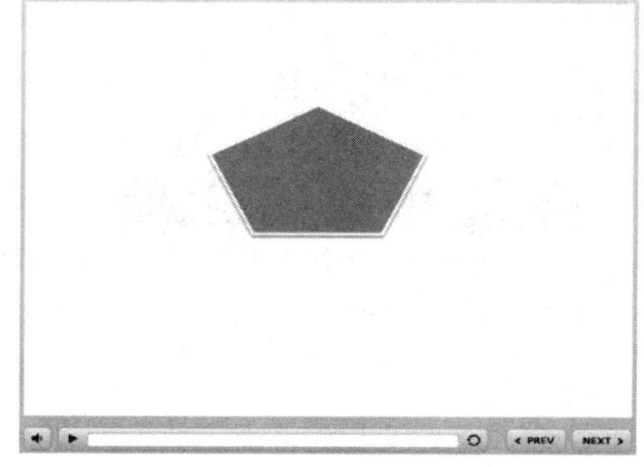

图 5.1.13　点击层 2 按钮后的预览效果

Hide slide layer when timeline finishes：指当一个层时间轴上的时间结束了，打开的层便会被隐藏。但是，点击按钮还可以再次打开层，打开后按照层时间轴上的时间来计时，层上的时间结束层便消失。例如：“层 2”时间轴上的时间是 2 秒，那么点击“层 2”按钮打开“层 2”后 2 秒“层 2”便消失了。

Allow seeking：勾选此项，可以通过播放器中的搜索功能搜索到层里的内容。

Prevent the user from clicking on the base layer：勾选此项，当用户在浏览层里的内容时，不能点击层所在幻灯片里的其他内容。此选项一般不建议选，如果幻灯片中还有其他交互，选择了此项便会给交互带来不便。

Pause timeline of base layer：层属性设置中勾选此项后，当用户浏览该层的时候，该层所在幻灯片的内容暂停播放。当关闭了该层，幻灯片里的内容便从停止的地方继续接着播放。

When revisiting：重新观看层的时候有三种方式，与重新浏览幻灯片提供的三种方式一样。Resume saved state：表示保存原来的状态，即如果第一次没有观看完，再次观看时可以接着上次继续看，而不是重新再看。Reset to intial state：重置到初始状态，即再次观看时重新开始，而不是接着上次的暂停处继续看。Automatically decide：自动决定，一般是置于初始状态。

注意，每个层的属性需要单独设置。设置了一个层的属性，其他层属性不会发生相应变化。

5.2　按　　钮

5.2.1　插入按钮

按钮是实现交互的重要媒介之一。Storyline 中添加按钮的方式主要有两种：

(1) 点击 Insert(插入)菜单下的 Button，其下拉菜单自上而下分别为 Button(普通按钮)，Check Boxes(复选框)和 Radio Buttons(单选按钮)，如图 5.2.1 所示。选择所需类型的按钮，这时鼠标形状变为十字形，在幻灯片舞台中按住鼠标左键拖动十字形即可绘制一个按钮。

(2) 将幻灯片中图形、图像等元素转换为按钮：通过右击对象，在弹出菜单中，选择 Button Set，再选择 New Set，进入新窗口，如图 5.2.2 所示，对按钮命名后，点击 Add(添加)即可。

图 5.2.1 Button 下拉菜单

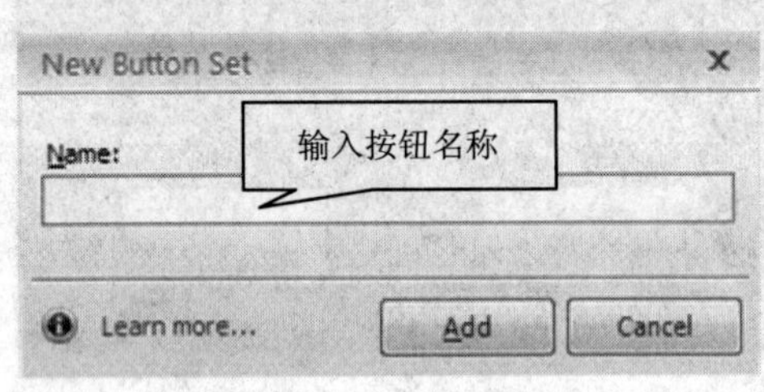

图 5.2.2 新增按钮窗口

在图 5.2.1 中，复选框多用于多选测试题中，即可以在一道测试题中同时选择多个复选框。而单选按钮则用于单选测试题中，一道测试题中一次只能选择一个单选按钮。插入按钮后，选中该按钮，同样在菜单栏会多出一个 Format(格式)菜单，图 5.2.3 是复选框按钮的格式菜单。同样，单选按钮和普通按钮也都有类似的 Format 菜单。在 Format 菜单中，可以对按钮进一步编辑，如修改按钮的填充、边框、颜色、对齐方式等，操作简单，在此不详述。

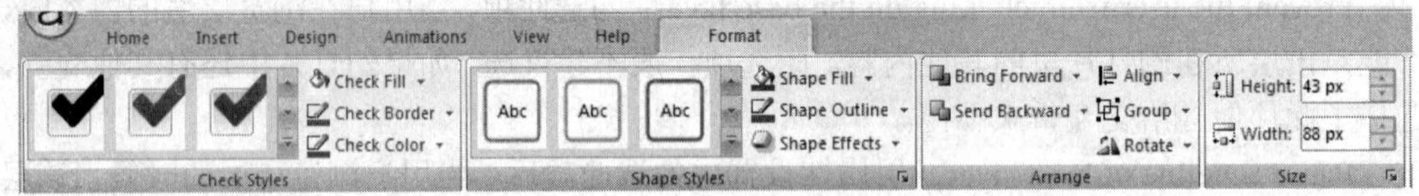

图 5.2.3 复选框按钮格式菜单

5.2.2 按钮状态设置

选中按钮后，点击舞台下方的 States 标签，还可以看到按钮的各种状态，这三种类型的按钮默认都有五个不同的状态，分别是 Normal(普通)、Hover(经过)、Down(按下)、Disabled(失效)和 Selected(选中)，如图 5.2.4 所示。其中，单选按钮状态编辑栏与复选框类似，普通按钮状态栏如图 5.2.5 所示。

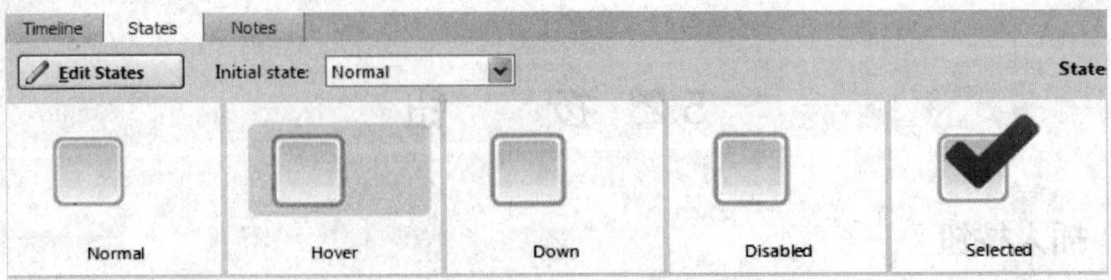

图 5.2.4 复选框按钮状态

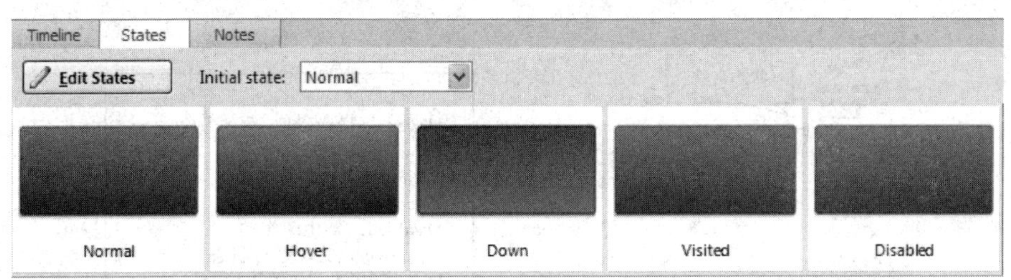

图 5.2.5　普通按钮状态

若按钮的这些默认状态不能满足需求，可以双击该按钮的某个状态，或者选中该状态，点击 Edit States，即可对该状态进行重新编辑。如修改该状态的形状、颜色、边框等。操作简单，在此不详述。

注：编辑时，Edit States 变为 Done Editing States。

除了通过修改软件自带的按钮状态，还可以将幻灯片中的某个图片或图形等元素转换为按钮。

对于将图片或图形转换为按钮的，如何设置其状态呢？以下介绍设置不同状态的操作，具体步骤如下：

(1) 在幻灯片中选中对象，点击幻灯片舞台下的 States，如图 5.2.6 所示。

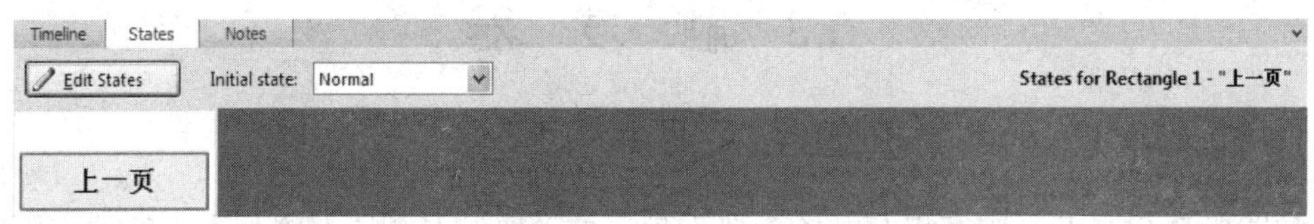

图 5.2.6　States 面板初始界面

在图 5.2.6 中，Edit States(编辑状态)右侧为 Initial State(初始状态)，下拉框中自上而下分别为 Normal(普通)状态和 Hidden(隐藏)状态，隐藏状态是不可见的。

(2) 点击 Edit States(编辑状态)后，进入状态编辑界面，如图 5.2.7 所示。由于选中的图形默认状态下只有一个 Normal 状态，因此需要新建其他状态。

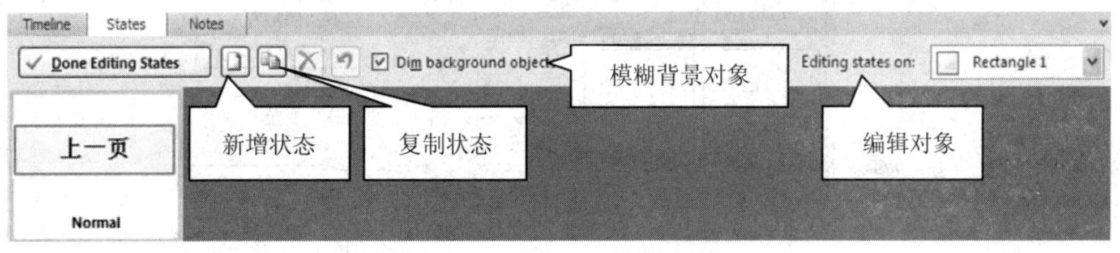

图 5.2.7　States 面板编辑界面

(3) 点击新增状态，弹出 Add(新增)窗口。在状态名称下拉框中选择一种状态名称，如图 5.2.8 所示。如选择 Hover，点击 Add(添加)，即可返回状态编辑界面，此时，Hover 状态图形默认与普通状态一样，选中 Hover 状态，可以根据需求改变图形的颜色、大小等，此例中改变了颜色，如图 5.2.9 所示。还可以继续点击新增状态按钮，添加其他状态，如鼠标按下状态、已访问过的状态等，操作类似。如果某些状态不需要了可以点击删除按钮删除。所有状态编辑完毕，点击 Doing Editing States 即可。

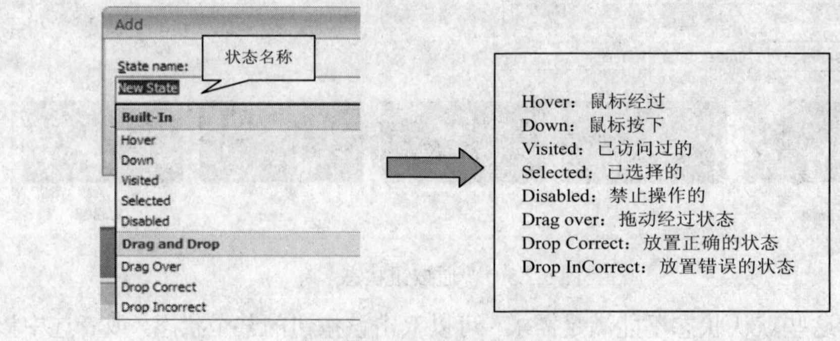

图 5.2.8　新增状态窗口

图 5.2.9　新增按钮的 Hover 状态

至此，插入按钮及状态设置的操作已经介绍完毕。

5.3 触 发 器

5.3.1 插入触发器的基本步骤

触发器是 Storyline 中实现交互的主要工具，可以通过对触发器添加不同的动作而实现不同的交互效果。插入触发器既可以通过触发器面板中的新建触发器按钮，如图 5.3.1 所示，也可以通过 Insert(插入)菜单下的 Trigger 按钮实现。点击 Trigger，即可进入触发器编辑窗口，如图 5.3.2 所示。设置好每个选项后，点击 OK 即可插入触发器动作。

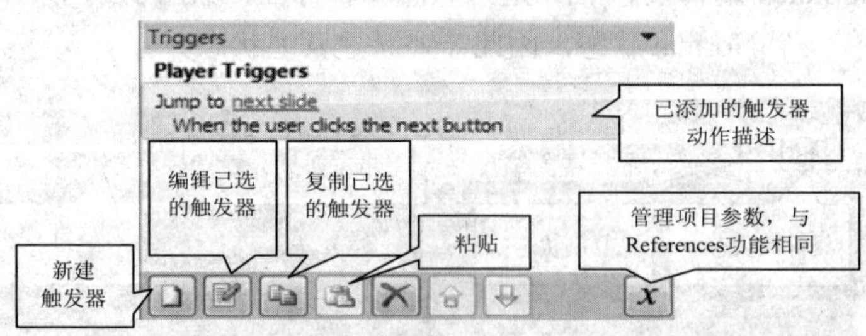

图 5.3.1　触发器面板布局

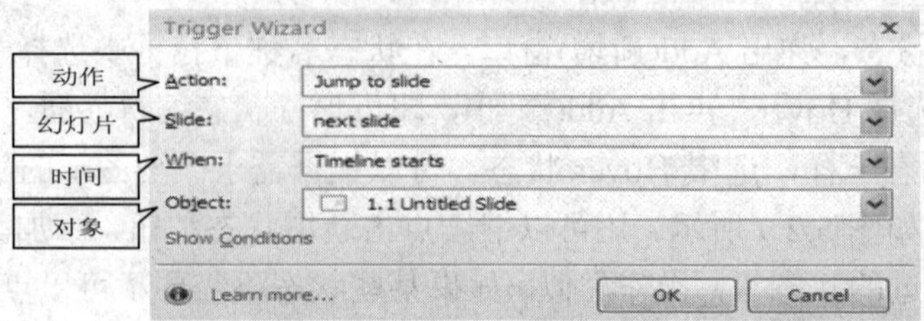

图 5.3.2　触发器编辑窗口

选择触发器，进入触发器编辑窗口，如图 5.3.2 所示，需要设置相应的 Action(动作)，Slide 或者其他(动作链接到的对象)，When(动作发生的时间)，Object(被执行动作的对象)。点击 Action 右侧的倒三角，在其下拉框中可选择各种动作类型，如图 5.3.3 所示。点击 Slide 右侧的倒三角，可以选择动作链接到的对象。点击 When 右侧的倒三角，可选择动画发生的时间类型。点击 Object 右侧的倒三角，可以选择被执行动作的对象。被执行动作的对象和动作链接到的对象可选择幻灯片中任意元素，操作简单。

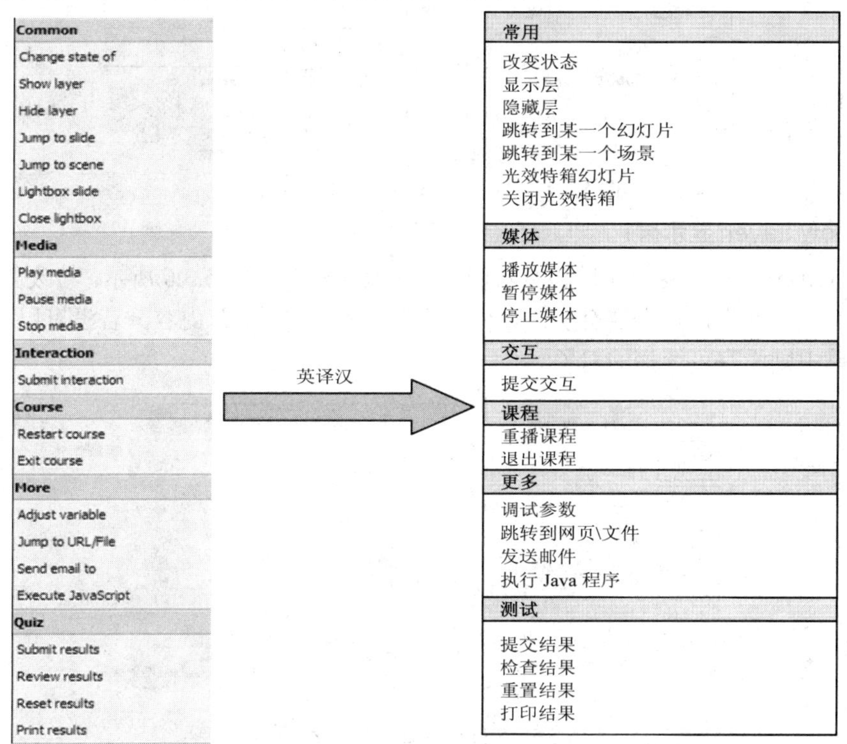

图 5.3.3　Action 下拉菜单

5.3.2　Action(触发器动作)——Common 类型

1. Change state of(改变对象状态)

Change state of(改变对象的状态)：要实现这个动作，对应对象必须有两种及以上的状态，或者有两个不同的对象，否则无效果。如果此对象已经有不同状态，则可以直接选择，如果此对象当前只有一种状态，则需要给其设置不同的状态，具体操作请参考 5.2.1 节内容。

选择 Change state of 后的触发器设置窗口如图 5.3.4 所示。

图 5.3.4 所示选择结果的含义：When Mouse hovered over(当鼠标经过)Choice1 对象时，显示 Choice1 对象的 Hover(经过)状态。

其中，On Object：是指动作链接到的对象，可选择幻灯片中任意元素。To State：链接到对象的状态，如 Normal(普通状态)、Hover(经过状态)、Down(按下状态)等，这些状态必须要事先给对象设置好在此选择才能有效果，点击 On Object 右侧倒三角，下拉框窗口内容与图 5.3.3 一样。When：动作发生的时间。Object：被执行动作的对象，也可以是幻灯片中的任意元素，可以与 On Object 是同一个对象，但此时 To state 中必须选择与 Object 不同的状态，如 Object 为图片的普通状态，而 On Object 为图片的经过状态。

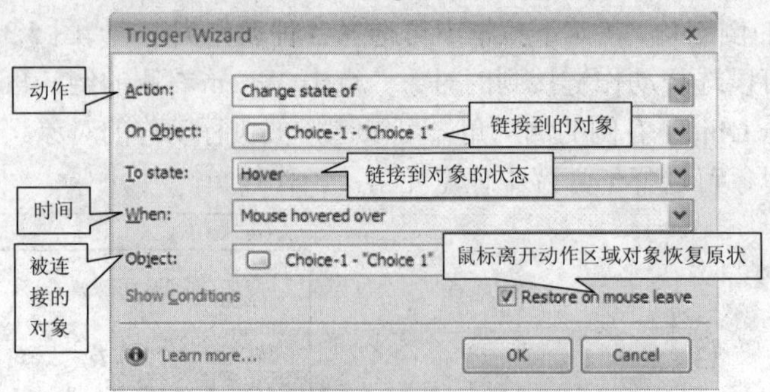

图 5.3.4　Change state of 动作设置窗口

2. Show Layer(显示层)

Show Layer 动作主要是通过触发器调出层，编辑窗口如图 5.3.5 所示。与改变状态动作类似，要实现此动作，首先要有层，如何建立层请参照 5.1.1 节内容。若没有层，在 Layer 的下拉菜单中则没有可选择的对象。

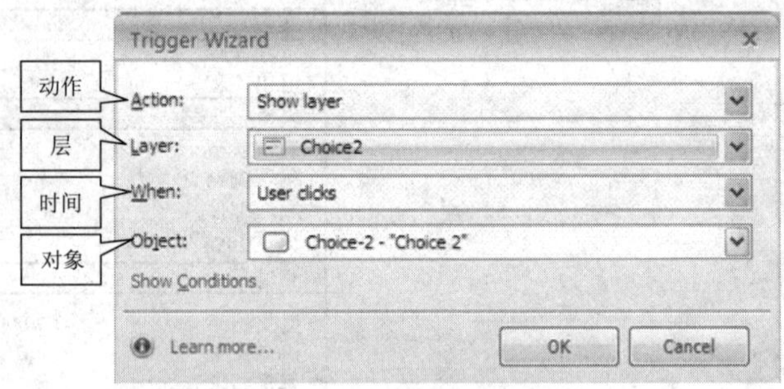

图 5.3.5　Show Layer 动作设置窗口

图 5.3.4 所示选择结果的含义：When User clicks(当鼠标点击)Choice2 对象时，调出 Choice2 层。

注意：Layer 中的 Choice2 与 Object 中的 Choice2 不是一个对象，只是同名。Layer 中的 Choice2 是层的名称，Object 中的 Choice2 是一个按钮的名称。

3. Hide Layer(隐藏层)

与显示层相对应，此动作是通过触发器关闭层。编辑窗口与图 5.3.5 类似，在此不详述。

4. Jump to Slide(跳转到幻灯片)，Jump to Scene(跳转到场景)

这两个动作设置也很简单，与显示层的窗口类似，只是调转到的对象选择不同而已。Show Layer 跳转到的对象是 Layer(层)，而 Jump to Slide\Scene 跳转到的对象分别是 Slide(幻灯片)和 Scene(场景)。

5. Lightbox slide(光箱特效幻灯片)，Close Lightbox(关闭光箱)

光箱特效幻灯片是指可以像调出层一样的调出一张幻灯片，被调出的幻灯片会浮在当前幻灯片上面，当前幻灯片不消失，通过点击关闭按钮，既可以关闭光箱特效幻灯片。光箱特效幻灯片设置窗口，如图 5.3.6 所示，此图出现之前，已经选择了动作对象，因此在窗口中没有出现 Object(对象)选项。点击动作对象，即可调出光箱幻灯片，如图 5.3.7 所示。

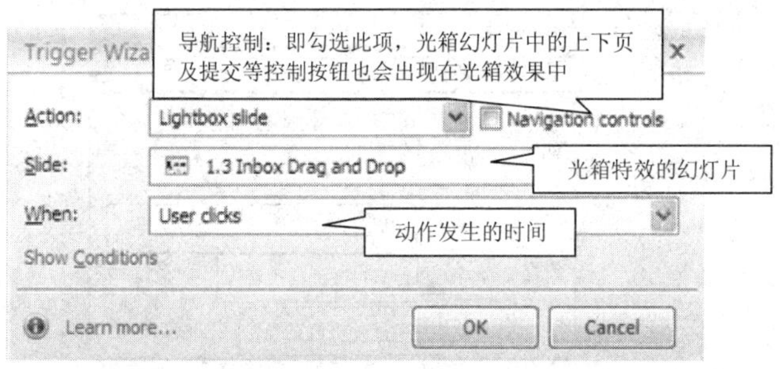

图 5.3.6　光箱特效幻灯片设置窗口

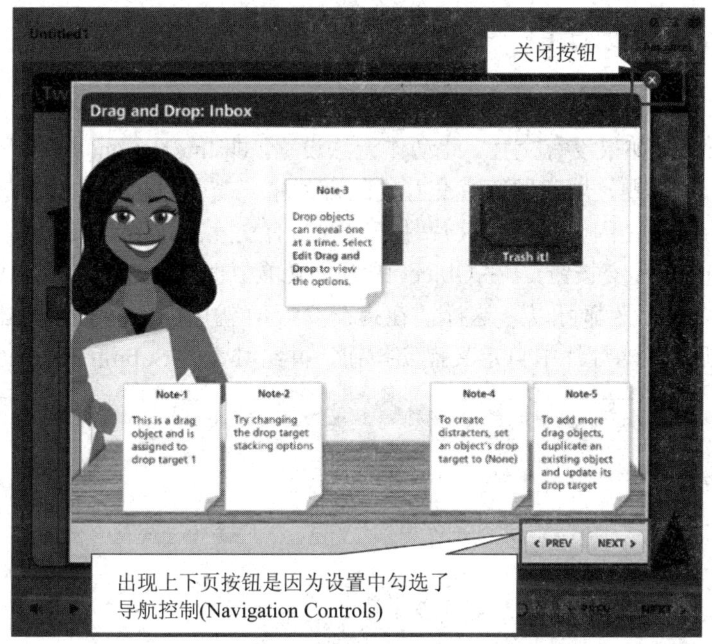

图 5.3.7　光箱特效幻灯片预览效果

关闭光箱既可以通过光箱自带的红色关闭按钮实现，也可以通过在光箱幻灯片中添加关闭光箱的动作按钮，Action(动作)选择 Close Lightbox，操作简单，不详述。

Lightbox Slide(光箱特效幻灯片)与 Jump to Slide(跳转幻灯片)动作的区别是：前者跳转时，仍然停留在原先幻灯片页面，跳转到的幻灯片只是覆盖在上一层；而后者跳转时，则不是停留在原先幻灯片，而是直接跳转到新幻灯片页面。

5.3.3　Action(触发器动作)——Media 类型

Play Media(播放媒体)、Pause Media(暂停媒体)、Stop Media(停止媒体)这三个动作分别是通过按钮来控制媒体的播放、暂停、停止，它们的设置界面类似，如图 5.3.8 所示，只是 Action 的选择不同而已。在此以播放媒体的为例，暂停和停止媒体的操作与之相同，在此不详述。在 Media(媒体)在下拉框中可选择不同的媒体，如视频和声音。

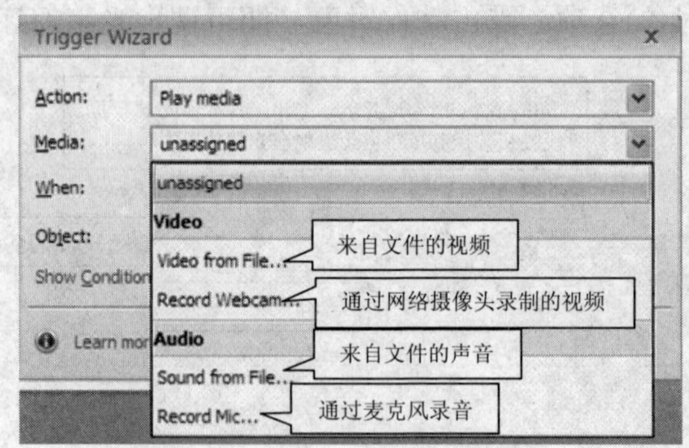

图 5.3.8　Play Media 动作设置窗口

5.3.4　Action(触发器动作)——Interaction 类型

Submit interaction(提交交互)通过触发器来提交交互。在设置此动作时，前提是当前幻灯片中必须有交互，如果没有交互，此动作无法设置，即 Interaction(交互)下拉框中无选项。一般如拖动题、选择题、填空题等有交互的幻灯片中，交互下拉框才会有选项，如图 5.3.9 所示，此图中有选项是因为当前幻灯片是拖动题，有交互。其中 Object 中默认是播放器自带的 Submit Button(提交按钮)。在 Object 的下拉菜单中也可以选择其他对象，如自定义提交按钮或者图片等元素都可以。这样，在提交交互时就可以不用必须点击播放器自带的 Submit 按钮，可以在幻灯片中自定义提交按钮，并给其设置 Submit interaction 动作即可。

图 5.3.9　提交交互设置窗口

例如：在一道单选题幻灯片中，在幻灯片属性设置里不勾选 Submit，即在出现该测试题幻灯片时，播放器中不会有 Submit(提交)按钮。需要在幻灯片中添加一个“提交”按钮，并给其添加提交交互的动作。具体操作步骤如下：

(1) 在幻灯片中添加“提交”按钮，点击 Insert 菜单下的 Button，在下拉菜单中选择第一个 Button 按钮类型。鼠标变为十字形，在幻灯片中点击即可插入 Button 按钮，插入后调整其至合适大小，并双击按钮输入“提交”文本。

(2) 选中“提交”按钮，点击新建触发器标签，进入触发器动作设置窗口，进行图 5.3.9 的设置，在 Action 中选择 Submit interaction，Interaction 中选择 Multiple Choice。图 5.3.9 所示的含义是：When User clicks(当学习者点击)“提交”按钮，即刻提交 Multiple Choice

中的交互。

(3) 为了避免幻灯片中有两个提交按钮，在幻灯片属性设置中不勾选 Submit。选中该幻灯片中，回到 Story View 界面。在 Slide navigation controls 面板中不勾选 Submit 即可，如图 5.3.10 所示。

(4) 点击 Preview，预览当前幻灯片，选中选项后点击自定义的提交按钮，显示效果如图 5.3.11 所示。

Slide navigation controls
Prev Next Submit

图 5.3.10 移除播放器中的提交按钮

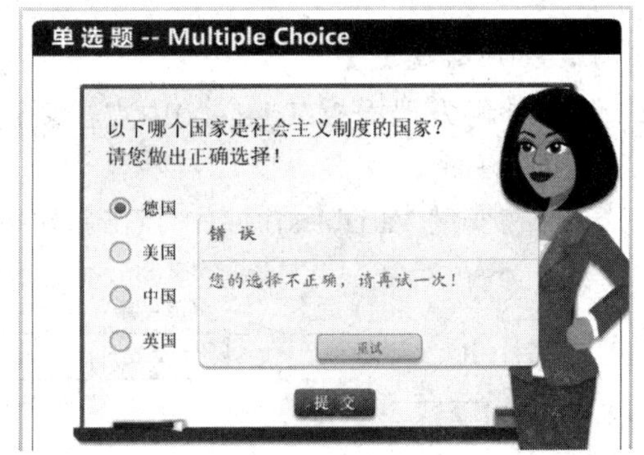

图 5.3.11 自定义提交按钮

5.3.5 Action(触发器动作)——Course 类型

Restart Course(重新开始学习课程)、Exit Course(退出课程)这两个动作分别通过触发器来控制整体课程，即通过设置触发某个对象来重新学习或者退出课程，例如：在课程的结束页面，设置了两个矩形图形，并分别在其中添加文字“重新学习课程”和“退出课程”。选择“重新学习课程”矩形，点击新建触发器按钮，添加 Restart Course 动作。而“退出课程”则选择 Exit Course 动作。两个动作的设置窗口类似，如图 5.3.12 所示。预览时，点击“重新学习”按钮即可回到课程第一页重新学习课程。点击“退出课程”按钮则可以关闭课程。

图 5.3.12 重新学习课程设置窗口

5.3.6 Action(触发器动作)——More 类型

1. Adjust variable(调试变量)

在介绍该动作前，首先介绍一下什么是变量，Storyline 中有哪些类型的变量，在 Storyline

中又如何新建变量，以及如何应用这些变量。

1) 什么是变量

变量没有固定的值。当某一个条件改变时能引起变量值的变化。变量可以保存程序运行时用户输入的数据、特定运算的结果以及要在窗体上显示的一段数据等。简而言之，变量是用于跟踪几乎所有类型信息的简单工具。在 storyline 中有 3 种常见的变量类型：text(文本变量)、Ture/False(是否变量)、Number(数值变量)。

2) 如何新建变量

(1) 在触发器面板(Triggers)中点击新建变量按钮 x，即可进入新建变量窗口，如图 5.3.13 所示。

(2) 在变量(Variables)窗口中点击新建按钮，即可进入变量设置窗口，如图 5.3.14 所示。

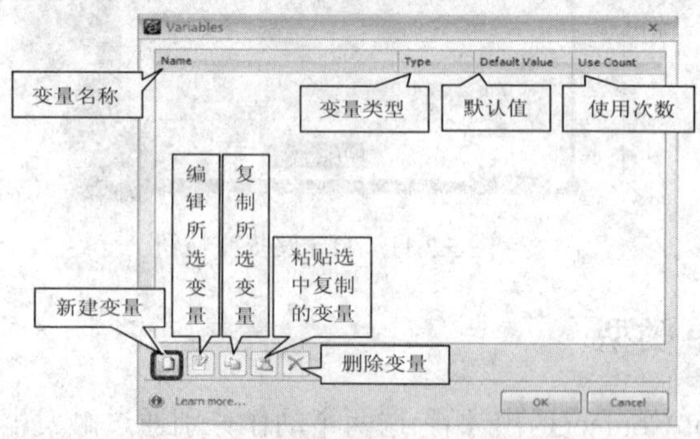

图 5.3.13　新建变量窗口

图 5.3.14　变量设置窗口

(3) 在弹出的 Variable(变量)窗口中，设置变量的 Name(名称)、Type(类型)、Value(初始值)。其中类型的下拉菜单中有三个选项自上而下分别为 True/False(是否变量)、Text(文本变量)和 Number(数值变量)。下面将详细介绍这三种变量。

3) 变量类型

(1) text(文本变量)。

文本变量可以通过一个文本输入框来收集用户输入的信息，之后引用并显示出用户输入的文本信息。例如我们可以在一门课程的开始页面让学习者输入自己的姓名(如图 5.3.15 所示)，在后面的学习页面中，根据实际需要显示出学习者所输入的姓名(如图 5.3.16 所示)。通过此方式可以增强课程与学习者的互动性以及学习者的参与感。

图 5.3.15　输入文本变量

图 5.3.16　显示文本变量

文本变量的操作步骤如下：

① 新建一个文本变量，命名为 name，初始值为空(图 5.3.17)。

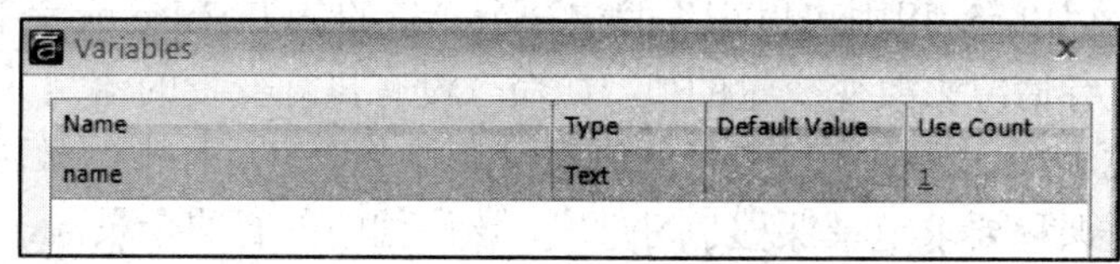

图 5.3.17 文本变量设置窗口

② 在 Insert(插入)菜单中，点击 Data Entry(数据输入)，在其下拉菜单中选择 Text Entry(文本数据输入)(见图 5.3.18)，此时鼠标指针变为十字形，在幻灯片中直接点击或者按住鼠标左键拖动后，即可新建一个文本输入框。

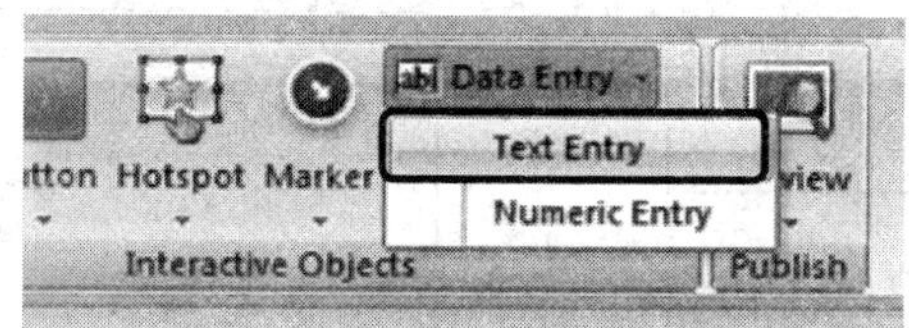

图 5.3.18 设置文本输入框

③ 选中新建的文本数据输入框，在 Triggers(触发器面板)中选中该文本的动作描述，如图 5.3.19 所示，双击该动作描述，进入 Trigger Wizard(触发器动作)设置窗口。在 Set Variable(设置变量)的下拉菜单中，选择 name，如图 5.3.20 所示，即可将输入的文本数据赋值给文本变量 name。

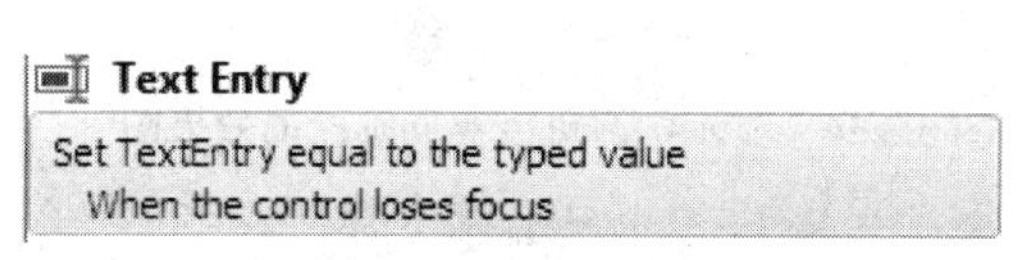

图 5.3.19 文本输入描述面板

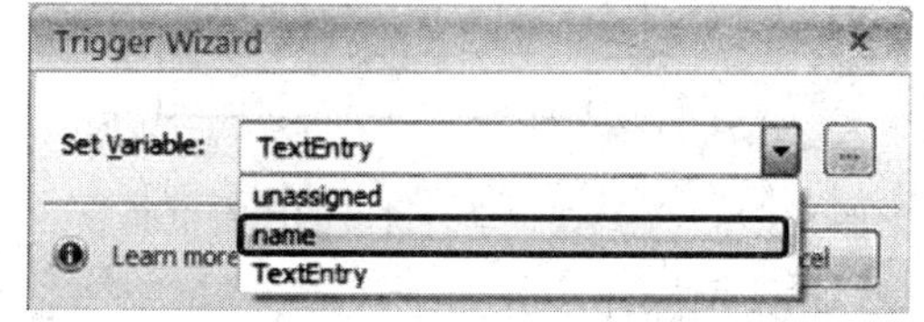

图 5.3.20 触发器动作设置窗口

④ 引用并输出 name 的值：在另一张幻灯片页面中，插入一个静态文本框，并选中该文本框，点击 Insert 菜单下的 Reference(引用)标签，如图 5.3.21 所示。进入引用设置窗口，如图 5.3.22 所示，在变量列表中选择新建的 name 变量，点击 OK 后，即可成功引用 name 文本变量。

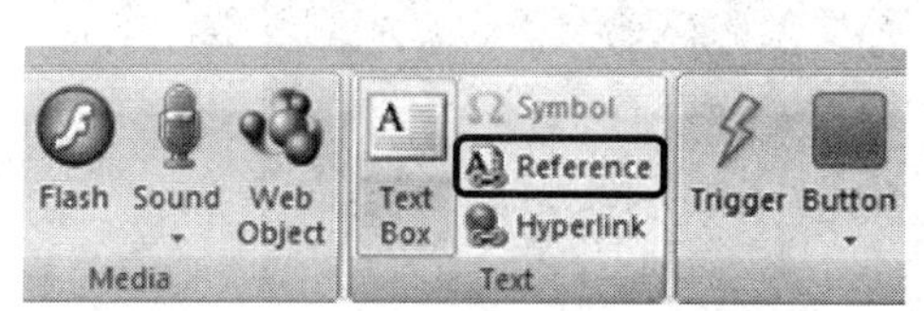

图 5.3.21 插入 Reference(引用)

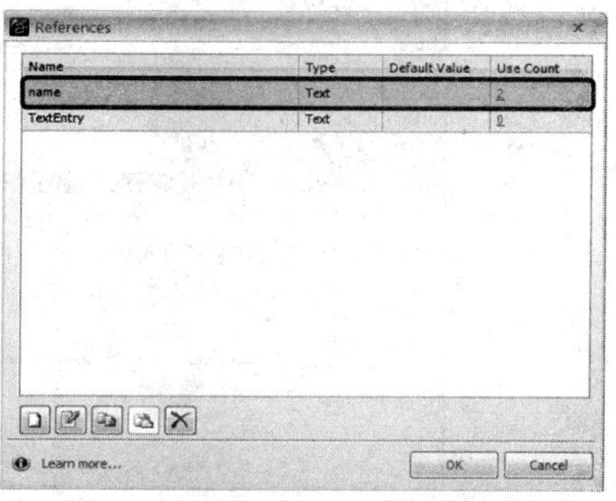

图 5.3.22 Reference(引用)设置窗口

(2) True/False(是否变量)。是否变量又称逻辑变量或二值变量，指取值只有 True(真)或 False(假)的变量。在实际运用中可以事先假定一个变量的值为 False 或者 True，然后通过学习过程中命令的执行情况来改变变量的值，如命令没有执行变量的值是 False，那么命令执行变量的值则变成 True。最后通过变量的值来反映整个学习过程中的学习情况。

本案例是某个课程要求记录课程学习进度，该课程中共有四个页面，如图 5.3.23 所示。要求如图 5.3.24 所示：

① 当未开始学习时，下方的进度条显示为空。

② 开始学习，但未学完，进度条显示为一半。

③ 全部学习完成时进度条显示满格。

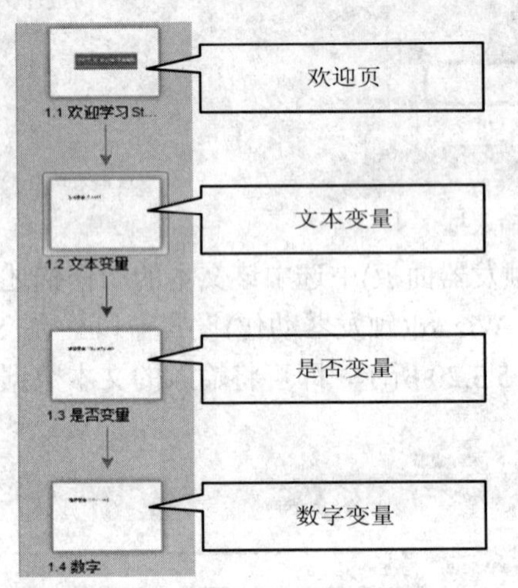

图 5.3.23　记录课程学习进度的所有页面

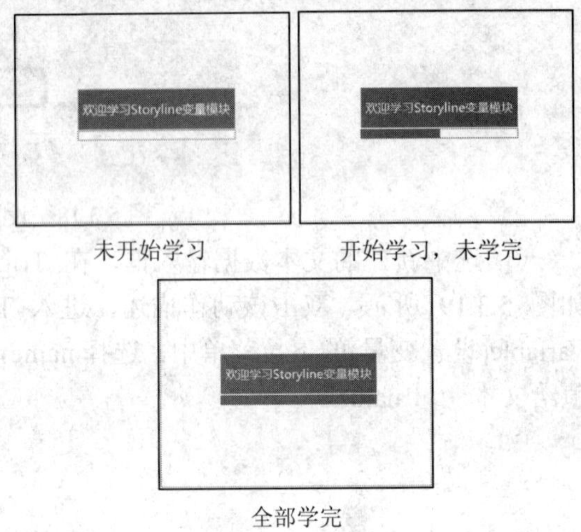

图 5.3.24　显示学习进度不同阶段的效果图

此案例操作步骤如下：

① 搭建课程的框架如图 5.3.23 所示，即插入四张幻灯片并分别命名，操作简单在此不详述。

② 在欢迎页为进度条添加未学完和学完 2 个 States(见图 5.3.25)。

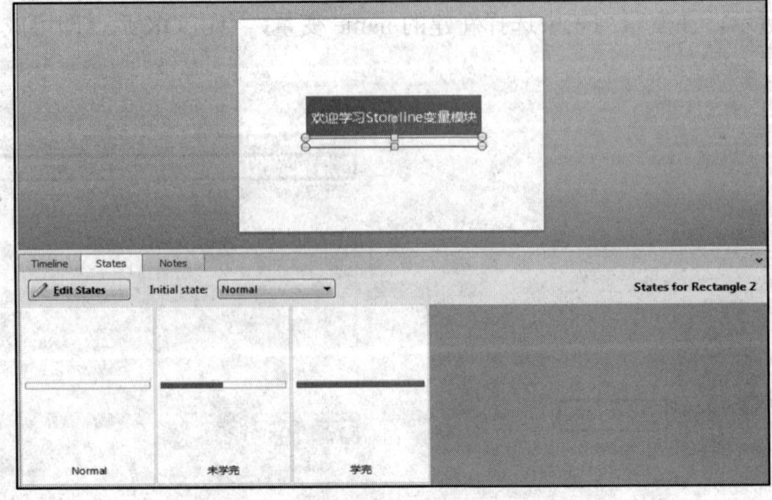

图 5.3.25　设置欢迎页面的 2 个进度状态

③ 点击 Triggers(触发器)面板右下角的新建变量标签，进入变量窗口，新建 3 个逻辑变量 B1、B2、B3，初始值都设置为 False，如图 5.3.26 所示。操作简单，在此不详述，可参考新建文本变量的操作步骤。

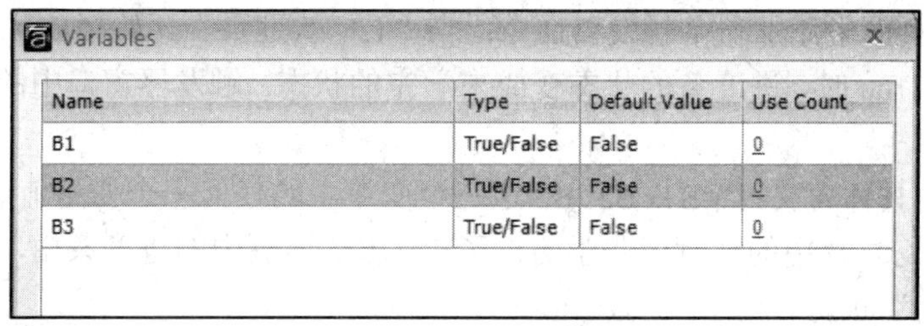

图 5.3.26　设置变量窗口

④ 思考：

添加对应的触发器命令：

学习“1.2 文本变量”时，B1 的值会由 False 变成 True

学习“1.3 是否变量”时，B2 的值会由 False 变成 True

学习“1.4 数字变量”时，B3 的值会由 False 变成 True

所以

当 B1、B2、B3 的值不全为 True 时，代表我们开始学习了，我们需要把进度条的状态变成未学完的状态。

当 B1、B2、B3 的值全都为 True 时，代表课程所有页面的都学习过了，我们需要把进度条变成学完状态。

⑤ 在“1.2 文本变量”页面中添加一个触发器命令。点击新建触发器标签后，进入触发器动作设置窗口，进行如图 5.3.27 所示的设置。表示当“1.2 文本变量”页面开始播放时，变量 B1 的值变成 True。

图 5.3.27　触发器动作设置窗口

⑥ 在“1.3 是否变量”页面中添加一个触发器命令。表示当“1.3 是否变量”页面开始播放时，变量 B2 的值变成 True。动作设置与图 5.3.26 中的类似，唯有 Variable 和 Object 不同，在“1.3 是否变量”页面中的触发器设置里 Variable 为 B2，Object 为“1.3 是否变量”。

⑦ 为“1.4 数值变量”页面中添加一个触发器命令。表示当“1.4 数字变量”页面开始播放时，变量 B3 的值变成 True。动作设置与图 5.3.26 中的类似，唯有 Variable 和 Object 不同，在“1.4 数值变量”页面中的触发器设置里 Variable 为 B3，Object 为“1.4 数值变量”。

⑧ 在欢迎页面中添加一个触发器命令：当“1.1 欢迎页”开始播放时，如果 B1、B2、B3 的值不全为 True 时，进度条的状态变成未学完的状态。触发器窗口中的设置如图 5.3.28 所示。

图 5.3.28 的具体含义：当 B1、B2、B3 这三个变量中的任何一个变量值等于 True 时(1.2，1.3，1.4 这三张幻灯片中的任意一张学习过了)，1.1 欢迎页中的进度条由“未开始学习”状态变为“未学完”状态。

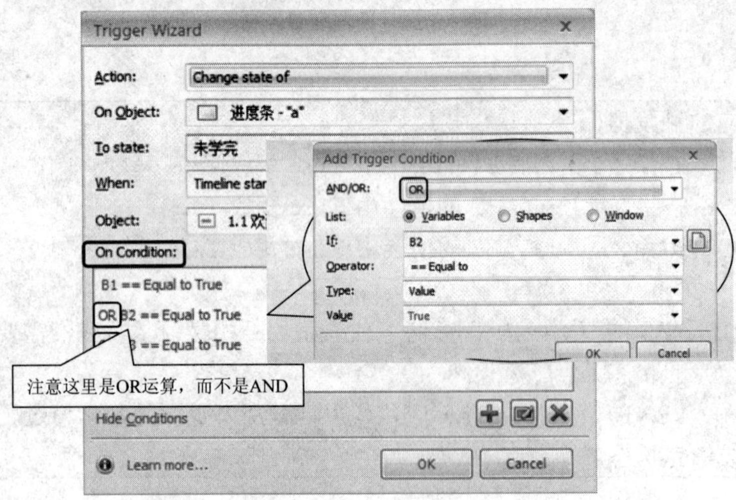

图 5.3.28　进度条变为未学完状态的触发器动作设置

⑨ 在欢迎页面中添加一个触发器命令：当“1.1 欢迎页”开始播放时，如果 B1、B2、B3 的值全为 True 时，进度条的状态变成学完的状态。触发器窗口中的设置如图 5.3.29 所示。

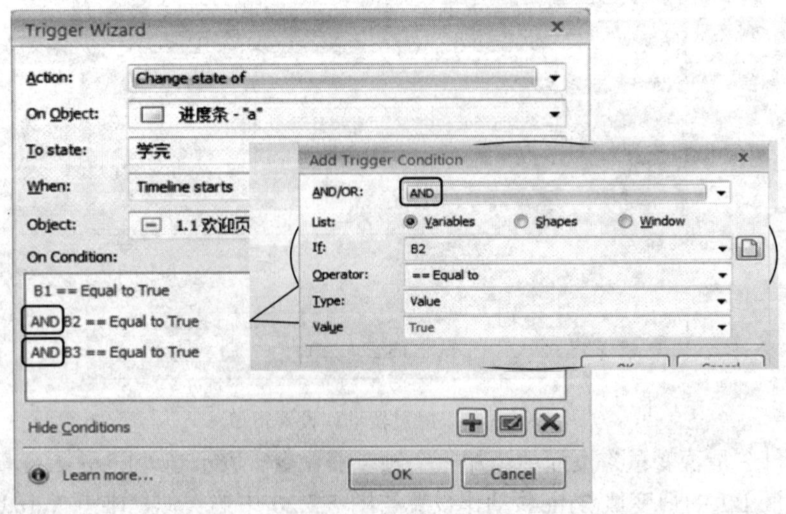

图 5.3.29　进度条变成学完状态的触发器动作设置

图 5.3.29 的具体含义：当 B1、B2、B3 这三个变量值都等于 True 时(1.2，1.3，1.4 这三张幻灯片都学习完成了)，1.1 欢迎页中的进度条状态变为“学完”状态。

预览效果：

未开始学习时，在欢迎页面中显示的如图 5.3.30 所示。

图 5.3.30　未开始学习状态的显示页面

当开始学习课程内容时，但未学完。在欢迎页面中显示的如图 5.3.31 所示。

图 5.3.31　开始学习但未学完状态的显示页面

当学习完课程所有内容时。在欢迎页面中显示的如图 5.3.32 所示。

图 5.3.32　学完状态的显示页面

(3) Number(数值变量)。

与文本变量类似，可以创建一个文本输入框来收集用户输入的信息，之后引用并显示用户输入的文本信息。输入的数字还可以进行基本的数学运算。例如：在一门幼儿教学课件中，要求学生先输入梨和苹果的个数，最后计算出水果总数，如图 5.3.33 所示。

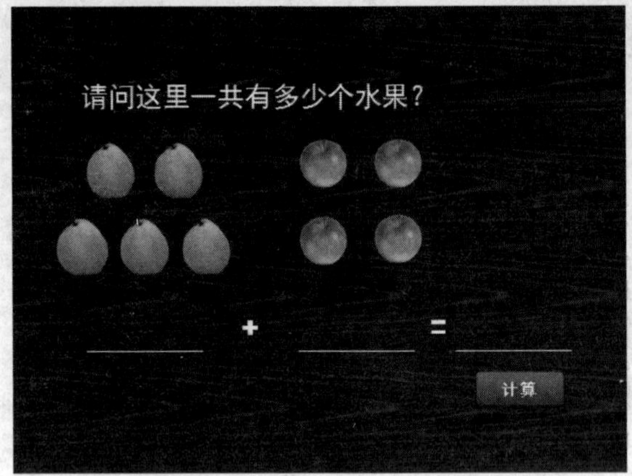

图 5.3.33　水果算数界面效果图

步骤：

① 按图 5.3.33 进行页面排版，并新建 3 个数字变量：pear、apple 和 total。初始值都为 0，如图 5.3.34 所示。用 pear 记录梨子的个数，apple 记录苹果的个数，total 记录水果的总数。

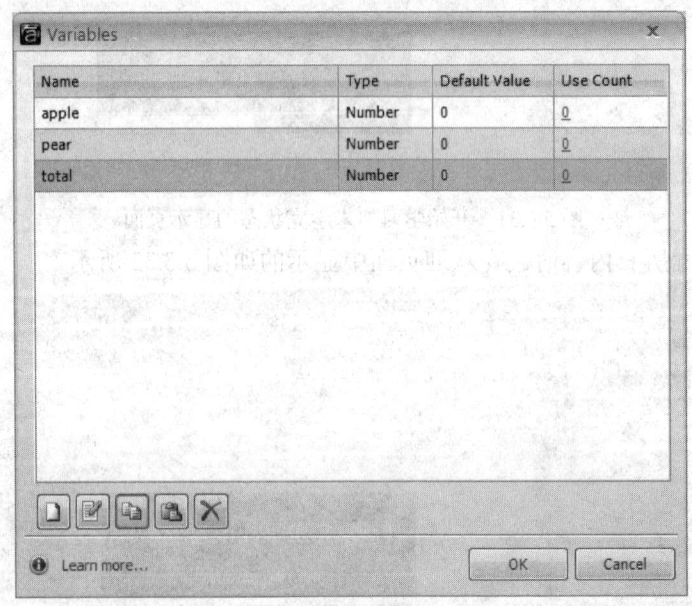

图 5.3.34　水果算数的变量设置

② 在 Insert(插入)菜单中点击 Data Entry(数据输入)，在其下拉菜单中选择 Numeric Entry(数值数据输入)，此时，鼠标指针变为十字形，在幻灯片中点击或者按住鼠标左键不放并拖动，即可绘制一个数值输入框，此例共绘制两个数值输入框，用来记录学习者输入的数值数据，如图 5.3.35 所示。

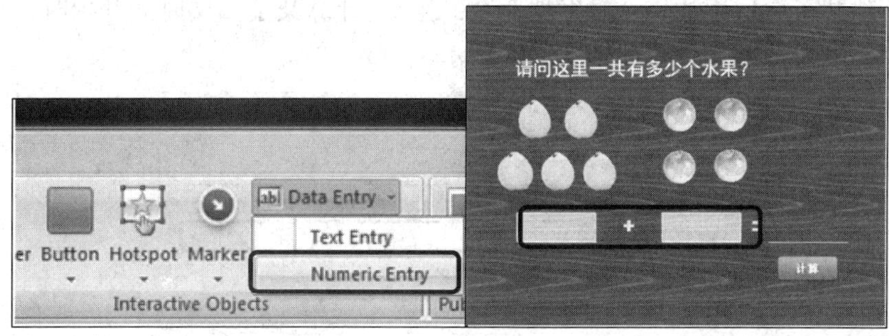

图 5.3.35　插入数值输入框

③ 在 Triggers(触发器面板)中选中第一个数字文本框的动作描述，双击或者右键选中 Edit(编辑)。在弹出的 Trigger Wizard(触发器设置)窗口中选中 pear，即将第一个数字文本框中输入的数值赋值给数字变量 pear，如图 5.3.36 所示。同样方法编辑第二个数字文本框，即将第二个数字文本框输入的数值赋值给数字变量 apple。

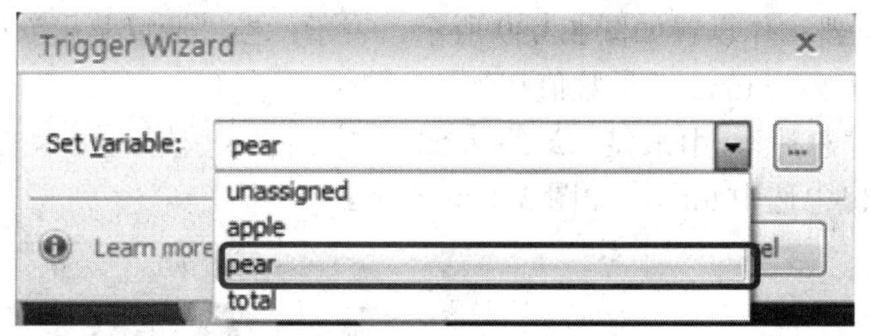

图 5.3.36　设置变量赋值

④ 接下来要进行求和计算，由于计算不能一次性求和只能一步一步地进行计算。根据变量具有保存程序运行时用户输入的数据、特定运算的结果等特性，每次计算都会保存最新的 total 数值。

第一步：total = total + pear；

第二步：total = total + apple；

第三步：显示出 total 的值

我们可以在“数字变量”中新建一个层“计算梨子”，专门用来计算 total=total+pear，如图 5.3.37 所示。

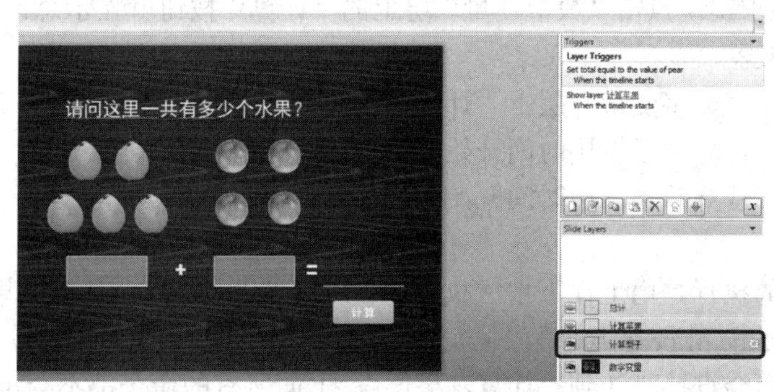

图 5.3.37　新建“计算梨子”层

给“新建梨子”层添加一个触发器命令：当“计算梨子”层时间开始时，将 pear 的赋值给 total，触发器动作设置如图 5.3.38 所示。

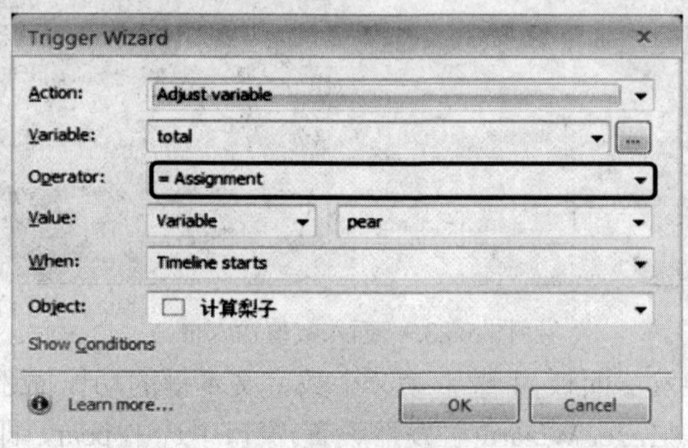

图 5.3.38　触发器设置

⑤ 新建一层“计算苹果”，并给该层添加触发器动作，使得该层将输入的 apple 的值加到 total 上。触发器动作设置如图 5.3.39 所示，表示：当“计算苹果”层时间开始时，输入的 apple 变量数值会与 total 变量数值相加。

⑥ 新建一层“总计”，用来显示最终 total 的值。插入引用的文本框 references，在弹出的 references 窗口中选中 total，如图 5.3.40 所示。

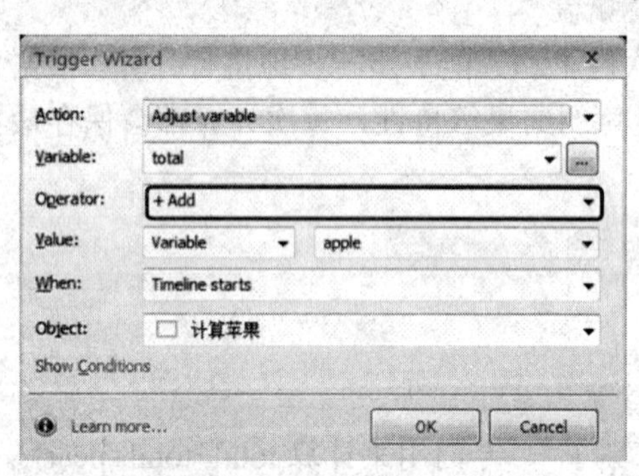

图 5.3.39　“计算苹果”的触发器动作设置

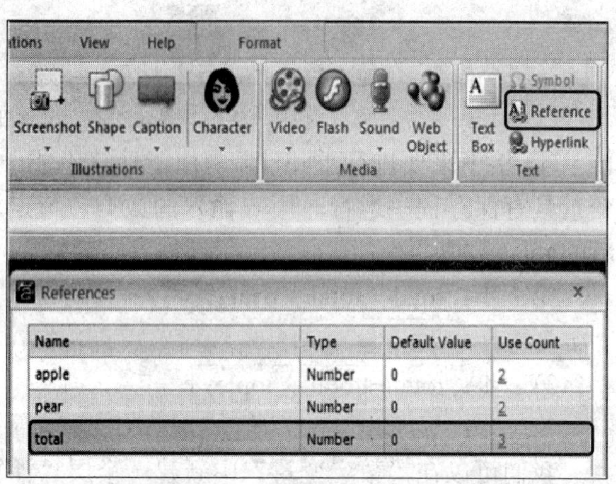

图 5.3.40　插入 total 的引用文本框

⑦ 接下来要求实现点击“数值变量”层上的“计算”按钮就显示总计的效果。同样需要设置相应的触发器命令：

第一步：点击“数字变量”层上“计算”按钮时，显示“计算梨子”层；

第二步：当“计算梨子”层时间开始时，显示“计算苹果”层；

第三步：当“计算苹果”层时间开始时，显示“总计”层。

注意：

触发器命令的执行是由上往下依次执行的。所以“show layer 计算苹果”命令要在 Set total equal to the value of pear 命令的下方，如图 5.3.41 所示。若“Show layer 计算苹果”命令在最上面，页面会直接跳转到“计算苹果层”，下面所有的命令都不会执行，如图 5.3.42 所示。

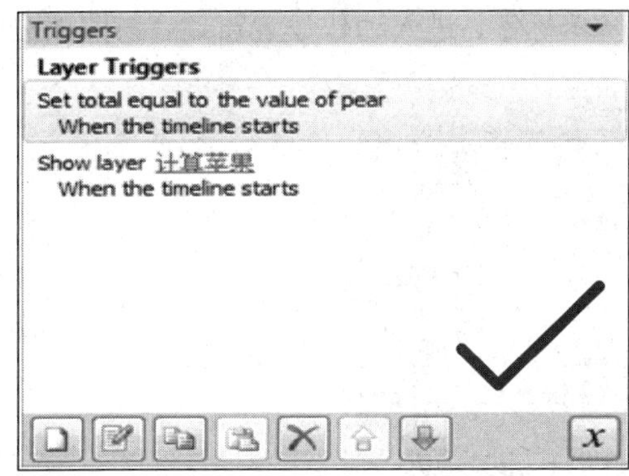

图 5.3.41　正确的触发器命令执行顺序

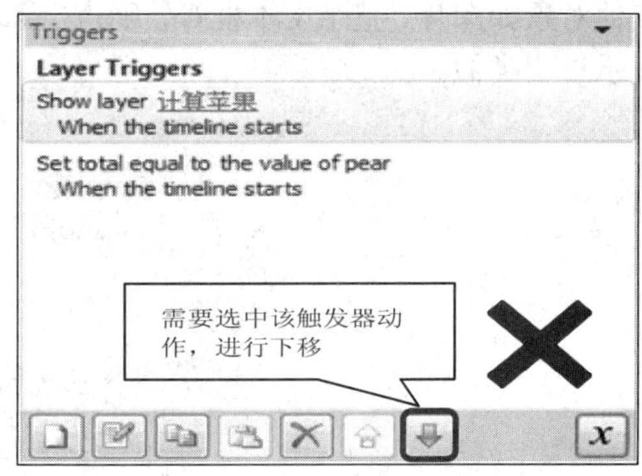

图 5.3.42　错误的触发器命令执行顺序

最终预览效果：

初始页面(见图 5.3.43)：

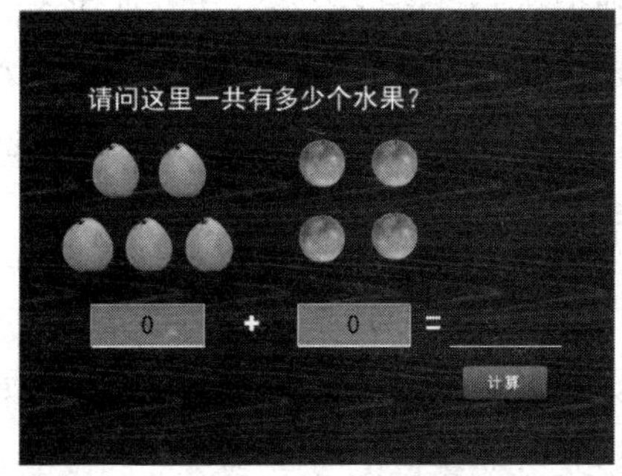

图 5.3.43　“计算水果”的初始页面效果图

输入数值后(见图 5.3.44)：

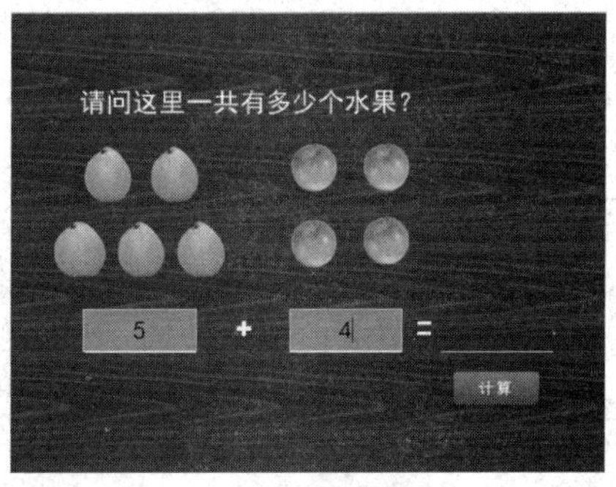

图 5.3.44　在“水果计算”页面的数值文本框输入数值

总计显示后(见图 5.3.45)：

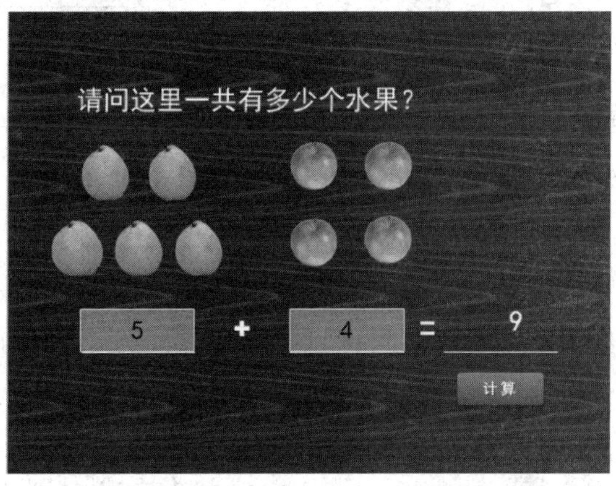

图 5.3.45　点击“计算”按钮后显示总计结果为 9

2. Jump to URL/File(跳转到网页或文件)

Jump to URL/File 是 Storyline 使用触发器来创建外部超链接的一种方式。通过给对象设置该动作，学习者可以直接访问 URL(网页)或文件。

在幻灯片中选中需要设置 Jump to URL/File 的文字或对象，若是文字信息，则点击 Insert 菜单下的 Hyperlink 标签进入超链接动作设置窗口，如图 5.3.46 所示。若是文字信息除外的其他对象如图片、整个文本框等，则点击新建触发器标签，进入动作设置窗口，与图 5.3.46 所示设置类似。

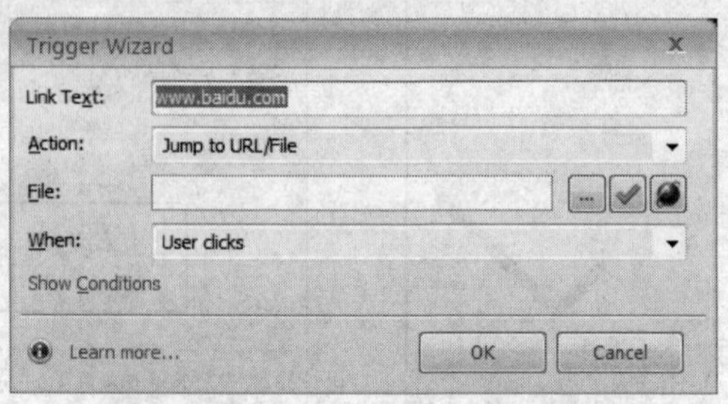

图 5.3.46　设置 Jump to URL/File 动作

在图 5.3.46 中，在 Action 的下拉菜单中选择 Jump to URL/File。File 右侧的空白框内输入链接到的网址或者链接到的文件地址，如本例是链接到百度，则在空白框内输入百度网址：www.baidu.com。若是链接到本地的某个文件，则需要在空白框内输入该文件所在的地址路径，如“C:\Documents and Settings\Administrator\桌面\Storyline 教程”，或者点击右侧的加载文件图标，进入选择文件窗口，选择相关文件，即会自动在空白框内产生文件地址。

File 右侧的三个图标含义分别如下：

Load file：加载文件，即点击此标签可以从本地选择文件并加载到 storyline。

Check url/file：检查 URL /File 链接地址是否正确。

Browser options：浏览器选项，点击此标签，可以进入浏览器属性设置窗口。如图 5.3.47 所示。

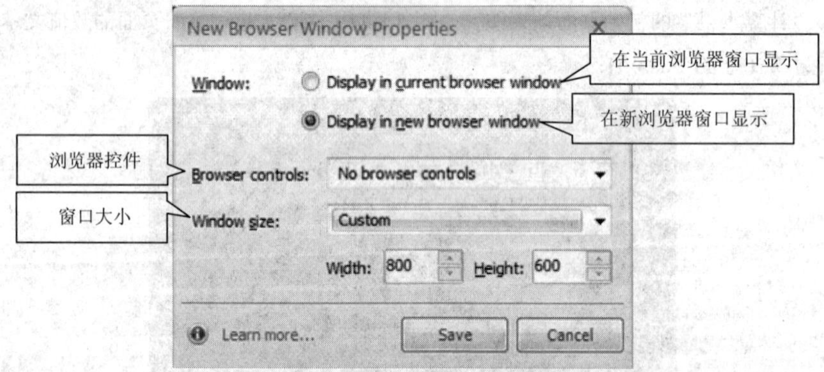

图 5.3.47　新浏览器窗口属性设置

在图 5.3.47 中，若选择打开的链接文件 Display in current browser window(显示在当前窗口)，则窗口大小与播放器中设置的窗口大小一致，在此不需重新设置，选择完毕只需点击 Save 即可。若选择 Display in new browser window(显示在新的浏览器窗口)，则需要设置 Browser controls(浏览器控件)和 Window size(窗口大小)。Browser controls 的下拉菜单自上而下分别为 No address bar(无地址)和 No browser controls(无浏览器控制栏)，Window size 下拉菜单中自上而下分别为 Default(默认)、Full-screen(全屏)和 Custom(自定义)，若选择自定义，则需要分别输入窗口的 Width(宽度)和 Height(高度)。

如图 5.3.48 和 5.3.49 所示，分别是点击链接网址前、后的效果图，并且链接内容显示在新浏览器窗口中。图 5.3.50 和图 5.3.51 则是点击链接文件前后的效果图，链接内容显示在当前浏览器窗口中。

图 5.3.48 点击链接网址前的窗口

图 5.3.49 点击链接网址后的窗口

图 5.3.50 点击链接文件前的窗口

图 5.3.51 点击链接文件后的窗口

3. Send email to(发送邮件)

在 Storyline 触发器动作中使用 Send email to，可以向一个固定的邮箱发送电子邮件。如图 5.3.52 所示，在 Action 中选择 Send email to，在 Email 右侧的空白框内输入需要发往电子邮件的邮箱地址。

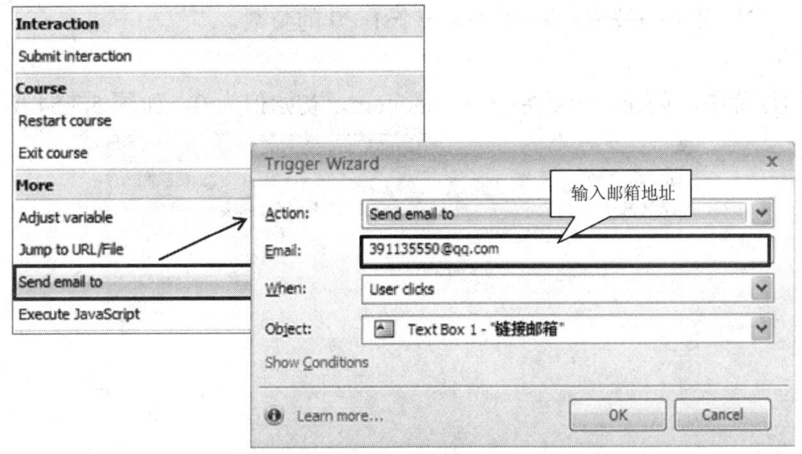

图 5.3.52 Send email to 动作设置

图 5.3.52 所示选择结果的含义是：When User clicks(当学习者点击)“链接邮箱”文本时，课程自动打开 Outlook 发送邮件页面，如图 5.3.53 所示。此例中收件人的邮箱地址为

391135550@qq.com，不可更改。默认的发件人地址与收件人的一样，可以点击“发件人”，在其下拉菜单中重新输入其他邮件地址。邮件主题、内容等信息设置完毕，点击“发送”，即可将邮件直接发送到 391135550@qq.com 邮箱。这种方式方便快捷，省去了必须打开邮箱发送邮件的过程。

注：这里系统默认使用 Outlook 邮箱发送邮件，前提是学习者的计算机系统中必须安装了 Outlook。

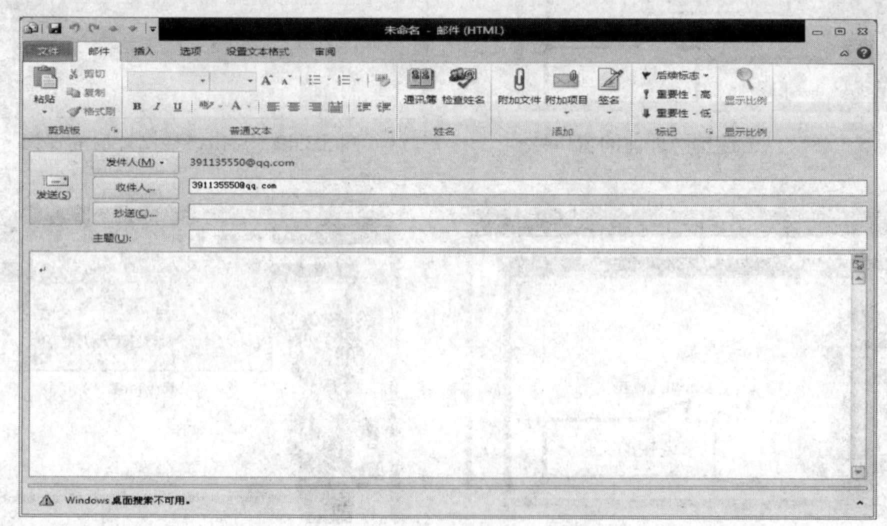

图 5.3.53　Storyline 中的 Send email to 动作默认的发邮件页面

4. Execute javaScript：执行 JavaScript 程序

如果某些复杂的效果或者交互不能通过 Storyline 直接实现时，这时可以采用触发器中的执行 JavaScript 程序来实现一些特殊的功能。比如：调用系统时间，随机产生一个数字等。

例如：点击屏幕上的按钮，随机产生一个 1～9 的整数。

步骤如下：

(1) 在幻灯片中，创建一个数字变量 randnum，初始值为 0，如图 5.3.54 所示。

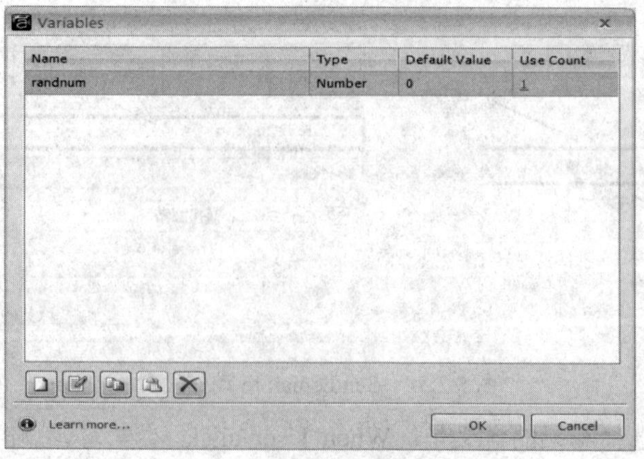

图 5.3.54　添加数字变量 randnum

(2) 在幻灯片中插入一个按钮，选中该按钮，为其设置触发器动作：Execute JavaScript。进入触发器设置窗口后，点击 Script 右侧的按钮，进入 JavaScript 窗口，如图 5.3.55 所示。输入以下代码：

```
var randomnumber = Math.floor((Math.random()*9)+1);
var player = GetPlayer();
player.SetVar("randnum"，randomnumber);
```

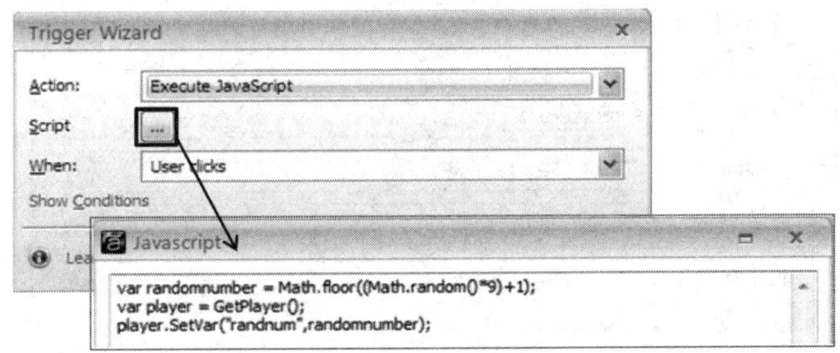

图 5.3.55　Execute JavaScript 动作设置

注：当触发器动作添加了 Javascript 程序后，预览不能显示效果，只有 Publish(发布)之后才能正常显示。

发布后的预览效果，如图 5.3.56 所示。

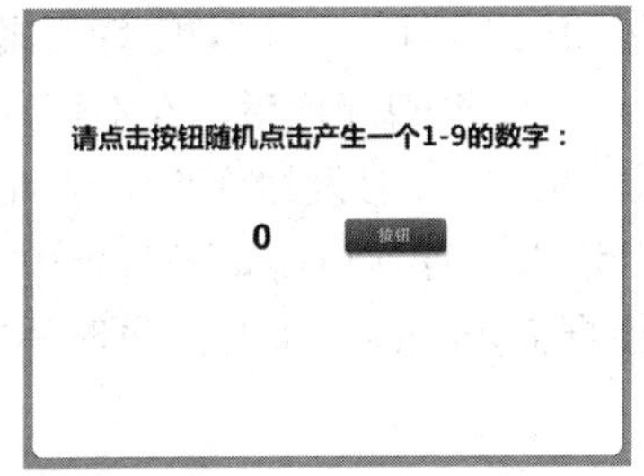

点击按钮前

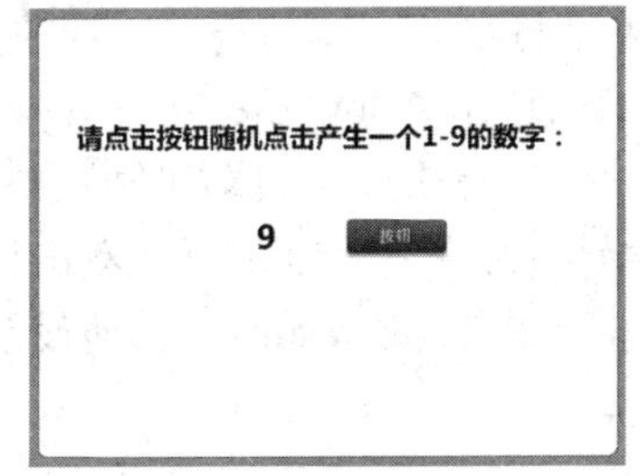

点击按钮后，随机显示 1～9 的整数

图 5.3.56　按钮添加了 Execute JavaScript 动作后的预览效果

5.3.7　Action(触发器动作)——Quiz 类型

1. Submit results(提交结果)

提交结果是将测试的结果进行提交，获得相应的反馈结果。提交结果设置窗口与其他动作的类似，如图 5.3.57 所示。与其他动作设置窗口内容不同的是，这里必须选择 Result(结果)幻灯片。

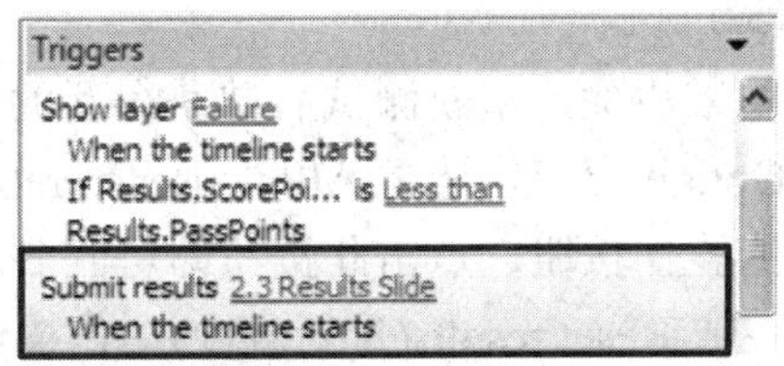

图 5.3.57　Submit results 动作描述

若在编辑一个测试后，插入结果页面，则在触发器面板会自动生成 Submit results 的动作描述。如图 5.3.57 所示。双击该动作描述，弹出设置窗口，如图 5.3.58 所示。

图 5.3.58 所示的含义：当 2.3 Result Slide 幻灯片一开始播放便显示测试的结果。也可以在此窗口中更改设置，如 When 的下拉菜单更改为 Click，Object 下拉菜单中选择结果页面的某个按钮，如“显示答案”。那么窗口设置含义更改为：当鼠标点击“显示答案”按钮，则显示测试的结果。

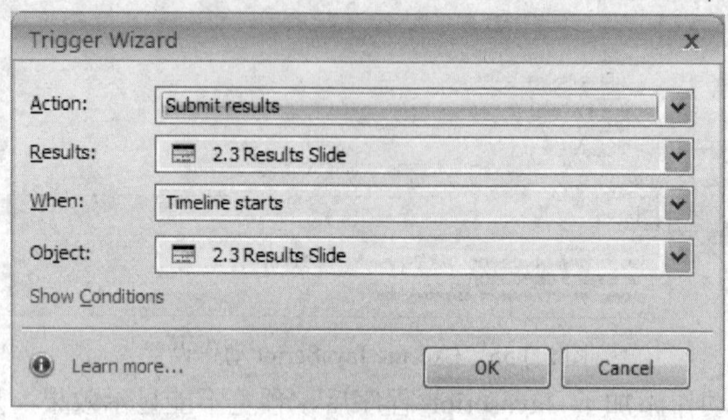

图 5.3.58　提交结果设置窗口

2. Review results(回顾测验)

回顾结果是将整个测试的答题正误情况进行回顾。若在进行结果幻灯片属性设置时，在 Option 窗口勾选了 Allow user to review quiz。插入结果幻灯片后，在幻灯片中自动生成“回顾测试”按钮，点击此按钮即可回顾整个测试结果。并在触发器面板中自动生成 Review results 动作描述，如图 5.3.59 所示。双击该描述，进入设置窗口，如图 5.3.60 所示。Action 下拉菜单中选择 Review results，其他设置可以根据需求更改，如将触发时间更改为 User double clicks 等。

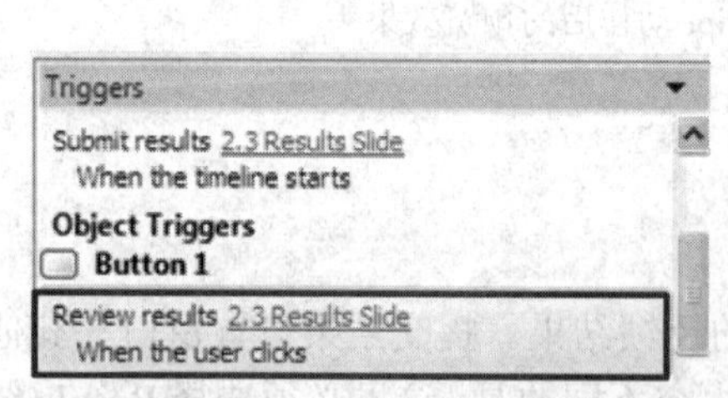

图 5.3.59　回顾测试动作描述

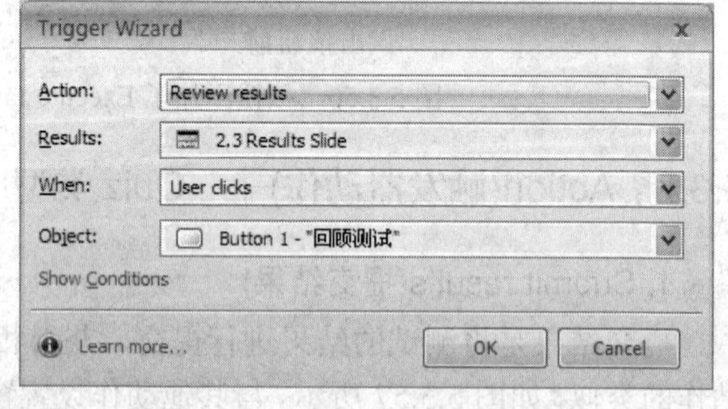

图 5.3.60　回顾测试动作设置窗口

3. Reset results(重新测验)

重置结果是将当前测试结果清除，重新测试后并获得新的反馈结果。同样，若在进行结果幻灯片属性设置时，在 Option 窗口勾选了 Allow user to retry quiz。插入结果幻灯片后，在幻灯片中自动生成“重新测验”按钮，点击此按钮即可回到测试题页面重新进行测试。同时，在触发器面板中自动生成 Reset results(重新测验)动作描述，如图 5.3.61 所示。

双击该描述，进入 Reset results 动作设置窗口，如图 5.3.62 所示。

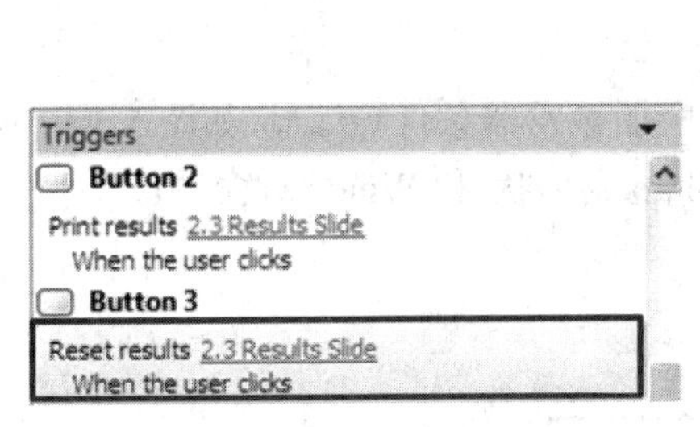

图 5.3.61　重新测试动作描述

图 5.3.62　重新测试动作设置窗口

4. Print results(打印结果)

打印结果是指将测试结果页面打印出来。同样，若在进行结果幻灯片属性设置时，在 Option 窗口勾选了 Allow user to print results。插入结果幻灯片后，在幻灯片中自动生成“打印结果”按钮，点击此按钮即可打印测试结果。同时，在触发器面板中自动生成 Print results(打印结果)动作描述，如图 5.3.63 所示。双击该描述，进入打印结果设置窗口，如图 5.3.64 所示。

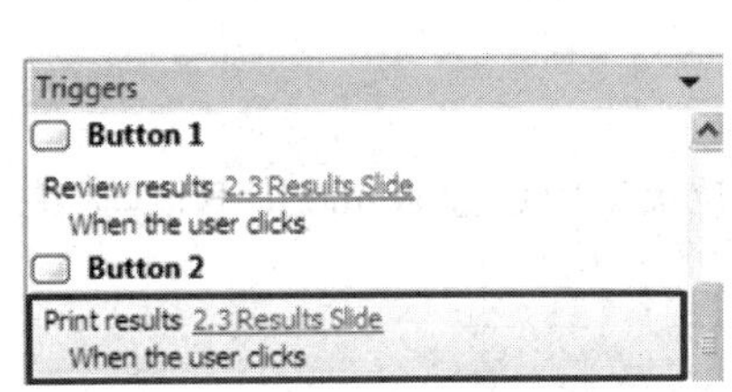

图 5.3.63　打印结果动作描述

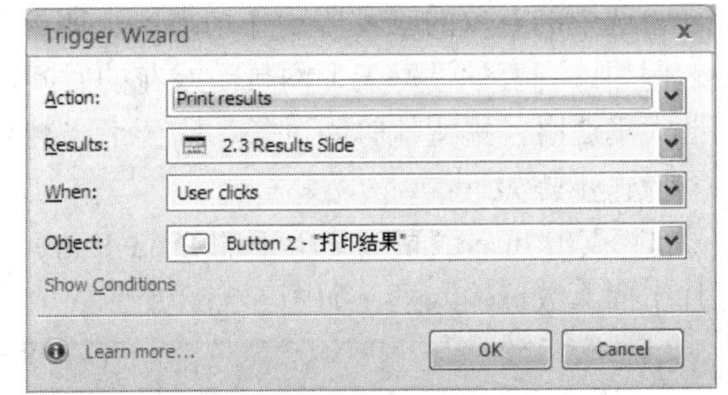

图 5.3.64　打印结果动作设置

5.3.8　触发器动作的附加条件——Conditions

在 Trigger Wizard(触发器设置)窗口中，可以看到为每一个对象添加触发器动作时，都有一个触发条件 When，若一个触发条件不能满足需求，则可以点击窗口下方的 Show conditions(显示条件)标签，如图 5.3.65 所示，展开条件设置窗口，如图 5.3.66 所示。

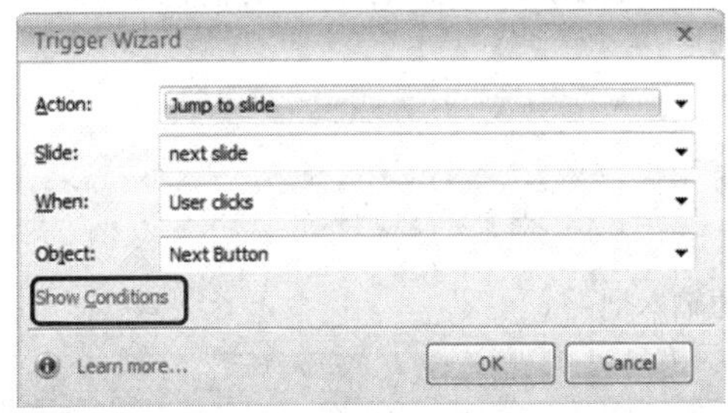

图 5.3.65　触发器设置窗口

图 5.3.66　条件设置窗口

在讲述 True/False 变量、Number 变量时，已经涉及了 Condition。本节将详细讲述 Condition 中的每个选项的含义以及如何应用。

Add a new “AND” or “OR” condition(添加一个新的“和”或“或”的条件)。

Edit the selected condition(编辑选中的条件)。

Delete the selected condition(删除选中的条件)。

点击新增条件标签，进入 Add Trigger Condition(增加触发器条件)窗口，如图 5.3.67 所示，有 3 种类型的条件，分别为：Variables(变量)、Shapes(形状)和 Window(窗口)。

接下来，将详细介绍这三种类型的条件。

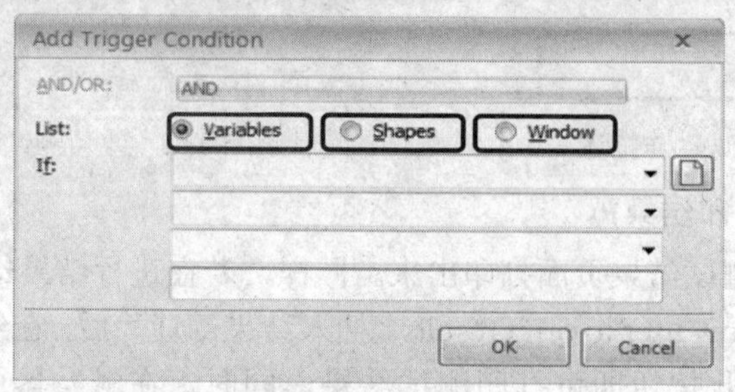

图 5.3.67　触发器条件窗口

1. Variables(变量)

为选中的对象的触发器动作增加一个变量的条件，根据增加的不同变量实现不同的效果。例如：调查学员每天上网玩游戏花的时间，如果输入的数字小于 2 告诉他在正常范围内；大于 2 时，提醒他时间过长，需要适当减少。

操作步骤如下：

(1) 点击 Insert(插入)菜单下的 Data Entry，在其下拉菜单中选择 Numeric Entry。在幻灯片中插入数值输入框，如图 5.3.68 所示。

图 5.3.68　插入数值输入框

(2) 在 Triggers(触发器)面板中，双击数值输入框的动作描述，如图 5.3.69 所示，进入变量动作设置窗口，如图 5.3.70 所示，点击右侧的新建变量按钮，进入 Variable(变量)窗口，为变量命名为 time，类型选为 Number，初始值为 0，如图 5.3.71 所示。设置完毕，点击 OK 即可。

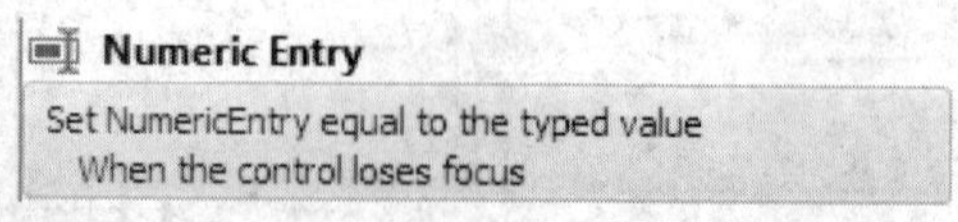

图 5.3.69　双击数值输入框

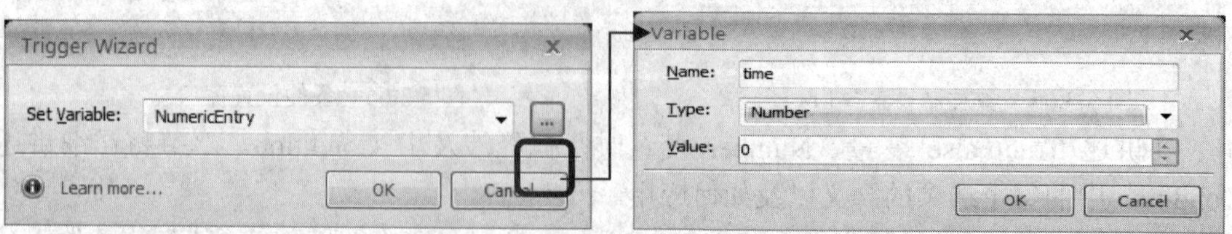

图 5.3.70　变量动作设置窗口

图 5.3.71　设置变量

(3) 在 Slide Layer(幻灯片层)面板中，点击新建层按钮，新建 3 个层。如图 5.3.72 所示。层 1 作为输入的数值大于等于 0 且小于 2 的反馈页面，层 2 作为输入的数值大于 2 且小于 24 的反馈页面和层 3 作为输入的数值不符合要求的反馈页面。并根据每层的作用，插入相应的人物图片和文字描述，操作简单在此不详述。

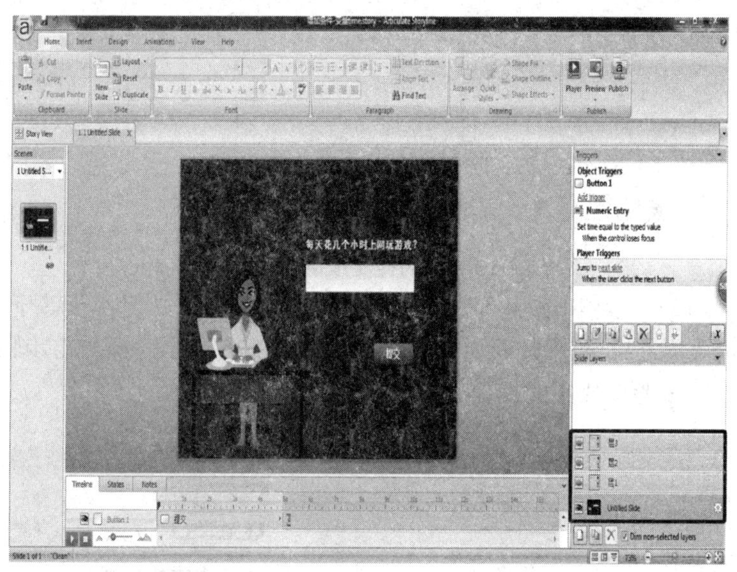

图 5.3.72　新建幻灯片层

(4) 在底层中插入“提交”按钮，并为其添加触发器动作。使得当输入的数值大于等于 0 且小于 2，点击“提交”按钮时显示“层 1”。

操作步骤如下：

① 点击 Insert 菜单下的 Button 标签，在其下拉菜单中选择 Button1，鼠标指针变为十字形，在幻灯片中点击即可插入。插入后调整其至合适位置与大小，并双击按钮，输入“提交”。

② 选中“提交”按钮，点击 Triggers 面板中的新建触发器标签，进入 Trigger Wizard 窗口，设置如图 5.3.73 和图 5.3.74 所示。在主窗口中设置动作：当用户点击 Button1“提交”按钮时，显示层 1。同时在 Condition(条件)窗口中设置两个条件：即当 time less than 2(变量(Variable)time<2)且 time greater than or equal to 0(time>=0)。设置完毕，点击 OK。

图 5.3.73 和图 5.3.74 合在一起的动作含义：当 0<=time<2 时，用户点击“提交”按钮，显示层 1。

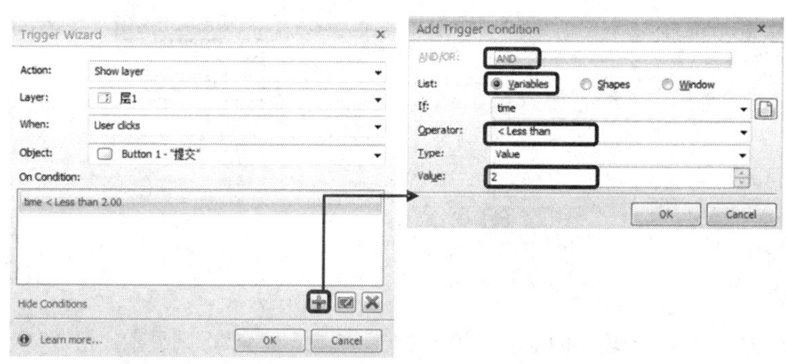

图 5.3.73　添加提交按钮

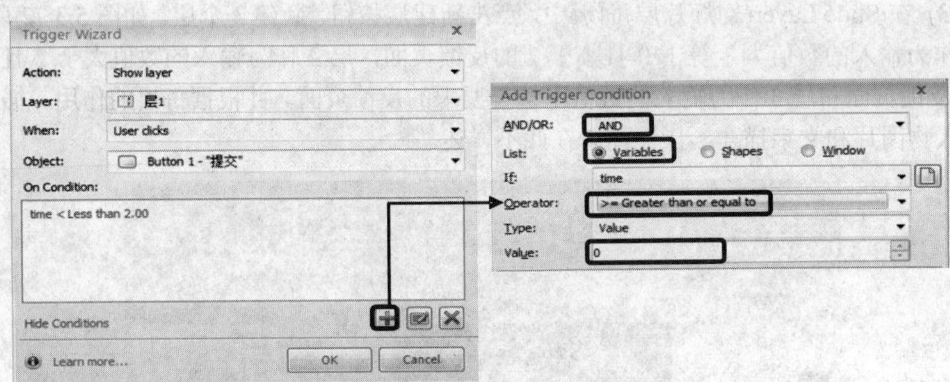

图 5.3.74　为提交按钮添加动作

(5) 继续为“提交”按钮添加动作。当输入的值大于等于 2 且小于等于 24，点击“提交”按钮则显示“层 2”。动作设置如图 5.3.75 和图 5.3.76 所示。操作与步骤 4 中的类似，在此不再详述，请参考步骤 4 的操作。

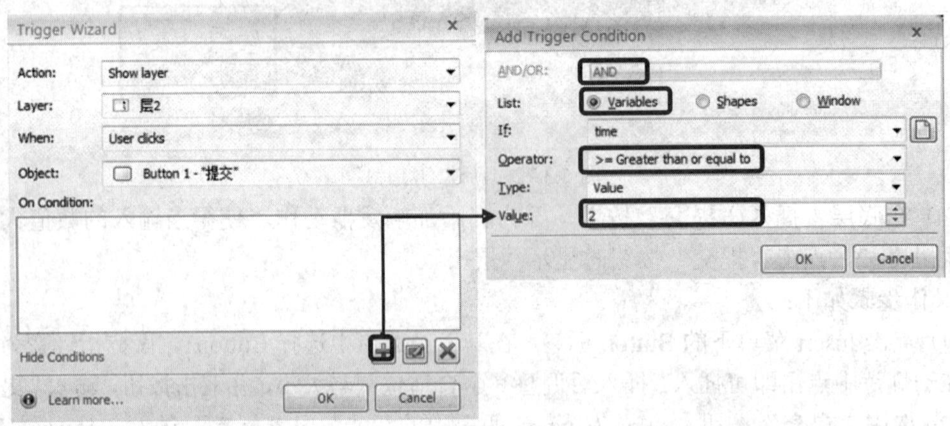

图 5.3.75　当输入的值大于等于 2 时点击“提交”，则显示“层 2”

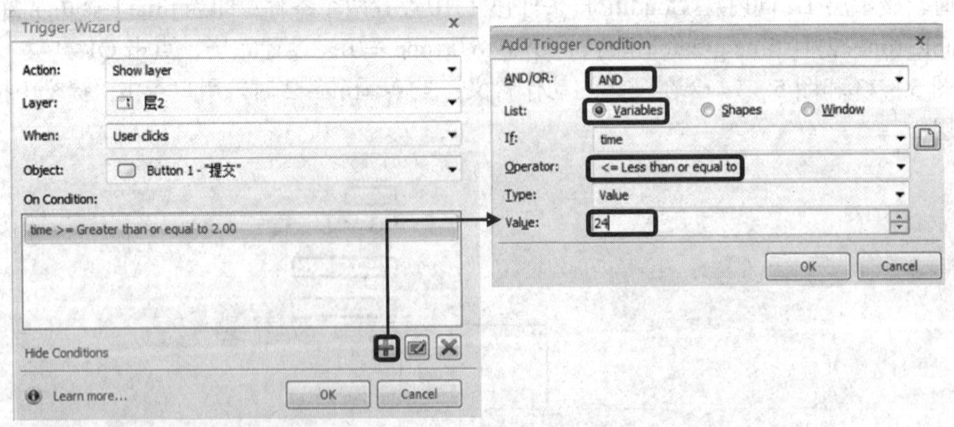

图 5.3.76　当输入的值小于等于 24 时点击“提交”，则显示“层 2”

(6) 继续为“提交”按钮添加动作。当输入的值大于 24 或小于 0，点击“提交”按钮则显示“层 3”。动作设置如图 5.3.77 和图 5.3.78 所示。操作与步骤 4 中的类似，在此不再详述，请参考步骤 4 的操作。

注：设置第二个条件时，逻辑类型要选择 OR，表示或者，而不是 AND。

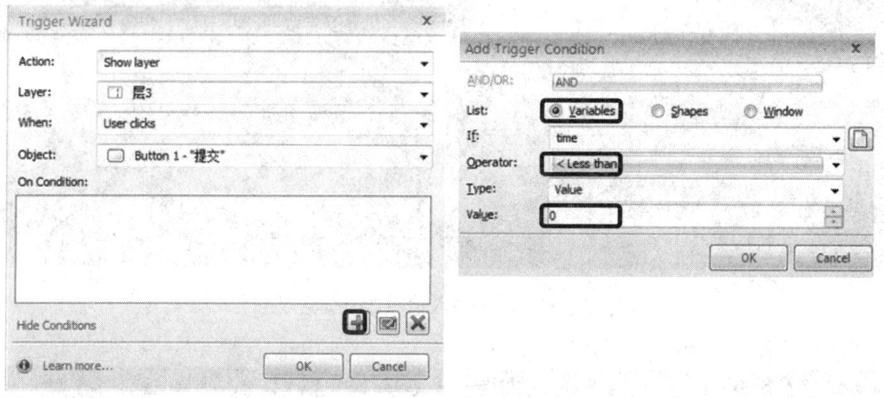

图 5.3.77　当输入的值小于 0 时显示“层 3”

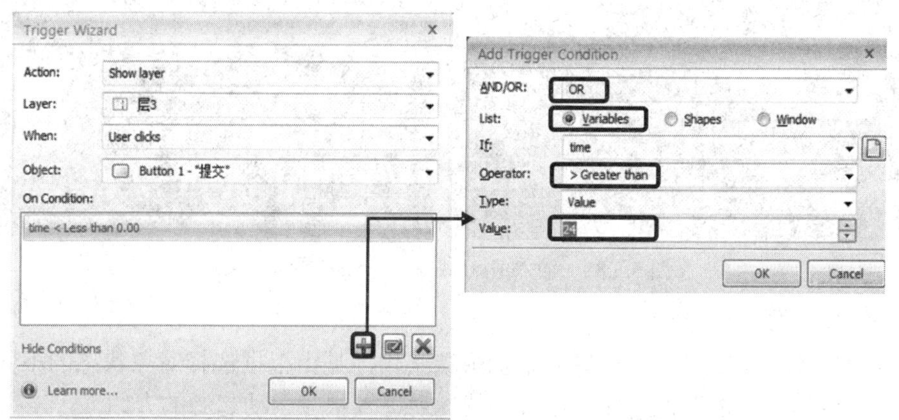

图 5.3.78　当输入的值大于 24 时显示“层 3”

预览效果：

注：每张图的左半图为输入值后，点击提交前，右半图为点击提交后的反馈结果。

0≤输入值≤2(见图 5.3.79)：

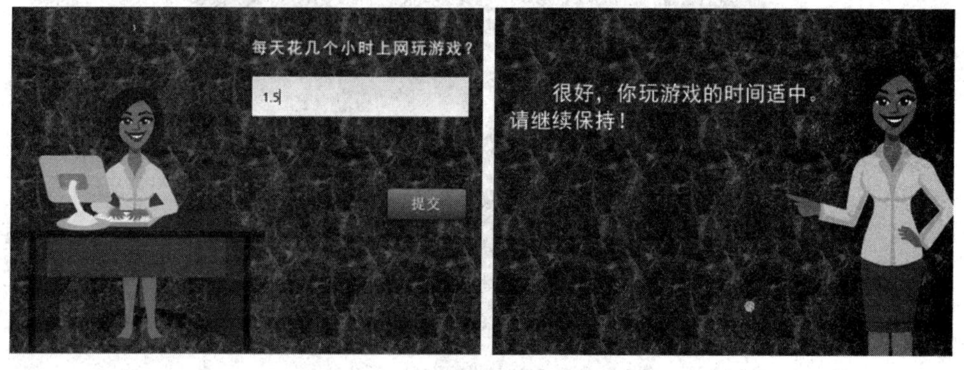

图 5.3.79　0≤输入值≤2 预览效果

2≤输入值≤24(见图 5.3.80)：

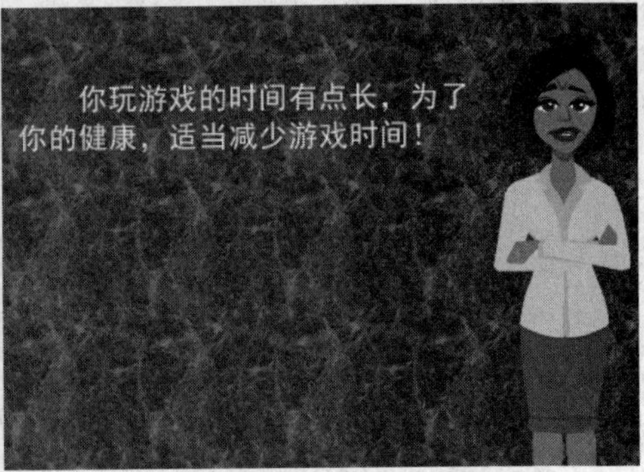

图 5.3.80　2≤输入值≤24 预览效果

输入值<0 或输入值>24(见图 5.3.81)：

图 5.3.81　输入值<0 或输入值>24 预览效果

2. Shapes(形状)

在选中对象的触发器动作设置中增加形状条件，是指根据选择对象状态的不同实现不同的效果。例如：要求学生选择自己喜欢的运动进入相应运动起源的介绍。

操作步骤如下：

(1) 将素材添加到舞台，并进行排版，如图 5.3.82 所示。操作简单，在此不详述。

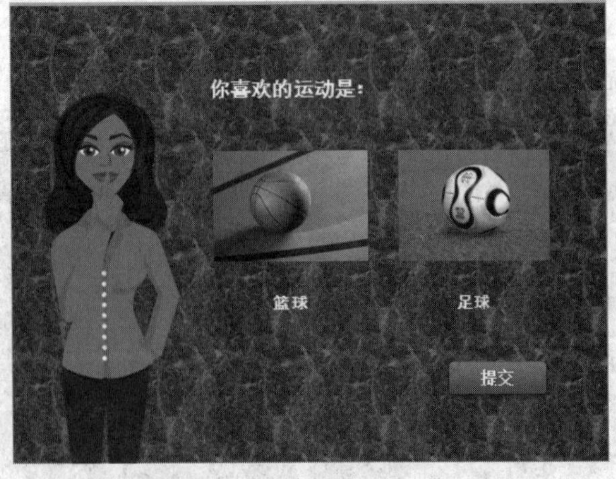

图 5.3.82　将素材排版

(2) 为足球和篮球两张图片都添加一个 Selected 的状态。操作简单，在此不详述。请参考 5.2.2 节内容。其中，添加了篮球 Selected 状态后如图 5.3.83 所示。

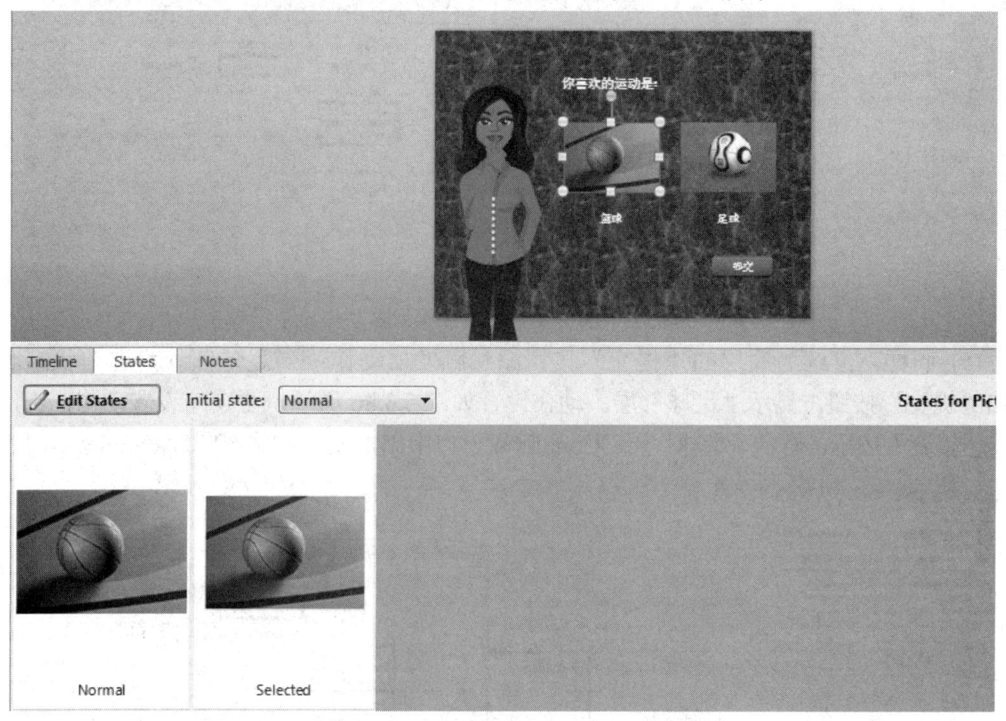

图 5.3.83　添加篮球 Selected 状态

(3) 新建 2 个层，分别命名为篮球和足球，在两个层中分别添加相应的文字描述和图片并排版，如图 5.3.84 所示，是篮球层添加内容后的效果图。

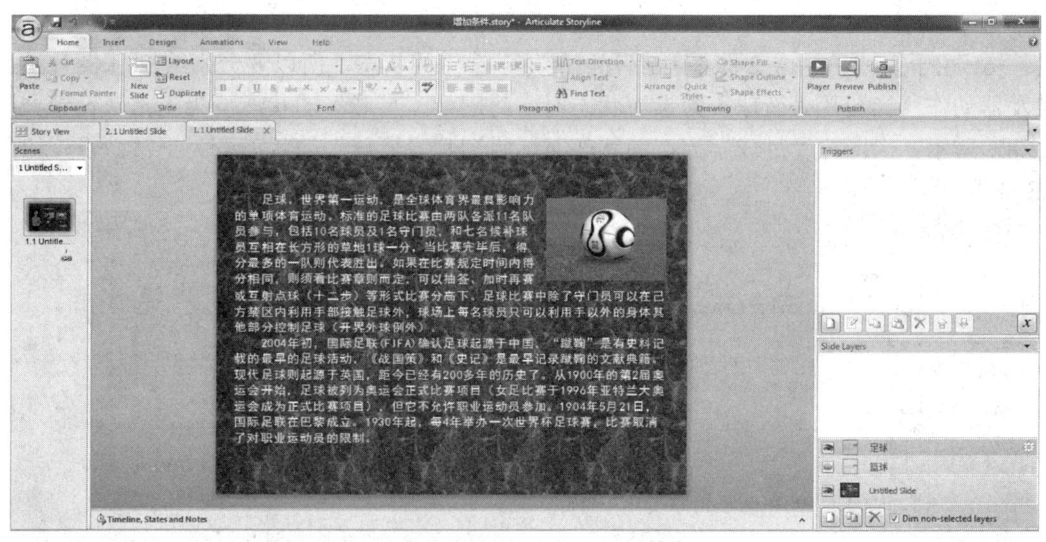

图 5.3.84　篮球层添加内容后的效果图

(4) 为底层中的提交按钮添加触发器动作：当图片篮球为选中状态，点击“提交”按钮，则显示“篮球”层，动作设置如图 5.3.85 所示。主窗口设置动作：当用户点击“提交”按钮，显示“篮球”层。Condition 窗口中添加条件：篮球图片是 Selected 状态。

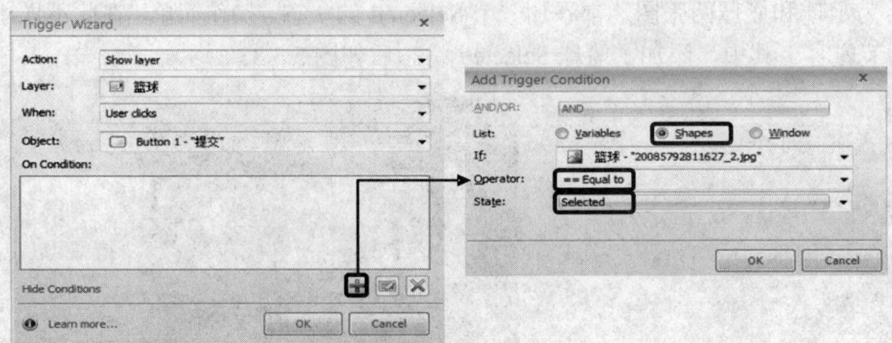

图 5.3.85　为底层中的提交按钮添加触发器动作显示篮球层

(5) 同样，继续为底层的“提交”按钮添加触发器动作：当足球图片为选中状态时，点击“提交”按钮，显示“足球”层。动作设置如图 5.3.86 所示。主窗口设置动作：当用户点击“提交”按钮，显示“足球”层。Condition 窗口中添加条件：足球图片是 Selected 状态。

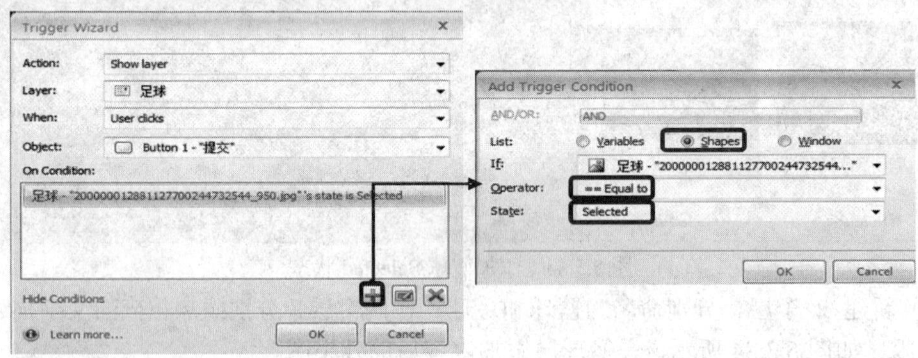

图 5.3.86　为底层中的提交按钮添加触发器动作显示足球层

(6) 由于篮球和足球 2 张图片都有可能处于选中的状态，所以要分别给 2 张图片添加触发器动作：当图片“篮球”为选中状态时，将图片“足球”的状态变为正常，设置如图 5.3.87 所示；当图片“足球”为选中状态时，将图片“篮球”的状态变为正常，设置如图 5.3.88 所示。

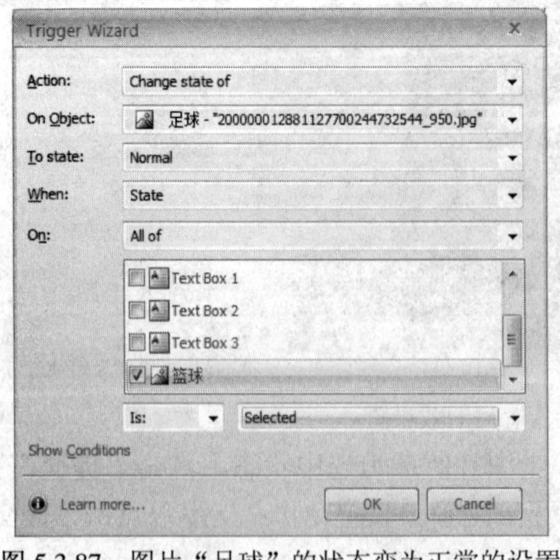

图 5.3.87　图片“足球”的状态变为正常的设置

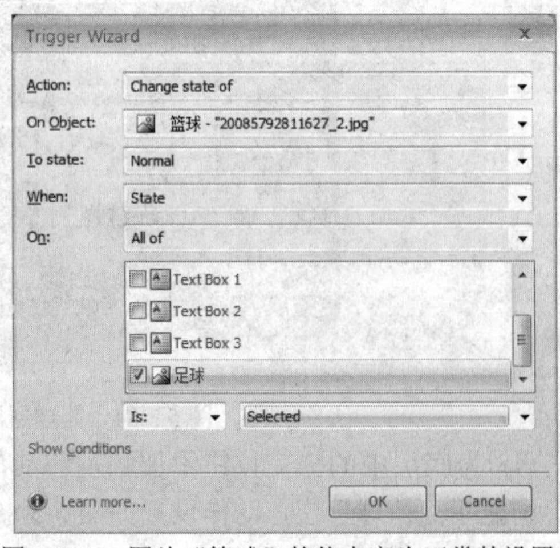

图 5.3.88　图片“篮球”的状态变为正常的设置

预览效果：

注：以下图中的左半图为点击“提交”前的效果图，右半图为点击“提交”后的效果图。

选中“篮球”图片，点击“提交”按钮前、后的效果图(见图 5.3.89)：

图 5.3.89　选中篮球效果图

选中“足球”图片，点击“提交”按钮前、后的效果图(见图 5.3.90)：

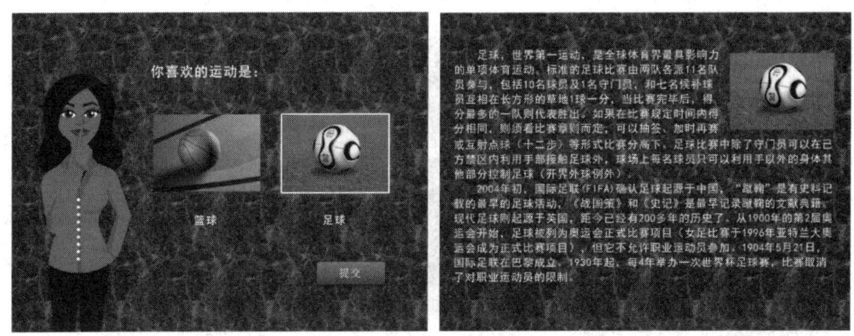

图 5.3.90　选中足球效果图

3. Window(窗口)

为选中对象的触发器动作增加一个窗口的条件，根据选择对象处在的不同播放器窗口显示不同的效果。这里有 2 种不同的窗口情况：this slide is lightboxed(当前页是幻灯片灯箱播放页面)；this slide is inside the player frame(当前页是在播放器框架内)，如图 5.3.91 所示。

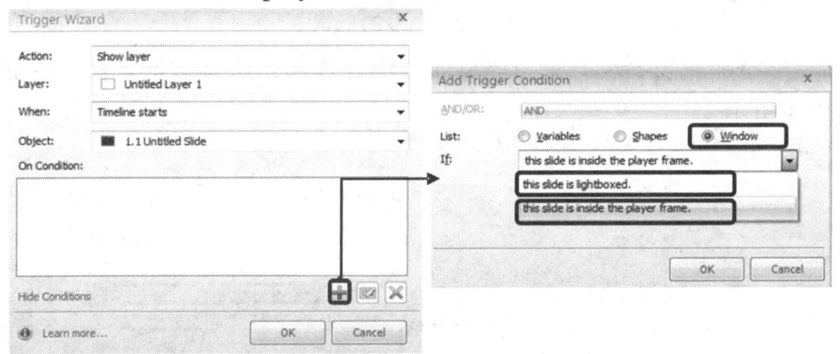

图 5.3.91　增加窗口条件

(1) this slide is lightboxed(当前页是幻灯片灯箱播放页面)。

假设在一个页面中插入一个五角形和一个三角形的形状。正常播放时，只显示五角形，在幻灯片灯箱播放时全部显示。

操作步骤如下：

① 创建 2 个页面，在第一个页面中插入 2 个按钮，一个是正常播放下一页，另外一个是在幻灯片灯箱中显示下一页，如图 5.3.92 所示。

图 5.3.92 添加按钮效果

② 在第二个页面中，添加一个五角形和一个三角形，并将三角形的初始状态设置为 Hidden(隐藏)，如图 5.3.93 所示。

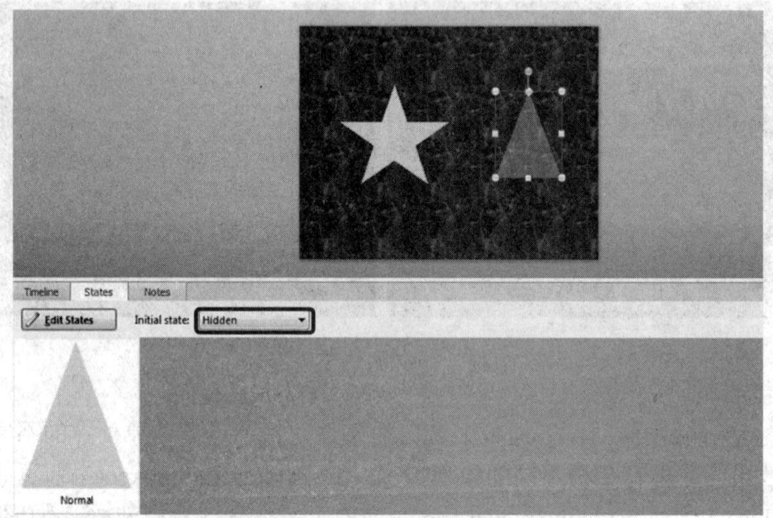

图 5.3.93 添加形状

③ 为三角形添加触发器动作：当该页面在幻灯片灯箱中播放时，将三角形状态变成正常，如图 5.3.94 所示。

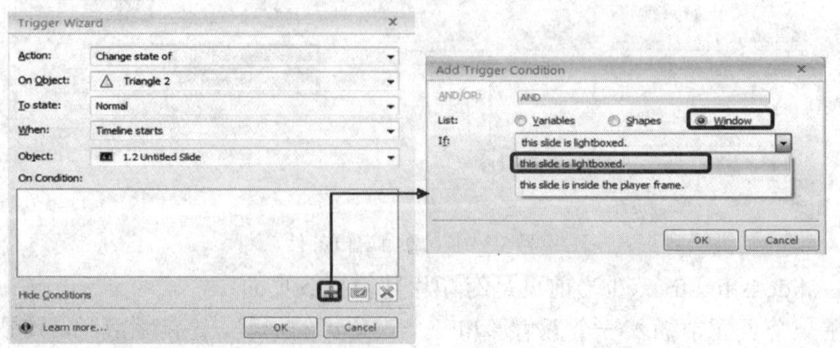

图 5.3.94 设置“三角形”触发器动作

预览效果：

当点击正常播放时，第二页正常显示且只有五角星一个图形，如图 5.3.95 所示。

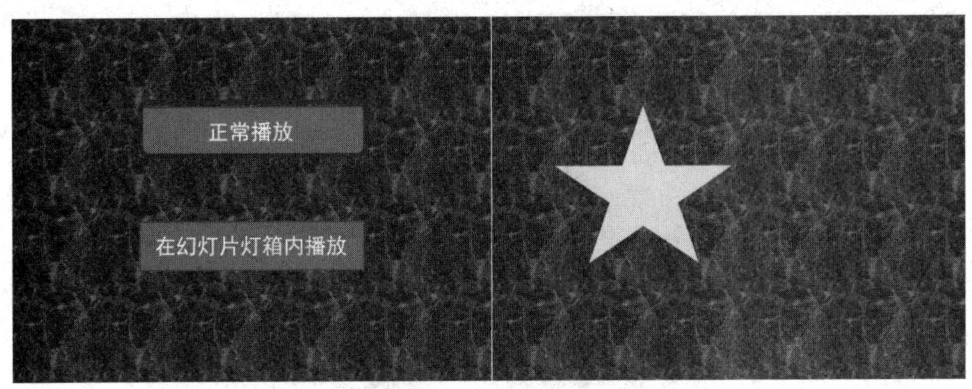

图 5.3.95　正常播放预览效果

当点击在幻灯片灯箱中播放时，页面中出现五角星和三角形 2 个图形，如图 5.3.96 所示。

图 5.3.96　灯箱播放预览效果

(2) this slide is inside the player frame(当前页是在播放器框架内)。

假设我们在一个页面中插入一个五角形和一个三角形的形状。正常播放时，显示五角形和三角形；在幻灯片灯箱播放时只显示五角形。

操作步骤如下：

① 创建 2 个页面，在第一个页面中插入 2 个按钮，一个是正常播放下一页，另外一个是在幻灯片灯箱中显示下一页，如图 5.3.97 所示。

图 5.3.97　插入按钮页面

② 在第二个页面中，添加一个五角形和一个三角形，并将三角形的初始状态设置为Hidden(隐藏)，如图 5.3.98 所示。

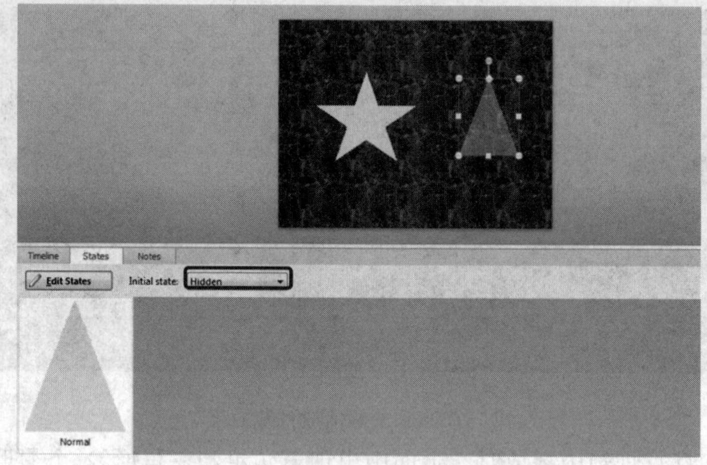

图 5.3.98　添加图形

③ 为三角形添加触发器动作：当该页面在正常幻灯片框架中播放，将三角形状态变成正常；在幻灯片灯箱中播放时三角形进行隐藏，如图 5.3.99 所示。

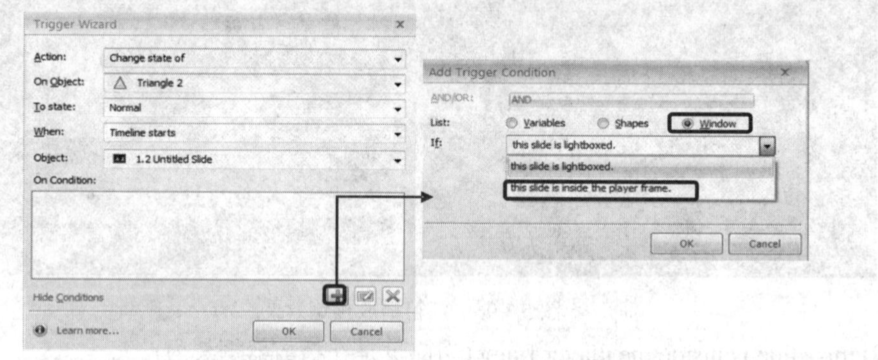

图 5.3.99　为三角形添加触发器动作

预览效果：

当点击正常播放时，第二页正常显五角星和三角形 2 个图形，如图 5.3.100 所示。

图 5.3.100　正常播放预览效果

当点击在幻灯片灯箱中播放时，页面中出现五角星 1 个图形，如图 5.3.101 所示。

图 5.3.101　换灯箱播放预览效果

5.3.9　When(触发器时间)

一个交互的实现，不仅需要动作和交互对象，也需要设置动作发生的时间，即如何激发对象发生动作。点击触发器设置窗口 When 右侧的倒三角即可看到各种时间类型。如图 5.3.102 所示。

其中，点击事件为常用的时间类型之一，点击事件即通过鼠标点击对象，触发动作的发生。如 User clicks(鼠标单击)、User double clicks(双击)、User right clicks(右击)、User clicks outside(外击)。

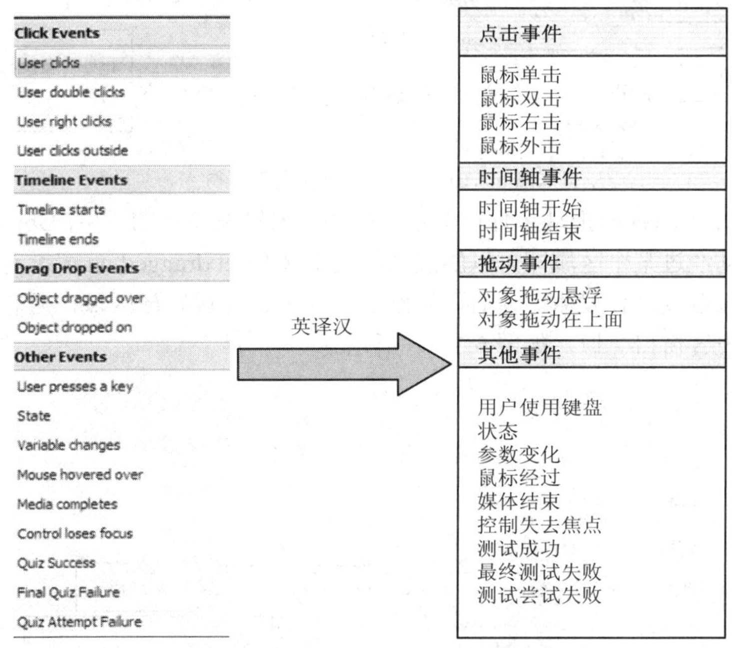

图 5.3.102　When(时间)类型

前三个点击类型的设置窗口一样，在此不详述。鼠标外击事件与前三个点击类型不同的是，其对象可以选择 1 个或多个，如图 5.3.103 所示，即只要在所选对象之外的区域点击就可以触发动作的发生。

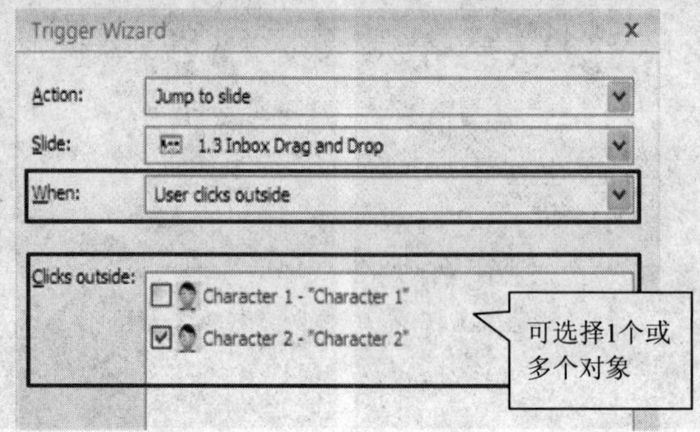

图 5.3.103　外击事件设置窗口

1. Timeline Events(时间轴事件)

时间轴事件较为简单，即通过对象的时间轴开始或结束来触发动作的发生，如 Timeline starts(时间轴开始)和 Timeline ends(时间轴结束)。时间轴设置窗口中的 Object(对象)既可以选择幻灯片也可以选择幻灯片中的某个元素。如图 5.3.104 所示，此处对象选择的是幻灯片中的元素，即当该元素开始播放时，跳转到 1.3 幻灯片。

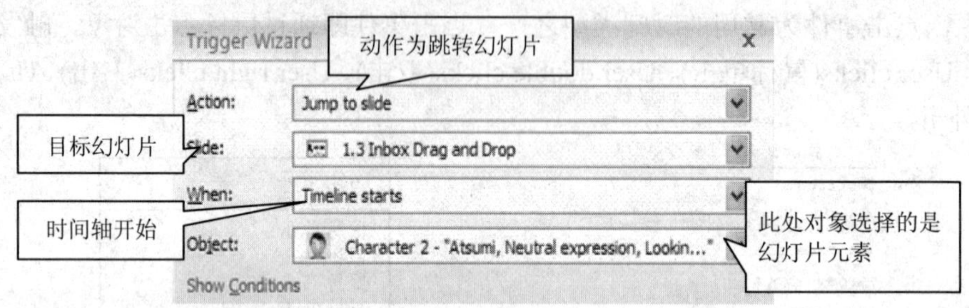

图 5.3.104　时间轴事件设置窗口

Drag and Drop Events(拖动事件)，即通过拖动对象触发动作的发生。Object dragged over 表示对象被拖动经过某个区域即可以触发动作发生，Object dragged on 表示对象被拖动到某个区域上即可以触发动作发生。两者区别细微，前者是经过置放区域，后者是放在置放区域上。两者的设置窗口类似，如图 5.3.105 所示。

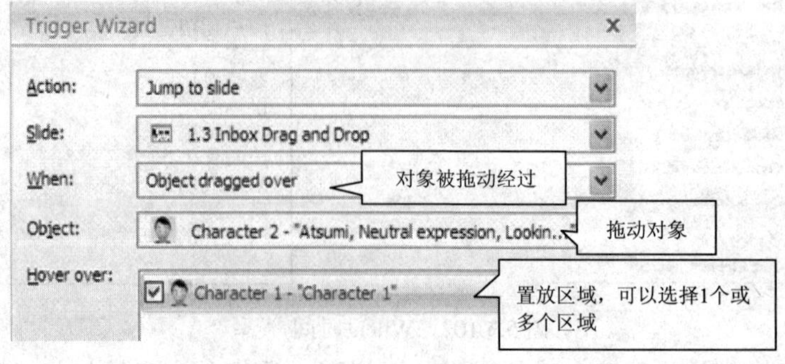

图 5.3.105　拖动事件设置窗口

2. Other Events(其他事件)

User presses a key(使用键盘触发动作)：在 When 下拉菜单中选择 User presses a key，窗口变为如图 5.3.106 所示界面。将光标放置在 Key 中，在电脑键盘上按下某个键或某几个键的组合，如 F 键、Ctrl + F 键、Shift + A、Ctrl + 4、Ctrl + F4、Ctrl + Shift + 2 等等。用户可以根据实际需求设置，但一般组合键最好不要超过 3 个。

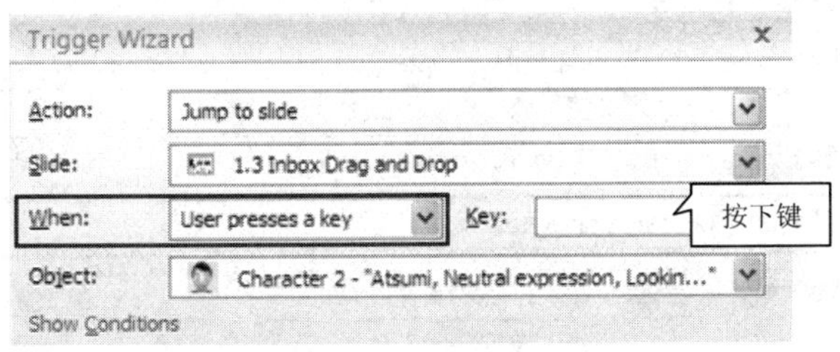

图 5.3.106　键盘事件设置窗口

State(状态)：通过对象的不同状态来触发不同动作，其设置窗口如 5.3.107 所示。

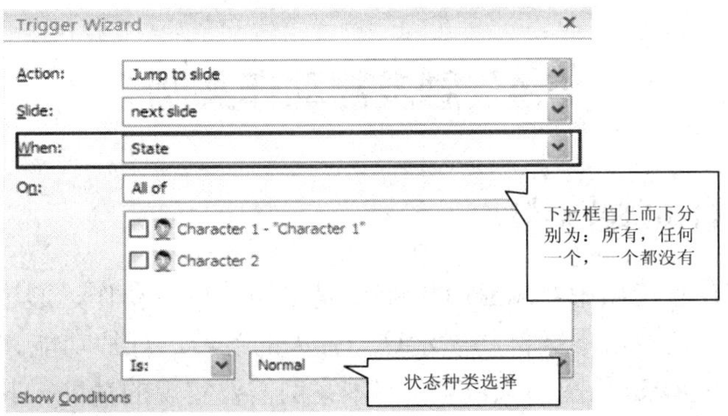

图 5.3.107　状态事件设置窗口

图 5.3.107 中，当 On 的下拉框中选择 All of，表示所有被选择的对象处在设定状态，才执行动作。Any of 表示所选对象当中的任何一个处在设定状态下，即可执行动作。None of 表示所选对象都不处在设置的状态下才会执行动作。

在 Is 下拉框中自上而下分别为是和不是，在 Normal 下拉框中是各种状态，有关每个状态的含义请参照 5.2.1 节内容。若在 Normal 下拉菜单中选择的状态，该对象没有，则会在下方以小红旗和红色文字提示该对象没有所选中的状态。如图 5.3.108 所示，Button2 没有 Drag Over 状态，则在下方出现了红色提示文字。此时，可以为 Button2 添加 Drag Over 状态后再选择，或者重新选择其他状态。

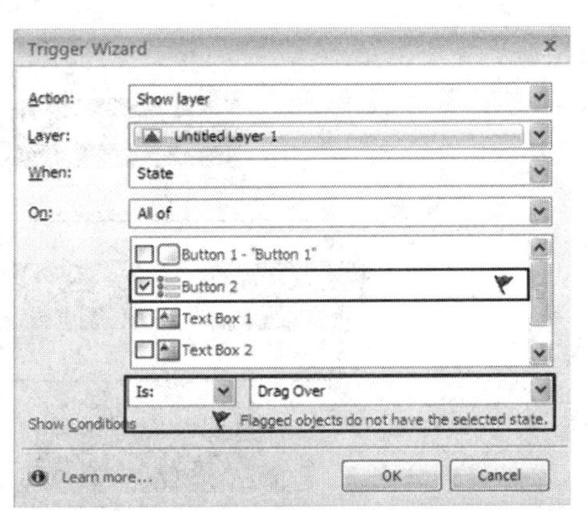

图 5.3.108　选中的对象没有所选的状态

此时如果选择的对象是人物角色，在状态下拉框中还会增添各种人物表情状态，同样，如果要选择这些状态，选中的对象必须具备这些状态，否则会出现红色文字提示。有关人物的各种表情状态在此不详述，请参考 4.5.2 节内容。

Mouse hovered over(鼠标经过)：是指当鼠标经过一个指定的对象，才能触发动作。设置窗口界面简单，在此不详述。

Media completes(媒体结束)：是指当某个指定媒体播放结束，会触发动作。如图 5.3.109 所示，此窗口设置的含义是：当 Video1 视频播放结束时，自动跳转到 1.3 节幻灯片。

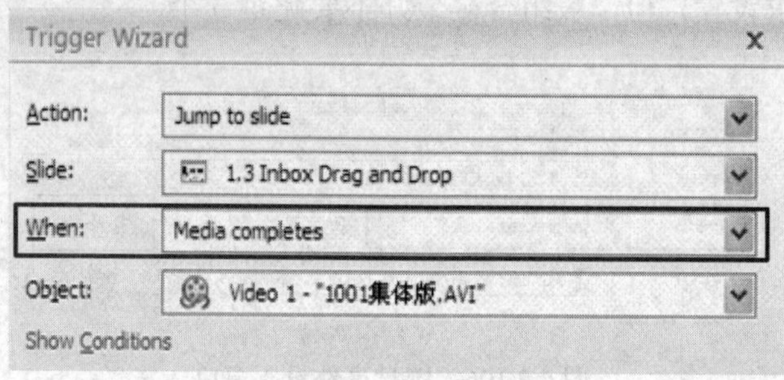

图 5.3.109　媒体播放结束设置窗口

5.4　触发器动作案例

5.4.1　案例 1　自由跳转幻灯片

在触发器动作设置选项中，Jump to Slide 是常用的一个动作，通过此动作可以让不同幻灯片之间实现自由切换。本案例将展示这一强大的跳转幻灯片功能。

下面，用一张树形图(见图 5.4.1)来介绍本案例需要实现的功能。其中，双向箭头表示两者之间可以互相转换。通过该树形图，可以得知在课程欢迎界面有两个按钮，分别是中文版和英文版，点击这两个按钮可以分别跳转到相应的中文版页面和英文版页面。在中英文版主页中又分别有两个按钮：课程学习和课后测试，点击这两个按钮可以进入不同内容的学习页面。同时，在每个内容学习页面又可以跳转到中英文版主界面。

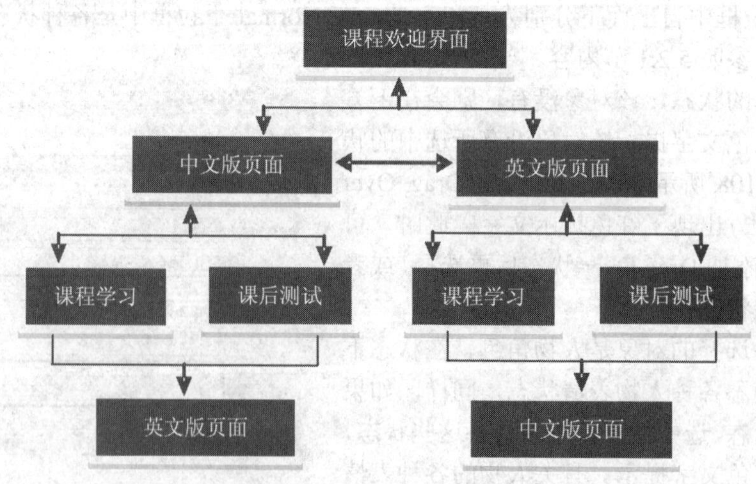

图 5.4.1　幻灯片跳转实例树形图

操作步骤如下：

(1) 首先新建3个场景，分别命名为“封面”、“中文版”、“英文版”。在“封面”场景中，新建一张幻灯片命名为“课程欢迎页面”；在“中文版”场景中，新建3张幻灯片，分别命名为“中文版页面”、“课程学习”、“课后测试”；在“英文版”场景中，新建3张幻灯片，分别命名为“英文版页面”、“课程学习”、“课后测试”。如图5.4.2所示。新建场景和幻灯片的操作步骤在此不详述，请参考2.2.2节内容。

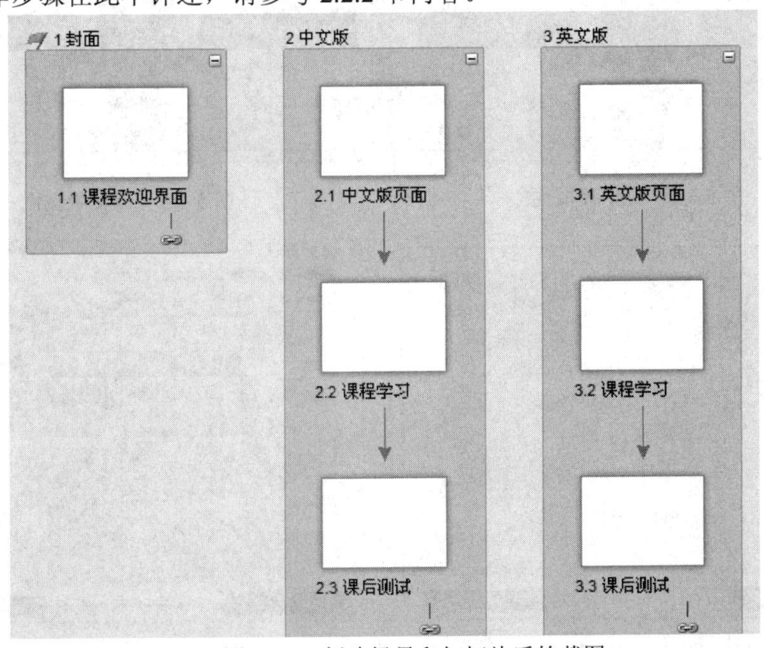

图5.4.2 新建场景和幻灯片后的截图

(2) 在每个幻灯片中添加背景图和按钮。在“课程欢迎界面”幻灯片中添加“中文版”和“英文版”两个按钮，在“中文版页面”中添加“课程学习”、“课后测试”以及返回按钮三个按钮，在“课程学习”页面中添加“上一页”、“下一页”、“返回”、“英文版”四个按钮，“课后测试”页面中添加的按钮与“课程学习”的一样。英文版场景三个幻灯片中添加的按钮与中文版场景的类似，不一一讲述。本例中设置后的效果如图5.4.3至图5.4.7所示。

图5.4.3 课程欢迎界面

图 5.4.4 中文版页面

图 5.4.5 英文版页面

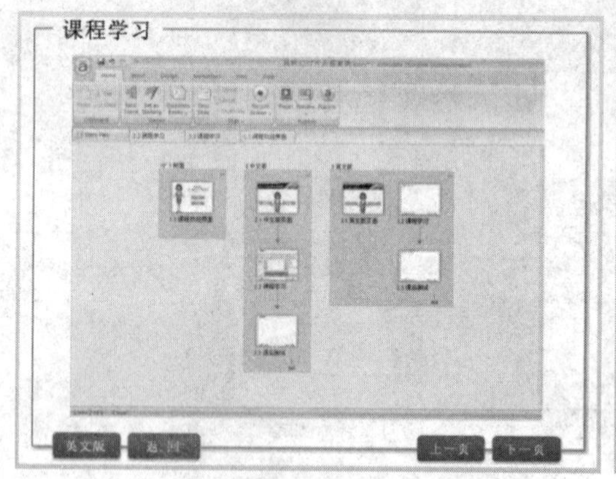

图 5.4.6 课程学习页面

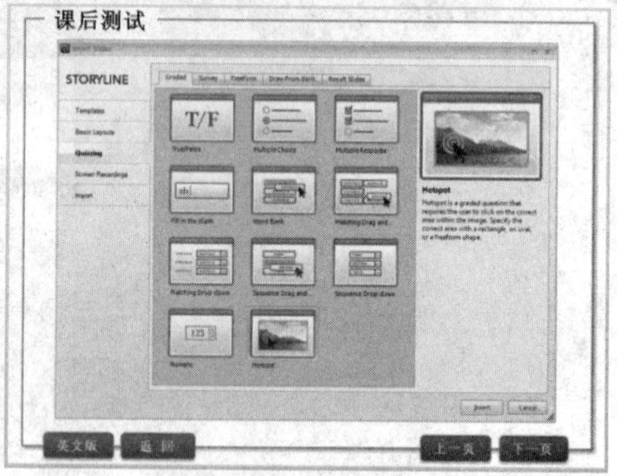

图 5.4.7 课后测试页面

(3) 给每张幻灯片中的按钮添加动作链接。选中按钮后，点击新建触发器动作标签，进入触发器动作设置窗口，根据需求进行相应设置即可。如“课程欢迎界面”幻灯片中的“中文版”和“英文版”按钮设置分别如图 5.4.8 和图 5.4.9 所示。其中，图 5.4.8 设置的含义：User clicks(当学习者点击)“中文版”按钮时，跳转到“2.1 中文版页面”幻灯片。图 5.4.9 设置含义：User clicks(当学习者点击)“英文版”按钮时，跳转到“3.1 英文版页面”幻灯片。

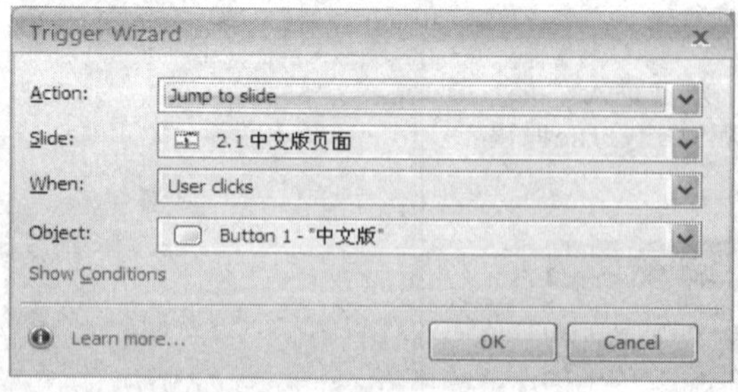

图 5.4.8 “中文版”按钮动作设置

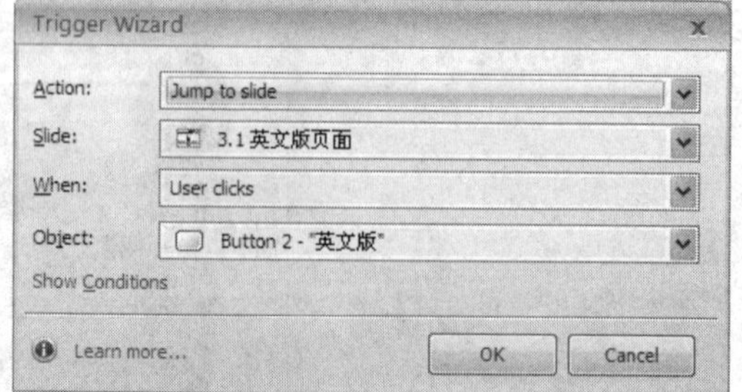

图 5.4.9 “英文版”按钮动作设置

其他几个按钮的动作设置与上述两个按钮的类似，在此不详述。在 Action 菜单下都是选择 Jump to slide。Slide 里分别选择触发每个按钮后需要跳转的幻灯片，When 里选择动作的触发类型，下拉菜单中选项的具体含义可参照 5.3.3 节内容。Object 里选择触发动作的按钮，若在进入动作设置窗口前已经选中了某个按钮，此项设置便不会出现。

设置完成后的所有幻灯片之间的关系如图 5.4.10 所示。两个幻灯片之间有箭头指向的表示有链接关系。其中，单向箭头表示单向链接关系，即无箭头的那端幻灯片是设置按钮链接动作的，有箭头的那端幻灯片是跳转到的对象。双向箭头表示两个幻灯片之间或者两个场景之间可以相互跳转。

Jump to slide(跳转幻灯片)动作可以根据需求灵活应用，使得不同幻灯片之间可以自由切换，实现很多较复杂的层级关系。

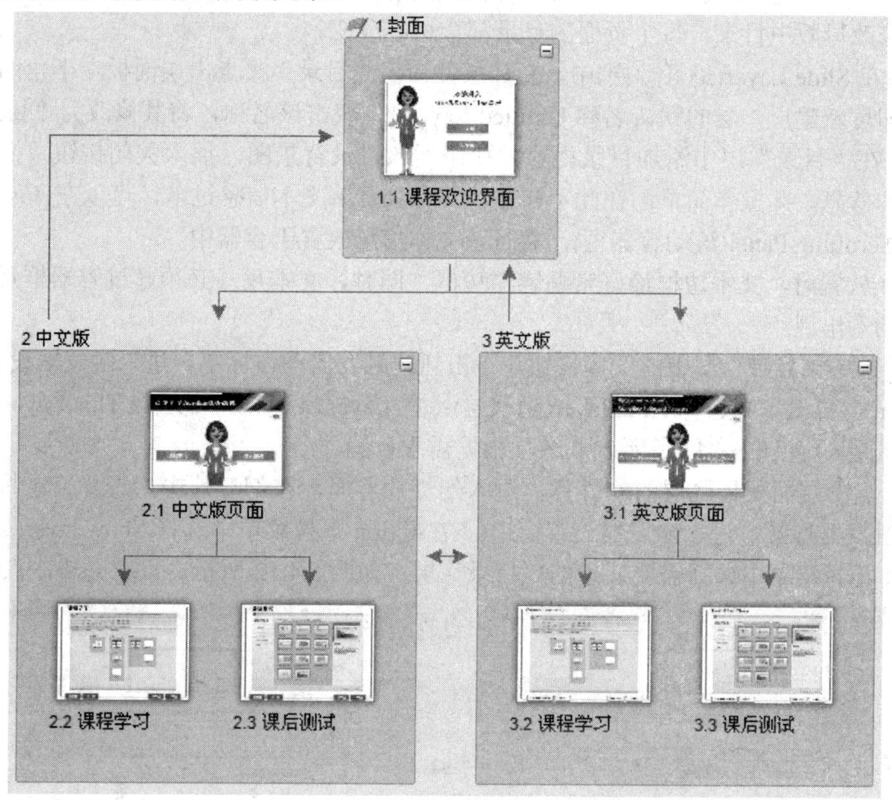

图 5.4.10　按钮链接动作设置后的幻灯片大纲视图

5.4.2　案例 2　层的应用——课程目录的制作

上一节介绍的 Jump to slide(跳转幻灯片)动作可实现不同幻灯片之间的跳转，那么幻灯片内部的元素怎么跳转呢？比如：点击某个幻灯片中的“帮助”按钮，只需要打开帮助内容，看完了还可以点击关闭，并且不跳转到一个单独的帮助页面，而是仍旧停留在原先幻灯片页面。这里，就需要用到 Show layer(显示层)和 Hide layer(隐藏层)的动作。

下面，将以制作课程目录的案例展示层的作用。

注：本例中的目录是在幻灯片中自定义的，不是播放器自带的目录。由于播放器目录的格式、位置等形式经常不能满足制作者需求，因此需要根据实际需求自定义目录。

本例需要实现的功能：

① 点击“目录”按钮，显示目录内容，点击关闭按钮，关闭目录内容。

② 点击目录内容的章节标题可以跳转到相应章节内容的幻灯片页面。

③ 可以将该目录功能应用于所有幻灯片。

操作步骤如下：

(1) 选择 View 菜单，点击 Slide Master，即可进入母版编辑页面。选择在一张 Blank(空白)幻灯片中编辑目录。由于像这样的目录，课程中的每个页面都需要，那么可以在母版中制作好目录，每个页面应用这样的母版形式即可。这样，既省去了每个页面添加目录的重复工作(即使一个页面制作好了，其他页面复制粘贴工作量也较大)，修改起来也更轻松，只需要修改母版中目录，每个页面的目录都会相应改变。

(2) 在 Slide Layer(幻灯片层)中，新建层并命名“目录”。点击层面板左下角的新建层按钮，即可新建层，层的默认名称 Untitled Layer 1，双击该名称，将其修改为“目录”。

(3) 在“目录”层中添加目录内容，如：插入目录背景图，插入关闭按钮，插入目录章节文本信息。此操作简单，在此不详述。若目录章节文本信息过多，可以在 Insert 菜单下插入 Scrolling Panel(滚动容器框)，将目录文本信息放置于容器中。

注：放置时，文本边框最好紧贴容器边框，同时，文本尺寸必须超过容器框尺寸，才会有滚动条出现。

(4) 选中“目录”层中的关闭按钮，点击新建触发器动作标签，进入触发器设置窗口。在 Action 下拉菜单中选择 Hide layer(隐藏层)；在 Layer 下拉菜单中选择 This Layer(关闭按钮所在的层)，如图 5.4.11 所示。其余项根据需求设置。

(5) 点击层面板最底层的幻灯片，进入幻灯片界面，在幻灯片中，选择目录按钮，点击新建触发器标签，进入触发器设置窗口。在 Action 下拉菜单中选择 Show layer(显示层)，在 Layer 下拉菜单中选择需要显示的“目录”层，如图 5.4.12 所示。设置完毕，点击 OK。

图 5.4.11　隐藏层的动作设置　　　　图 5.4.12　显示层的动作设置

(6) 点击 Preview 下的倒三角，在其下拉菜单中选择 This Slide，预览当前幻灯片。点击目录按钮会弹出目录，点击目录右上角的 X 按钮即可关闭目录。拖动目录右侧的滚动条，可以查看目录的所有章节标题，效果如图 5.4.13 所示。

注：此案例中没有给目录里的章节一一添加动作链接。在实际课程目录制作时，一般需要给目录上的每个章节添加超链接，学员打开目录，点击每个章节可以分别跳转到相应的页面，其操作比较简单：首先选中目录里的某个章节标题，如图 5.4.13 中的“1.1 Storyline 简介”，在 Insert 菜单下，选择 Hyperlink(超链接)，进入设置窗口，如图 5.4.14 所示。其设置与其他对象的类似，在此不详述。需要注意的是，必须首先选择需要添加超链接的文字，然后再进行动作设置。一般目录中的标题链接动作多为 Jump to slide(跳转幻灯片)。

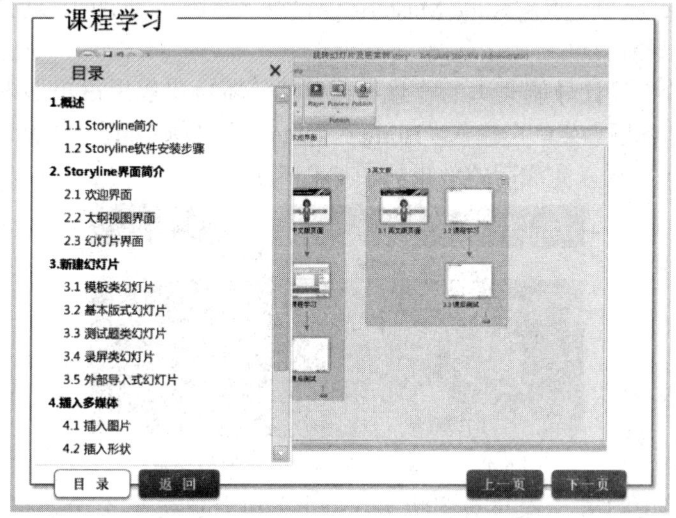

图 5.4.13　层的应用——自定义目录菜单

图 5.4.14　给目录中的标题添加超链接

(7) 关闭母版窗口，返回幻灯片编辑窗口。选中需要目录的所有幻灯片，在幻灯片上右击，弹出菜单，选择 Layout，在列表中选择刚刚制作目录的那张 Blank 母版幻灯片即可将母版中的目录应用到所有选中的幻灯片。

5.4.3　案例 3　层&状态的应用——导航菜单的制作

在“课程目录制作”的案例中，主要展示了层的显示和隐藏以及母版的作用。本案例中主要结合状态一起来展示层的作用。

菜单是我们课程中的常用元素。通过菜单，学习者可以轻松切换到不同菜单标签下浏览不同内容。

本例中的菜单实现的功能有：

① 菜单栏里的每个菜单都有 3 种状态，分别是 Normal(普通)、Hover(经过)和 Visited(访问过的)。其中 Normal 状态的菜单文字为黑色、Hover 状态的菜单文字为红色、Visited 状态的菜单文字为黑色且有红色对钩。

② 点击不同菜单分别跳转不同的内容页面。

③ 在每个页面都有菜单，都可以任意点击，任意跳转到相应页面。

导航菜单制作的具体操作步骤如下：

(1) 选择 View 菜单，点击 Slide Master，即可进入母版编辑页面。选择在一张 Blank(空白)幻灯片中编辑导航菜单。

(2) 在幻灯片中设计导航菜单的背景和菜单栏。本例中以黑色矩形为背景并在左上角添加“导航菜单”标题。菜单栏输入“Home”、“Insert”、“Design”、“Animations”、“View”、“Help”六个菜单，插入完成后的效果如图 5.4.15 所示。

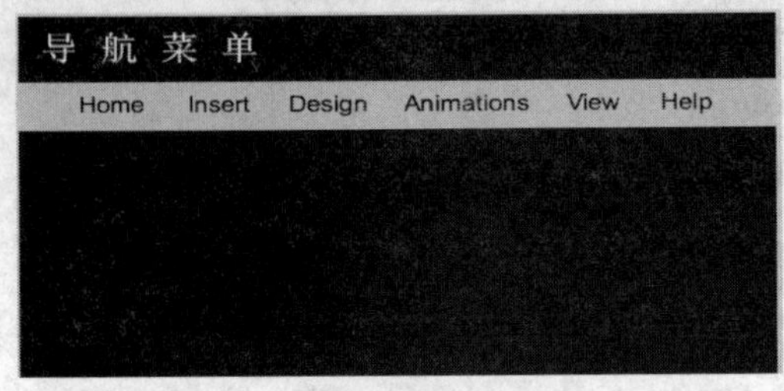

图 5.4.15　设计导航菜单的背景和菜单栏

(3) 给菜单栏中的 6 个菜单设置状态，每个菜单分别设置 3 个状态：Normal(普通)、Hover(经过)和 Visited(访问过的)。在此以设置“Home”的 3 个状态为例，其他每个菜单设置状态的操作步骤与之类似，不详述。

① 选中“Home”菜单，点击幻灯片舞台下方的 State 标签，其默认只有一种 Normal 状态。

② 点击 Edit States，即可开始编辑状态，点击新建状态标签，进入 Add(新增)状态窗口，如图 5.4.16 所示。

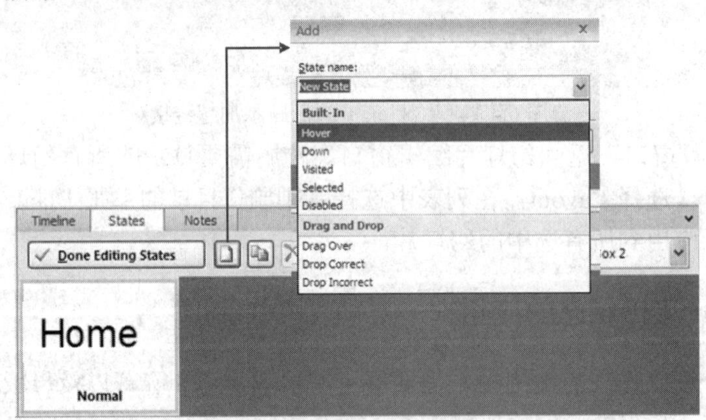

图 5.4.16　新增 Hover 状态

③ 在下拉菜单中选择 Hover 后点击 OK，即可为“Home”菜单新增 Hover 状态。默认 Hover 状态 的“Home”与 Normal 状态的一样。

④ 选中该状态，点击 Home 菜单下的文本颜色标签，将文字颜色改为红色。

⑤ 同样，再新增一个 Visited 状态，步骤与新增 Hover 状态类似，在此不详述。

⑥ 选中 Visited 状态，点击 Insert 菜单下的 Shape 标签，在下拉菜单中选择对钩，即可在 Visited 状态下添加对钩，并将其位置调整到 Home 文字上，同时在选中对钩的同时，点击其 Format 菜单，将其填充色和边框色均更改为红色。

⑦ 所有状态编辑完毕，点击 Doing Editing States 即可。

新增的 Hover 和 Visited 状态最终效果如图 5.4.17 所示。

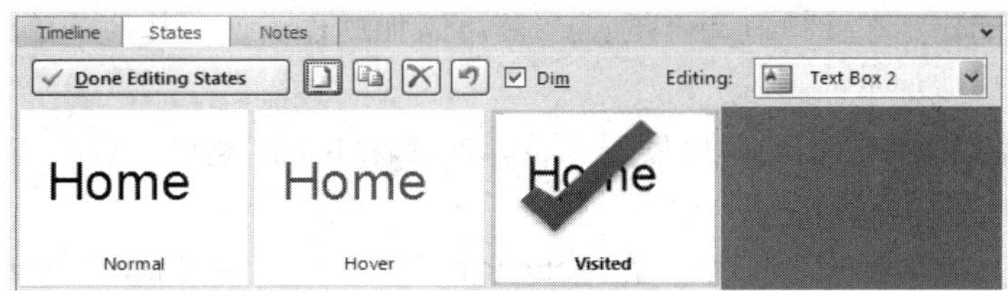

图 5.4.17 增添 Hover 和 Visited 状态的效果

(4) 在 Slide Layers(幻灯片层)中添加 6 个层，分别命名为 Home、Insert、Design、Animations、View、Help。并在每个层中添加相应的图片。在此，同样以新建 Home 层为例，其他层的添加与之类似，不重述。步骤如下：

① 点击新建层标签，即可新建层，默认名称为 Untitled Layer 1，双击该名称，将其重命名为 Home。

② 选中 Home 层，在 Insert 菜单下点击 Picture，插入已准备好的图片。

③ 调整插入的图片位置，选中图片，右击，在弹出菜单中选择 Size and Position(尺寸和位置)。进入设置窗口，点击 Position 标签，在 Horizontal 栏输入“−2”，Vertical 栏中输入“129”。即图片的水平位置为-2 像素，垂直位置为 129 像素。如图 5.4.18 所示。

注：其他层中的图片位置设置成一样，这样在浏览时保持了整个界面的整齐。

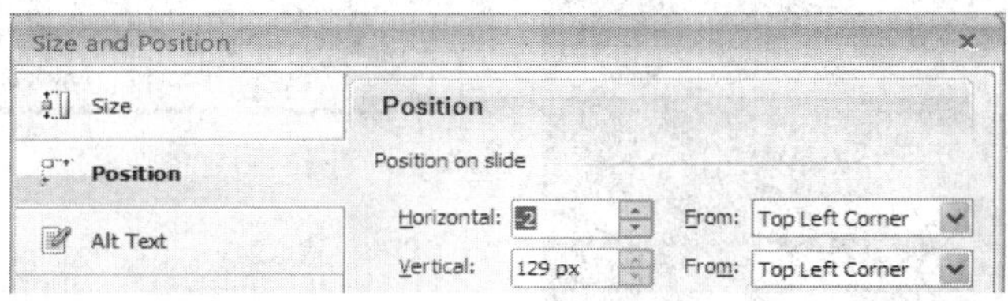

图 5.4.18 设置图片位置

④ 为当前的层添加区分边框，单击 Insert 菜单下的 Shape 标签，选择直线，并在 Format 菜单中设置直线为黑色，粗细为 4 像素。绘制边框即可，效果如图 5.4.19 所示。

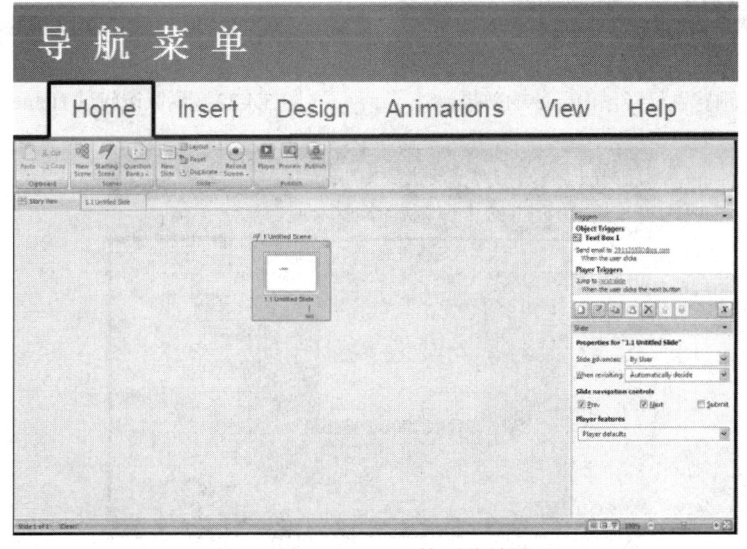

图 5.4.19 Home 层的预览效果

(5) 将幻灯片中的每个菜单与相应的层链接上，即给幻灯片中的每个菜单添加 Show

Layer(显示层)的动作。在此也以为“Home“菜单添加动作为例，其他菜单动作的添加与之类似，不详述。步骤如下：

① 在触发器面板中点击新建触发器标签。或者在 Insert 菜单下点击 Trigger 标签，都可以进入到触发器设置窗口。

② 进入 Trigger Wizard 窗口后，在 Action 下拉菜单中选择 Show Layer，Layer 中选择 Home 层，When 中选择 User clicks，Object 中选择 Home 文本，如图 5.4.20 所示。设置完毕点击 OK 即可。

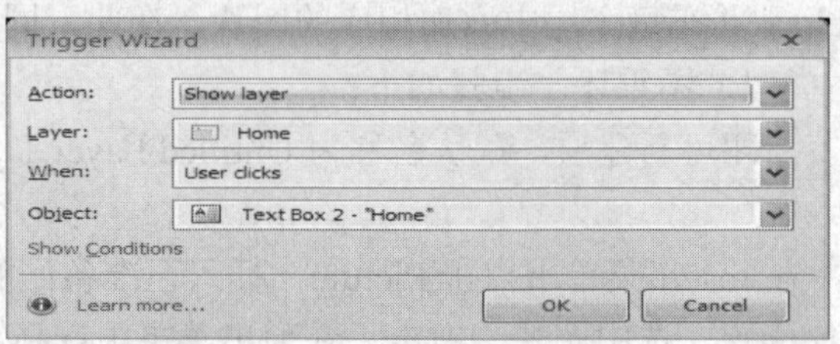

图 5.4.20　Home 层的动作设置

(6) 至此，导航菜单制作的过程已介绍完毕。预览效果如图 5.4.21，5.4.22，5.4.23 所示。

图 5.4.21　预览鼠标经过 Home 的效果

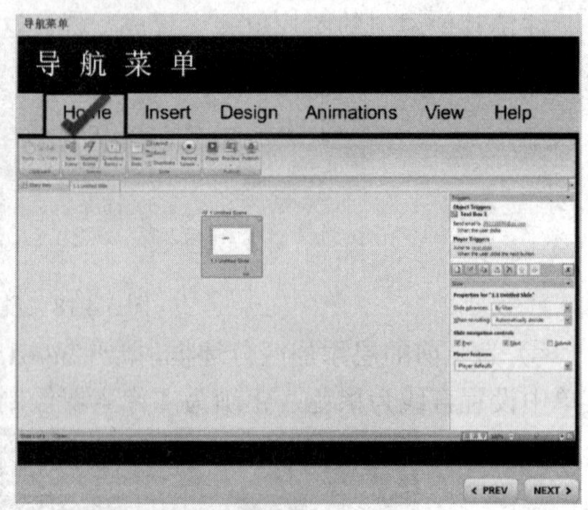

图 5.4.22　预览访问过 Home 后的效果

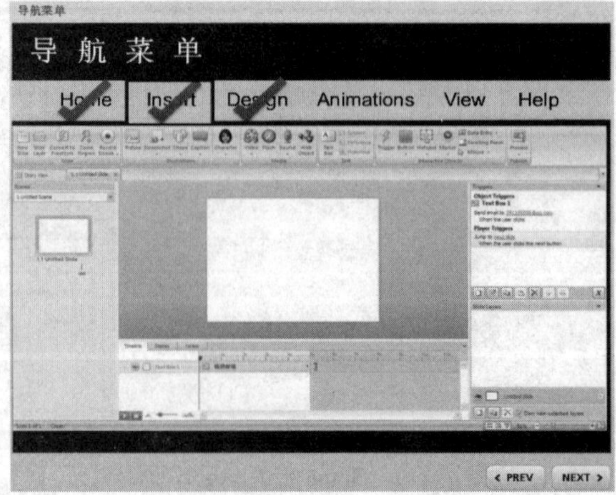

图 5.4.23　红色对钩表示已访问过，未打钩表示没有访问过

对于导航菜单案例中的每个菜单只设置了 3 种状态，编辑者可以根据需求设置更多状态，如鼠标按下状态、已选择的状态等，操作过程与上述的类似。丰富的菜单按钮效果，可使得学习者在浏览课程时思维更加清晰、易懂。

5.4.4　案例 4　层&状态&Trigger 的应用——下拉菜单的制作

下拉菜单，即是通过点击某个主菜单，在下方弹出子菜单列表，通过点击每个子菜单又可以跳转到相应的页面。一般网站上经常将下拉菜单和导航菜单结合应用，即在网站主页显示的是导航菜单栏，通过鼠标经过或点击每个菜单项，会在其下方出现相应的子菜单列表，点击子菜单可以进入到相应的内容页面。

制作下拉菜单具体步骤如下：

(1) 选择 View 菜单，点击 Slide Master，即可进入母版编辑页面。选择在一张 Blank(空白)幻灯片中编辑导航菜单。

(2) 在幻灯片中设计背景、导航菜单。输入“首页”、“机构设置”、“教学科研”、“学生工作”四个导航菜单项。并在每个菜单按钮右侧添加一个黑色倒三角，表示该按钮有下拉菜单。点击 Insert 菜单下的 Shape，在形状列表中选择三角形，插入三角形后，选中三角形，右击，在弹出菜单中选择 Size and Position(尺寸和位置)。进入设置窗口，点击 Size 标签，设置其 Height(高)为 6 像素，Width(宽)为 8 像素，并点击 Format 菜单下的 Rotate，选择 Flip Vertical(垂直翻转)即可将正三角形变为倒三角形，设置后的页面如图 5.4.24 所示。

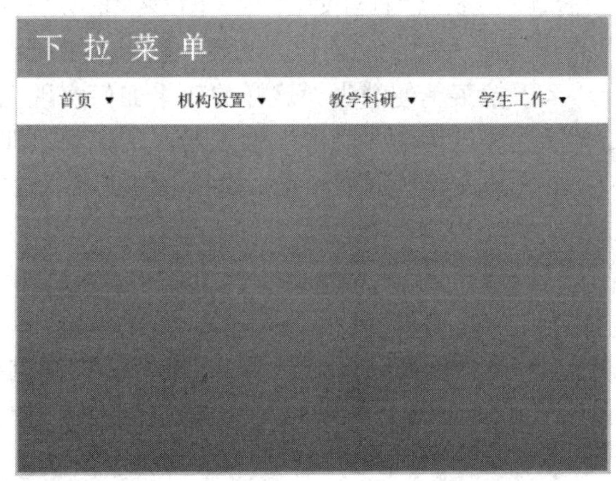

图 5.4.24　背景和导航菜单的布局

(3) 给每个导航菜单按钮设置两个状态，分别为 Normal 和 Hover，Normal 状态文本颜色为黑色，Hover 状态文本颜色为红色。

注：在制作菜单按钮状态时，为了节省时间，可以先制作好“首页”菜单的 Normal 和 Hover 状态，然后复制三个，更改一下名称即可，在复制的时候不仅复制了文本形状等内容，也复制了状态，不用再为每个菜单按钮一一设置状态。

(4) 设置下拉菜单。在此以“机构设置”的下拉菜单制作为例：

① 在 Slide Layer(幻灯片层)面板中，点击新建层标签，新建“下拉菜单”层。默认名称为 Untitled Layer 1，双击名称，将其更改为“下拉菜单”。

② 插入中文系、数学系、计算机系三个菜单按钮作为下拉菜单选项。三个下拉菜单也分别都设置两个状态，与步骤(3)的操作一样，在此不重述。

③ 选择幻灯片层，选中机构设置，点击新建触发器标签，进入触发器动作设置窗口，设置显示层的动作，如图 5.4.25 所示。

图 5.4.25 的含义：当 Text Box4(机构设置)在经过(Hover)状态时，显示下拉菜单层。

图 5.4.25　设置“机构设置”显示下拉菜单的动作

④ 在“机构设置”层中设置关闭层的动作。一般，在网站中所看到的下拉菜单效果是鼠标离开了下拉菜单，那么下拉菜单便消失。这样的效果如何实现呢？可以在层里添加一个“隐形”的触发器，当鼠标经过这个“隐形”触发器，下拉菜单即消失。本例中，通过在下拉菜单的底层插入一个无填充无边框的矩形，并给该矩形添加 Hide Layer 动作，具体设置如图 5.4.26 所示。

图 5.4.26 的含义是：当鼠标经过 Rectangle4 矩形框时，隐藏当前层。

注：在图 5.4.26 中，不要勾选 Restore on mouse leave(鼠标离开即还原)，不勾选此项，鼠标只要经过了矩形框后，下拉菜单就一直会隐藏，直到鼠标指针重新触发了“机构设置”菜单。若勾选了 Restore on mouse leave，只要鼠标不经过矩形框，便会显示下拉菜单。

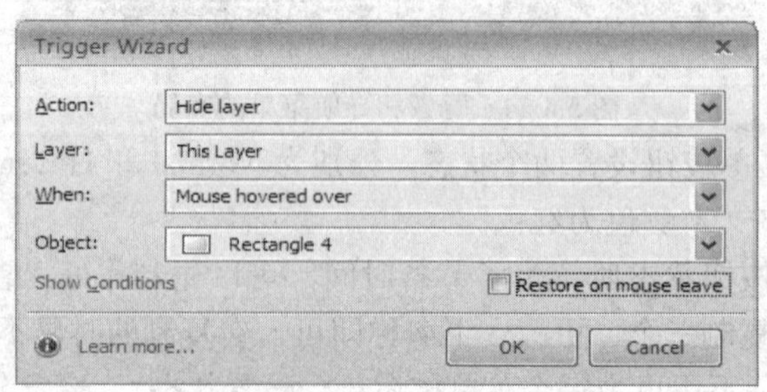

图 5.4.26　设置隐藏下拉菜单的动作

⑤ 给下拉菜单中的每个选项设置跳转幻灯片的动作。在此，以“中文系”选项的动作设置为例，其余两项操作类似。选中“中文系”，点击新建触发器标签，进入触发器设置窗口，进行如图 5.4.27 所示的设置。设置完毕，点击 OK 即可。

注：图 5.4.27 中 Slide 下拉菜单中选择的是“1.2 中文系”幻灯片，前提是在设置该动作前，需要建立“1.2 中文系”幻灯片，才会显示在下拉菜单中。建立幻灯片的步骤在此不详述。

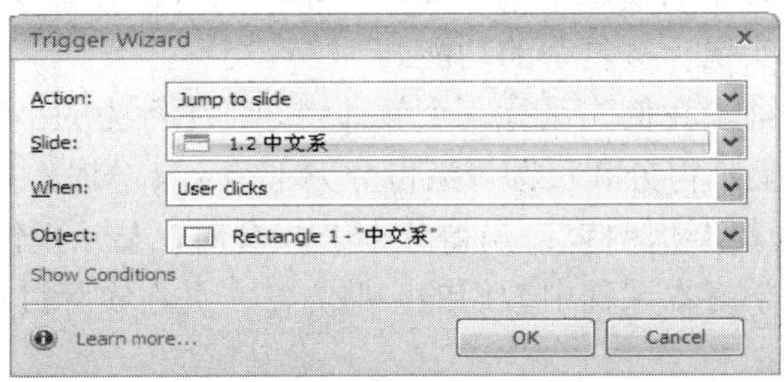

图 5.4.27 中文系下拉菜单按钮的动作设置

(5) 所有项设置完毕，点击 Slide Master 菜单下的关闭按钮，即可退出母版编辑窗口。点击 Preview，在下拉菜单中选择 This Scene，即可预览当前场景。鼠标指针移至机构设置便会出现下拉菜单，预览效果如图 5.4.28 所示。鼠标指针移至下拉菜单中的某个选项，如中文系，中文系即变为红色，预览效果如图 5.4.29 所示。鼠标指针不在下拉菜单范围内，下拉菜单即会消失。预览效果如图 5.4.30 所示。在下拉菜单中点击中文系，便会跳转到中文系幻灯片页面。

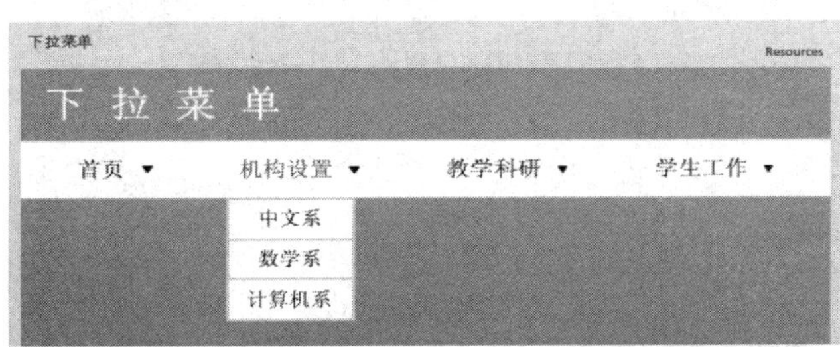

图 5.4.28 鼠标经过机构设置出现下拉菜单

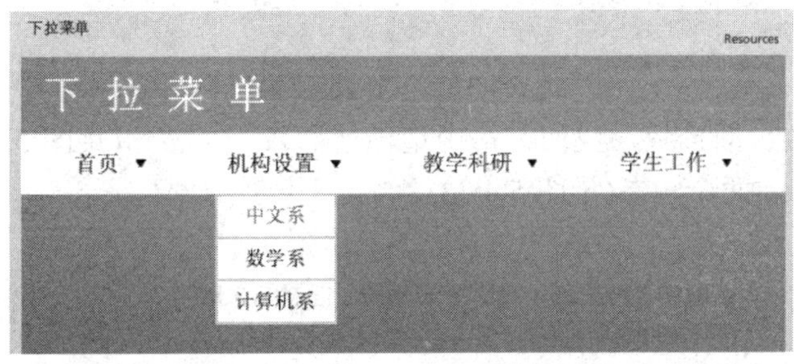

图 5.4.29 鼠标经过中文系的状态

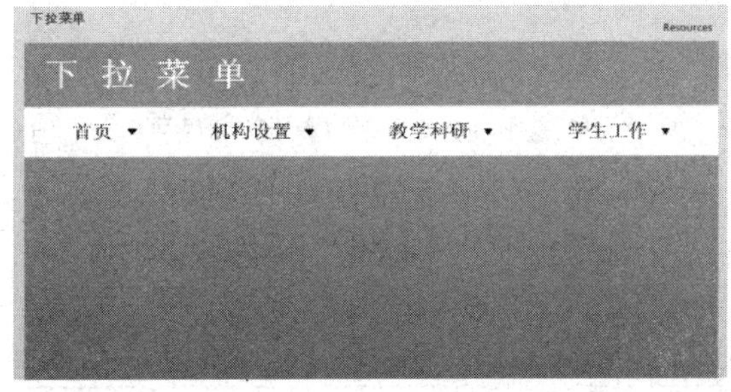

图 5.4.30 鼠标移开下拉菜单时的状态

5.4.5 案例 5 Trigger&Variable 的综合应用

由于在实际运用过程中的需求不同，简单、单一的习题类型满足不了要求。这时要求运用不同的触发器动作实现一些复杂的功能。

实例：在学习课程前，我们先进行一个教师辅导学生行为的小调查。小调查共 5 题，每题 1 分，调查结束后显示得分和反馈。当得分大于等于 4 分时，显示反馈："您在辅导学生的过程中做得很好，请继续保持"；当得分小于 4 分时，显示反馈："您在辅导学生的过程中做得还不够好，请学习本课程中教您的一些方法，并在实际过程中加以运用"。

具体操作步骤如下：

(1) 由于要统一得分，我们要运用数字变量，我们设置 6 个数字变量，A1、A2、A3、A4、A5 用来统计每一个选项的得分，A6 用来统计总分。初始值都为 0(见图 5.4.31)。

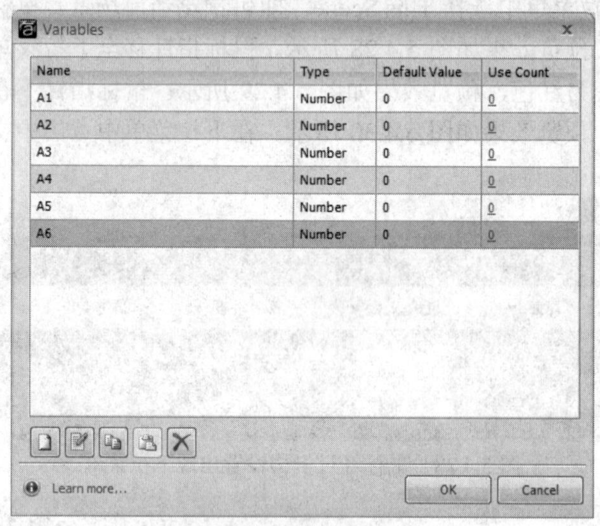

图 5.4.31　设置数值变量

(2) 进行简单的页面排版，我们在每个选项前插入一个按钮(见图 5.4.32)，只保留按钮的 Normal 和 Selected 两个状态(见图 5.4.33)。

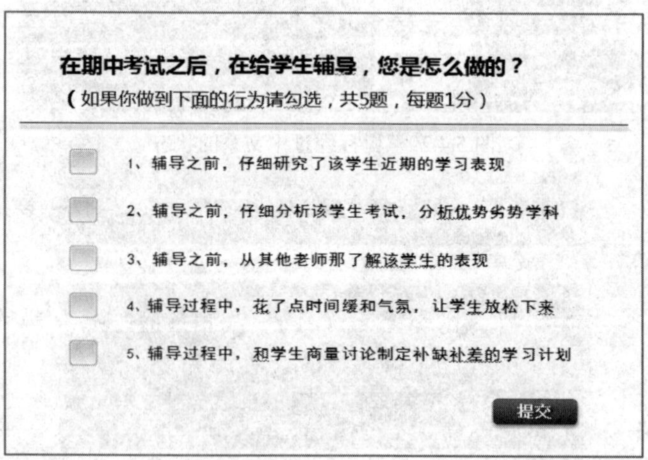

图 5.4.32　在选项前插入按钮

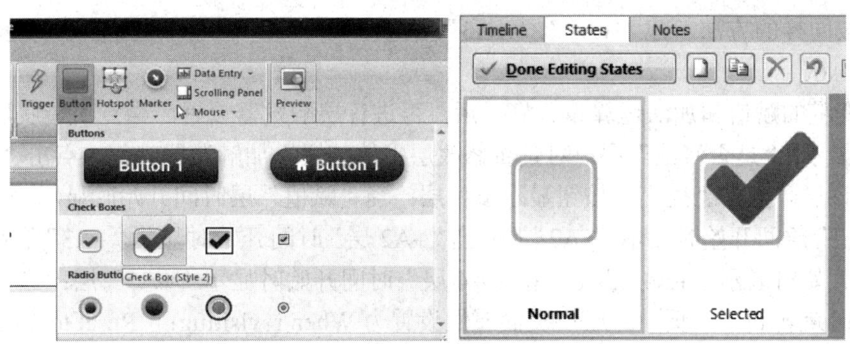

图 5.4.33　保留 Normal 和 Selected

(3) 由于变量具有保存数据的特点，为了防止反复练习出现数值叠加的情况。一开始我们要将 A1、A2、A3、A4、A5、A6 这 6 个变量的值变成 0，即页面开始时 A1 的值变成 0(见图 5.4.34)，按相同的方法设置 A2、A3、A4、A5、A6 的值。

(4) 新建一层“是否修改”，让学员确认选项是否需要修改(见图 5.4.35)。

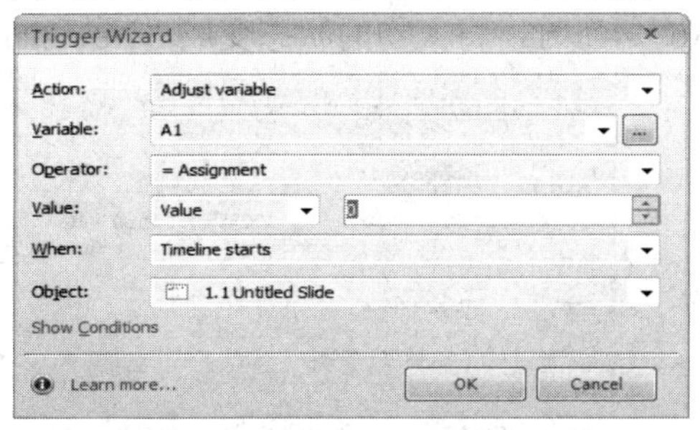

图 5.4.34　变量值 A1 = 0

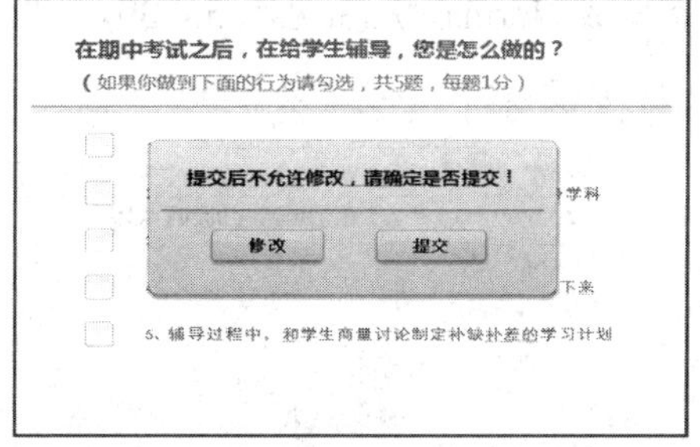

图 5.4.35　新建修改层

(5) 新建一层命名为“赋值”，在该层中我们设置，当“赋值层”时间开始时，如果 Button1 状态为 Selected，将 A1 的值变成 1(见图 5.4.36)。

(6) 按同样的方法设置，当“赋值层”时间开始时 Button2、Button3、Button4、Button5 对应的 A2、A3、A4、A5 的值为 1。

(7) 接下来进行总分的计算，我们新建一层命名为“+A1”，即我们将 A1 的值加给 A6。需要这样设置：当层“+A1”时间开始时，将 A1 的值加给 A6(见图 5.4.37)。

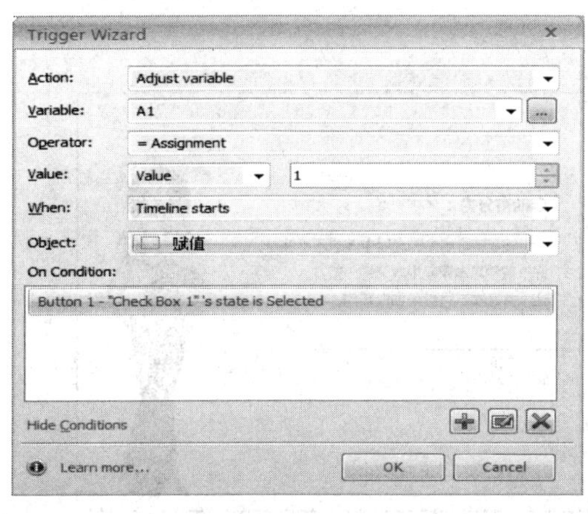

图 5.4.36　变量值 A1 = 1

图 5.4.37　A1 的值加给 A6

(8) 按同样的方法新建“+A2”、“+A3”、“+A4”、“+A5”层，对应层分别是将对应的数值加给 A6。

(9) 变量的赋值和加法运算设置好了后，再进行层触发器设置，当点击最底层“提交”按钮时，显示 “是否修改”层；对是否修改层中的按钮添加触发器动作，点击“修改”按钮，隐藏该层。点击“提交”按钮显示赋值层；当“赋值”层时间开始时显示“+A1”层；当“+A1 层”时间开始时显示“+A2”层；当“+A2 层”时间开始时显示“+A3”层；当“+A3 层”时间开始时显示“+A4”层；当“+A4 层”时间开始时显示“+A5”层；当“+A5 层”时间开始时跳转到下一页。对底层页面属性设置为 When revisiting： Reset to initial state。

(10) 在第二页中，我们添加一个文本框用来调用“A6”的值。插入值大于等于 4 和小于 4 的反馈且属性都设置为 Hidden。人物也设置 Normal 和 New state1 两种情况。

(11) 添加触发器动作，当“A6≥4”时，将反馈“您在辅导学生的过程中做得很好，请继续保持”的状态变成 Normal 状态(见图 5.4.38)；当“A6＜4”时，将反馈“您在辅导学生的过程中做得还不够好，请学习本课程中教您的一些方法，并在实际过程中加以运用”的状态变成 Normal 状态(见图 5.4.39)；当“A6＜4”时，将人物的状态变成“New state1”。

图 5.4.38 当“A6≥4”时，将反馈的状态变成 Normal 状态

图 5.4.39 当“A6＜4”时，将反馈的状态变成 Normal 状态

预览效果：

小于 4 情况(见图 5.4.40)：

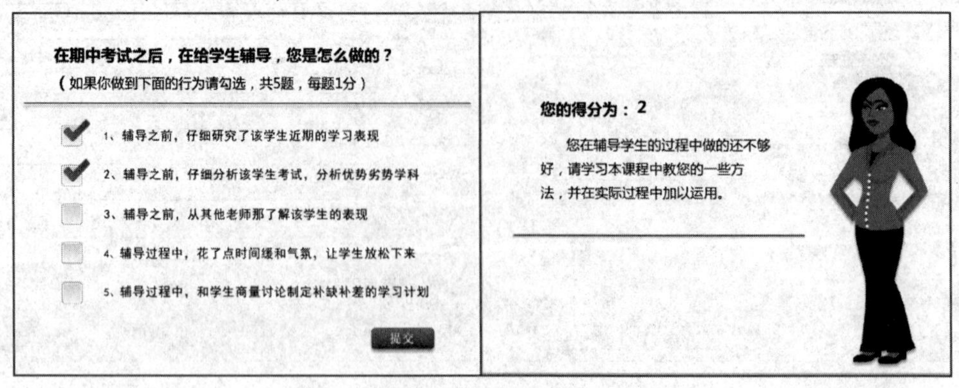

图 5.4.40 “A6＜4”时的状态效果图

大于等于 4 情况(图 5.4.41)：

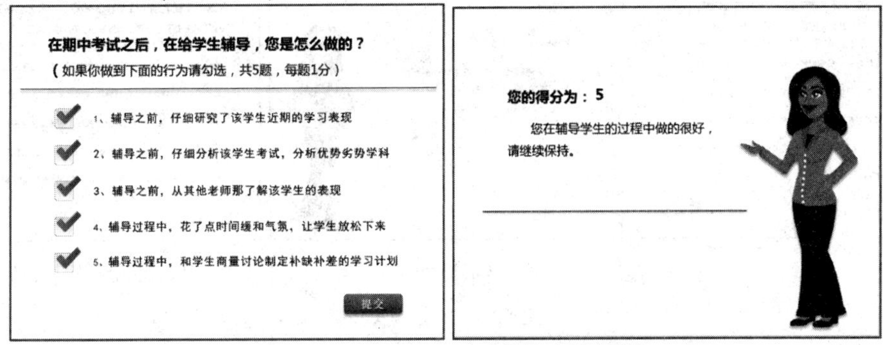

图 5.4.41 “A6≥4”时的状态效果图

(12) 当学员学习课程内容之后，想回顾一下刚才的测试自己的答案。这时你需要新添加一个页面。将刚才的文字赋值删掉，重新插入 5 个按钮，同样只保留 Normal 和 selected 两个状态。

(13) 如果学员在选择时，A1、A2、A3、A4、A5 的值就改成了 1，所以为 Button 1 添加触发器动作，当该页时间开始 A1 的值为 1 时，将 Button 的状态变成 Selected(见图 5.4.42)。

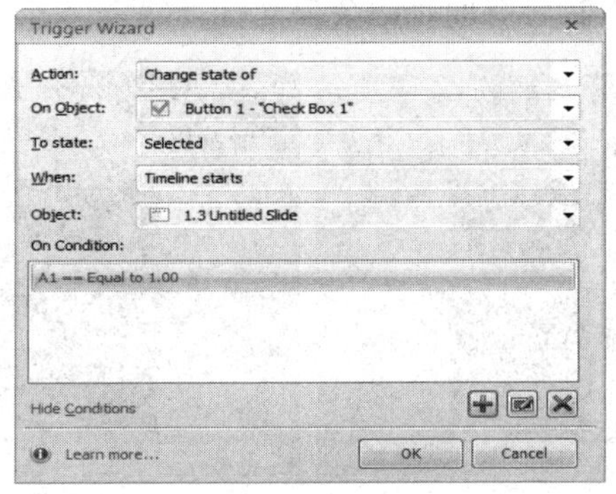

图 5.4.42 改变 Button 的状态为 Selected

(14) 按同样的方法设置 Button2、Button3、Button4、Button5 的触发器动作。注意因为添加的是按钮，学员也可以点击，为了防止学员点击，在按钮上面加一个矩形框，边框无，透明度为 100%(见图 5.4.43)。预览效果见图 5.4.44。

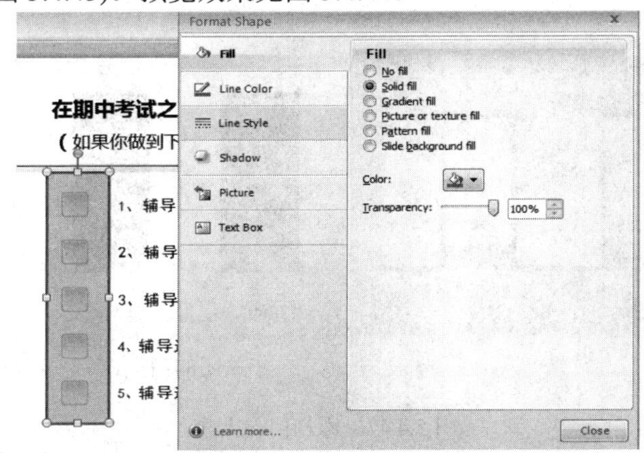

图 5.4.43 设置矩形框属性

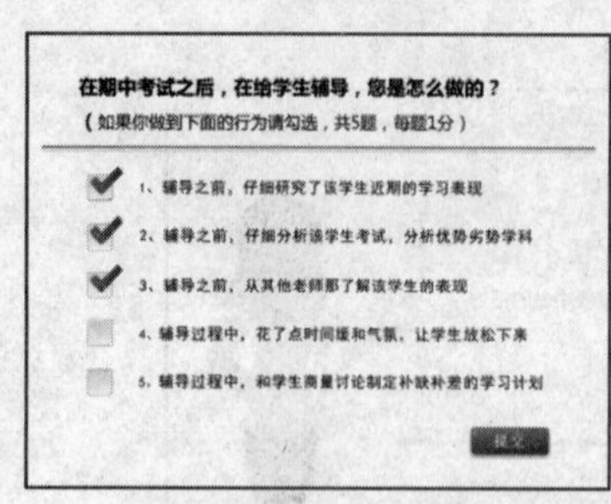

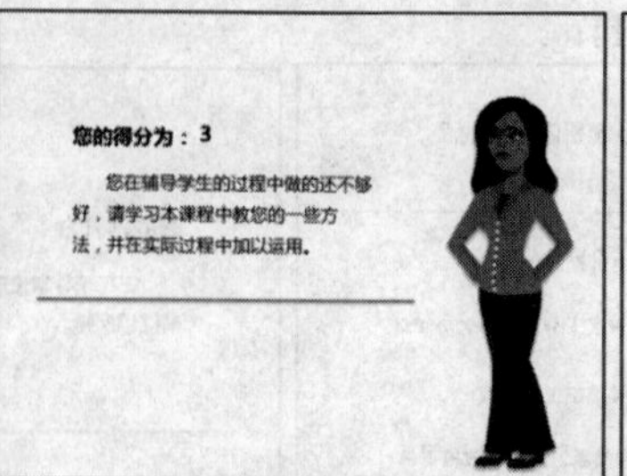

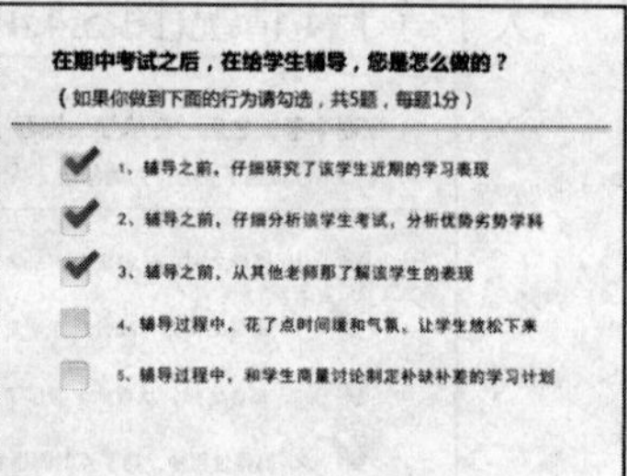

原题　　显示反馈　　学习后，回顾学员原来的选择

图 5.4.44　预览效果

5.4.6　案例 6　Trigger&States 的综合应用

实例：在一些情景案例中，为学员提供多种学习途径，学员通过拖动一个物体到达指定位置，跳转到下一个知识点的学习，实现自主选择的学习方式，在拖动的过程中也会有不同的效果提示。在图 5.4.45 中小王，在工作中有些困惑想寻求他人的帮助，现在有一位他部门的蔡经理和人力资源部的陈经理，如果你是小王你会选择哪位经理进行咨询？当人物拖动到对应的门上时，人物转身而且门会自动打开(见图 5.4.46)。

图 5.4.45　寻求他人帮助

图 5.4.46　门自动打开

操作步骤如下：

(1) 对第一页页面上才元素进行分解，有一张背景图片，2 扇门(Door1、Door2)和人物(见图 5.4.47)。

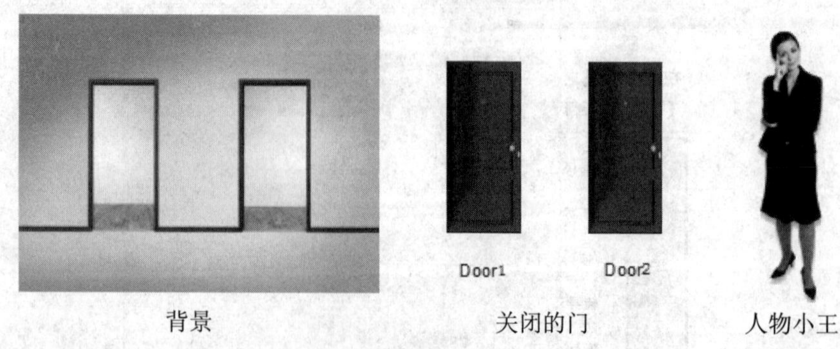

背景　　关闭的门　　人物小王

图 5.4.47　添加门与人物

(2) 给 2 扇门都添加打开的 states 状态 open(见图 5.4.48)。

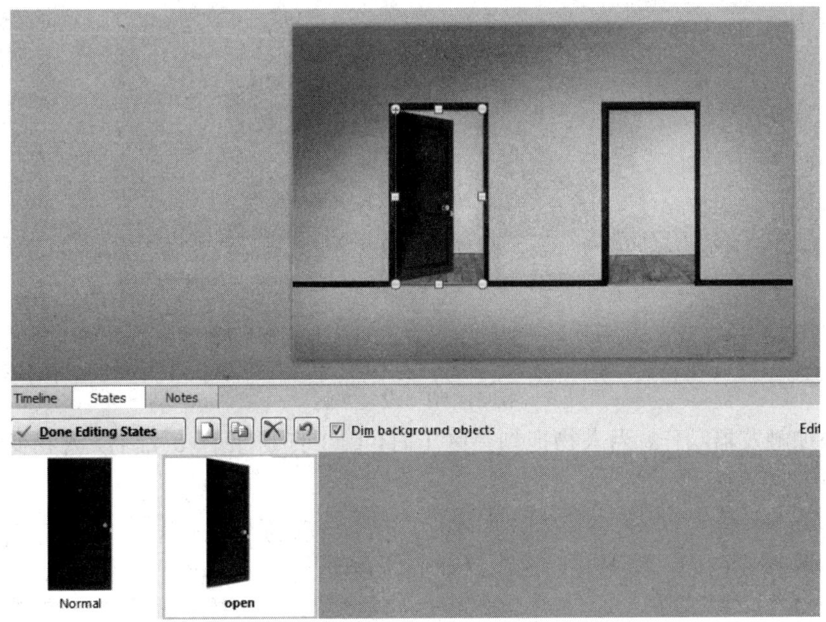

图 5.4.48 设置门的属性

(3) 给人物添加 states 状态，拖到 door1 上的状态“door1”和拖到 door2 的状态“door2”(见图 5.4.49)。

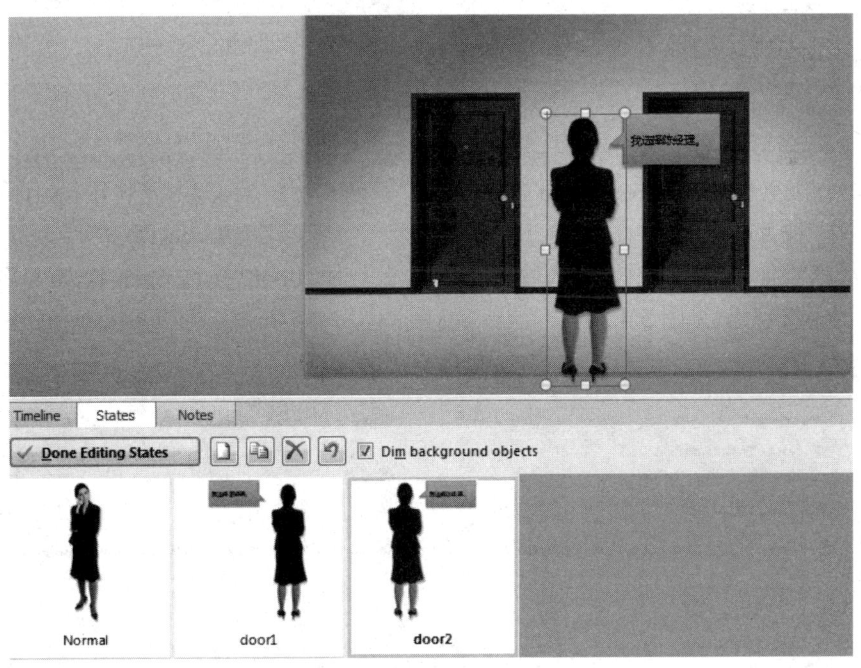

图 5.4.49 给人物小王添加状态

(4) 因为人物拖到 door1 上回出现人转身门打开的效果，拖到原始位置回人物也会回到正常状态，拖到 door2 上时会出现人转身门打开的效果。所以这里可以在 door1，door2 和人物原来的状态设置 3 个热区，通过拖动人物进过 3 个热区的改变 2 扇门和人物的状态。如图 5.4.50 所示设置三个热区。

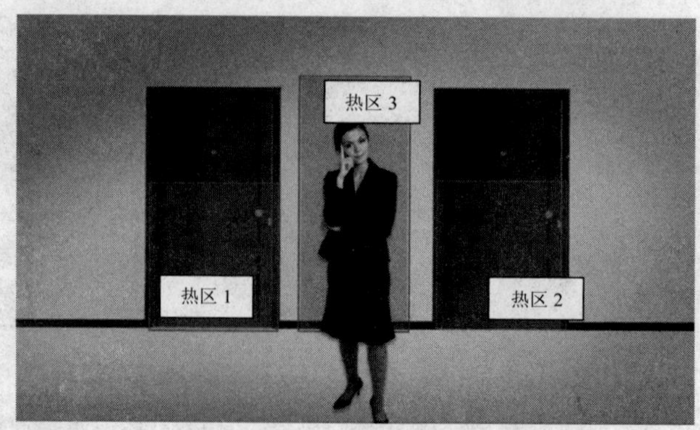

图 5.4.50　设置热区

(5) 添加触发器动作，当人物拖到热区 1 时，门 1 打开(见图 5.4.51)，人物变成“door1”的状态(见图 5.4.52)。

图 5.4.51　将人物拖动到 Hotspot1，door1 变为 open 状态

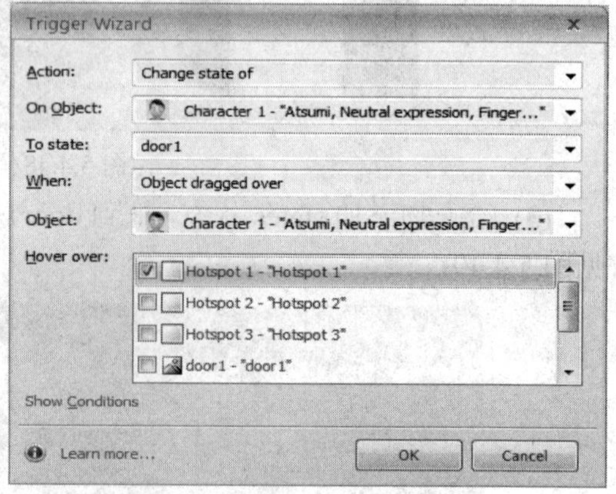

图 5.4.52　将人物拖动到 Hotspot1，人物变成 door1 状态

(6) 继续添加触发器动作，当人物拖到热区 2 上时，door2 变成 open 状态(见图 5.4.53)，人物变成 door2 状态(见图 5.4.54)。

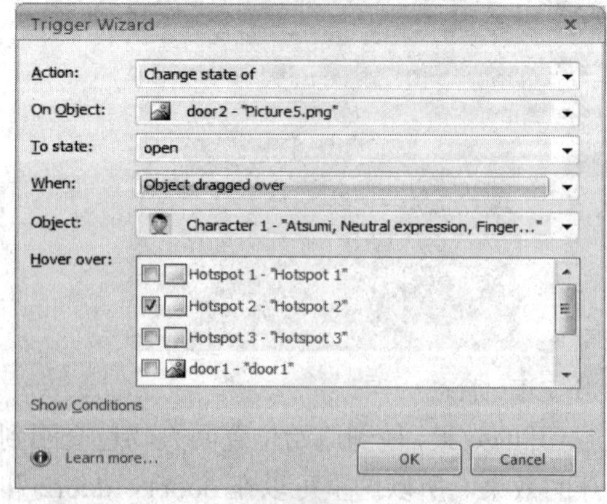

图 5.4.53　将人物拖动到 Hotspot2，door2 变成 open 状态

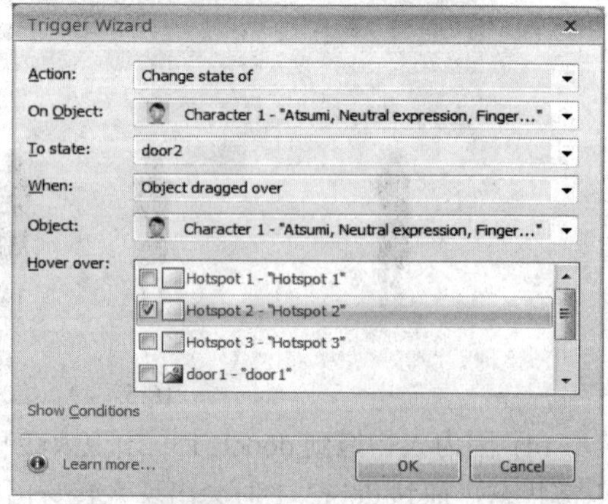

图 5.4.54　将人物拖动到 Hotspot2，人物变成 door2 状态

(7) 当人物拖到热区 3 时，人物、door1 和 door2 都变成 Normal 状态(分别见图 5.4.55、图 5.4.56、图 5.4.57)。

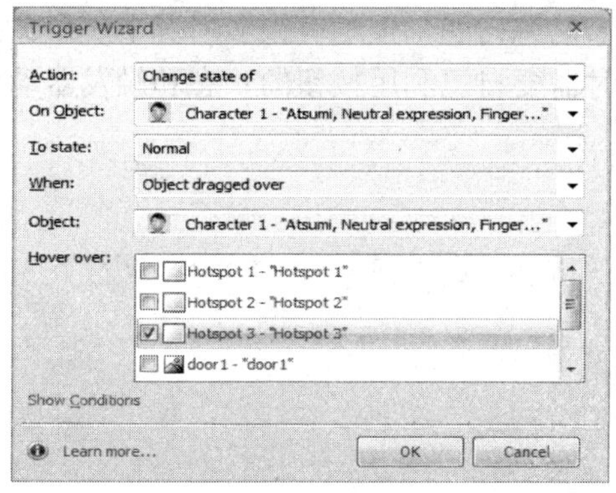

图 5.4.55 将人物拖动到 Hotspot3，人物变成 Normal 状态

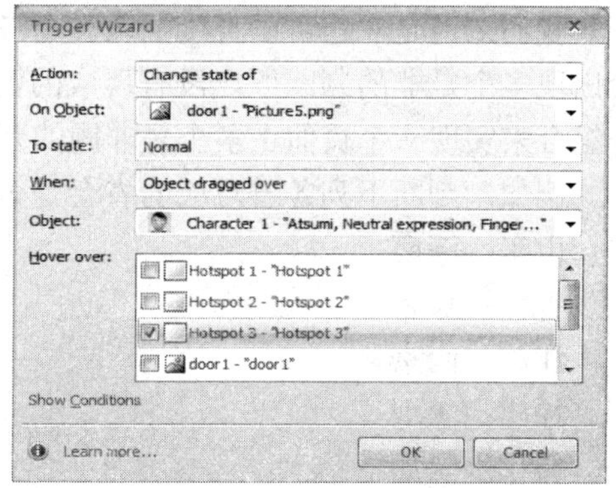

图 5.4.56 将人物拖动到 Hotspot3，door1 变成 Normal 状态

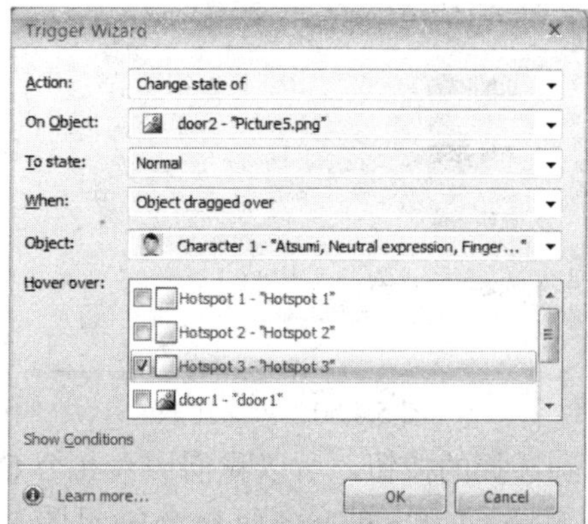

图 5.4.57 将人物拖动到 Hotspot3，door2 变成 Normal 状态

(8) 为了实现将人物拖到 door1 和 door2 上时进入对应页面。我们要添加触发器动作，当人物拖到 door1 时，页面跳转到“1.2 蔡经理”(见图 5.4.58)，当人物拖到 door2 上时，页面跳转到“1.3 陈经理”(见图 5.4.59)。

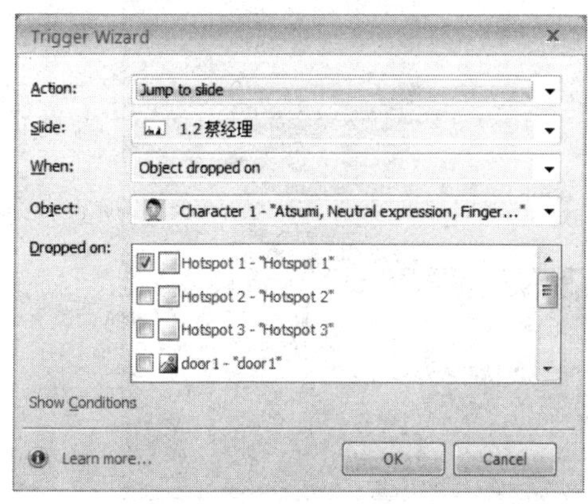

图 5.4.58 将人物拖动到 Hotspot1，页面跳转到“1.2 蔡经理”幻灯片

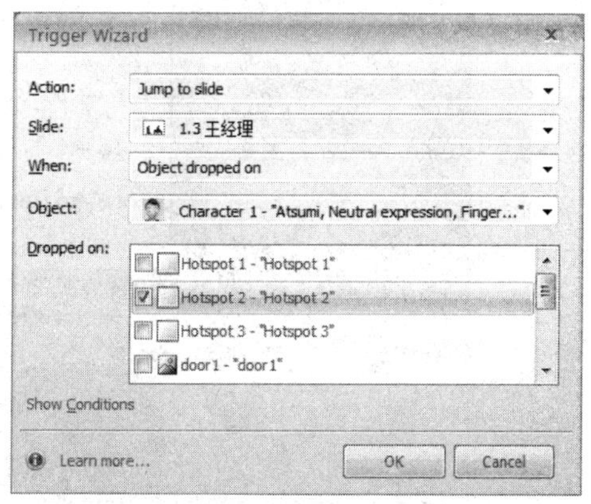

图 5.4.59 将人物拖动到 Hotspot2，页面跳转到“1.3 王经理”幻灯片

5.4.7 案例 7 Change state & Condition 的综合应用

我们知道是非题可以直接插入一个 True/False 的练习题，但是有很多情况下一个页面会出现多个是非的判断题，没有现成的模板，这时需要自己利用按钮的状态和触发器动作等组合来实现一个页面上多个是非题的判断。

例如：判断下列各省对应的省会是否正确：

山东：济南

吉林：长春

江苏：南京

福建：深圳

操作步骤如下：

(1) 如图 5.4.60 所示将页面元素排版好。

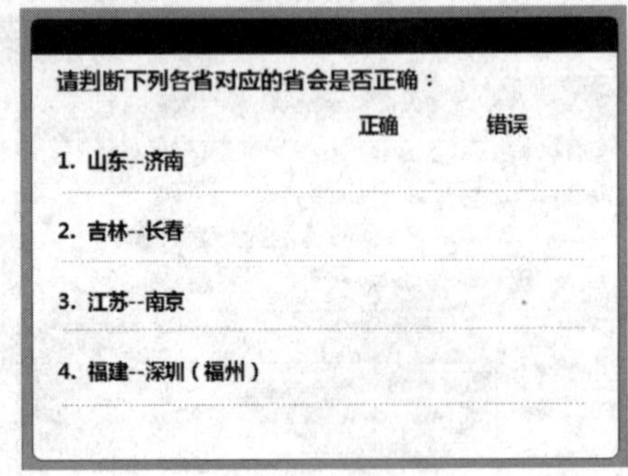

图 5.4.60 页面排版

(2) 判断是非，需要用到选择的按钮，所以我们插入 8 个 Check Boxes。为了使操作简单一点，我们只保留按钮的 Normal 和 Selected 两个状态(见图 5.4.61)。分别对应 Check Box 1——Check Box 2、Check Box 3——Check Box4、Check Box 5——Check Box6、Check Box 7——Check Box 8。

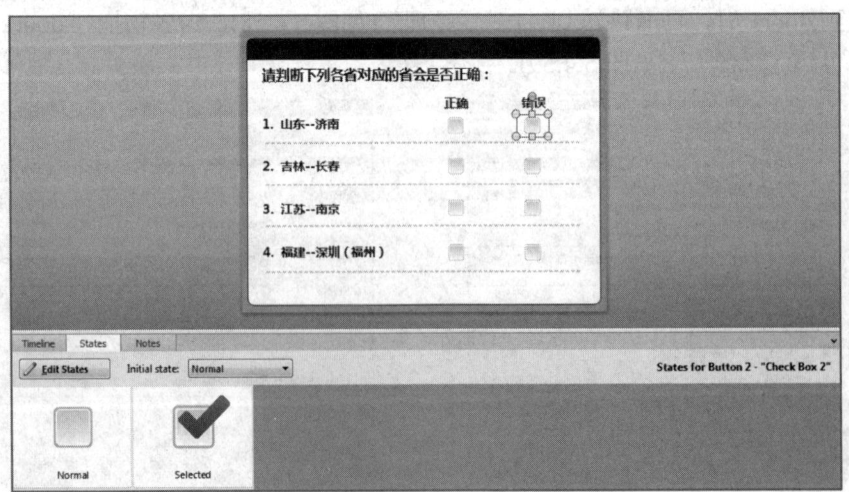

图 5.4.61 插入 8 个 Check Boxes

(3) 在是非题中对错只能选择一个，所以当 Check Box 1(按钮 1)选中时 Check Box 2(按钮 2)一定是正常状态，当 Check Box 2(按钮 2)为选中状态时 Check Box 1(按钮 1)一定为正常状态。所以给 Check Box 1(按钮 1)添加触发器动作，当 Check Box 1(按钮 1)为选中状态时将 Check Box 2(按钮 2)状态变成 Normal(见图 5.4.62)；给 Check Box 2(按钮 2)添加触发器动作，当 Check Box 2(按钮 2)为选中状态时将 Check Box 1(按钮 1)状态变成 Normal(见图 5.4.63)。

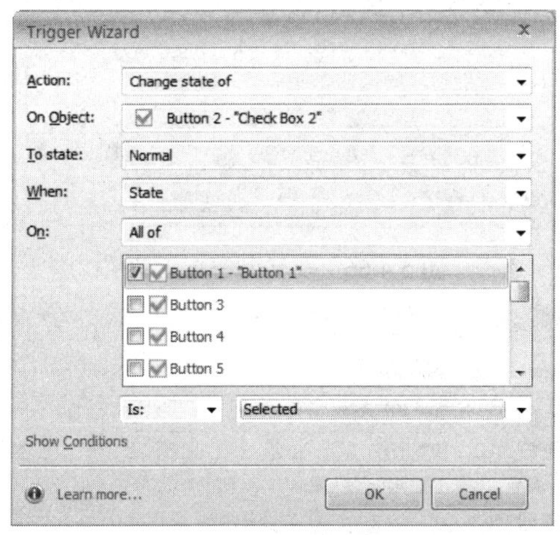

图 5.4.62 为按钮 1 添加触发器动作

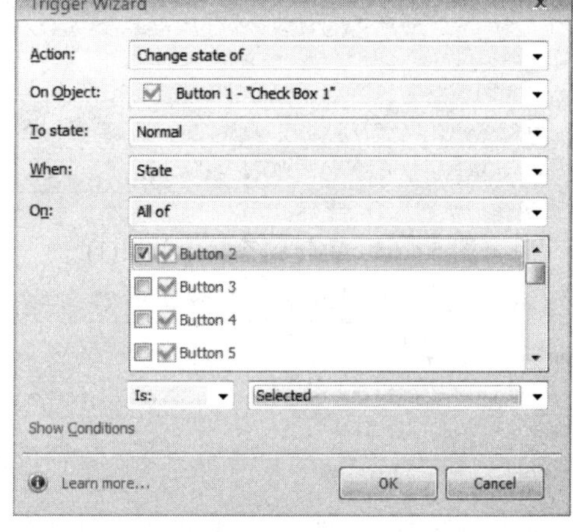

图 5.4.63 为按钮 2 添加触发器动作

(4) 按照步骤三为第二组、第三组和第四组的按钮添加触发器动作。

(5) 接下来，我们要添加 3 个层，第一层是回答正确的反馈命名为“正确”；第二层是回答错误的反馈命名为“错误”，第三层是回答无效的反馈命名为“答案无效”(见图 5.4.64)。

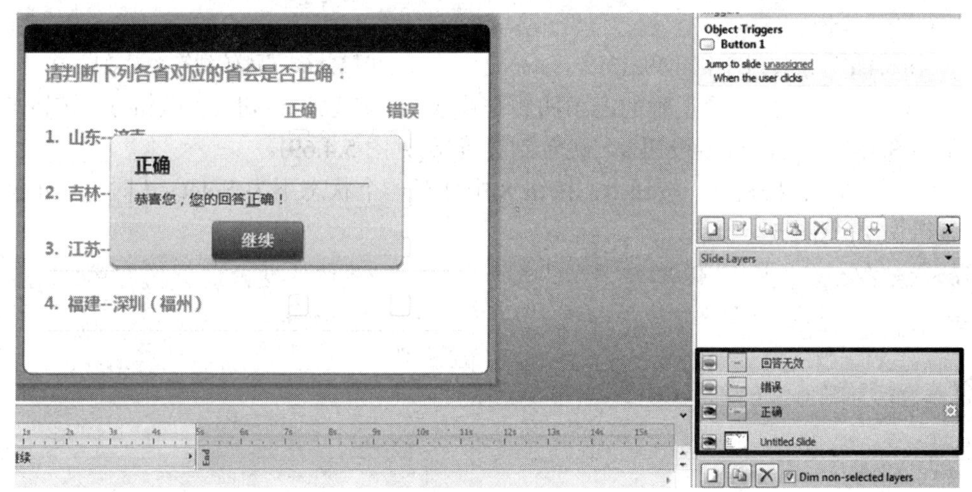

图 5.4.64 添加反馈层

(6) 接下来，我们在底层插入一个按钮，添加触发器动作，当按钮 1 和按钮 2 状态都为 Normal 时，点击按钮 9，跳转到“回答无效”层(见图 5.4.65)；当按钮 3 和按钮 4 状态都为 Normal 时，点击按钮 9，跳转到“回答无效”层(见图 5.4.66)；当按钮 5 和按钮 6 状态都为 Normal 时，点击按钮 9，跳转到“回答无效”层(见图 5.4.67)；当按钮 7 和按钮 8 状态都为 Normal 时，点击按钮 9，跳转到“回答无效”层(见图 5.4.68)。注意这里要分开，设置 4 个出发器动作不能合并到一起。

图 5.4.65 跳转到答案无效层(1)

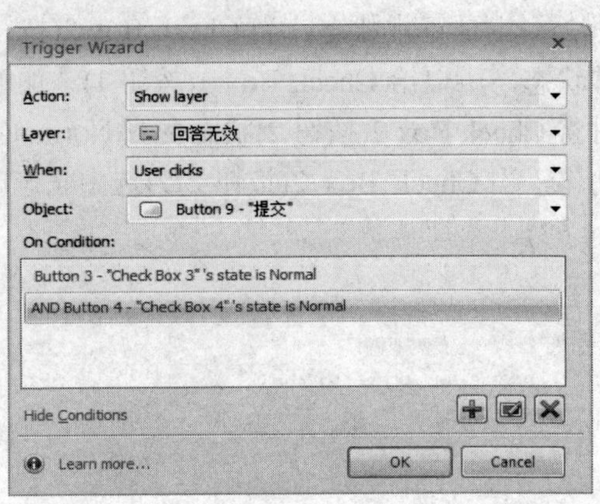

图 5.4.66 跳转到答案无效层(2)

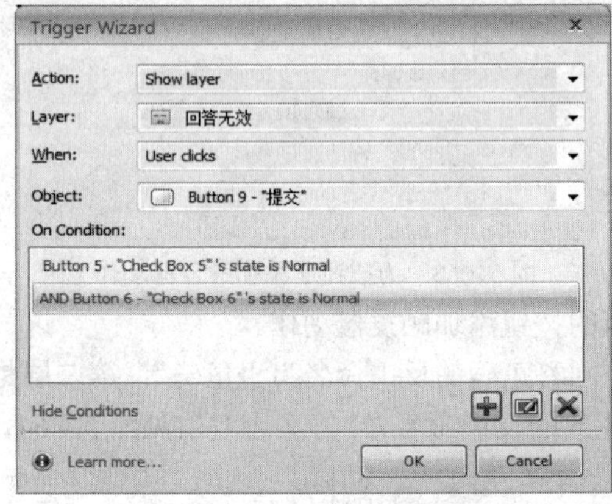

图 5.4.67 跳转到答案无效层(3)

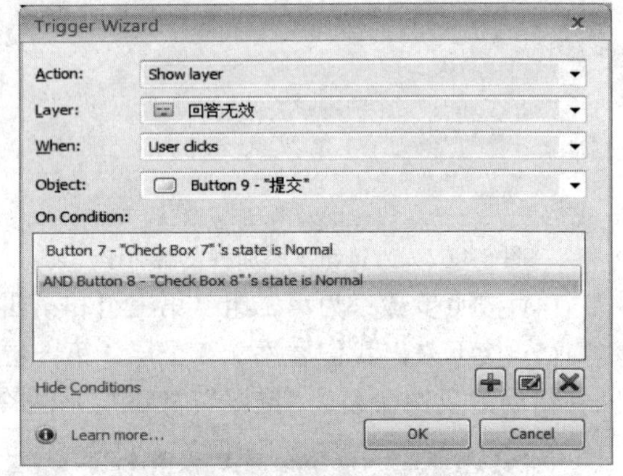

图 5.4.68 跳转到答案无效层(4)

(7) 第一、二、三题是正确的，第四题是错误的。所以当按钮 1、按钮 3、按钮 5、按钮 8 都为 Selected 时，点击按钮 9，跳转到正确层(见图 5.4.69)。

(8) 当按钮 1、按钮 3、按钮 5、按钮 8 中任意一个状态不为 Selected 时，点击按钮 9 跳转到错误层(见图 5.4.70)。

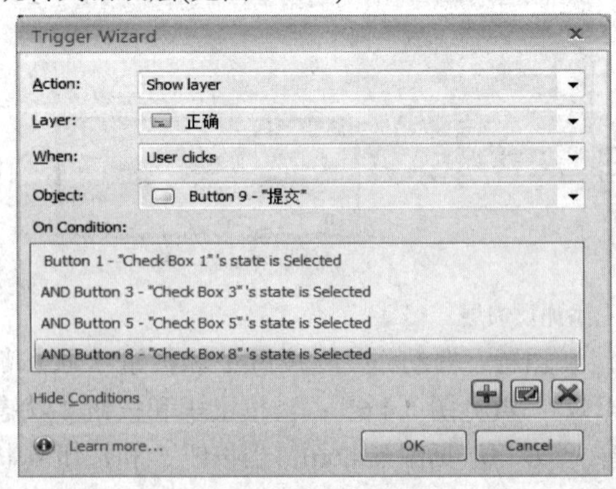

图 5.4.69 跳转到正确层

图 5.4.70 跳转到错误层

(9) 由于触发器动作是由上至下的顺序执行，跳转到回答无效页面也属于答错情况之一，如果步骤(8)在步骤(6)后执行则都会跳转到答案错误页面。所以步骤(8)的触发器动作需要在步骤 6 的动作之前执行。将跳转到错误页面的触发器动作置顶(见图 5.4.71)。预览效果见图 5.4.72。

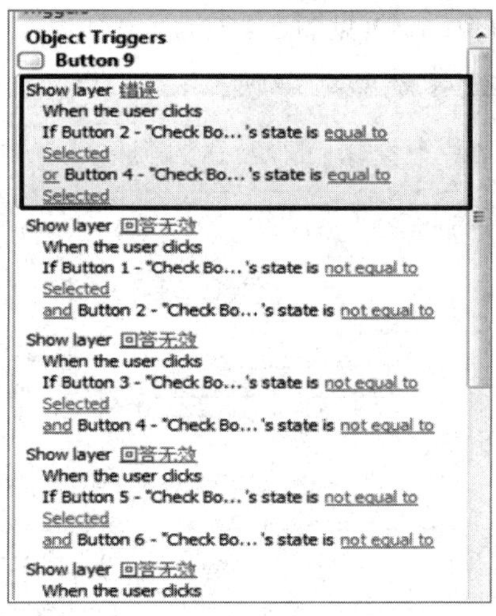

图 5.4.71　将跳转到错误页面的触发器动作置顶

效果预览：

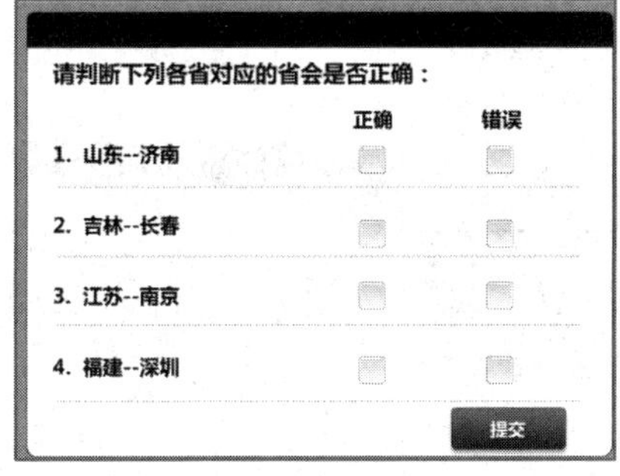

正常页面

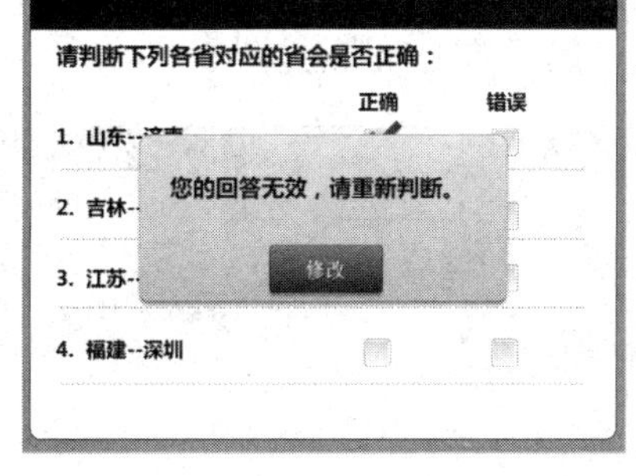

答案无效

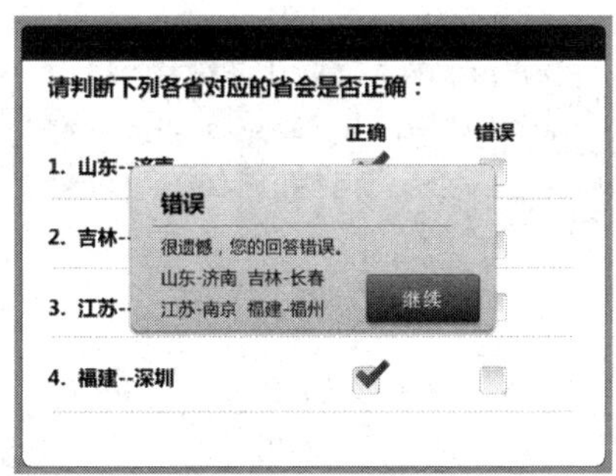

错误页面

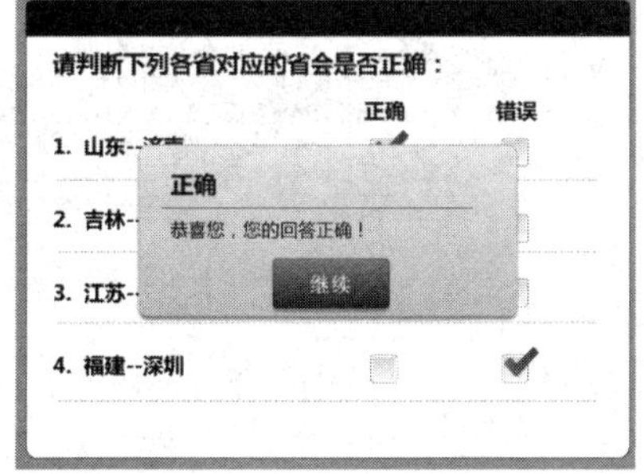

回答正确页面

图 5.4.72　各种情况预览效果

5.4.8　案例 8　答题错误后返回显示正确答案及视频

练习题：要求学员先做练习题，如果正确则继续学习下一页，如果错误则显示提示视

频，学员观看视频后重新练习。(注：最多尝试 3 次)

操作步骤如下：

(1) 插入 Multiple Choice(单选题)(见图 5.4.73)。

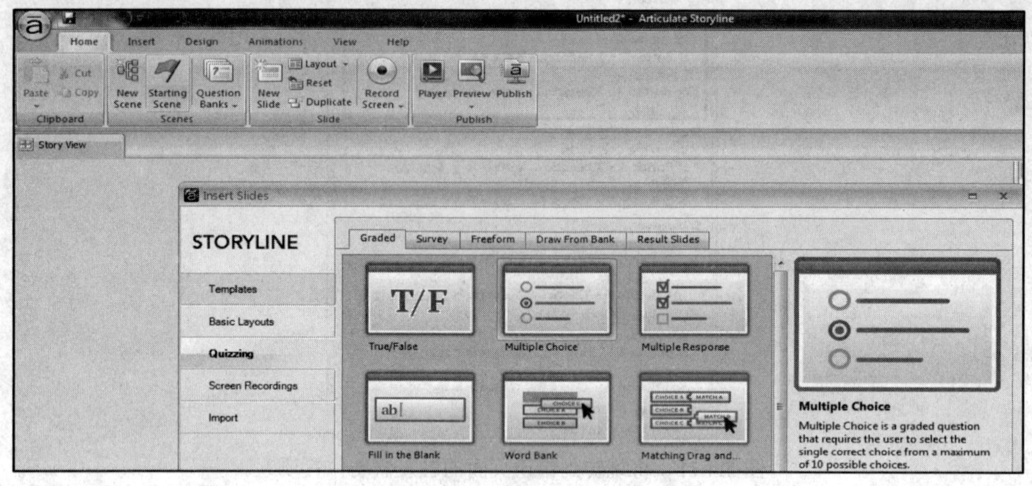

图 5.4.73　插入单选题

(2) 在弹出的单选题窗口中输入题目、选项并勾选正确答案。设置选项固定，尝试次数为 3 次。然后单击保存(见图 5.4.74)。

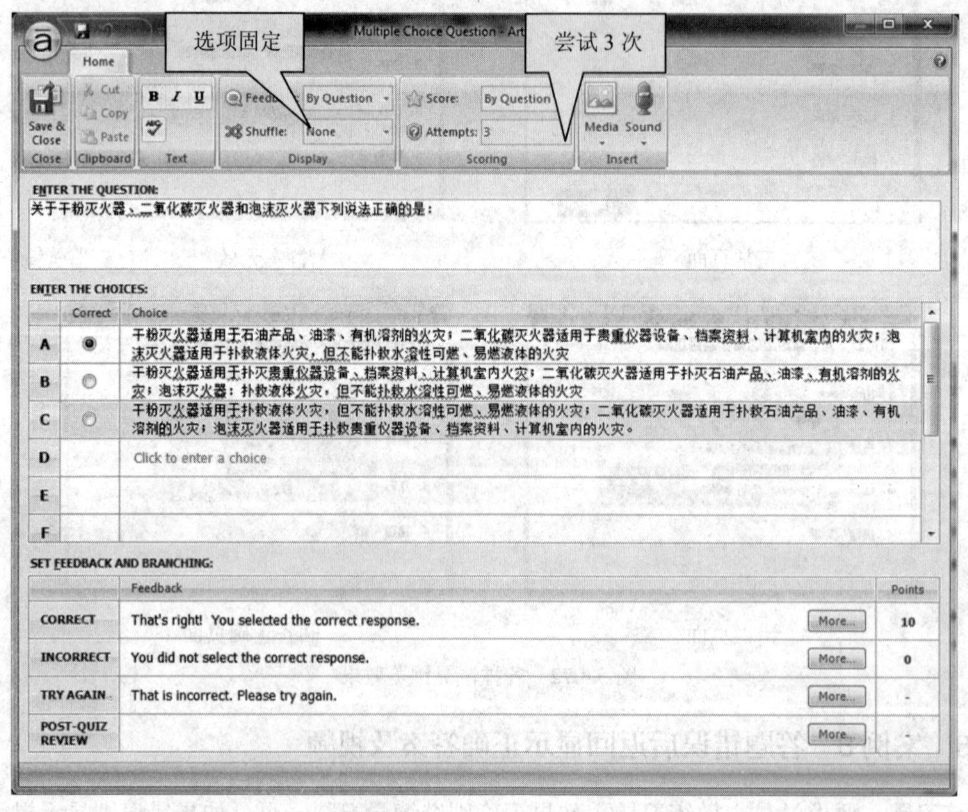

图 5.4.74　单选题属性设置

(3) 回到预览界面后，进行页面的排版。注意预留一块区域添加视频(见图 5.4.75)。

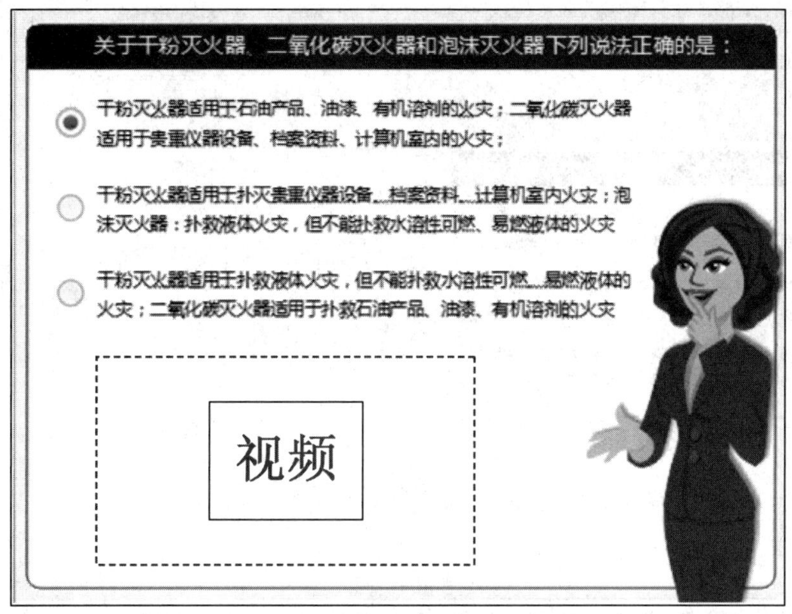

图 5.4.75 页面排版

(4) 编辑反馈层的内容，Try Again 层，输入“您的回答不正确，请观看视频重新回答”；Incorrect 层输入“很遗憾，您的回答不正确”；Correct 输入“恭喜您，回答正确”(见图 5.4.76)。

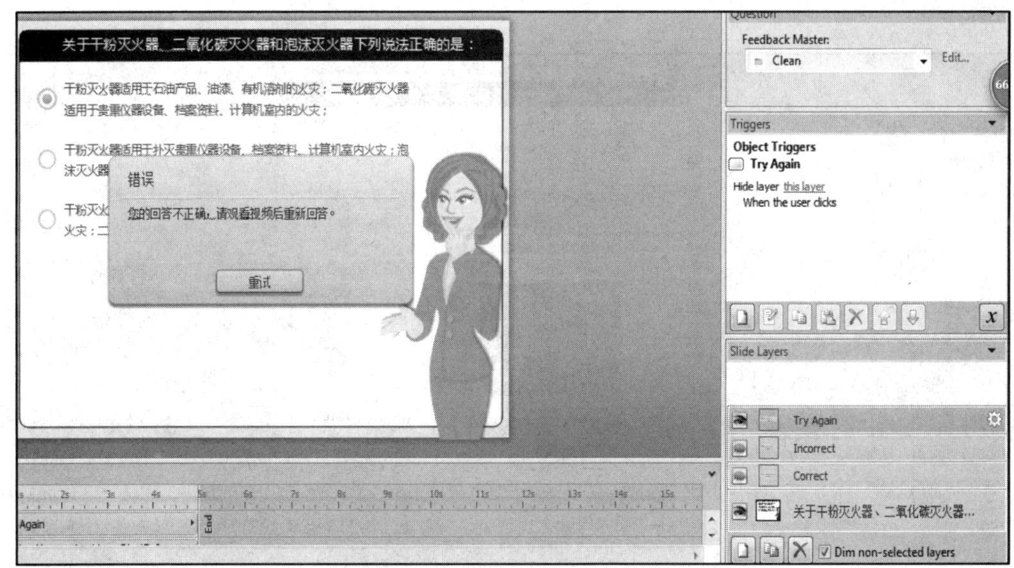

图 5.4.76 编辑反馈

(5) 要达到答错 2 次内后会显示视频，则要求开始时视频为隐藏状态，当学员答错，进入 Try Again 层后有个触发器动作响应引起视频的状态改变。

(6) 由于视频无法设置隐藏状态，可以换一个思路，添加一个无边线、透明度为 100%的矩形框。再为该矩形框添加一个 show 状态，将视频插入矩形框的 show 状态中。当矩形框的状态又 Normal 变成 show 状态时，视频则由隐藏状态变成显示状态。

(7) 插入一个无边线、透明度为100%的矩形框(见图5.4.77)。

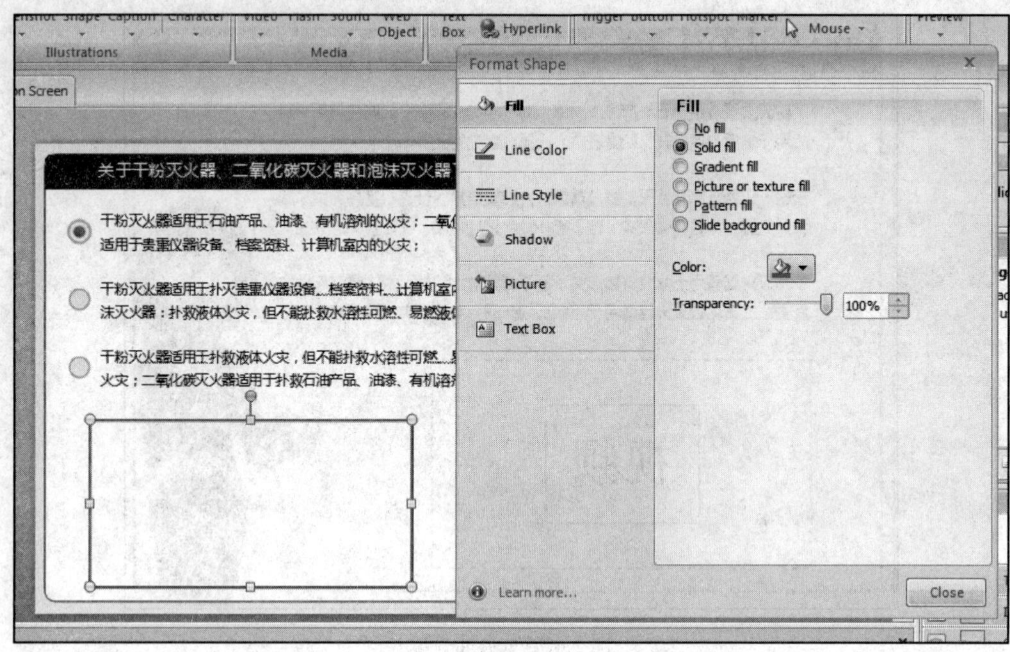

图5.4.77 插入无边框、透明度为100%的矩形框

(8) 为矩形框添加 show 状态，在 show 中插入视频，视频设置为点击开始播放(见图5.4.78)。

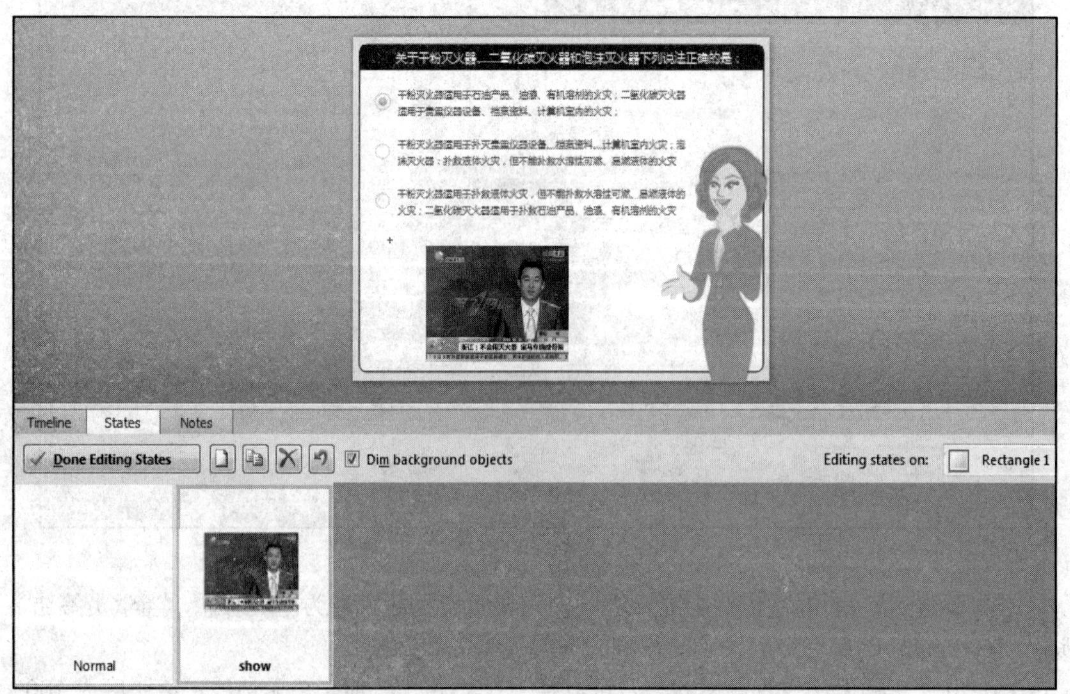

图5.4.78 在矩形框添加的show状态中插入视频

(9) 回到Try Again层，为重试按钮添加触发器动作，点击重试按钮，将底层的矩形状

态由 Normal 变成 show 状态(见图 5.4.79)。

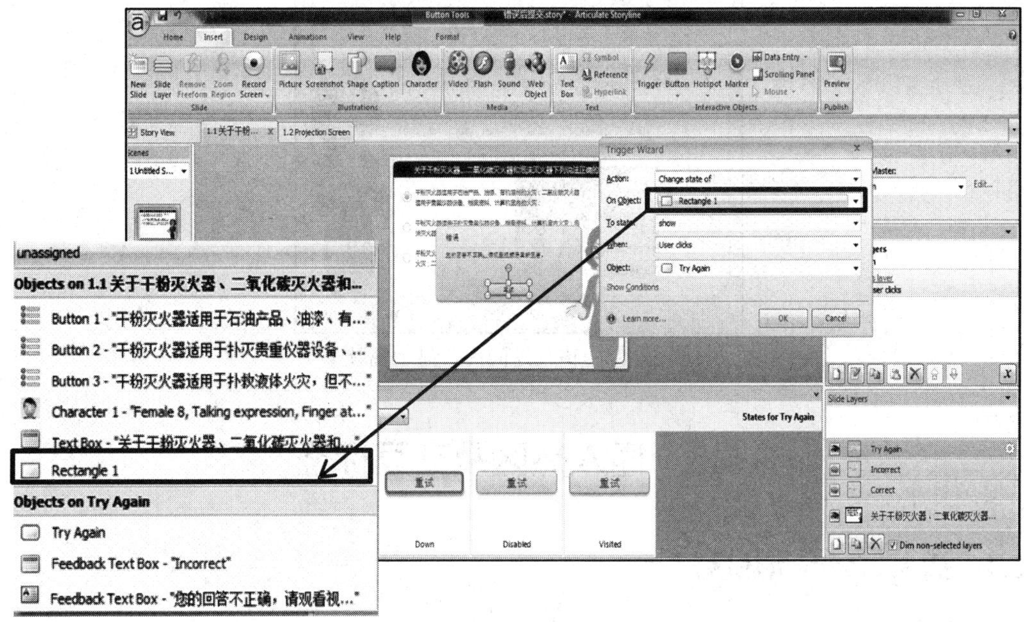

图 5.4.79　为重试按钮添加触发器动作

(10) 注意将添加的触发器动作置于“点击重试按钮隐藏该层”上面(见图 5.4.80)。

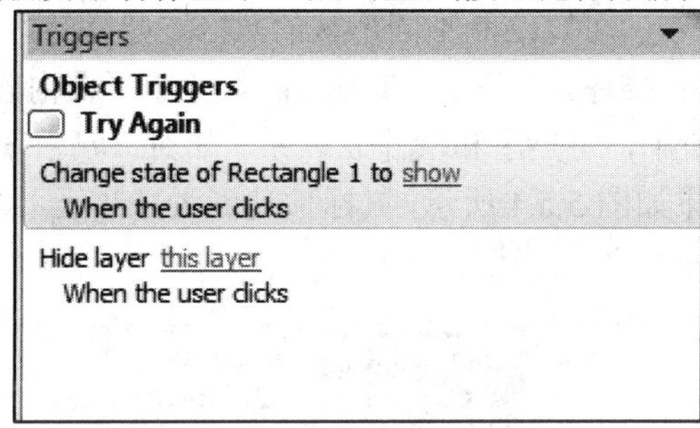

图 5.4.80　设置触发器动作顺序

效果预览(见图 5.4.81，图 5.4.82，图 5.4.83)：

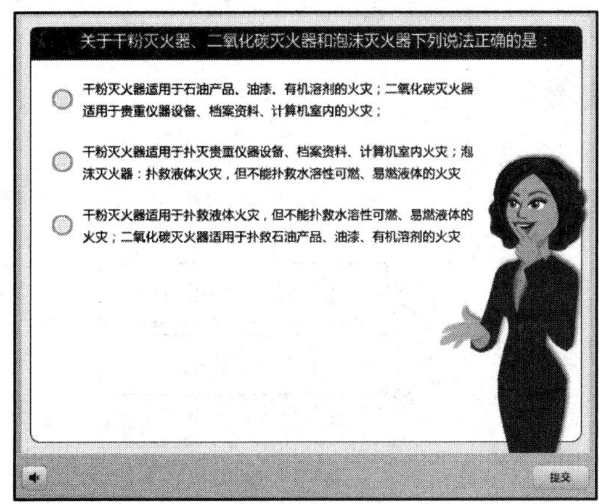

图 5.4.81　练习页面效果预览

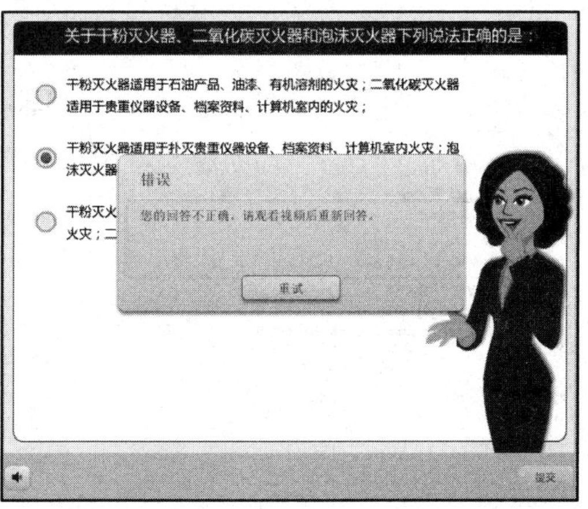

图 5.4.82　回答错误，再尝试页面

图 5.4.83 错误返回后，显示视频

5.5 插入热区及交互标签

5.5.1 插入 Hotspot(热区)

热区也是常用的交互之一，与层以及触发器配合使用。操作一般首先是建立热区和层，点击 Insert(插入)菜单下的 Hotspot(热区)图标，其下拉框中自上而下分别为椭圆、矩形和不规则图形，如图 5.5.1 所示，可以绘制不同形状的热区。建立热区后，在 Trigger(触发器)面板会自动给热区添加动作描述，如图 5.5.2 所示的红色矩形框内容。双击此处，即可给热区添加动作，如图 5.5.3 所示，将热区和层建立联系。如对一辆轿车每个部件的介绍，就可以很好的利用热区。其效果如图 5.5.4 所示，鼠标移动到大灯热区上既可以出现大灯的说明，同样还可以添加 BMW logo、进气格栅等部位的热区。

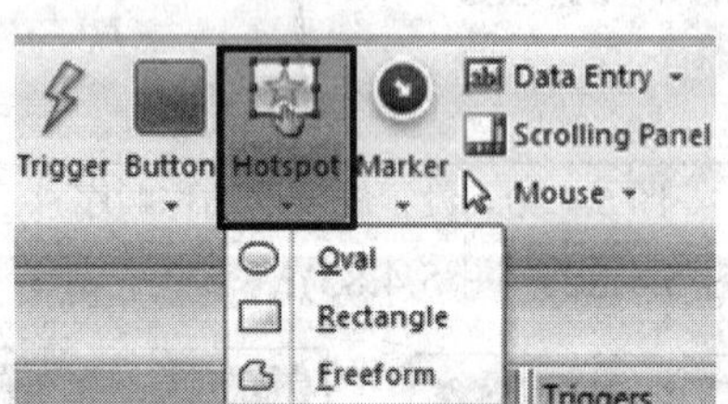

图 5.5.1 热区图标

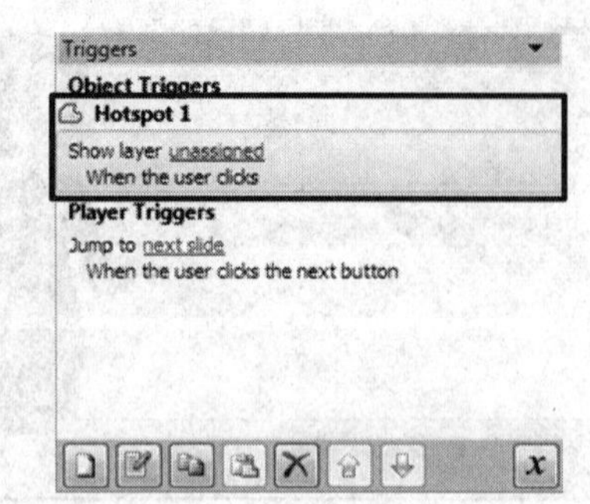

图 5.5.2 触发器面板

图 5.5.3 热区动作设置窗口

图 5.5.4　热区效果图

5.5.2　插入 Marker(交互标签)

标签同样是课程中常用的交互工具之一，而且使用起来十分方便，只需插入后输入相应内容即可，无需在触发器面板中进行动作设置。预览时点击标签即能自动调出内容。

在 Insert(插入)菜单下点击 Marker 图标，在其下拉框中有多种类型的标签，如 Navigation(导航)、Help(帮助)、Office(办公)、Number(数字)、Media(媒体)、Tools(工具)、Feedback(反馈)、Social(社交)、Industry(工业)、Charts(图标)。可根据需要选择不同类型的标签。

选中某个标签后，鼠标变成十字形，在幻灯片任意处点击即可插入标签。插入后选中标签，如图 5.5.5 所示。同时，在菜单栏会新增一个 Format(格式)菜单，如图 5.5.6 所示。

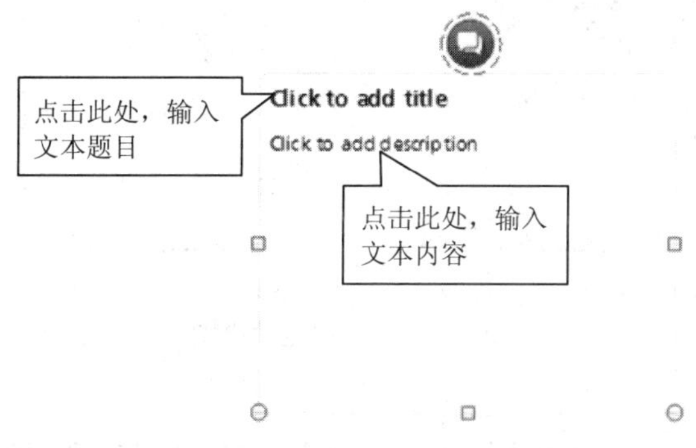

图 5.5.5　选中标签效果

图 5.5.6　标签格式菜单

标签格式菜单中各选项含义如下：

Change Icon(改变图标)：点击此处可以重新选择标签图标类型。

Sound(声音)：点击此处可以给标签嵌入音频文件，点击图标不仅显示文本内容，还会播放音频文件。同样，在 Sound 的下拉框中有多种添加音频的方式，在此不详述，请参照

4.3.1 节内容。

Media(媒体)：点击此处可以在标签中插入图片或者视频文件。

Animate(动画方式)：指标签的动画形式，点击右侧倒三角，在其下拉框中自上而下分别为：None(无动画效果)，Swirl(旋转效果)，Pulse(跳动效果)。

Show All On Hover：当鼠标经过标签时显示所有标签内容。系统默认的是鼠标点击后显示。

Audio Only：只显示标签里的音频文件，不显示文本等其他内容。

Marker Styles(标签样式)：通过此处可以改变标签的背景色、填充色、边框色等。

Label Styles(标注样式)：指标签下的文本框样式。

Apply To all：将样式应用于所有标注。

除了这些选项，还可以设置标签的位置，如置于顶层，置于底层、旋转等操作。但是标签的大小是不能改变的，右击标签会出现弹出菜单，选择 Size and Position(大小和位置)，在其编辑窗口中是不可设置大小的。所有设置完毕，点击预览即可观看效果，如图 5.5.7 所示。

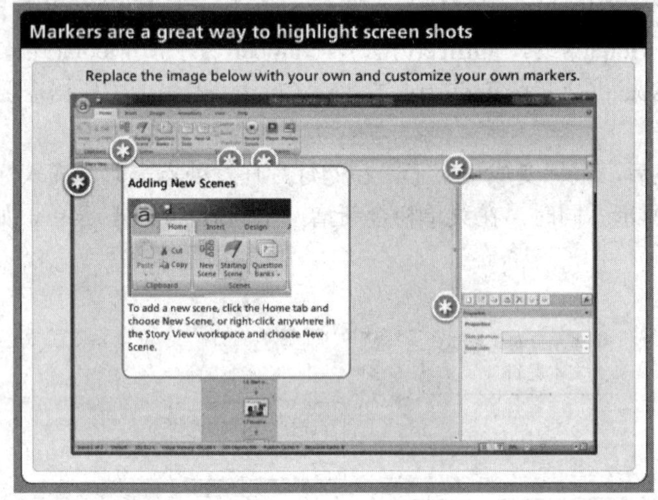

图 5.5.7　标签预览效果图

5.6　插入数据输入框、容器框和鼠标

5.6.1　插入数据输入框

数据输入框常常用在填空题或者问答题中，学习者通过数据输入框，输入文本内容或者数字内容，从而辅助交互的完成。

在插入菜单下，点击 Data Entry，在其下拉框中自上而下分别为 Text Entry(文本输入)和 Numeric Entry(数字输入)，如图 5.6.1 所示。在文本输入框中只能输入文本内容，其他内容无法输入，同样，数字输入框中也只可以输入数字。选择输入框类型后，鼠标变成十字形，拖动鼠标即可绘制一个数据输入框，可以先输入一个数据作为默认项，如在文本框中输入“请您在此输入内容”，预览时即显示如图 5.6.2 所示，点击输入框即可输入内容。数字输入框也类似。

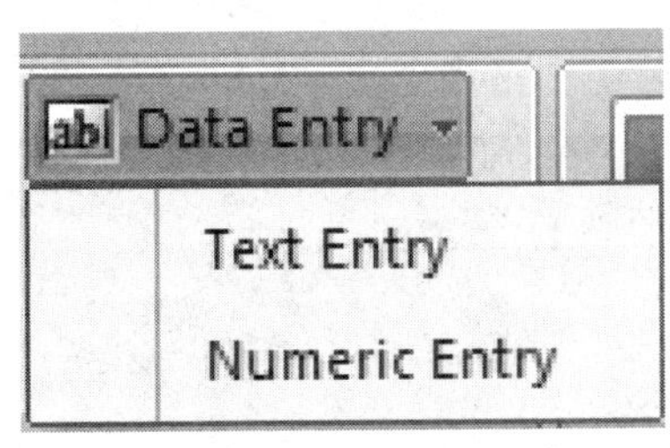

图 5.6.1　数据输入框

图 5.6.2　文本输入框预览图

同样，在幻灯片中还可以选中输入框，在 Format(格式)菜单中更改输入框风格，操作简单，在此不详述。

5.6.2　插入容器

在课程中有时会遇到一个页面要呈现大量的内容，此时可以用 Storyline 提供的 Scrolling Panel(容器工具)。点击 Scrolling Panel 后，鼠标变成十字形，拖动鼠标即可绘制一个容器框，选中容器，在菜单栏同样会出现 Format(格式)菜单，可以对容器进行填充颜色等操作。

容器设置完成，将相关内容拖动到容器中即可。如果内容超过容器大小，容器则会自动增加拖动条，如图 5.6.3 所示。不仅可以添加文本，还能添加图片、视频等其他元素，如图 5.6.4 所示。如果内容没有超过容量大小，则不会出现拖动条。

数据输入框常常用在填空题或者问答题中，学习者通过数据输入框，输入文本内容或者数字内容，从而辅助交互的完成。在插入菜单下，点击Data Entry，在其下拉框中自上而下分别为文本输入（Text Entry）和数

图 5.6.3　添加了文本的容器框

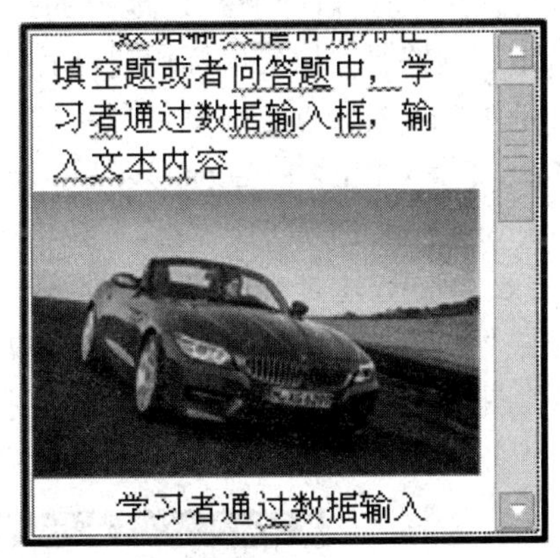

图 5.6.4　添加了文本和图片的容器框

5.6.3　插入鼠标

插入鼠标主要是通过插入鼠标单击或者双击的动作来演示某个操作步骤。如：通过鼠标点击和触发器将一个操作的几个步骤截图联系起来，形成一个完整的操作过程。在 3.4.1 节便用到了此功能。

在 Insert(插入)菜单下点击 Mouse，在其下拉框中有多种鼠标类型可选，也可以通过 Browse for Cursors 从外部导入鼠标图标，如图 5.6.5 所示。

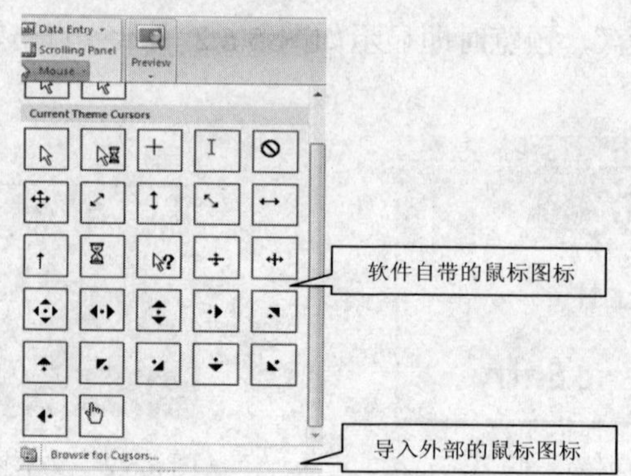

图 5.6.5　鼠标的下拉框

插入鼠标图标，选中该图标，在菜单栏新增 Format(格式)菜单，如图 5.6.6 所示。通过格式菜单可以对鼠标进行属性设置。

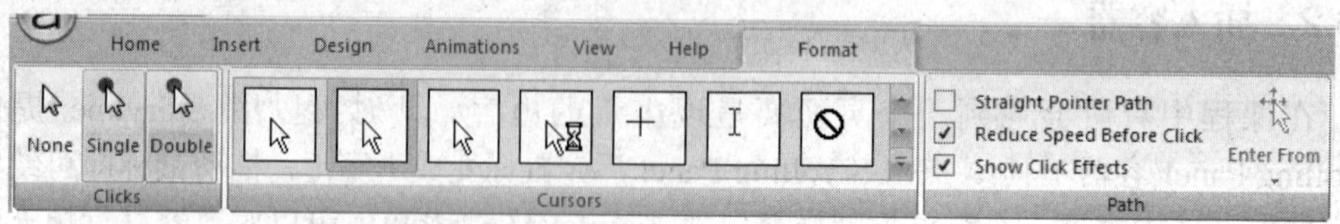

图 5.6.6　鼠标的格式菜单

鼠标格式菜单中选项含义分别如下：

Click(点击方式)：None(不点击)，Single(单击)，Double(双击)。

Cursors(鼠标指针)：在此可以选择不同的鼠标指针类型。

Path(路径)：是指鼠标所经过地方的踪迹；路径设置有四个选项，分别如下：Straight Pointer Path(直线路径)：如果鼠标原先路径为曲线，选择此项会将其更改为直线路径；Reduce Speed Before Click(鼠标点击前降低鼠标移动速度)，此效果能让学习者更清晰地看到鼠标所点击的对象；Show Click Effects(显示鼠标点击效果)；

Enter From(进入的方向)：在其下拉框中有各种方向可选择。

如图 5.6.7 所示，这是一个操作中的某一步骤的截图，通过给此截图添加鼠标点击效果，即鼠标双击“本地磁盘(D:)”进入下一个操作。其中箭头表示鼠标移动的轨迹。要实现从一张步骤截图跳转到另一张步骤截图的效果，不仅要鼠标点击，还需加入触发器，设置动作跳转才可实现，如添加一张幻灯片播放结束后自动跳转到下一张幻灯片的动作。

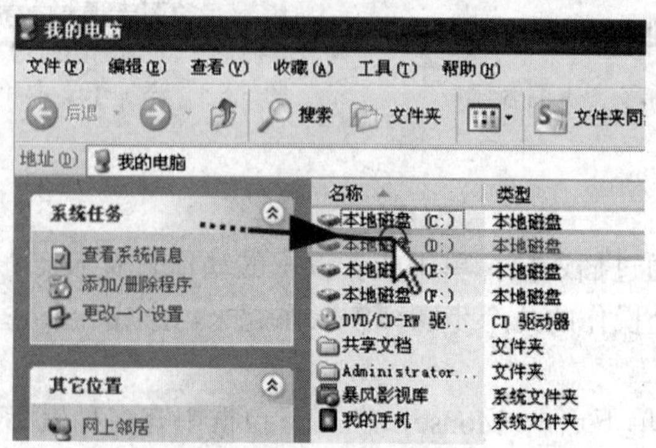

图 5.6.7　插入鼠标点击效果编辑页面

5.7 本 章 测 试

一、单选题

1. 以下选项中，哪项表示插入层(　)。

A. New Slide　　B. Slide Layer

C. Layout　　D. Trigger

2. Dim non-selected layers 表示(　)。

A. 显示为选择的层　　B. 不显示为选择的层　　C. 不显示幻灯片中的内容

3. 按钮中，Check Box 与 Radio Buttons 两者的主要区别是(　)。

A. 按钮形状不一样　　B. 格式设置不一样　　C. 前者可以多选，后者只能单选

4. 如将一张图片转换成按钮，应首先(　)。

A. 选中图片，在插入菜单中点击 Button

B. 右击图片，在弹出菜单中选择 Button Set

C. 选中图片，在插入菜单中点击 Convert to Freeform

5. 下列触发器的 Action(动作)类型中，哪项表示跳转到幻灯片(　)。

A. Show Layer　　B. Jump to Slide

C. Jump to Scene　　D. Hide Layer

6. 以下触发事件选项中，哪项表示对象拖动经过事件(　)。

A. Object dragged over　　B. Object dragged on　　C. Drag Drop Events

7. 如果要实现一个幻灯片播放完毕自动弹出层，应选择哪个触发事件(　)。

A. Timeline starts　　B. Timeline ends　　C. Media completes

8. Marker 表示(　)。

A. 插入交互标签　　B. 插入热区

C. 插入容器　　D. 插入数据输入框

二、判断题

1. 触发器不能被复制粘贴。(　)

2. 可以右击标签，在其弹出菜单中选择 Size and Position 改变其大小。(　)

3. 容器中既可以添加文本内容，也可以添加图片、视频等内容。(　)

4. Timeline starts 是指在一个幻灯片整个时间轴开始时动作发生。(　)

5. 只要插入热区就可实现交互效果，不需要进行触发器设置。(　)

6. 标签中只能填充文本和图片，不可以添加声音、视频等媒体内容。(　)

三、操作题

1. 新建两个幻灯片并插入素材，同时添加交互效果，需满足以下条件：

(1) 建立两张幻灯片，分别命名为“幻灯片 1”和“幻灯片 2”。在幻灯片 1 中插入一张正前方视角的人物图片和一个矩形。幻灯片 2 中插入一个视频。

(2) 给幻灯片 1 人物的眼睛、鼻子、脸庞分别添加热区，实现鼠标经过热区会显示相

应五官文本内容的效果。如鼠标经过眼睛，会弹出“眼睛”的提示文字。

(3) 将幻灯片 1 中矩形转换成按钮，并设置添加状态，默认为普通状态，还需设置鼠标经过的状态、鼠标按下的状态。每种状态显示的矩形格式(如颜色、大小、位置等)不同，格式可以自定。

(4) 给幻灯片 1 中矩形添加动作，实现：点击矩形按钮，调出幻灯片 2，并且此时仍在幻灯片 1 界面，点击幻灯片 2 上方的关闭按钮即可关闭幻灯片 2。

2. 新建一个幻灯片并插入素材，同时添加交互效果，需满足以下条件：

(1) 幻灯片中插入两个 Button，并在 Button 上输入文本“音频内容”“目录”。

(2) 建立两个层，并分别给两个层命名为“音频文字”和“目录”。

(3) 在“音频内容”层中输入 100 字的文本内容，设置文本宽为 80 像素。并插入一个容器，设置容器宽为 80 像素，高为 96 像素。设置完成，将文本放入到容器中。在“目录”层中可以任意输入一段目录。

(4) 分别给两个 Button 添加动作，实现：点击“音频内容”Button 调出“音频内容”层，点击“目录”Button 调出“目录”层。

(5) 分别在两个层中插入一张关闭按钮的图片，并实现点击关闭按钮即可关闭层的操作。

第 6 章　界面风格设计

★本章学习要点

- ◆ 掌握如何设置舞台尺寸。
- ◆ 掌握界面主题设置和背景设计。
- ◆ 掌握如何设置播放器，如目录设置、颜色设置、基本布局设置等。
- ◆ 理解播放器设置中每个选项的含义。

6.1　舞台尺寸设置

当打开一个 Storyline 项目，进入到幻灯片视图界面时，幻灯片的舞台尺寸默认为宽 720 像素，高 540 像素，如图 6.1.1 所示。如果当前尺寸不符合需求，可以点击 Design(设计)菜单下的 Story Size Setup 更改舞台尺寸，如图 6.1.2 所示。

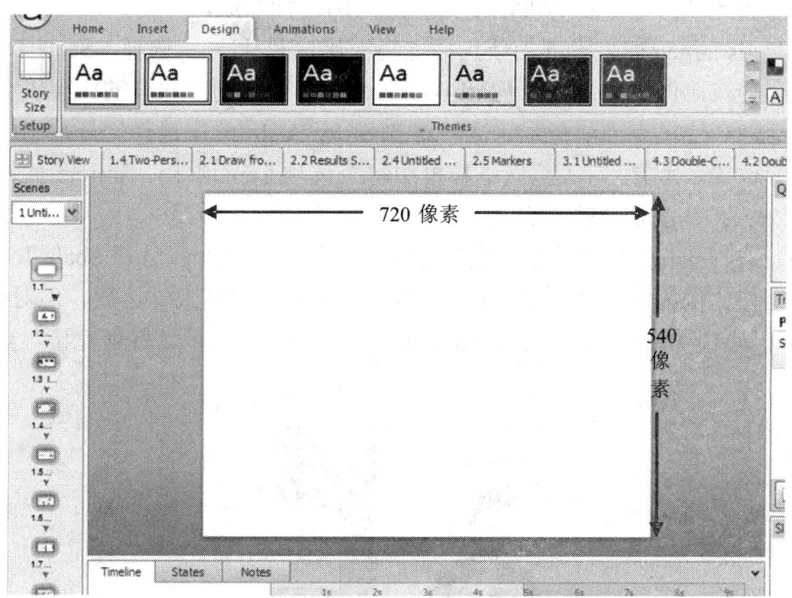

图 6.1.1　舞台默认尺寸

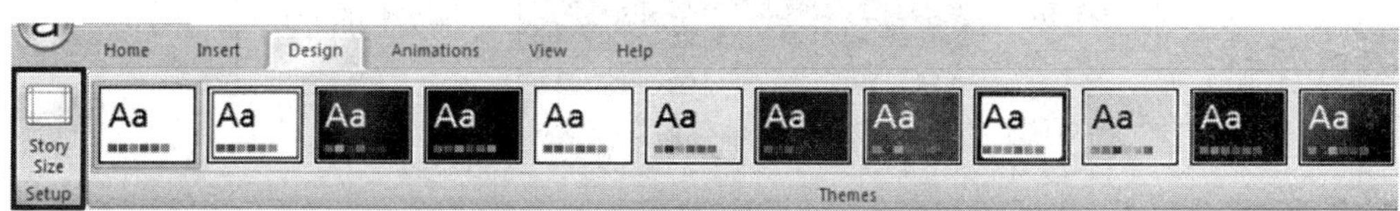

图 6.1.2　Design 菜单下选择 Story Size 设置舞台尺寸

点击 Story Size，进入舞台尺寸设置窗口，如图 6.1.3 所示。选项都设置完毕后，点击 OK 即可。

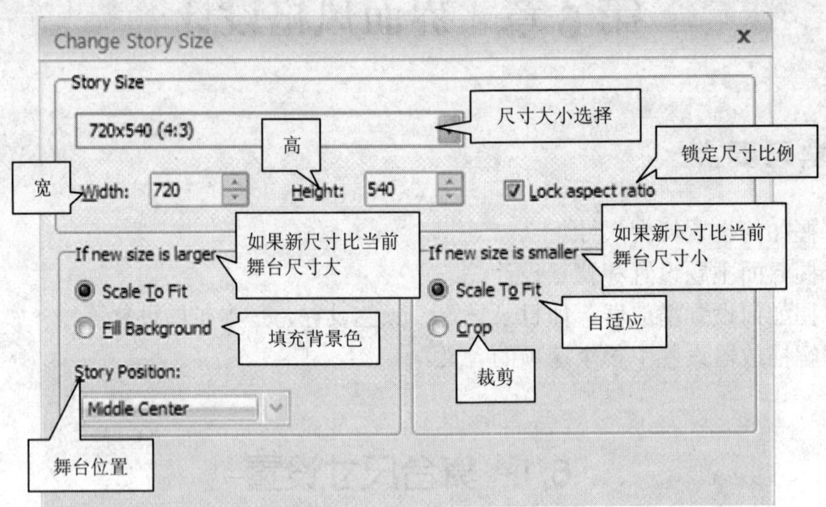

图 6.1.3　舞台尺寸设置窗口

舞台尺寸设置窗口中各选项含义如下：

Lock aspect ratio(锁定尺寸比例)：如果改变舞台的高或宽，另一个将随之按比例改变大小。如果不勾选此项，则宽和高可以不按原始比例进行缩放。

If new size is larger(如果设置的新尺寸比当前舞台尺寸大)：选择“Scale To Fit”表示幻灯片中的内容会按比例放大；选择“Fill Background”表示幻灯片中的内容仍会保持原先尺寸，并且会给幻灯片填充当前背景，同时要在 Story Position 中选择幻灯片中内容在新尺寸舞台上的显示位置。其中，有关位置下拉框中每个选项 Top(顶端)、Bottom(底端)、Left(左)、Right(右)、Center(中心)的含义在此不一一解释。

If new size is smaller(如果设置的新尺寸比当前舞台尺寸小)：选择 Scale To Fit 表示幻灯片中的内容会按比例缩小；选择 Crop 表示当前幻灯片中内容尺寸不变，但对其进行裁剪。选择 Crop 后，点击 Next，进入裁剪编辑窗口，如图 6.1.4 所示。裁剪完毕，点击 OK。

图 6.1.4　裁剪编辑窗口

注：一般舞台尺寸大小的设置应在幻灯片中未添加任何内容之前完成。如果在幻灯片中已经添加了很多内容之后改变舞台大小，那么幻灯片中元素的排版等会受到影响，要重新调整，比较麻烦。

6.2　界面主题及背景设计

1. 主题设置

Storyline 中的界面主题与背景设计与 PPT 中一样，如图 6.2.1 所示，可以设置主题、Colors(颜色)、Fonts(字体)、Background Styles(背景风格)、Hide Background Graphics(隐藏背景图形)等。

图 6.2.1　界面主题及背景设计

点击主题右侧的 ，打开主题选择下拉框，如图 6.2.2 所示。

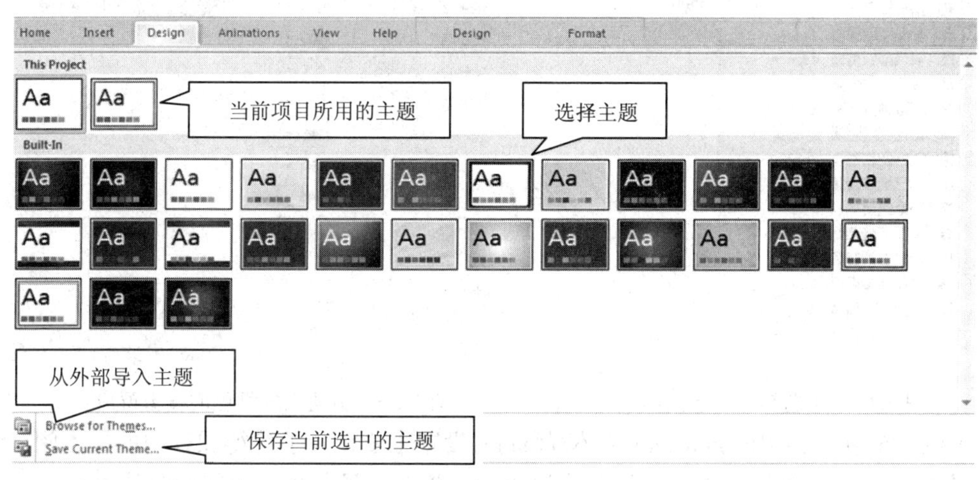

图 6.2.2　主题选择下拉框

2. 主题颜色设置

点击 Colors，在其下拉框中可以选择各种主题颜色。主题颜色设置完成后会嵌入在整个课程中，如有关颜色设置的下拉框中都会有 Theme colors(主题颜色)，如图 6.2.3 所示，还有一些文本的默认颜色、按钮的默认颜色以及超链接的默认颜色等。

如果软件提供的主题颜色不能满足需求，还可以 Create New Theme Colors(创建新的主题颜色)，如图 6.2.4 所示。选中一种主题颜色并右击，在弹出的菜单中可以选择 Apply to Matching Slides(将此主题颜色应用于同一母版的所有幻灯片)、Apply to All Slides(应用于所有幻灯片)、Apply Only to This Slide(只应用于当前幻灯片)。点击 Create New Theme Colors 即可进入主题颜色创建页面，如图 6.2.5 所示。

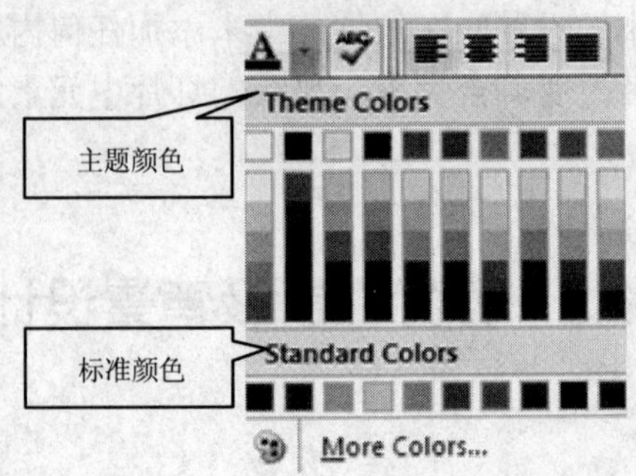

图 6.2.3　每个颜色选项里都内嵌主题颜色

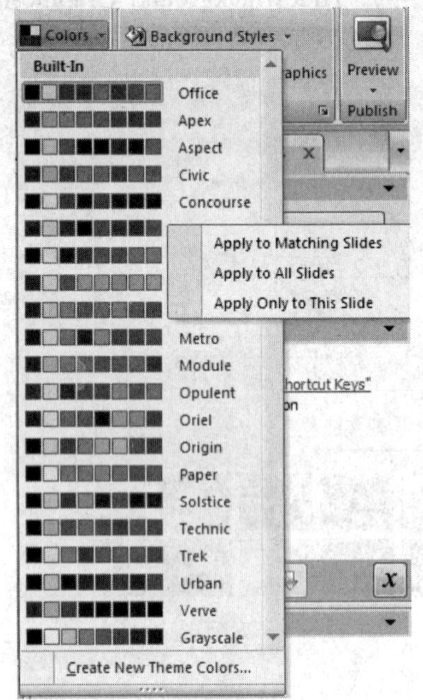

图 6.2.4　主题颜色的下拉框

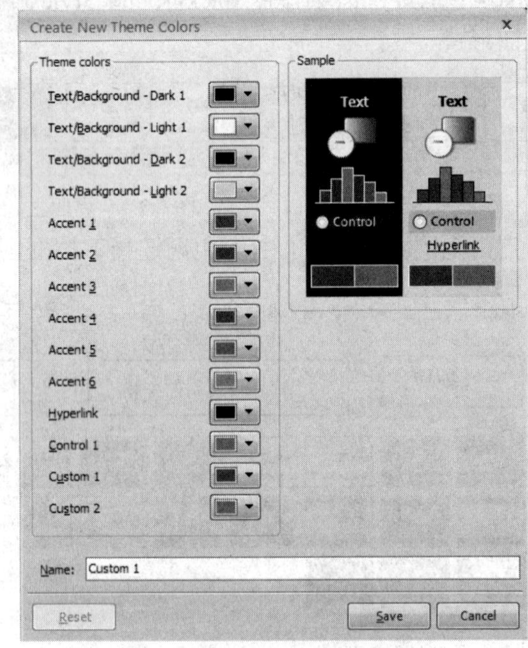

图 6.2.5　新建主题颜色的编辑窗口

图 6.2.5 中，Text/Background(文本/背景)的设置主要是为了使得课程中的文本阅读起来更加方便。例如，如果文本颜色设置为深色的，那么背景色相应的就应为浅色。

Accent 系列的颜色用来预先设置 Format(格式)菜单中 Shape Fill(填充色)和 Shape Outline(边框色)下拉框的默认主题色。

Hyperlink(超链接)颜色用来显示超链接文本被访问过后的颜色。

Control1 用来显示鼠标经过按钮时的颜色以及做测试题时鼠标经过选项时显示的颜色。

Custom1 是默认的按钮填充色。

Custom2 是默认的复选框和单选按钮的颜色。

点击每个选项右侧的倒三角，选择自己所需的颜色即可。颜色设置完毕，还可以将该主题颜色命名，即在 Name 右侧空白框中输入名称。设置完毕，点击 Save(保存)即可。

3. 主题字体设置

主题字体设置与主题颜色设置类似，在 Design(设计)菜单下点击 Fonts(字体)，在其下拉框中可以选择各种字体，如图 6.2.6 所示。右击某种字体，在弹出的窗口中可以选择 Apply to Matching Slides(应用于同一母版的幻灯片)、Apply to All Slides(应用于所有幻灯片)或者点击 Create New Theme Fonts 创建新主题字体，如图 6.2.7 所示。

图 6.2.6　主题字体的下拉框

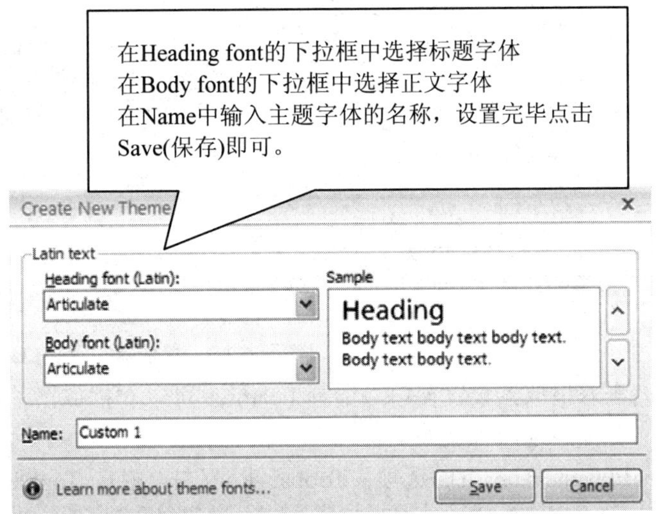

图 6.2.7　新建主题字体的编辑窗口

6.3　播放器设置

6.3.1　基本布局设置

Storyline 中不仅可以插入各种多媒体元素以及交互动作，还自带播放器，播放器中可以实现上下页的切换、提交、音量控制、进度条、目录、搜索等功能，还可以对整个项目的语言类型、颜色等进行设置。

在大纲视图页面或者幻灯片界面的 Home(首页)菜单下选择 Player(播放器)，如图 6.3.1 所示，即可进入播放器设置窗口，如图 6.3.2 所示。

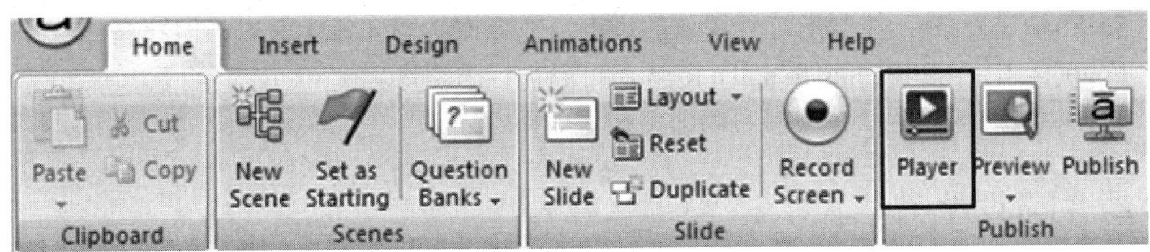

图 6.3.1　Home(首页)菜单下的 Player(播放器)

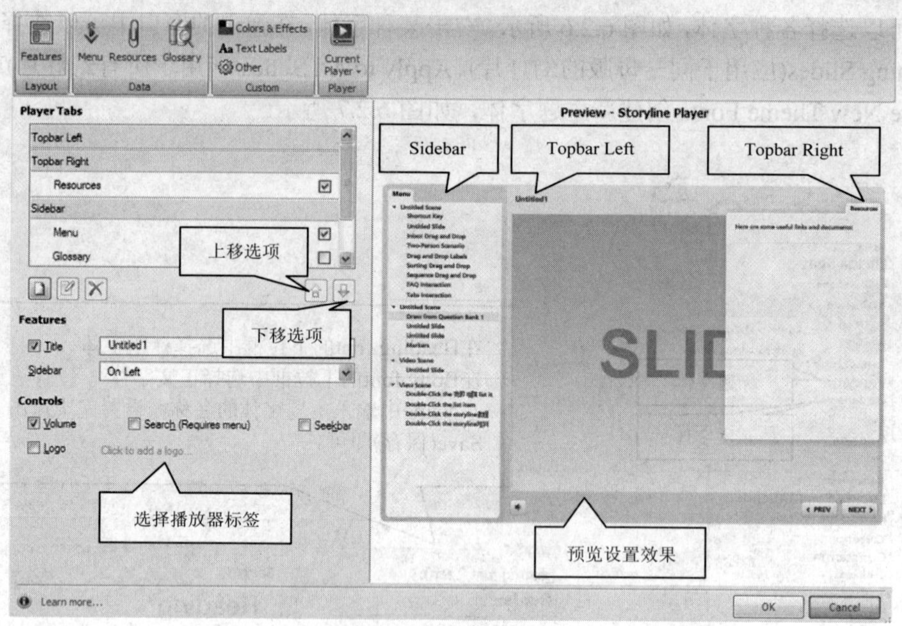

图 6.3.2　播放器设置窗口

进入播放器设置窗口，选择 Features 可以对播放器基本布局进行设置。

各标签选项含义如下：

Player Tabs 下的选项：Topbar Left(左上栏)、Topbar Right(右上栏)、Sidebar(侧栏)、Resources(资源)、Menu(目录)、Glossary(词典)、Notes(备注)。其中，后四个选项是软件自带的功能，不可以编辑或者删除，只可以勾选或不勾选。

如果需要新增选项，可以点击新建按钮，进入 Trigger Wizard(触发器设置)窗口进行相应的设置。在此不详述，具体参考 5.3 节内容。如果需要修改设置，可以点击新建按钮右侧的编辑按钮来修改。还可以点击删除按钮删除新建的选项。

不论是软件自带的选项还是新建的选项，都可以对其进行上移或者下移。

Feature 下的选项：

Title：课程题目，在右侧空白框内输入即可。

Sidebar：侧栏，点击右侧的倒三角可选择侧栏的位置，包括 On Left(左侧)、On Right(右侧)。

Controls 下的选项：

Volume(音量按钮)：控制声音音量的大小。

Search(搜索按钮)：搜索课程中的内容。

Seekbar(进度条)：控制幻灯片播放的进度，也可拖动进度条任意观看幻灯片。

Logo(标志)：点击 Click to add a logo 即可添加标志图像。

选择相应的选项后，在窗口右侧即可预览效果。

6.3.2　目录设置

目录几乎是每个课程必备的元素，通过目录可以快捷地查看幻灯片。在 Storyline 中，目录在播放器中设置。在大纲视图或幻灯片页面点击 Home(首页)菜单下的 Player，进入播放器编辑窗口，点击 Menu 即可对目录进行设置，如图 6.3.3 所示。

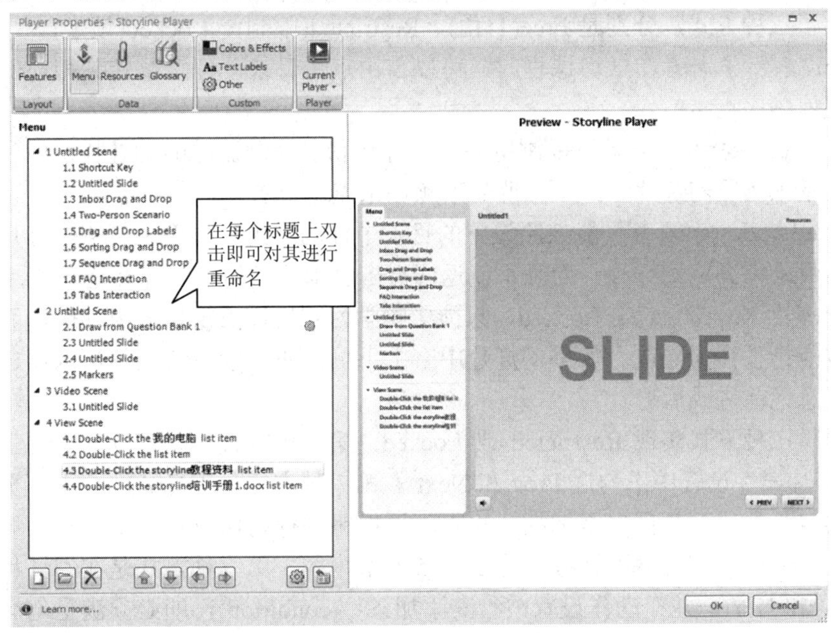

图 6.3.3　目录条目编辑窗口

在目录栏双击每个标题即可对其进行重命名。其中软件默认的一级标题为场景名称，二级标题为幻灯片名称。如果现有目录不能满足需求，还可通过下方按钮栏添加新标题、删除标题或者更改标题层次关系等。

下方的按钮栏自左向右分别为新建标题、从项目中插入幻灯片的标题、删除标题、上移标题、下移标题、左移标题、右移标题、目录选项设置、从项目中重置目录。

如果要新建标题，首先选好标题位置，点击新建标题按钮后输入标题名称即可，但是新建的标题在预览时无法链接到其他内容，只可作为显示的标题。如果需要导入项目幻灯片中的标题，点击文件夹按钮即可，导入的标题可以链接到幻灯片。当某些标题不需要时，可以通过删除按钮删除标题。还可以对标题位置进行上下左右移动，从而调整标题的先后顺序以及包含关系。点击 ，进入目录选项设置窗口，如图 6.3.4 所示。点击 ，可以根据项目场景和幻灯片名称将目录重置。

图 6.3.4　目录选项设置窗口

图 6.3.4 中各选项的含义如下：

(1) Navigation Restriction(导航限制)：对通过点击目录浏览项目内容进行限制。在其下拉框中提供了三种方式，分别是 Free(自由)、Restricted(限制)、Locked(锁定)。

● Free：表示学习者在学习课程时，可以自由点击目录，任意跳转到相应幻灯片，可以不按照任何顺序点击。

● Restricted：表示学习者可以浏览当前幻灯片和已经浏览过的幻灯片，但是不能跳跃式地点击目录来浏览幻灯片，必须按照先后顺序来点击目录。

● Locked：表示学习者只能按照设置的目录中标题的先后顺序来浏览幻灯片，不能跳跃式地点击目录来浏览幻灯片，而且不能返回点击已浏览过的幻灯片标题。

注：选择了 Restricted 或 Locked，只能影响学习者通过点击目录来导航，而不能影响学习者通过点击按钮来导航。如果幻灯片中有上下页按钮，学习者仍然可以通过点击上下页按钮来任意地前进或后退。

这里提供三种方式实现 Restricted 或 Locked：第一种方式是将幻灯片中的上下页按钮去除(在幻灯片属性设置中不勾选 Prev 和 Next)。第二种方式是幻灯片中有上下页按钮，但不是播放器自带的，而是后来添加的，给上下页按钮进行动作设置，即等到幻灯片播放结束上下页按钮才出现，具体设置方法请参考 5.3 节内容，第三种方式是在幻灯片属性设置中勾选 Prev 和 Next，并在动作设置中给其添加条件(condition)，即必须满足幻灯片时间轴结束这个条件，点击上下页按钮才可跳转到幻灯片。

(2) Wrap long menu item titles：将长度超过目录栏宽度的标题进行折叠显示，而不是将超过的标题部分隐藏。

(3) Show tooltip on hover：当学习者鼠标移动到标题长度超过目录栏宽度的标题上时(目录设置选项中没有勾选 Wrap long menu item titles)，会出现提示文本信息(显示完整的目录标题)。

(4) Auto-collapse menu as learner progresses：去除目录标题上的序号。

(5) Number entries in the menu automatically：在目录中的标题前面增添序号。

如果项目中有整体测试，目录中的整体测试标题左侧会有一个设置按钮，如图 6.3.5 所示，点击此按钮，会弹出菜单，勾选 Show Slide Draw Contents 即可在目录中显示整体测试中每个幻灯片的标题。如果不勾选，则只会显示整体测试的标题。

◢ 2 Untitled Scene

2.1 Draw from Question Bank 1

2.3 Untitled Slide

2.4 Untitled Slide

2.5 Markers

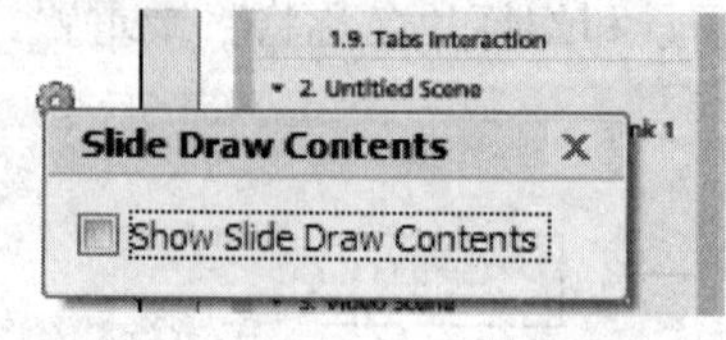

图 6.3.5　整体测试目录设置

所有选项设置完毕，点击 OK 即可。

6.3.3　资源设置

在播放器的基本布局栏里有 Resources(资源)选项，勾选了 Resource 后，需要进行资源设置才能让学习者在学习课程时运用资源。

在播放器窗口中选择 Resources，进入资源设置栏，如图 6.3.6 所示，可以在此添加资源、编辑资源、删除资源或者调整资源顺序。

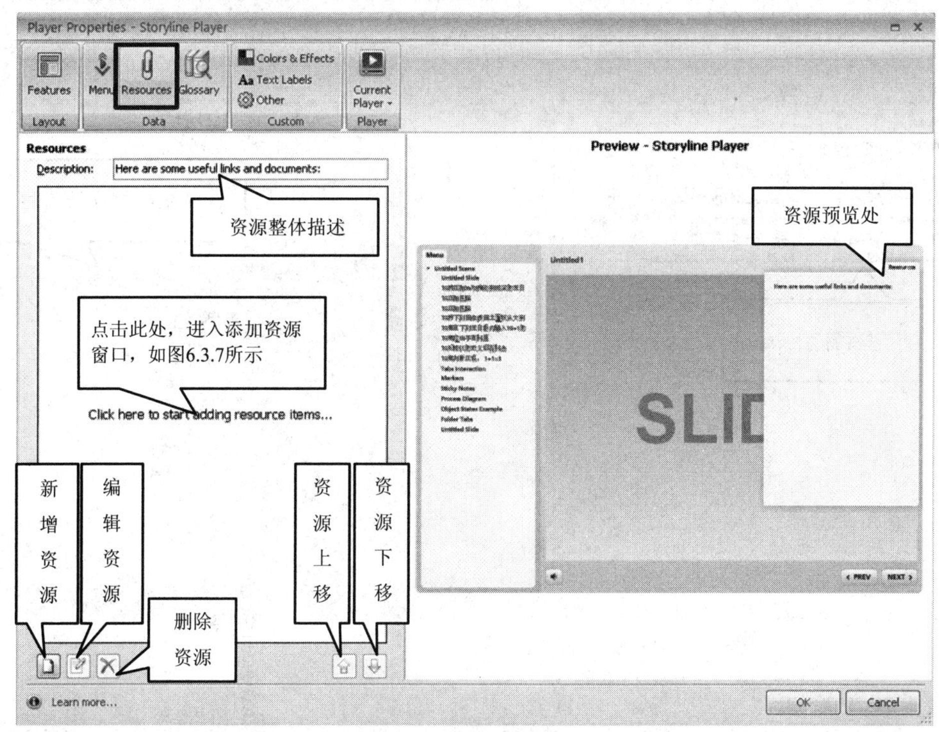

图 6.3.6　资源设置窗口

如果是第一次添加资源，则既可以在资源栏空白处点击，也可以点击新增资源按钮，来进入资源添加的窗口，如图 6.3.7 所示。如果已经添加了一个或若干个资源，点击空白处已无效，需要通过点击新增资源按钮来增加资源。

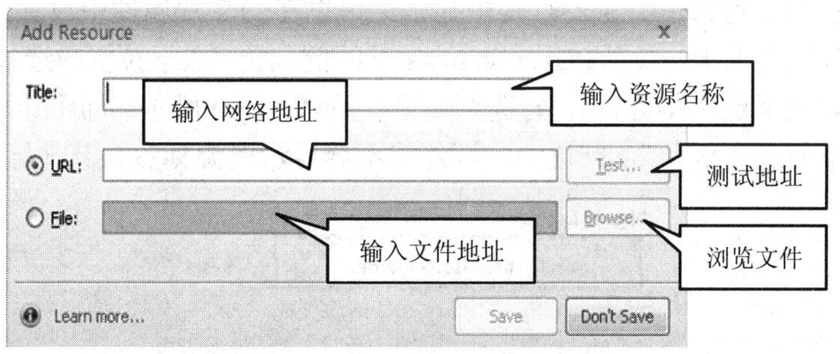

图 6.3.7　添加资源窗口

在图 6.3.7 中，添加资源有两种路径，一种是网络地址路径，另一种是文件地址路径。在添加网络资源时，只需在 URL 右侧空白框内输入网络资源地址，输入完毕，为了确保 URL 正确，可以点击 Test 测试地址是否可用。在添加文件时，只需在 File 右侧空白框内输入文件地址，或者点击 Browse 浏览文件即可。不限制添加的资源格式，但是学习者在阅读文件时，本机上必须装有能阅读相应资源格式的软件。如阅读 Doc 文件，学习者电脑上需有 Office 软件。资源添加完毕，点击 Save 保存，点击 Don’t Save 表示不保存。添加资源后的窗口如图 6.3.8 所示。

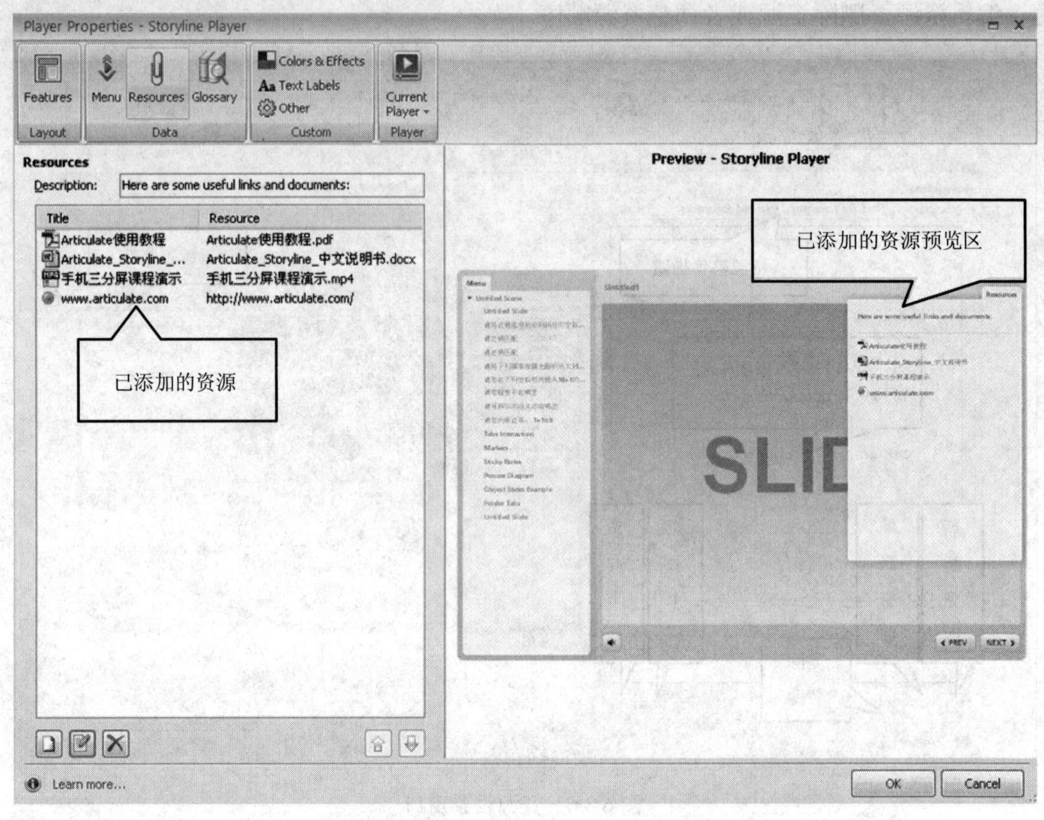

图 6.3.8 添加资源后的 Resources 窗口

如果需要修改添加的资源，点击编辑资源按钮即可重新选择资源。如果某些资源不需要，点击删除资源按钮即可。选中某个资源，点击 和 即可上移资源和下移资源。

如果希望资源标签只在特定幻灯片中显示，可以在幻灯片属性中设置。如：在大纲视图页面的幻灯片属性面板，点击 Player features 下的倒三角，在下拉框中选择 Custom for the selected slides(自定义选中幻灯片)，勾选“资源”，如图 6.3.9 所示，即可让选中幻灯片显示资源标签，若不勾选“资源”，则选中幻灯片将不会显示资源标签。其他标签同理。

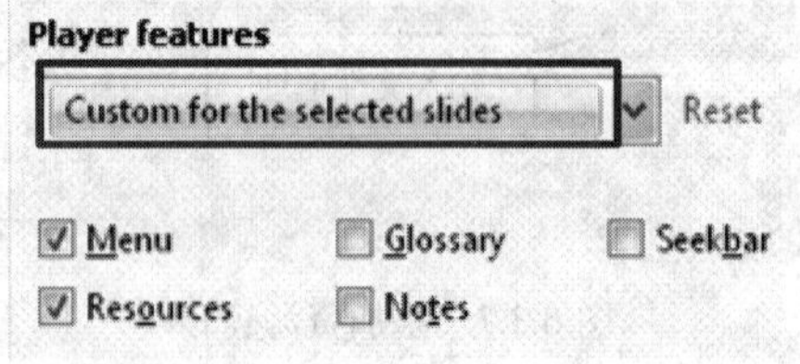

图 6.3.9 自定义选中幻灯片的播放器设置

6.3.4 词典设置

播放器中，在资源标签旁的是 Glossary(词典)标签，点击此标签，进入词典设置窗口，如图 6.3.10 所示。该窗口与资源设置窗口布局相似，在此不详述。

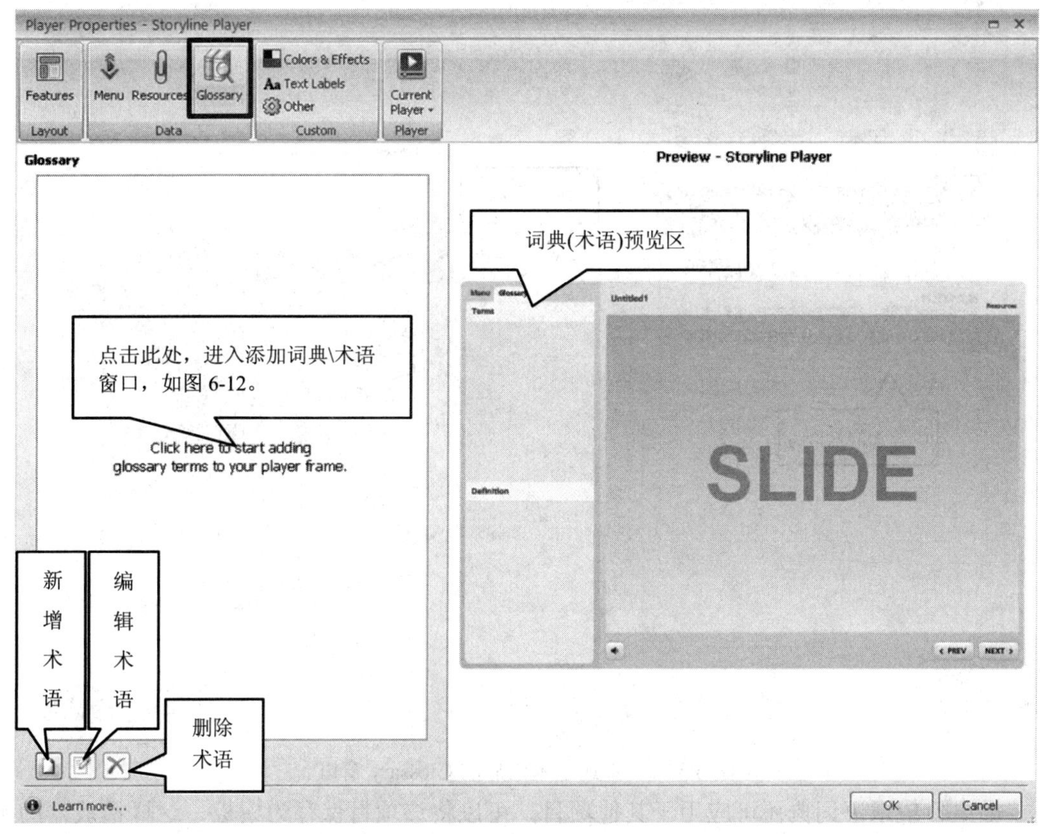

图 6.3.10　词典设置窗口

输入术语名称和定义后，点击 Save 即可保存。如果需要修改术语，点击编辑术语按钮即可，如图 6.3.11 所示。同样，对于不需要的术语，也可以点击删除术语按钮删除。添加了术语的界面如图 6.3.12 所示。在预览区，选择 Glossary 标签，即可看到添加的所有术语。点击每个术语名称，在 Definition 栏会出现对该术语的解释内容。

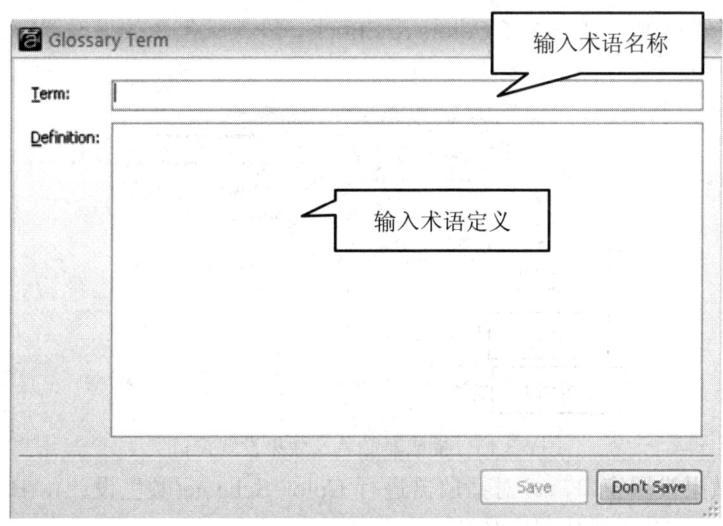

图 6.3.11　术语编辑窗口

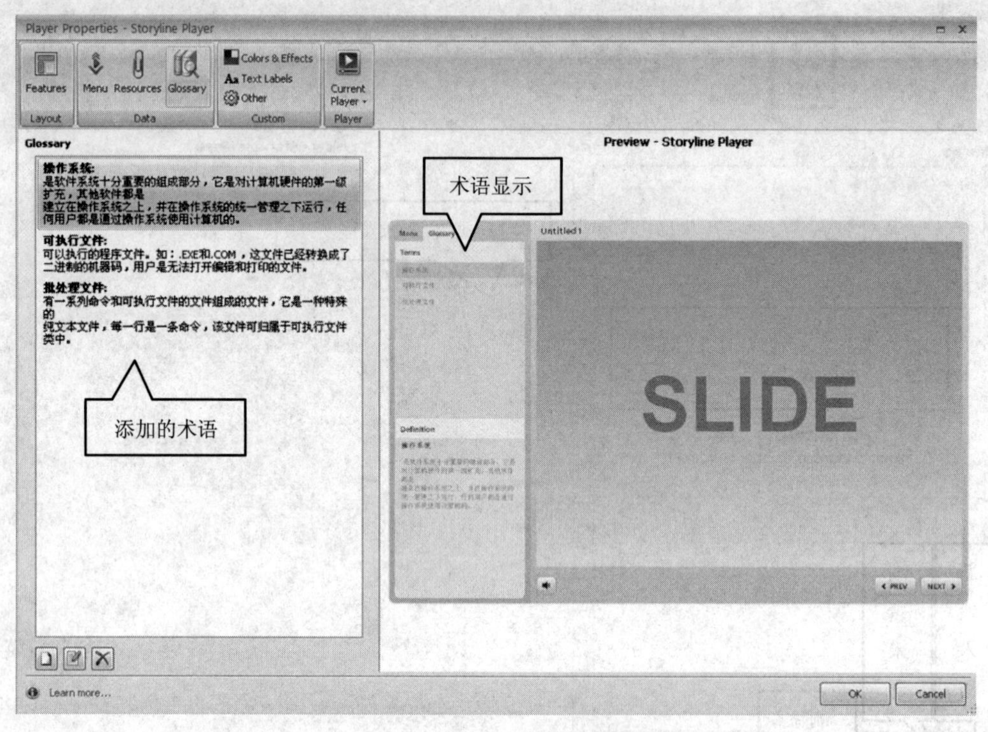

图 6.3.12　添加了术语后的 Glossary 窗口

如果希望术语词典还可应用于其他项目，可以将该项目保存为模板，这样播放器的所有设置都会被包含在这个模板里。当其他项目需要运用此术语词典时，直接运用该模板即可。

6.3.5　颜色及效果设置

Storyline 中，不仅可以对播放器添加各种标签，还可以对其界面设置颜色和添加丰富的效果。在播放器设置窗口中选择 Colors & Effects，进入颜色及效果设置窗口，如图 6.3.13 所示。

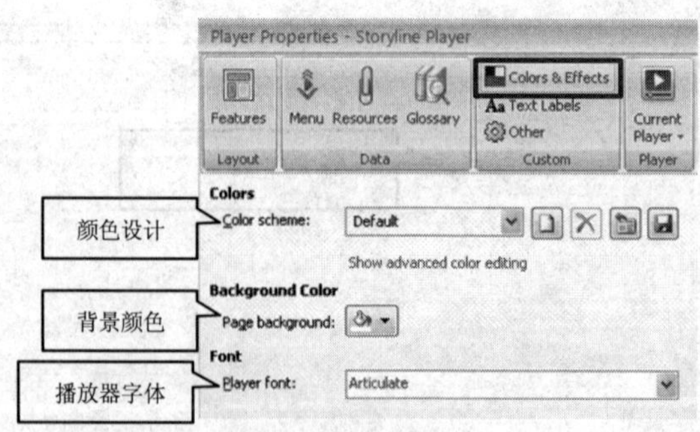

图 6.3.13　播放器颜色及效果设置窗口

在颜色及效果设置窗口，可对播放器进行 Color Scheme(颜色设计)，Background(背景色)选择以及 Player Font(播放器字体)选择。

Color Scheme(颜色设计)：可以选择软件自带的颜色方案，点击 Default 右侧的倒三角，在其下拉框中选择颜色方案即可。如果需要复制某种颜色方案，选中该颜色方案后，点击 [图标]，并输入颜色方案名称即可。如果某种颜色方案不需要，选中该颜色方案后，点击 [图标]，即可删除该颜色方案。[图标] 按钮表示重置颜色方案，[图标] 按钮表示保存选中的颜色方案到软件中。

Show advanced color editing(显示颜色高级编辑)：点击此处后，如图 6.3.14 所示。再点击 Hide advanced color editing，即可隐藏颜色高级编辑区。

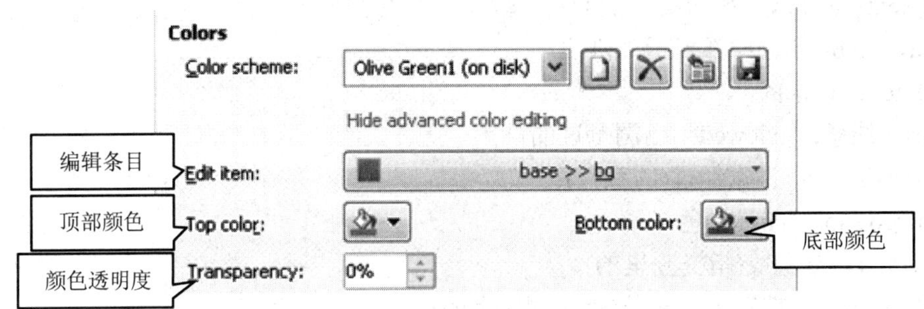

图 6.3.14　播放器颜色高级编辑窗口

点击 Edit item 右侧的倒三角，在下拉菜单中会显示许多条目，如图 6.3.15 所示。选择每个条目后，都可进行颜色设置，有些条目只有 color，而有些条目有 Top color(顶部颜色)和 Bottom color(底部颜色)，从顶部颜色到底部颜色的中间色是逐渐过渡的。还可以对条目颜色设置 Transparency(透明度)。

图 6.3.15　Edit item 下拉菜单

除了可以设置播放器中每个条目的颜色，还可设置播放器的 Page Background(背景色)，点击其右侧倒三角选择颜色即可。播放器字体选择也很简单，在此不详述。

点击每个条目旁的三角形，仍会弹出每个条目的菜单。其中各标签的含义如下：

bg：背景；border：边框；
shade：阴影；text：文本；
btn_down：按钮按下(的颜色)；
btn_hover：按钮经过(的颜色)；
btn_glow：鼠标发光(的颜色)；
btn_icon_color：鼠标图标颜色；
btn_text：按钮上文本(的颜色)；
btn_text_shadow：按钮文本阴影；
diva，divb，divc：都表示分割线；
selected：已选的；
lines：线条； viewed：已浏览过的；
search_hover：搜索经过(的颜色)；
icon_courlor：图标颜色；
seperator：分割线(指资源里的)；
button_inner：按钮内置颜色(指拖动条上的)；
bg_active：激活的背景色；
text_active：激活的文本色；
seek_position：进度条前进的颜色；
duration：(计时器)持续时间(的颜色)；
elapsed：已经流逝的时间(的颜色)。

以上已经基本解释了每个条目的含义，其中有下划线和无下划线的条目含义一样，在此没有一一解释，学习者可根据已提供的条目含义推断出其他条目含义。如 bg 表示背景，那么 btn_bg 表示按钮的背景色等。

6.3.6 文本标签设置

在 Color & Effect(颜色与效果)选项下面是 Text Labels(文本标签)。点击 Text Labels，进入文本标签设置窗口，如图 6.3.16 所示。

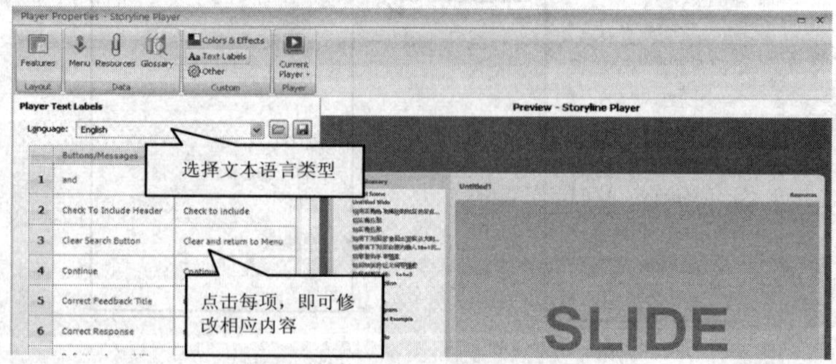

图 6.3.16 文本标签设置窗口

在该窗口中，Button/Messages 表示按钮或提示信息的名称，Custom Text 表示对应的内容描述。凡是在项目中可能出现的按钮或提示信息都可以在此设置其文本内容。还可以设置文本语言类型，如更改为中文，应在语言下拉框中选择 Chinese simplified(简体中文)或者 Chinese traditional(繁体中文)。更改为中文后，如图 6.3.17 所示，按钮文本改变了，如“Prev”更换成了“上一页”，“Next”更换成了“下一页”。提示文本信息也改变了，如测试题中，未选择任何选项进行提交时的提示信息，通过修改更换为中文，如图 6.3.18 所示。

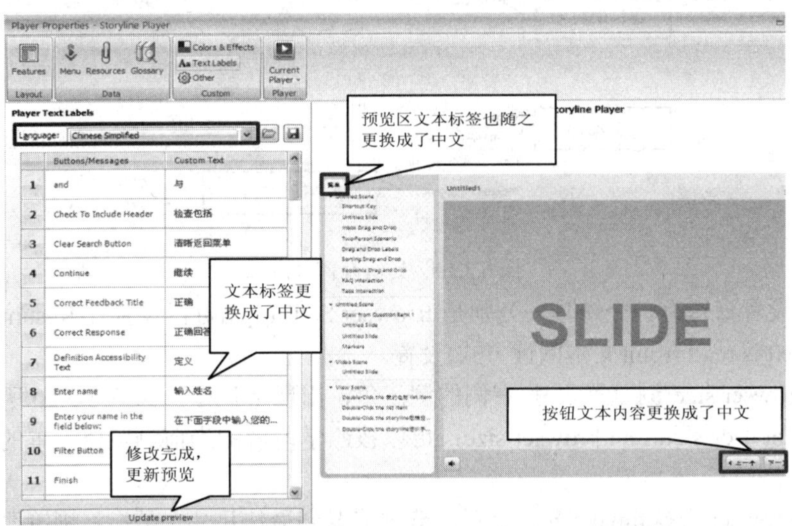

图 6.3.17　语言类型选择为中文后的文本标签窗口

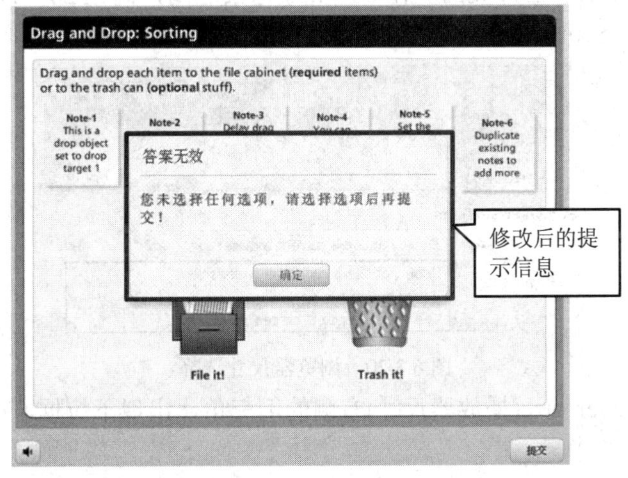

图 6.3.18　测试题中未选择选项提交后的提示信息页面

如果现有文本标签不能满足需求，可以点击 从外部导入文本标签，点击保存按钮可以保存当前设置。点击文本标签栏最下方的 Update preview 可以在设置完文本标签后更新预览。

6.3.7　其他选项设置

播放器中除了目录、资源、词典、颜色等设置，还有浏览器、文本阅读方式等设置。点击 Text Labels(文本标签)下的 Other(其他)设置，即可进入其他设置窗口，如图 6.3.19 所示。

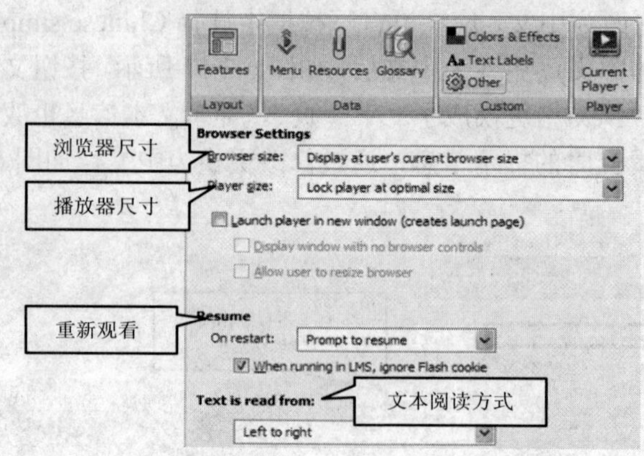

图 6.3.19 其他设置窗口

在其他设置窗口有三个选项，分别是 Browser Setting(浏览器设置)、Resume(重新观看)设置以及 Text is read from(文本阅读方式)设置。

点击 Browser size(浏览器尺寸)右侧的倒三角，出现下拉框，如图 6.3.20 所示。其中：

Display at user's current browser size：可以按照学习者的当前浏览器设置的任意尺寸大小显示。

Resize browser to optimal size：重新调整浏览器到最佳尺寸，是指将浏览器调整到适合课程最佳尺寸的大小。这里的最佳尺寸是指在项目中给幻灯片设置的舞台大小加上播放器外壳大小的和。一般播放器外壳的宽在 20～260 像素之间，高在 20～118 像素之间。

Resize browser to fill screen：调整浏览器到全屏。

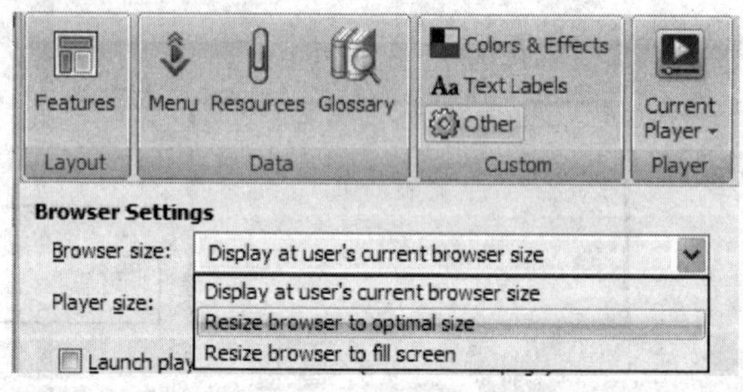

图 6.3.20 浏览器尺寸选择

同样，点击 Player size(播放器尺寸)右侧的倒三角，出现下拉框，如图 6.3.21 所示。其中：

Scale player to fill browser window：调整播放器到适应浏览器窗口的尺寸。选择此项，课程发布后，播放器大小会随着浏览器窗口大小的改变而相应改变。

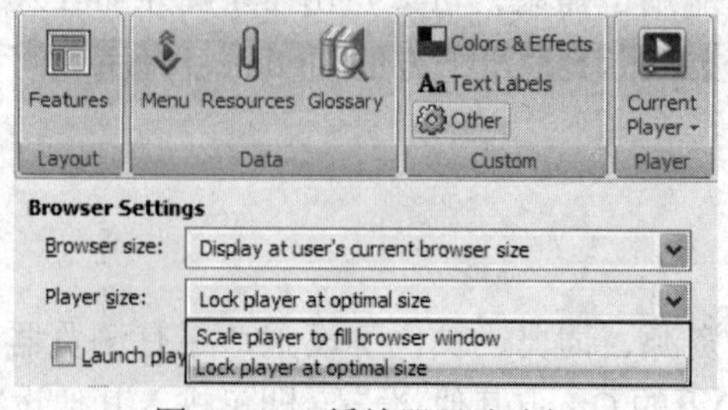

图 6.3.21 播放器尺寸选择

Lock player at optimal size：锁定播放器到最佳尺寸(即在项目中所设置的幻灯片舞台大小和播放器外壳大小之和)。选择此项，课程发布后，播放器的尺寸将不会随着浏览器窗口大小的改变而改变，而是始终以固定的大小显示。

勾选了 Launch player in new window(creates launch page)，表示在新窗口中发布播放器。如图 6.3.22 所示。其中：

Display window with no browser controls：显示不带浏览器控制条的窗口。选择此项，发布课程后，在浏览器中只会显示地址栏，不显示地址栏下方的控制按钮栏。

Allow user to resize browser：允许学习者重置浏览器大小。选择此项，课程发布后，学习者可以重新设置浏览器的大小。

点击 Resume 下 On restart 右侧的倒三角，在其下拉框中提供了三种重新浏览课程的方式，分别是 Prompt to resume、Always resume 和 Never resume，如图 6.3.23 所示。

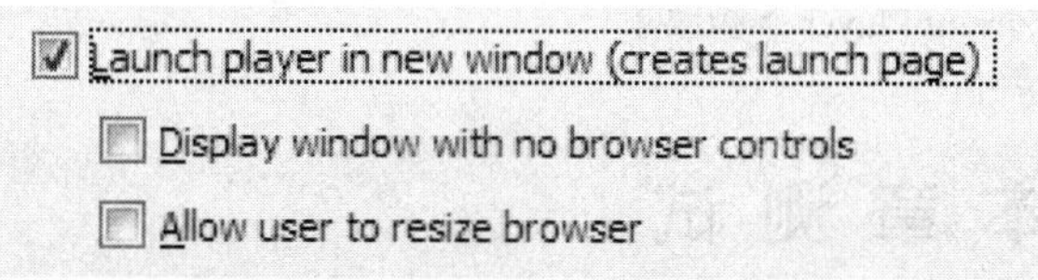

图 6.3.22　在新窗口发布播放器

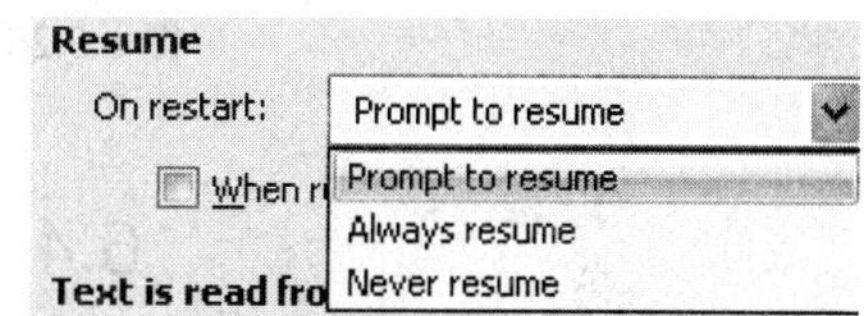

图 6.3.23　重新浏览方式选择

Prompt to resume：选择此项，当重新浏览课程时，课程会立即给出一个提示信息，问学习者是否要从上次结束的地方开始学习，如图 6.3.24 所示。如果要接着上次终止的地方继续学习，则点击 Yes，否则点击 No。如果需要更改 Resume 提示框中的文字内容，可以在 Player Text Label 设置窗口中修改，如图 6.3.25 所示。将语言类型选为简体中文后，Resume Prompt Text 中的内容自动更换成中文描述。点击描述处，还可更改描述文字。

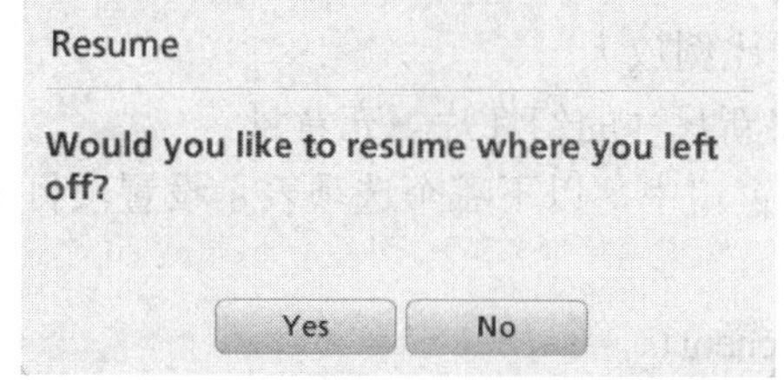

图 6.3.24　选择了“Prompt to resume”的效果

图 6.3.25　在 Text Label 中更改 Resume 中的文本内容

Always resume：选择此项，当重新浏览课程时，课程总是从学习者上次结束学习的地方接着播放。

Never resume：选择此项，当重新浏览课程时，课程不会从学习者上次结束学习的地方接着播放，而是直接从课程的第一个幻灯片重新播放。

勾选 When running in LMS，ignore Flash cookie，是指当课程在 LMS(学习管理系统)中运行时，忽视 Flash cookie。

点击 Text is read from 下侧的倒三角，在下拉框中有两种方式可选，自上而下分别为从左往右阅读和从右往左阅读。

6.3.8　Current Player(当前播放器)

以上几个小节介绍的播放器的相关设置，每次设置完毕，都需要点击 Current Player，在其下拉菜单中选择 Save(保存)或者 Save as…(另存为)，如图 6.3.26 所示。

点击 Open 可以打开某个播放器。点击 Import 可以导入外部的播放器。点击 Export 是将当前设置的播放器单独导出。点击 Reset 表示重置播放器。点击 Delete 则可以删除当前播放器。

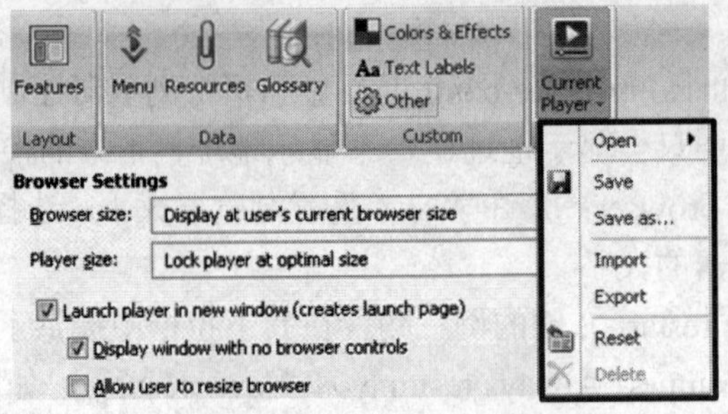

图 6.3.26　Current Player 下拉菜单

6.4　本 章 测 试

一、单选题

1. 设置幻灯片尺寸，应点击(　)。

A. Design 菜单下的 Story Size　　B. View 菜单下的 Story View

C. Player 设置窗口中的 Player Size　　D. View 菜单下的 Fill to Window

2. 如果重新设置的幻灯片尺寸大于原先尺寸，选择 If new size is larger 下的 Scale To Fit 表示(　)。

A. 按比例缩小　　B. 按比例放大

C. 全屏显示　　D. 将新尺寸的幻灯片填充背景

3. 在 Create New Theme Colors(主题颜色)设置窗口中，以下哪个选项表示设置项目中超链接的颜色(　)。

A. Text/Background　　B. Accent1

C. Hyperlink　　D. Custom1

4. 如果将一个主题颜色应用于同一母版的所有幻灯片，应(　)。

A. 右击主题选择 Apply to Matching Slides

B. 右击主题选择 Apply to All Slides

C. 右击主题选择 Apply Only to This Slide

D. 选择 Create New Theme Colors

5. 以下播放器标签中，(　)代表目录标签。

A. Menu　　B. Resource

C. Seekcontrol　　D. Glossary

6. 如果需要修改播放器中按钮的文本内容，应在(　)标签下设置。

A. Color&Effect　　B. Glossary

C. Resource　　D. Text Label

7. 如果发布时需要固定播放器大小，应在 Others 标签下选择(　)。

A. Display at user's current browser size

B. Resize browser to optimal size

C. Scale player to fill browser window

D. Lock player at optimal size

8. 如果需要给某张幻灯片自定义播放器，应在幻灯片属性面板中选择(　)。

A. Player default

B. Custom for the selected slides

二、操作题

1. 新建两个幻灯片，其中一张幻灯片命名为“幻灯片 1”，并任意插入一张图片，再添加一个图片名称文本。另一张幻灯片命名为“幻灯片 2”，为空白幻灯片，需满足以下要求：

(1) 幻灯片大小设置宽为 1024 像素，高为 768 像素。重新设置幻灯片大小后，不改变原先幻灯片中内容大小，将其显示在右下角。

(2) 将幻灯片 1 中的文本添加超链接，链接到幻灯片 2，并将超链接的颜色设置为红色(Red: 251，Green: 4，Blue: 79)。

2. 设置播放器，并将播放器另存为模板。播放器设置需满足以下要求：

(1) 播放器中需要有目录、词典、资源、备注、音量控制按钮、进度条、上下页按钮。其中目录、资源显示在 Sidebar，词典显示在 Topbar Left，备注显示在 Topbar Right。

(2) 目录中建立 3 个一级标题，每个一级标题下有 1 个二级标题，每个二级标题下有 1 个三级标题。并且目录导航设置为限制(即必须按照目录中的先后顺序点击，不可随意点击)，标题前需要有数字序号，如果标题文字超过目录宽度，则隐藏超出部分的文字，但预览时，鼠标移上去可以看到提示文字。

(3) 资源中添加一个网址和两个文件。

(4) 词典里添加 3 个术语及描述。

(5) 播放器的颜色选择为 Forest Green，并且将播放器中的上下页按钮背景更改为白色，按钮文本为绿色；当鼠标经过上下页按钮时，按钮背景变为绿色，文本变为白色；进度条背景设置为白色，前进背景(Seek Position)显示为绿色。播放器字体设置为中文宋体。

(6) 文本标签中的语言选择为简体中文，并且更改上下页按钮的文本描述分别为“上一页”和“下一页”。

(7) 锁定播放器大小。

(8) 当重新浏览课程时，出现“继续”的提示信息，从上次终止的地方接着浏览。

(9) 文本阅读方式为自左向右。

第 7 章　插入动画效果

★本章学习要点

- ◆ 理解动画菜单中每个选项的含义。
- ◆ 掌握如何给幻灯片以及幻灯片中的对象添加动画。

7.1　插入动画效果

7.1.1　进场与出场动画

用过 PPT 的学习者都知道，在 PPT 中可以对幻灯片中的对象设置各种各样的动画。Storyline 中也提供了一些动画效果，但是较 PPT 而言，Storyline 中支持的动画效果较少。在菜单栏点击 Animations(动画)，进入动画类型选择面板。动画主要有三种类型：Entrance Animations(进场动画)、Exit Animations(出场动画)以及幻灯片过渡动画。其中，进、出场动画设置面板如图 7.1.1 所示。

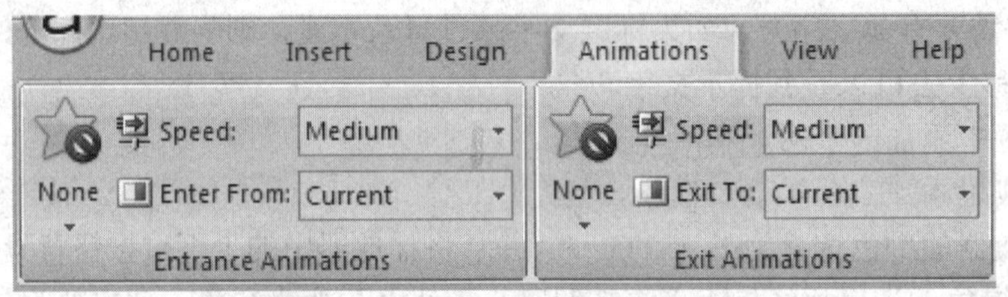

图 7.1.1　进场动画和出场动画设置面板

给对象设置动画效果，首先要在幻灯片中选择对象(图片、文本、图形、按钮等各种对象)，然后在 Entrance Animations(进场动画)面板中，点击 None 下侧的倒三角，在其下拉框中选择各种动画类型。类型包括：Fade in(淡入)、Grow(由小变大)、Fly in(飞入)、Spin(旋转)、Spin and Grow(旋转放大)。

Speed 表示动画的速度。点击其右侧倒三角，下拉框中自上而下分别为 Very Slow(非常慢)、Slow(慢)、Medium(中速)、Fast(快)、Very Fast(非常快)。

Enter From 表示动画进场的方向。点击其右侧倒三角，下拉框中有各种方向可选。

出场动画与进场动画设置类似，在此不详述。

注：

(1) 不仅可以给独立对象设置动画效果，也可以给组合的对象设置动画效果。对于组合对象，不仅可以对组合整体设置动画，还可以在时间轴上选中组合对象，点击前面的小三角，展开被组合的对象，如图 7.1.2 所示，对各对象分别设置动画效果。

(2) 在幻灯片母版和反馈母版中也都可以给对象设置动画效果，与幻灯片中一样。

(3) 从 PPT 中导入 Storyline 中的幻灯片，里面很多效果在 Storyline 中不被支持除 Storyline 中提供的几种动画类型外，PPT 中其余的进场动画类型都被转成淡入，其余的出场动画都被转为淡出，而 PPT 中的路径动画在 Storyline 中是无任何动画效果的。

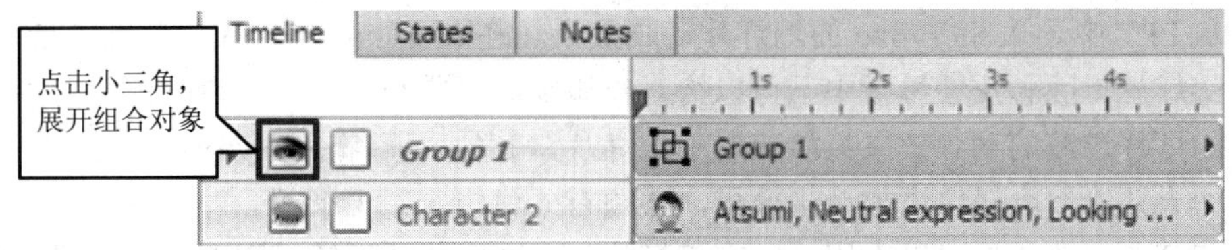

图 7.1.2　在时间轴上点击组合对象可分别设置动画

7.1.2　幻灯片过渡动画

Storyline 与 PPT 一样也有幻灯片过渡效果，而且与 PPT 中的幻灯片过渡效果一样。如图 7.1.3 所示，点击图中红色矩形框圈选的按钮，即可展开所有幻灯片过渡效果。No Transition 表示无过渡效果，Fades and dissolves 表示淡化和溶解效果，Wipes 表示擦除效果，Push and Cover 表示推拉和覆盖效果。

图 7.1.3　幻灯片过渡动画设置面板

Speed 同样表示动画速度，Apply To All 表示将当前选中的幻灯片过渡效果应用于所有幻灯片。

注：

幻灯片过渡动画效果不仅可以应用于幻灯片，还可以应用于幻灯片中的层以及幻灯片母版。如果将幻灯片过渡效果应用到层，只需选中某一个层后，选择幻灯片过渡动画类型即可。应用于幻灯片母版的操作也类似，在此不详述。

对于从 PPT 中导入的幻灯片，只能显示 Storyline 中支持的过渡动画效果类型，如淡入淡出、推拉效果、擦除效果，其余的过渡动画都将被转换成淡入淡出的效果。

7.2　本章测试

一、单选题

1. 给幻灯片中对象添加出场动画，应在 Animations 菜单下选择(　)。

A. Entrance Animations　　B. Exit Animations　　C. Transitions to This Slide

2. 在 Entrance Animations 面板下，点击 None，在其下拉框中表示旋转的动画是(　)。

A. Fade　　B. Fly in　　C. Grow　　D. Spin

3. 在 Exit Animations 面板下，点击 None，在其下拉菜单中表示淡出的动画是(　)。

A. Fade out　B. Shrink　C. Fly out　D. Spin

4. 如果需要设置动画出现的速度为快速，应在 Speed 的下拉框中选择(　)。

A. Slow　B. Medium　C. Fast　D. Very Fast

二、判断题

1. 从 PPT 中导入 Storyline 的幻灯片动画效果，在 Storyline 中绝大部分都支持。(　)

2. 幻灯片母版和反馈母版中不可以给对象添加动画效果。(　)

3. 幻灯片过渡的动画效果只能应用于幻灯片，其他元素都不可以应用。(　)

4. 如果要给组合对象添加动画效果，必须首先将组合对象解组。(　)

5. 幻灯片过渡效果可以应用于所有幻灯片，而进出场动画效果则不可以应用于所有幻灯片。(　)

第8章　时　间　轴

★本章学习要点

- ◆ 理解时间轴设置中每个选项的含义。
- ◆ 掌握如何给幻灯片中的对象设置时间。

8.1　时　间　轴

8.1.1　时间轴面板简介

Storyline 中不仅可以给幻灯片中的对象设置动画效果，还可以给幻灯片中的每个对象设置具体进出场时间。在幻灯片舞台下侧，点击 Timeline，即可进入时间轴设置面板，如图 8.1.1 所示。

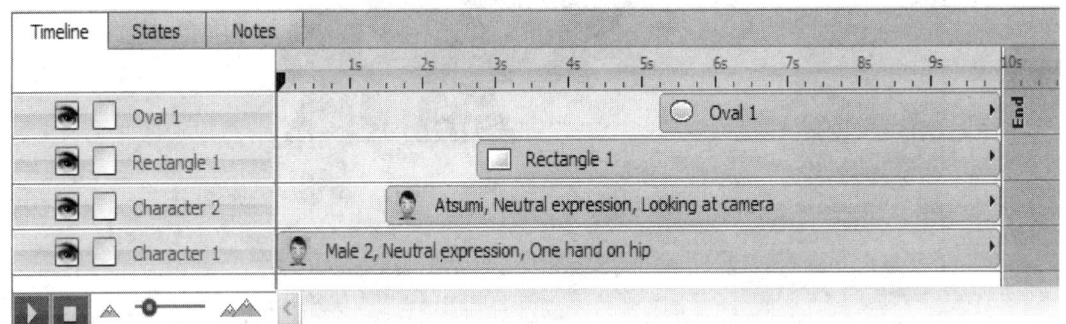

图 8.1.1　时间轴设置面板

在图 8.1.1 中，每个元素含义如下：

- 眼睛按钮 表示对象在幻灯片中的可见性，眼睛睁开表示该对象可见，当眼睛睁开时再次点击，即可让眼睛闭上，此时表示该对象在幻灯片中不可见。
- 点击眼睛按钮旁边的矩形框 ，即可锁定该栏的对象，不可对其进行任何编辑，再次点击小锁即可解除锁定。
- 矩形框右侧是每个对象的名称，双击名称，即可对该对象重命名。
- 点击播放按钮 后即可播放选中对象。
- 点击暂停按钮 后暂停当前的播放。
- 拖动缩放按钮 上的圆点，可以缩小或放大时间轴。放大效果如图 8.1.2 所示。从图中可以看出，每秒之间的距离拉大了，底部也增添了滚动轴，可以左右拖动。

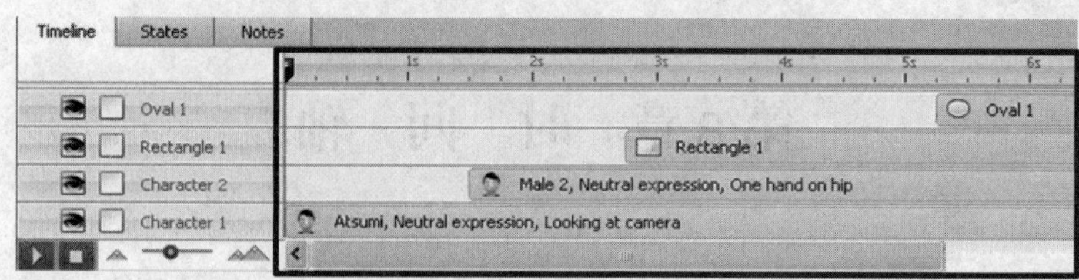

图 8.1.2　放大后的时间轴

此外，时间轴中也包含了每个对象的位置层次关系。对象自上而下位置层次逐级降低，图 8.1.1 中，Oval1 在最上层，Rectangle1 在第 2 层，Character2 在第 3 层，而 Character1 在最底层。

如图 8.1.3 所示，幻灯片总时长为 10 秒。其中 Character1 是在第 0 秒出现，Character2 在第 1.5 秒出现，Rectangle1 在第 2.75 秒出现，Oval1 在第 5.25 秒出现。所有对象均在第 10 秒时消失。

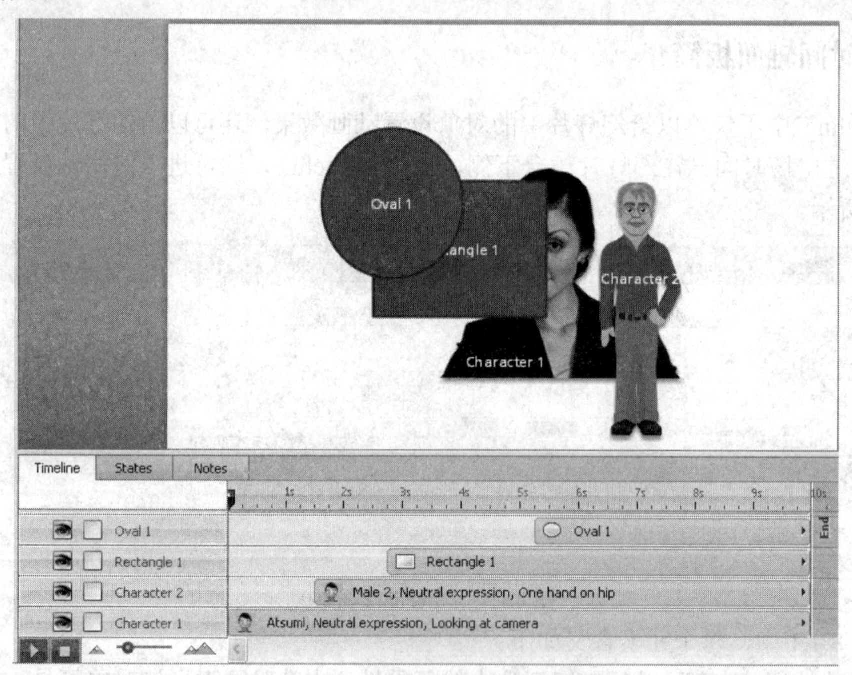

图 8.1.3　利用时间轴调整对象位置层次

如果觉得时间轴面板太小，还可以将鼠标放置到时间轴面板与舞台的分割线处，当鼠标箭头变成十字箭头形状，即可拖动来改变时间轴面板高度。同理，也可将鼠标放置到时间轴面板与右侧层面板的分割线处，拖动改变时间轴面板的宽度。

8.1.2　给幻灯片中的对象设置时间

在图 8.1.3 中的对象的出现时间和消失时间是如何设置的呢？

首先在时间轴上选中某个对象后，点击右键，弹出菜单，如图 8.1.4 所示。可以通过以下选项设置幻灯片中对象的时间。

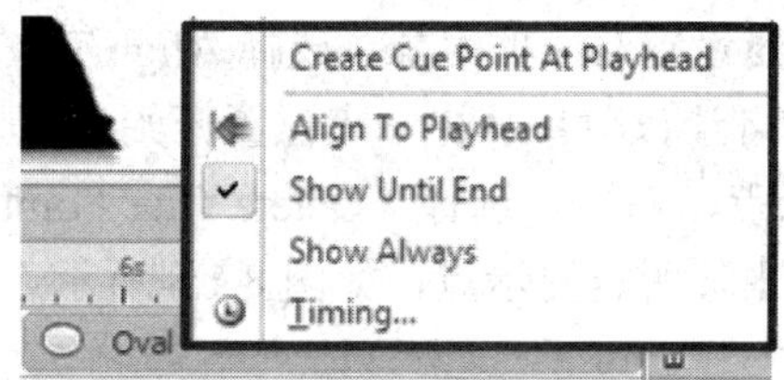

图 8.1.4　时间轴上右击对象后弹出的菜单

每个选项含义如下：

Create Cue Point At Playhead：在时间轴开始创建提示点，创建提示点是为了方便后期给对象设置时间。如选中某个对象，右击，让其对齐提示点，即可让其从提示点位置开始出现。

Align To Playhead：让对象从幻灯片的第 0 秒开始出现。

Show Until End：让对象自开始出现后，就一直显示直到时间轴末尾。

Show always：让对象从幻灯片时间轴开始到结束时总是显示。

Timing：可以设置对象的出现时间，点击 Timing 出现时间高级设置窗口，如图 8.1.5 所示。

设置完成，还可以通过点击时间轴底部的播放按钮 来预览效果。

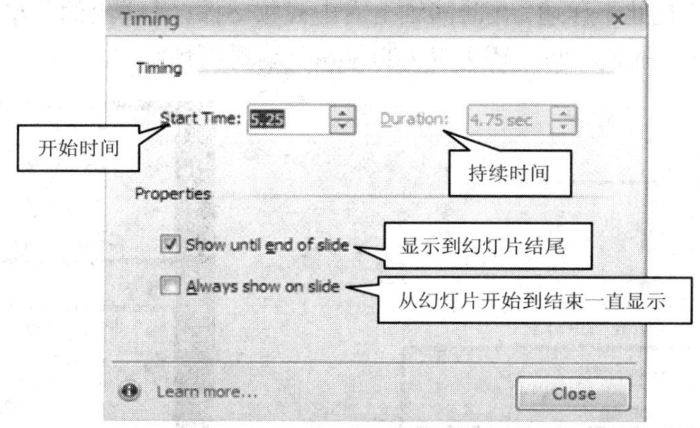

图 8.1.5　时间高级设置窗口

除了右击对象通过 Timing 来设置时间外，也可以在时间轴上任意拖动对象到需要出现的时间点。但是通过 Timing 进行时间设置可以更为精确一些。

除上述两种方法外，还可以在时间轴上创建提示点，然后选中对象，让其对齐提示点，即可让对象从提示点位置开始出现，具体操作如下：

(1) 添加提示点，在时间轴上任意处右击，选择 Create Cue Point At PlayHead，或者将时间轴上的红色时间线放置到需要设置提示点的位置，按下键盘上的 C 键，也可以创建提示点，如图 8.1.6 所示。

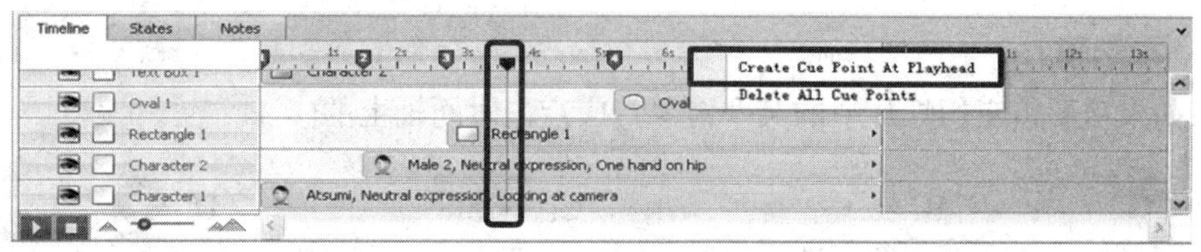

图 8.1.6　在时间轴上创建提示点的两种方法

(2) 在时间轴上右击需要设置时间的对象，选择 Align To Cue Point(对齐到提示点)，在弹出的框中选择提示点，即可让该对象从提示点位置开始出现，如图 8.1.7 所示。如果不需要某个提示点，选中该提示点，右击，选择“Delete Cue Point”即可删除该提示点。选择 Delete All Cue Points，表示删除所有提示点，如图 8.1.8 所示。

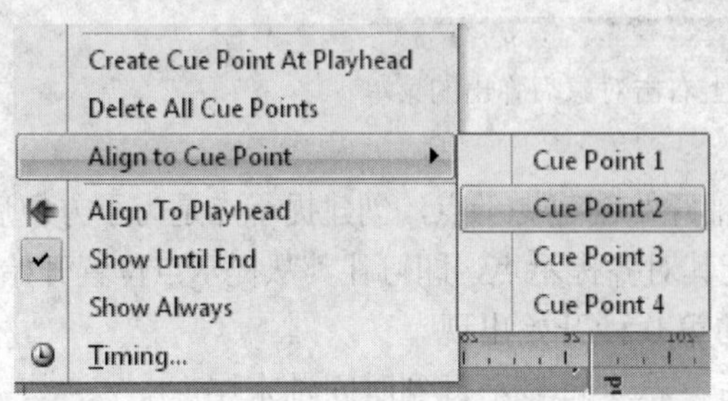

图 8.1.7 在时间轴上创建提示点的两种方法

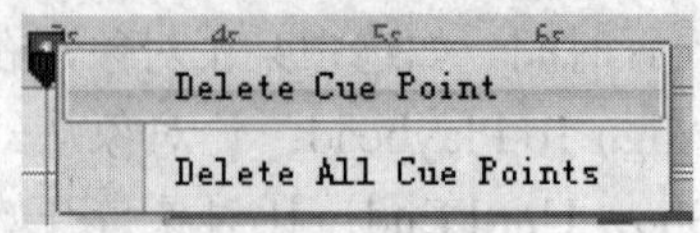

图 8.1.8 删除提示点

对于音频和视频，它们在时间轴上的右击选项，与一般的对象有所不同。音频文件的右击选项中不仅可以给音频文件设置时间，还可以 Audio Editor(编辑音频)和 Export Audio(导出音频)，如图 8.1.9 所示。这两项设置也可通过音频格式(Format)菜单来操作，请参照 4.3.1 节内容，在此不详述。在时间轴上右击视频文件，其弹出的菜单如图 8.1.10 所示。选择各选项不仅可以设置时间，还可以 Edit Video(编辑视频)。

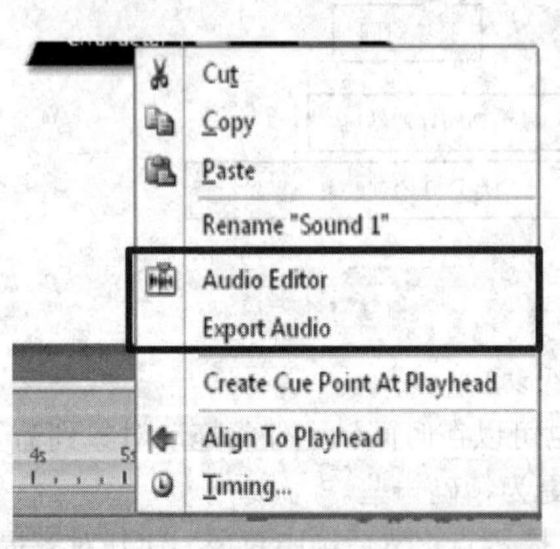

图 8.1.9 音频文件在时间轴上的右击菜单

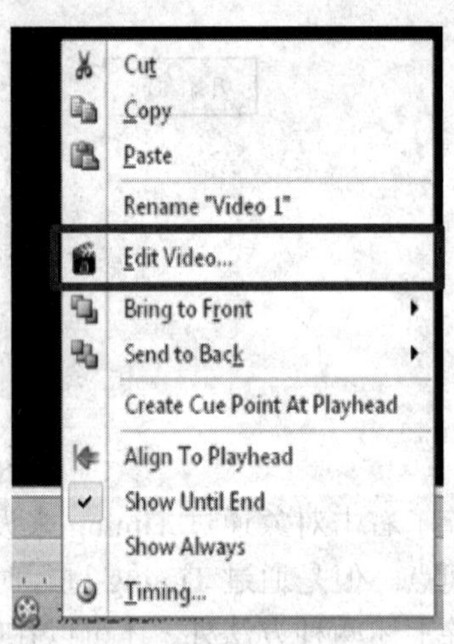

图 8.1.10 视频文件在时间轴上的右击菜单

8.2 本章测试

一、单选题

1. 如果需要锁定幻灯片中的某个对象，应点击时间轴上的(　)。

A. 　　B. ☐　　C. Oval 1　　D. ■

2. 在下图的四个对象中，(　)位置是在最底层。

A. Sound1　　B. Text Box2　　C. Text Box1　　D. Oval1

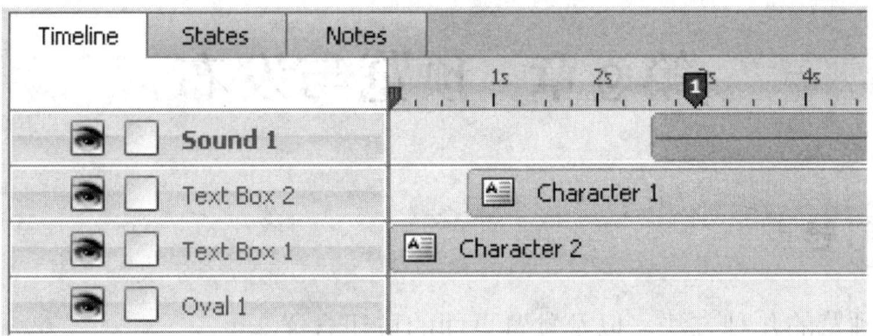

3. 在时间轴开始创建提示点，应选择(　).

A. Create Cue Point At PlayHead　　B. Align To PlayHead

C. Show UntilEnd　　D. Show always

4. 在时间轴上右击对象，在弹出的框中选择 Timing，在其设置窗口中，Duration 表示(　)。

A. 开始时间　　B. 持续时间

C. 结束时间　　D. 显示直到幻灯片结束

5. 在时间轴上，如果需要将某个对象的出现时间与某个提示点对齐，应右击对象选择(　)。

A. Create Cue Point At PlayHead　　B. Align To PlayHead

C. Align To Cue Point　　D. Show UntilEnd

二、操作题

请在一张幻灯片中分别插入一个文本、一张图片和一个音频。对这三个对象在时间轴中进行如下设置：

(1) 文本的出现时间为第 1 s，持续时间为 10 s。

(2) 在时间轴的第 3.5 s 创建一个提示点，并让图片的出现时间与该提示点对齐，同时图片在第 20 s 消失。

(3) 音频在图片消失之后立即出现，并且将音频导出，保存在本地桌面，命名为“音频 1”。

第9章 预览与发布

★本章学习要点

- ◆ 掌握预览的几种方法，以及预览页面的按钮含义。
- ◆ 掌握如何发布、理解发布页面每个选项的含义。

9.1 预 览

预览是在项目未发布时，浏览项目内容效果的一个很好的方法。在 Storyline 中主要可以通过两种方式来预览项目。

一种是在大纲视图界面或幻灯片界面的右下角，点击，如图 9.1.1 所示，即可预览整个项目。另一种是在任何一个菜单下点击 Preview。如图 9.1.2 所示。

图 9.1.1 在界面右下角点击杯状按钮预览

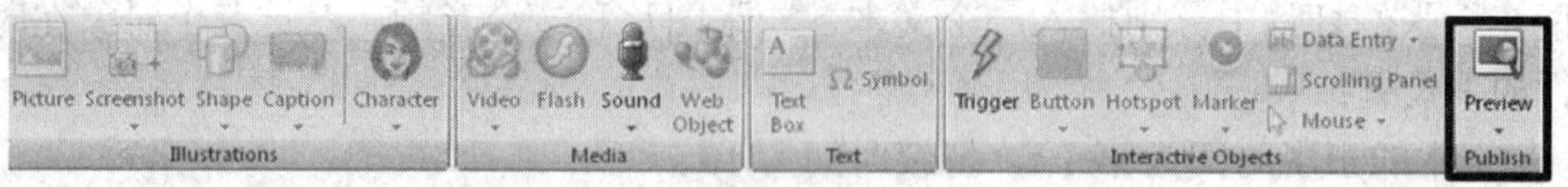

图 9.1.2 在任一菜单下点击 Preview 预览

点击 Preview 下的倒三角，其下拉框中自上而下分别是 This Slide(浏览当前幻灯片)、This Scene(浏览当前场景)、Entire Project(浏览整个项目)和发布项目。

点击 Preview，进入预览页面，预览菜单如图 9.1.3 所示。点击 Select 下的倒三角，在其下拉框中可重新选择需要预览的幻灯片，点击 Replay 下的倒三角，在其下拉框中自上而下分别为 Replay this slide(刷新当前幻灯片预览)、Replay this scene(刷新当前场景预览)和 Replay entire project(刷新整个项目预览)。

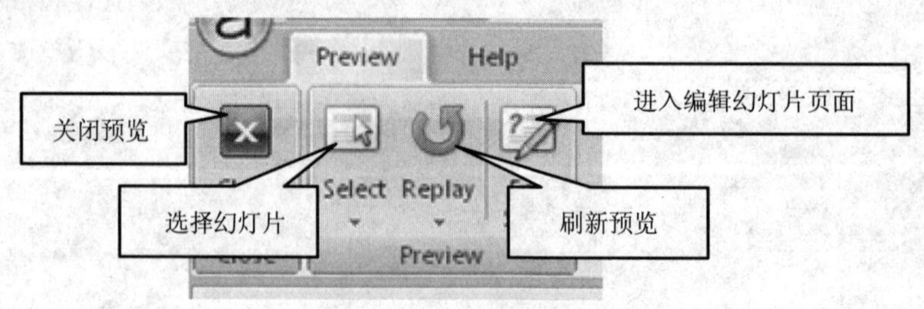

图 9.1.3 预览菜单

除了上述两种预览方式，还可以通过快捷键进行预览。按下 F12 是预览整个项目，同时按下 Ctrl 和 F12 是预览当前幻灯片，同时按下 Shift 和 F12 是预览当前场景。

项目中的大部分内容都是可以被预览的，与发布的基本相同，但是有以下几项是预览不了的：① 插入的网络对象(Web Objects)；② 从网页中导入的视频，如导入的土豆或优酷视频；③ 从 Articulate Engage 中导入的内容。

预览完毕，可以通过菜单中的关闭按钮结束预览，也可以通过预览窗口右下角的视图切换按钮，切换到大纲视图或幻灯片视图。

9.2　发　　布

当整个项目编辑完成，如果希望学习者能够通过网络进行学习，需要将项目发布。如果不需要追踪学习者学习完成情况，可以将项目发布成 Web 格式，如果需要追踪学习者学习完成情况，可以发布成 Articulate Online 或者 LMS 格式。

在 Storyline 中的 Home(首页)菜单下，点击 Publish 即可进入发布设置窗口，如图 9.2.1 所示。

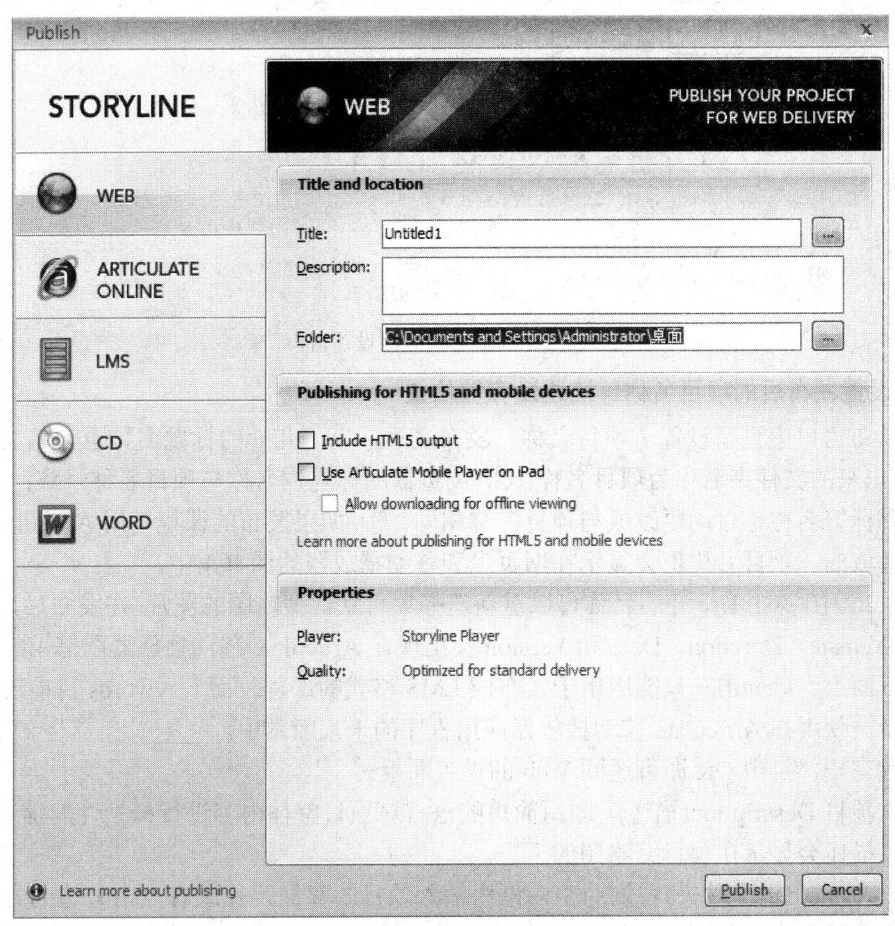

图 9.2.1　发布设置窗口

9.2.1 发布为 Web 形式

在首页菜单下，点击 Publish 进入发布窗口，点击 Web 即可进入 Web 设置面板，如图 9.2.1 所示。其中 Title 表示项目名称，可以在旁边的空白框内直接输入。如果学习者是在 IPad 上用 Articulate 移动播放器浏览项目内容，可以通过点击右侧的省略号对名称进行高级设置，进入项目信息窗口，如图 9.2.2 所示。

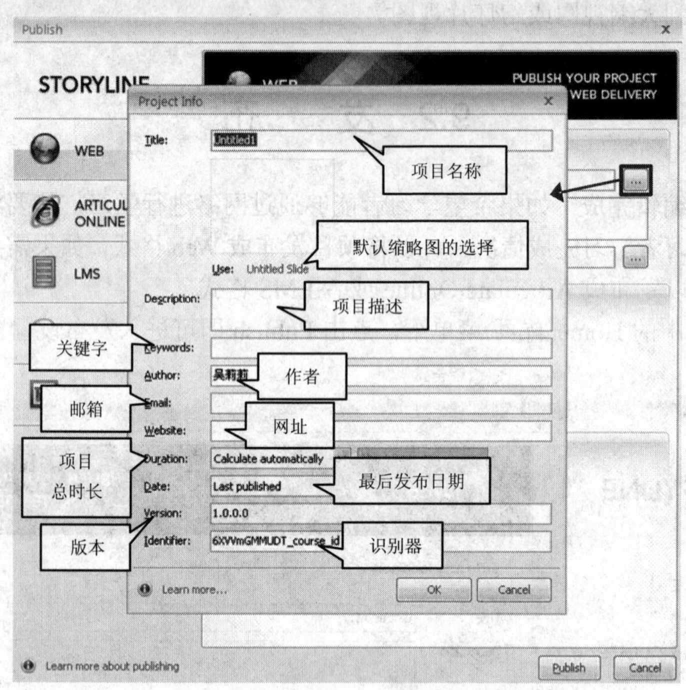

图 9.2.2　项目名称高级设置窗口

1. 设置发布后的项目名称、描述及存储位置

在发布窗口中重新设置了项目名称，发布之后，以下几处的标题名称也会相应改变：① 发布出来的文件夹名称为项目名称；② 浏览器的标题栏名称与项目名称一致；③ 播放器的题目标签名称也自动更改成与项目名称相同；④ 如果发布的课程是用 Articulate 移动播放器播放的，项目名称也会显示在网页上和移动播放器的图书馆中。

图 9.2.2 中，点击 Use 旁的名称可以重新选择项目默认缩略图的图片。在发布后，Author、Email、Website、Duration、Date 和 Version 会出现在 Articulate 移动播放器图书馆的每个内容信息页面上。Identifier 只能应用于发布成 LMS 格式的课程。而 Keywords 目前还不能使用，将会被使用在 Articulate 移动播放器应用程序的未来版本中。

设置完毕，点击 OK 即可返回 Web 的设置面板。

输入项目 Description(描述)，即用简短的语言对项目整体内容进行概括性的描述。发布后，项目描述会显示在项目缩略图的下方。

可以在 Folder(文件夹)右侧的空白框内输入项目的存储路径或者点击旁边的省略号按钮，选择项目的存储位置后，软件自动生成项目的存储路径。发布的文件夹将会显示在该存储位置中。

注：如果项目总是发布在计算机本地，那么一旦发布到网络共享盘或者 U 盘中可能会出现问题。这时，可以先将项目发布到本地，然后再将发布后的文件夹移动到网络共享盘或者 U 盘，并测试一下即可。

2. 发布支持 Html5 和移动设备的设置

如果学习者在 IPad 或者其他不支持 Flash 的浏览器上浏览项目内容，那么发布者可以选择图 9.2.3 中的 Include HTML5 output(支持 Html5 格式)，就可以让学习者在支持 Html5 的浏览器和 Articulate 移动播放器上浏览课程内容。但是并不是项目中的所有内容都可以支持 Html5，也不是所有浏览器都支持 Html5 的，有关项目中内容和各类浏览器对 Html5 和 Flash 的支持情况，请查看附录 A。

如果学习者在 IPad 上浏览项目内容，需要勾选 Use Articulate Mobile Player on IPad，如果学习者需要在浏览内容时还可以下载项目，以便在未连接网络的情况下在本地浏览项目内容，则勾选 Allow downloading for offline viewing。

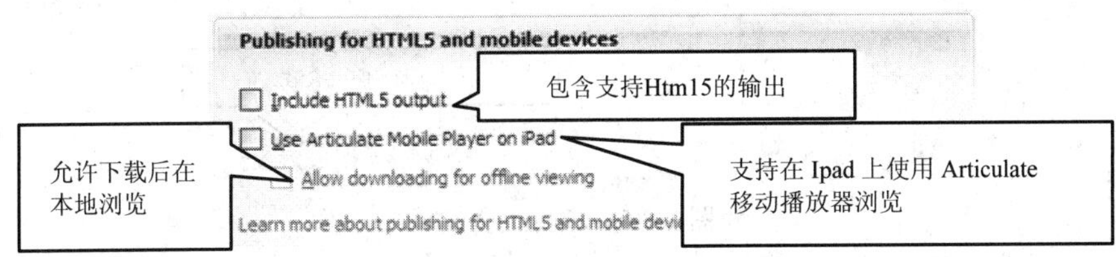

图 9.2.3 发布成支持 Html5 和移动设备的选项

3. 发布的属性设置

除了以上设置外，还可以对发布后的播放器以及项目内容画面质量进行设置。在 Properties(属性)面板中，点击 Storyline Player 即可进入播放器设置窗口，对播放器进行重新设置。具体操作请参考 6.3 节内容。点击 Optimized for standard delivery，进入发布质量设置窗口，如图 9.2.4 所示。

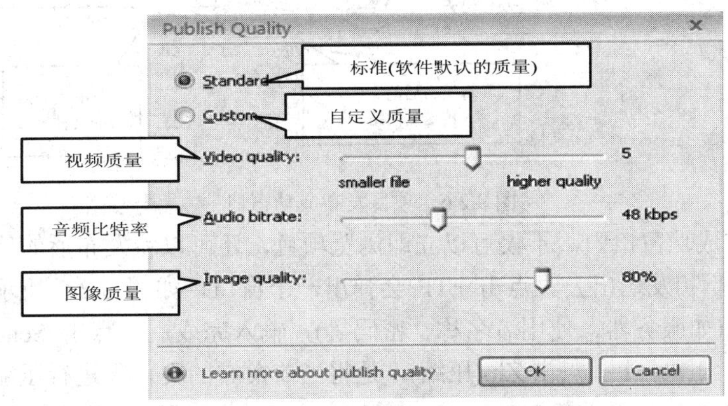

图 9.2.4 发布质量设置窗口

发布的质量设置主要有三项，分别是视频质量、音频比特率和图像质量。软件默认的标准质量：视频质量为 5，音频比特率为 48 kb/s，图像质量为 80%，如果标准质量不能满足需求，可以自定义质量，只需拖动相应选项的指针即可，自左向右质量都是逐渐提高。

设置完毕，点击 OK 即可。

当标题、存储路径、对 Html5 和移动设备的支持以及质量等选项都设置完毕，点击设置页面右下角的 Publish 即可发布。如图 9.2.5 所示，点击右下角的 Cancel(取消)即可取消发布。发布成功效果如图 9.2.6 所示。

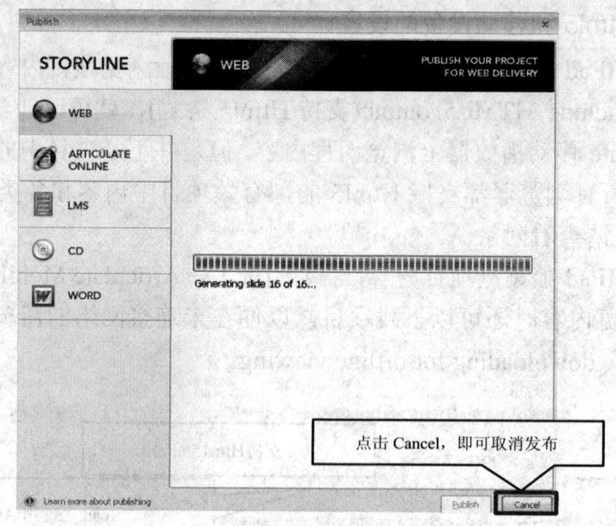

图 9.2.5　项目正在发布

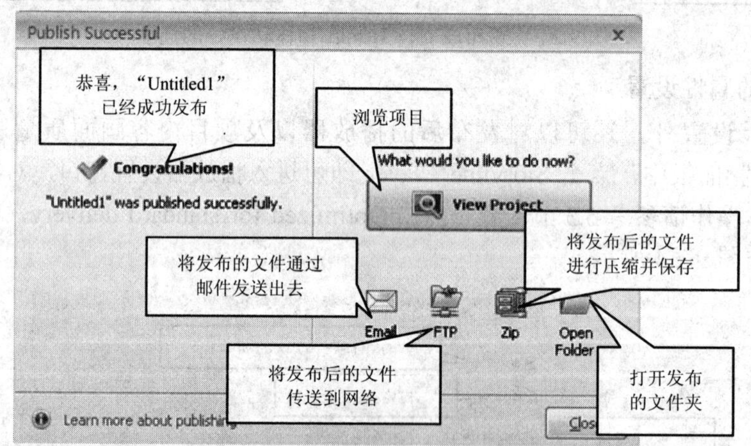

图 9.2.6　项目发布成功窗口

在项目发布成功窗口中，不仅可以立即浏览项目，还可以将发布后的项目以附件的形式通过 E-mail(邮件)发送出去。点击 FTP 会弹出一个窗口，如图 9.2.6 所示，在其中输入 FTP 的认证信息(如服务器、使用者名称、密码等)，输入完成后，点击 Send (发送)即可将发布的文件发送到网络上。点击 Zip(压缩)，是将当前发布的文件夹进行压缩，在弹出窗口中只需选择存储位置即可。点击 Open Folder(打开文件夹)，即可打开当前发布的文件夹。

打开发布后生成的文件夹，当使用者通过点击 Story.html 来浏览项目内容，即可以看到基于本地计算机设备和浏览器所支持类型的内容。如果浏览器能支持 Flash，即可以看到 Flash。同理，如果项目内容中是 Html5 格式的，必须要用支持 Html5 的浏览器或者设备才可以打开。

9.2.2　发布为 Articulate Online 形式

将项目发布成 Articulate Online 形式，可以更容易在线发布和上传课程，并且能够很简单的追踪学习者的学习进度。点击 Publish(发布)，进入发布设置窗口，选择 ARTICULATE ONLINE，如图 9.2.7 所示，在设置面板中输入项目 Title(名称)、项目 Description(描述)、发布后是否支持 Html5 和移动设备，以及 Player(播放器)和项目 Quality(质量)的设置，这几个设置条目与 Web 设置面板中的一样，在此不详述。

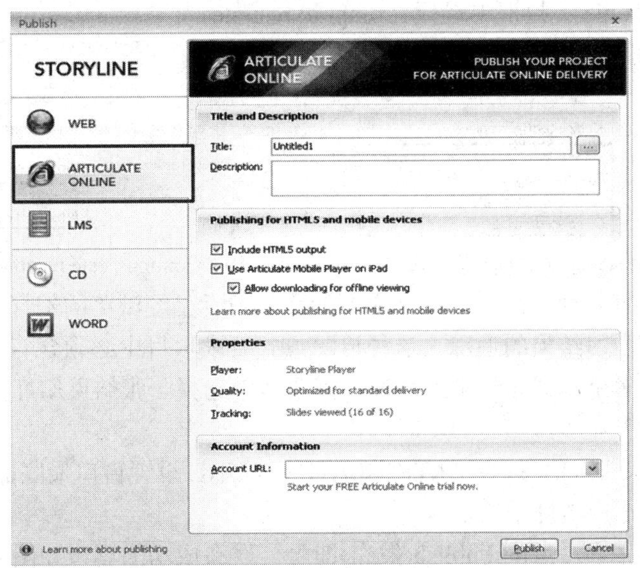

图 9.2.7　ARTICULATE ONLINE 设置窗口

相比于 Web 形式，ARTICULATE ONLINE 设置面板中给的属性多了 Tracking(追踪)设置，追踪主要是对学习者的学习进度进行跟踪。点击 Tracking 旁边的文字区域，进入跟踪设置窗口，如图 9.2.8 所示。

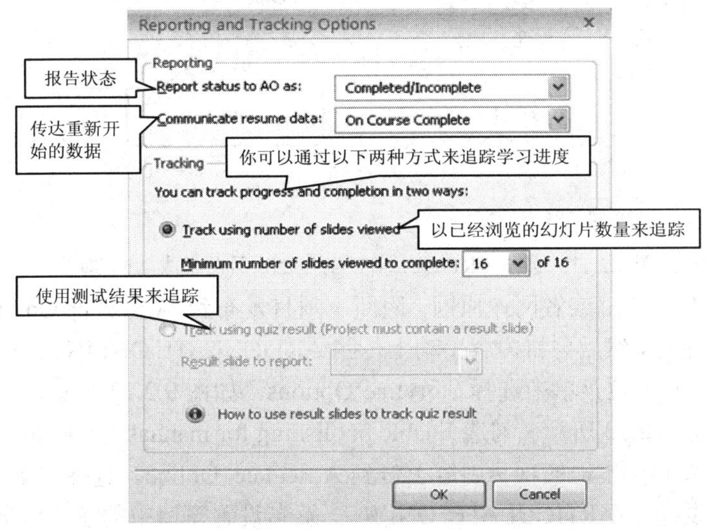

图 9.2.8　ARTICULATE ONLINE 设置窗口

在图 9.2.8 中，点击 Report status to AO as(报告状态)右侧的倒三角，在下拉框中选择描述学习者状态的词语，自上而下分别为 Passed/Incomplete(通过/未完成)、Passed/Failed(通过/失败)、Completed/Incomplete(完成/未完成)和 Completed/Failed(完成/失败)，如图 9.2.9 所示。

点击 Communicate resume data(传达重新开始数据)右侧的倒三角，在下拉框中选择类型，如图 9.2.10 所示。自上而下分别为 On Course Complete(当整个课程全部浏览结束时出现 Resume(重新开始)的提示框)和 After every slide(每个幻灯片浏览结束要跳转到其他幻灯片时都出现 Resume(重新开始)的提示信息)。注：如果选择后者，必须在播放器设置窗口中 Other 面板下的 Resume 下拉框中选择 Prompt to resume。

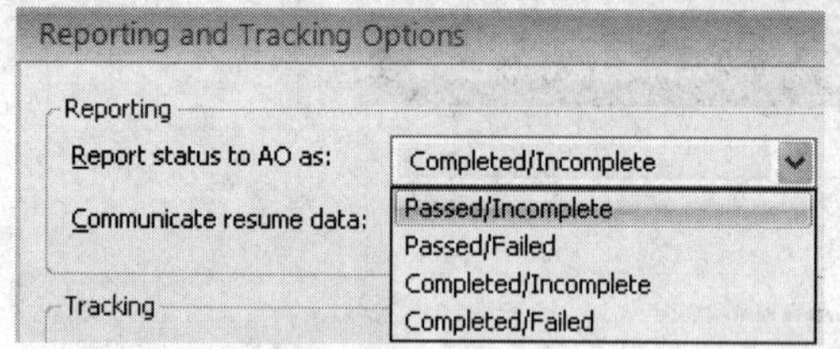

图 9.2.9 Report status to AO as 下拉菜单

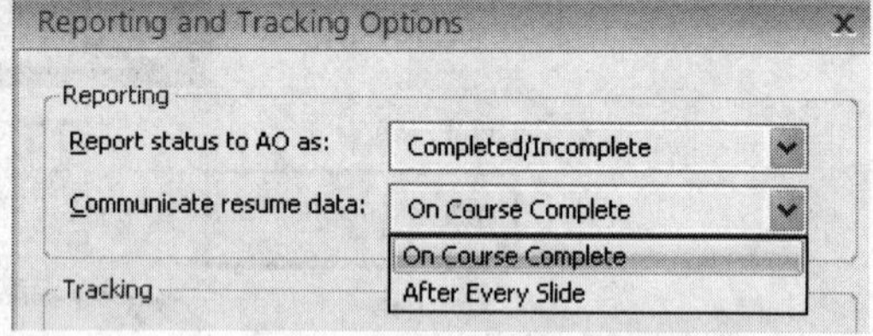

图 9.2.10 Communicate resume data 下拉菜单

追踪学习进度有两种方式：一种是通过计算学习者已经浏览的幻灯片数量来追踪，另一种是基于学习者学习结果的追踪，这种追踪方式要求项目中必须含有一个测试结果幻灯片。如果项目含有多个测试和结果幻灯片，需要从中选择一张结果幻灯片来进行追踪。

追踪选项都设置完毕，点击 OK 即可。

最后，需要输入账户信息，在 ARTICULATE ONLINE 设置窗口最底部，在 Account URL 旁的空白框内输入账户地址。

所有信息设置完毕，点击 Publish(发布)即可。发布成功的窗口如图 9.2.11 所示。发布成功的同时项目内容也被上传到 ARTICULATE ONLINE 网站。

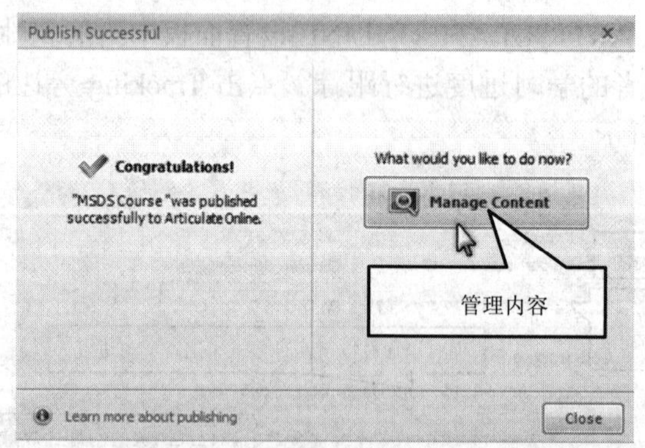

图 9.2.11 选择 ARTICULATE ONLINE 后发布成功的窗口

如果有时因为防火墙或者网速原因，阻断了项目发布到 Articulate Online。此时，可以先将项目发布到本地，然后再将内容手动上传到 ARTICULATE ONLINE。如果运用此方法，需要点击 ，在其下拉菜单中选择 Storyline Options，如图 9.2.12 所示，进入 Storyline 选项设置窗口，如图 9.2.13 所示。勾选 Enable publishing for manual upload to Articulate Online 即可激活手动将发布到本地的项目内容上传到 Articulate Online。选择完毕，点击 OK。再次点击 Publish(发布)，ARTICULATE ONLINE 发布设置窗口中的账号信息栏增添了一个 Local Folder(本地文件夹)，如图 9.2.14 所示，即本地的存储位置，可重新选择。

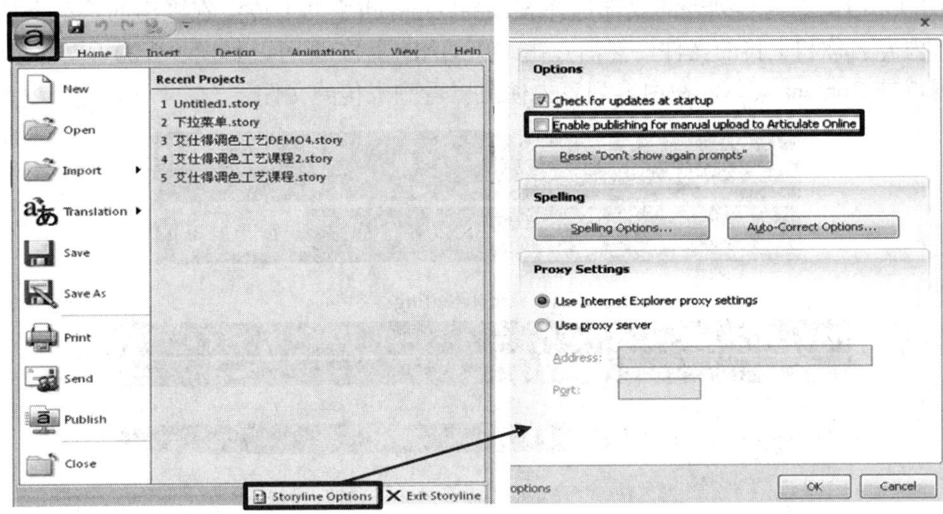

图 9.2.12　选择 Storyline Options　　　　图 9.2.13　勾选手动发布选项

Account Information
Account URL: < Publish Locally >
Local Folder: C:\Documents and Settings\wulili\桌面
Start your FREE Articulate Online trial now.

图 9.2.14　更改为手动发布后的账号信息栏

图 9.2.14 中，点击 Start your FREE Articulate Online trial now 可以免费试用 Articulate Online。

设置好为手动上传到 Articulate Online 后，点击 OK 即可发布。发布成功的窗口如图 9.2.15 所示。点击 Open Folder 即可打开发布的文件夹。

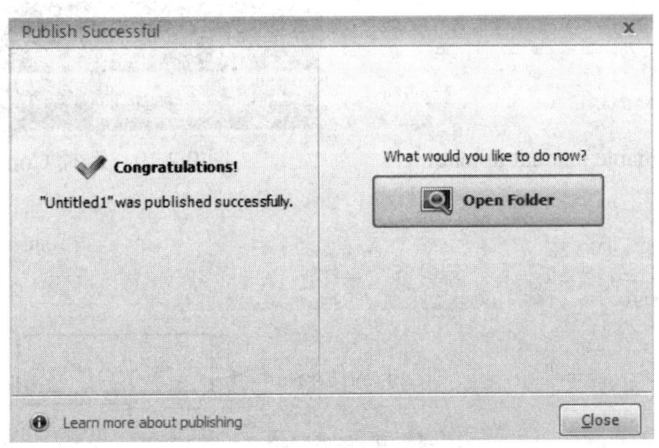

图 9.2.15　设置为手动上传到 Articulate Online 的发布成功窗口

将项目成功发布到本地后， 接着将项目文件上传到 ARTICULATE ONLINE。首先用账号登陆 ARTICULATE ONLINE 网站，如果没有账号可以在线购买，或者免费试用(点击 Try Free)。在菜单中选择 Setting，如图 9.2.16 所示。再选择 Other settings 点击，如图 9.2.17 所示。勾选 Enable manual uploading，如图 9.2.18 所示。勾选后点击 Save(保存)。点击 Content

菜单(图 9.2.19)，在内容列表的底部选择 Manual Upload(手动上传)。在弹出的手动上传窗口中输入内容名称和上传的文件，然后点击 UPLOAD(上传)即可，如图 9.2.20 所示。上传完毕，再点击 Content 菜单，在内容列表中便可以看到上传的文件。

图 9.2.16　选择 Settings 菜单

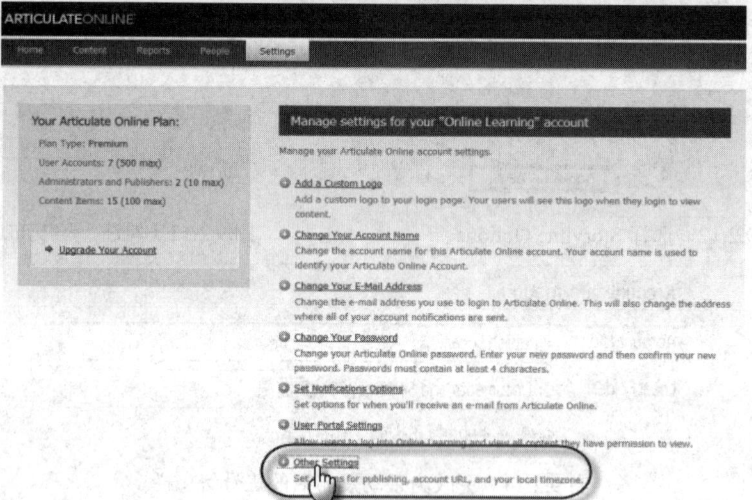

图 9.2.17　选择 Other Settings

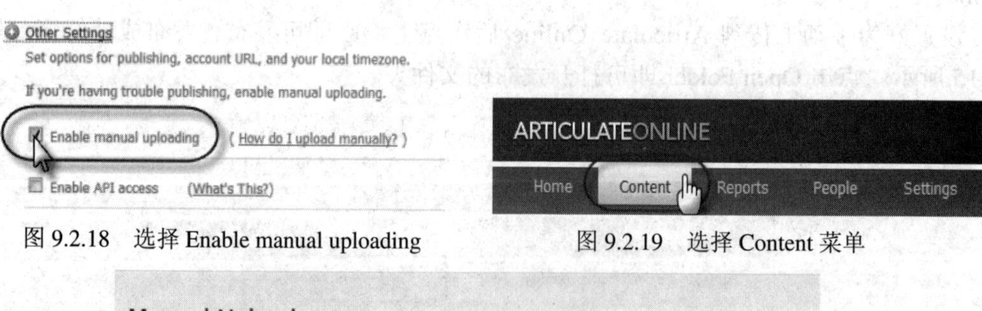

图 9.2.18　选择 Enable manual uploading　　　　图 9.2.19　选择 Content 菜单

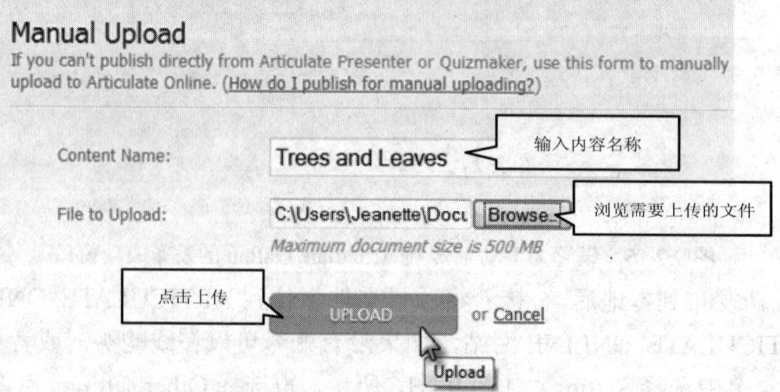

图 9.2.20　输入内容名称，并选择文件后，点击 Upload(上传)

9.2.3　发布为 LMS 形式

LMS 是指学习管理系统，即英文 Learning Managed System 的缩写。中文常用别名：在线学习系统，网络培训平台，在线教育系统等。主要包含以下功能：网上注册报名；课程管理；课程分配；整合多种格式的知识、信息资源；学习评估；学习活动及结果跟踪；生成学习报告；通过 E-mail、BBS 等方式提供学员与学员、学员与讲师间的交互沟通渠道；面授培训的管理等。它具备一整套的功能，旨在传递、跟踪、报告和管理学习内容，掌握学员学习进度以及学员的参与互动。

在课程发布时，选择 LMS，主要是指将课程发布为支持 LMS 系统中所含标准(如 Scorm1.2，Tin Can API 等)的形式。LMS 设置窗口中，其名称、项目描述、存储位置选择等与前两种形式的设置类似，不同的是多了一个输出选项设置栏，如图 9.2.21 所示。点击 Reporting and Tracking，进入报告和跟踪设置窗口，在该窗口中，有 Reporting(报告)和 Tracking(跟踪)两个选项，选择 Reporting，设置窗口如图 9.2.22 所示。

图 9.2.21　输入内容名称，并选择文件后，点击上传(Upload)

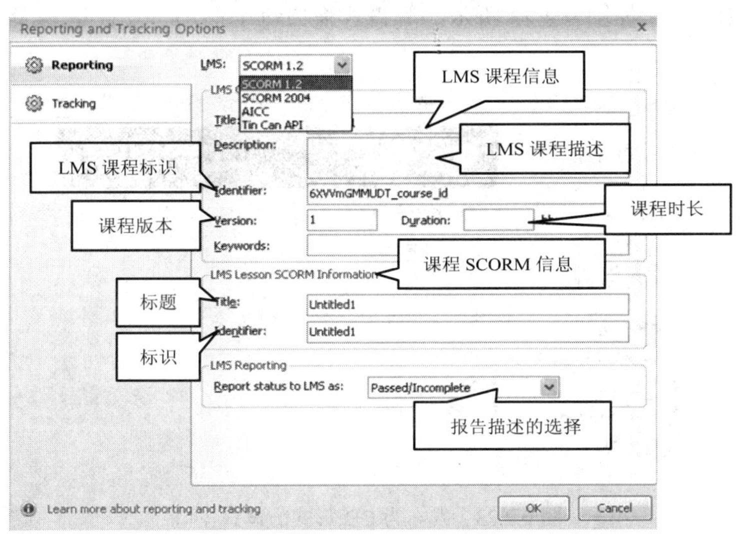

图 9.2.22　报告和跟踪设置窗口

在 Reporting 设置窗口，点击 LMS 右侧的倒三角，在下拉框中有四种学习技术标准，分别是 SCORM1.2 标准，SCORM2004 标准，AICC 标准和 Tin Can API 标准。

SCORM 是一种关于在线学习的标准，涉及 LMS(学习平台)和 Courseware(内容)两个方面。通过标准的制定，学习平台和内容制作得以独立发展。SCORM1.2 和 SCORM2004 是 SCORM 中应用最广泛的两个版本。

AICC 最重要的贡献就是定出了许多共通性的技术规范—AGR(AICC Guidelines and Recommendations)系列规范。目前 AICC 的规范覆盖了九个主要领域，从学习物件到学习管理系统，主要围绕 CMI(Computer Managed Instruction)系统的互操作性提供了整体的规划，目前已提交到IEEE/LTSC作为规范草案，并开始影响到各种行业。

AICC最初是针对E-learning市场设计的规范，但在实际应用中，AICC的应用已经不局限于E-learning，而是广泛使用于任何需要获取交互信息的系统交互中。比如，当在某个系统中，某个链接之后是一个语音收看窗口，没有AICC支持的话，我们往往只能知道用户是否点击了该链接，但是用户真的收看了完整的语音信息，还是仅仅点了一下，然后就关掉了接下来的语音窗口呢？通过AICC协议，我们就能够准确了解用户的这些行动信息，包括用户收看的开始时间，持续时间和结束时间等。

TinCan标准是由推出SCORM标准的美国国防部ADL机构推出的，被称作“下一代的SCORM标准”。它可以跟踪学习经验，包括传统的考试分数或完成进度记录，还包括学习者行动的记录。选择Tracking，进入跟踪设置窗口，关于窗口选项含义，请参考9.2.2小节内容。

注：如果主窗口勾选了Use Articulate Mobile Player on iPad，学习者在IPad上使用Articulate移动播放器播放内容，如果要进行跟踪的话，那么LMS(学习管理系统)必须支持Tin Can API规范。如果LMS不支持Tin Can API规范，请不要勾选此项。

9.2.4 发布为CD形式

如果希望项目发布后，可以直接在本地使用或者通过CD、DVD来浏览。可以在发布设置窗口中选择CD，如图9.2.23所示。其设置窗口每个选项含义，请参考9.2.1节内容，在此不详述。

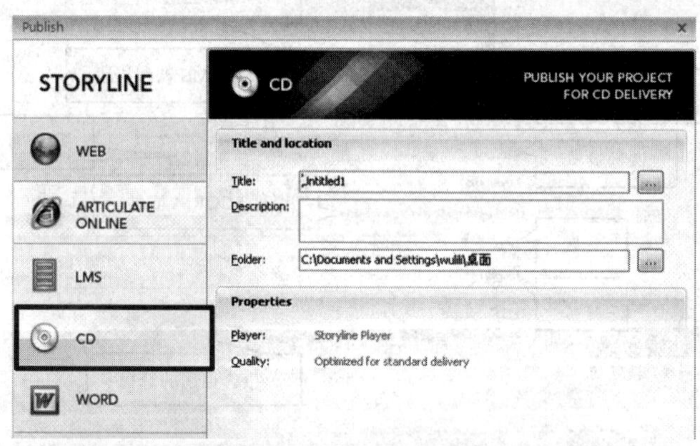

图9.2.23 发布为CD形式的设置窗口

注：当发布为CD或者其他本地单机版形式的，Description中输入的内容在发布后的课程中是不可见的。只能在编辑的时候可以看到该Description(描述)内容。如果发布成Web、Articulate Online或者LMS形式的，则描述内容是可见的。

如果发布为CD的过程出现问题，可以先将其发布到一个本地的文件夹，然后将其刻录成CD、DVD或者其他单机上。如果课程是CD或者DVD格式，本地计算机上安装了CD或者DVD驱动才可以读取。

9.2.5 发布为WORD形式

除了以上四种发布形式，还可以将项目发布为WORD格式。在发布设置窗口中，选择

WORD，如图 9.2.24 所示。

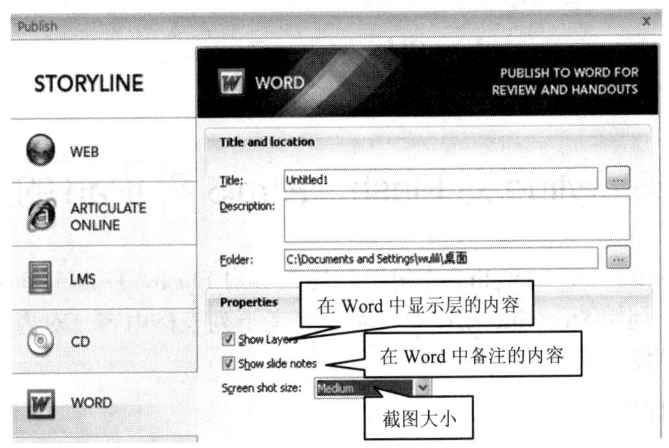

图 9.2.24　发布为 WORD 形式的设置窗口

勾选 Show Layers，在发布的 Word 文档中会以截图显示层里的内容，如图 9.2.25 所示。

勾选 Show slide notes，在发布的 Word 文档中，备注内容会显示在幻灯片页面下方，如图 9.2.26 所示。Screen shot size 是指层截图的大小，Medium 表示中等大小，Large 表示大尺寸，与 Word 的内容区域宽度相同。

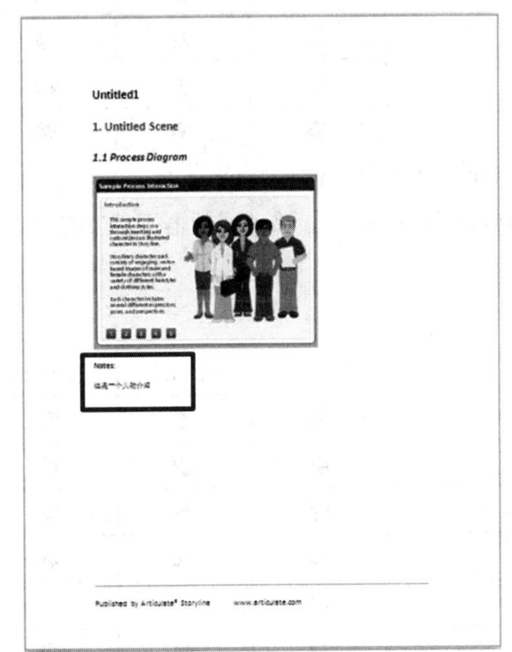

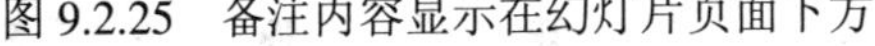

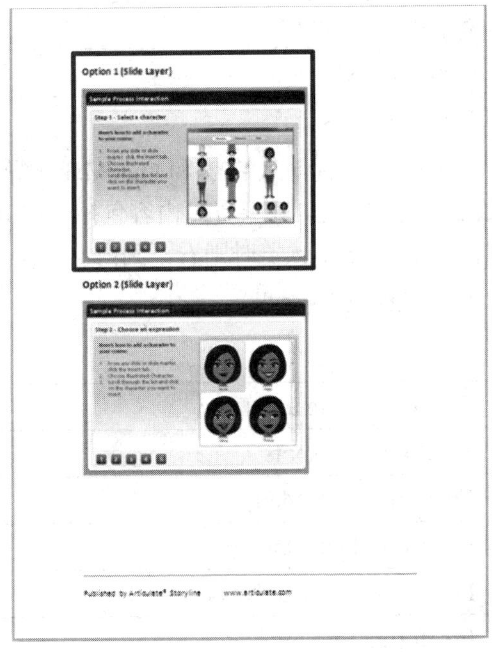

图 9.2.25　备注内容显示在幻灯片页面下方　　图 9.2.26　层以截图形式显示在 Word 中

附　录

附录 A　Storyline 对 Flash、Html5 和 IPad 的支持情况

下列表格是 Articulate Storyline 中每个功能内容对 Flash，Html5 和 Ipad 移动播放器的支持性的对比。在利用 Storyline 制作项目时，参考下列表格内容，对内容进行更合理有效的编辑，以便后期发布后能顺利浏览。

1. Slides(幻灯片)

	Flash	Html5	Mobile
Engage interactions	●		
Freeform interactions	●	●	●
PowerPoint presentations (see note below)	●	●	●
QuizMaker quizzes (see note below)	●	●	●
Screen recordings	●	●	●
Slide layers	●	●	●
Zoom regions	●	●	●

注：一般来说，从 PPT 和 QuizMaker 导入的内容都被 Flash、Html5 和 Articulate 移动播放器支持，但是，如果资源内容包括一些 Html5 和 Articulate 移动播放器不能支持的，那么当在这些环境下预览时则看不到内容效果。

2. Quizzing(测试题)

	Flash	Html5	Mobile
Freeform: Drag and Drop	●	●	●
Freeform: Hotspots	●	●	●
Freeform: Pick Many	●	●	●
Freeform: Pick One	●	●	●
Freeform: Shortcut Keys	●		
Freeform: Text Entry	●	●	●
Graded questions	●	●	●
Print results	●		
Quiz timer	●		●
Slide draws from question banks	●	●	●
Survey questions	●	●	●

3. Illustrations(插图)

	Flash	Html5	Mobile
Captions	●	●	●
Characters	●	●	●
Picture Effects/Styles	●	●	●
Pictures	●	●	●
Screenshots	●	●	●
Shape Effects/Styles	●	●	●
Shapes	●	●	●

4. Media(媒体)

	Flash	Html5	Mobile
Audio	●	●	●
Flash (SWF) files	●	N/A	
Simultaneous audio/video	●	●	●
Videos	●	●	●
Videos with alpha channel transparency	●	N/A	●
Web Objects	●	●	●

5. Text(文本)

	Flash	Html5	Mobile
Hyperlinks	●	●	●
Symbols	●	●	●
Text	●	●	●
Variable references	●	●	●

6. Interactive Elements(互动元素)

	Flash	Html5	Mobile
Buttons	●	●	●
Data entry fields	●	●	●
Hotspots	●	●	●
Markers	●	●	●
Mouse	●	●	●
Scrolling panels	●	●	●

7. Trigger Actions(触发器动作)

	Flash	Html5	Mobile
Common: Change state of	●	●	●
Common: Show layer	●	●	●
Common: Hide layer	●	●	●
Common: Jump to slide	●	●	●
Common: Jump to scene	●	●	●
Common: Lightbox slide	●	●	●
Common: Close lightbox	●	●	●
Media: Play media	●	●	●
Media: Pause media	●	●	●
Media: Stop media	●	●	●
Interaction: Submit interaction	●	●	●
Course: Restart course	●	●	●
Course: Exit course	●	●	●
More: Adjust variable	●	●	●
More: Jump to URL/File	●	●	●
More: Send email to	●	●	●
More: Execute JavaScript	●	●	
Quiz: Submit results	●	●	●
Quiz: Review results	●	●	●
Quiz: Reset results	●	●	●
Quiz: Print results	●		

8. Trigger Timings(触发器时间)

	Flash	Html5	Mobile
Click: When user clicks	●	●	●
Click: When user double-clicks	●	●	●
Click: When user right-clicks	●	●	
Click: When user clicks outside	●		●
Timeline: When timeline starts	●	●	●
Timeline: When timeline ends	●	●	●
Drag and Drop: When object dragged over	●	●	●
Drag and Drop: When object dropped on	●	●	●
Other: When user presses a key	●	●	

Other: When state changes	●	●	●
Other: When variable changes	●	●	●
Other: When mouse hovered over	●	●	●
Other: When media completes	●	●	●
Other: When control loses focus	●	●	●

9. Animations(动画)

	Flash	Html5	Mobile
Animations	●	●	●
Slide transitions	●	●	●

10. States(状态)

	Flash	Html5	Mobile
Hover states	●	●	●
All other states	●	●	●

11. Player(播放器)

	Flash	Html5	Mobile
Keyboard shortcuts	●		N/A
Section 508 Compliance	●		
Slide-specific player controls	●	●	●
Slides advance automatically	●	●	●

12. Player: Features(播放器：外貌特征)

	Flash	Html5	Mobile
Custom tabs	●	●	●
Glossary	●	●	●
Logo	●	●	●
Menu	●	●	●
Notes	●	●	●
Resources	●	●	
Search	●		
Seekbar	●	●	●
Sidebar on left	●	●	●

Sidebar on right	●	●	
Title	●	●	●
Topbar left tabs	●	●	●
Topbar right tabs	●	●	●
Volume slider	●	●	

13. Player: Menu(播放器：目录)

	Flash	Html5	Mobile
Auto-collapse menu as learner progresses	●	●	●
Auto-number entries in menu	●	●	●
Navigation (Free, Restricted, Locked)	●		●
Show tooltip on hover	●		N/A
Wrap long menu item titles	●		●

14. Player: Colors & Effects(播放器：颜色与效果)

	Flash	Html5	Mobile
Background color	●	●	
Color schemes	●	●	
Player font	●		

15. Player: Text Labels(播放器：文本标签)

	Flash	Html5	Mobile
Custom text labels (localization)	●	●	●

16. Player: Other(播放器：其他)

	Flash	Html5	Mobile
Browser size (current, optimal, fill)	●		N/A
Launch in new window	●	●	N/A
Launch in new window: Display window with no browser controls	●	●	N/A
Launch in new window: Allow user to resize	●		N/A
Player size (optimal, fill)	●	●	N/A
Resume (prompt, always, never)	●	●	●
Text: Left to right	●	●	●
Text: Right to left	●	●	●

17. LMS(学习管理系统)

	Flash	Html5	Mobile
Articulate Online: Viewing Content	●	●	●
Articulate Online: Tracking & Reporting	●	●	●
LMS: Viewing Content	●	●	●
LMS: Tracking & Reporting	●	●	●
Switch between Flash, HTML5, and Articulate Mobile Player without losing progress in Articulate Online	●	●	●
Switch between Flash, HTML5, and Articulate Mobile Player without losing progress in an LMS	●	●	●

18. Web Browsers(网络浏览器)

	Flash	Html5	Mobile
Firefox	●	Limited	N/A
Google Chrome	●	●	N/A
Internet Explorer 6	●		N/A
Internet Explorer 7	●		N/A
Internet Explorer 8	●		N/A
Internet Explorer 9	●	Limited	N/A
Internet Explorer 10	●	Limited	N/A
Internet Explorer 11	●	Limited	N/A
Mobile Safari		●	N/A
Safari	●	●	N/A

附录 B　Storyline 中的快捷键

F1　帮助

F2　边框被点击后，选择的所有文本形状

F3　普通视图

F4　幻灯片母版

F5　反馈母版

F7　拼写检查

F10　发布

F12　预览整个项目

Shift + F12　预览当前场景

Ctrl + F12　预览当前幻灯片

Shift + F9　显示/隐藏网格线

Shift + 拖曳　如果移动一个对象，该对象只能按直线方向移动。如果调整对象的大小，该对象保持纵横比。

Alt + 拖动　严格控制在 1 个像素的增量移动或调整对象。

按 Ctrl + 拖曳　如果移动一个对象，将在新的位置创建一个对象的副本。如果调整对象的大小，该对象将按原比例缩放，并在相反方向产生同样大小的一个副本。

按 Ctrl + A　全选。

按 Ctrl + B　文字加粗

按 Ctrl + C　复制

按 Ctrl + D　重复的对象

按 Ctrl + E　居中对齐文本

按 Ctrl + F　查找

按 Ctrl + G　组合对象

按 Ctrl + I　文字斜体

按 Ctrl + J　插入图片

按 Ctrl + K　添加触发器来选择对象

按 Ctrl + L　左对齐文本

按 Ctrl + M　插入新幻灯片

按 Ctrl + N　创建新项目

按 Ctrl + O　打开项目

按 Ctrl + R　右对齐文本

按 Ctrl + S　保存项目

按 Ctrl + T　插入文本框

按 Ctrl + U　下划线

按 Ctrl + V　粘贴

按 Ctrl + W　关闭标签页

按 Ctrl + Y　重做

按 Ctrl + Z　复原

按 Ctrl + Enter　打开“设置形状格式”对话框

按 Ctrl + F12　预览当前幻灯片

Ctrl +鼠标滚轮　放大/缩小

按 Ctrl + 箭头　移动选择的对象物 1 中的箭头方向的像素

按 Ctrl + Shift + 箭头键　调整选定对象的大小 1 像素(向上/向下箭头增加/减少物体的高度；左/右箭头增加/减少对象的宽度)

按 Ctrl + Shift + G　取消组合对象

按 Ctrl + Shift + Enter　组合“打开大小和位置”对话框

C 键　添加提示点，如果从时间轴播放幻灯片时，按下该键

空格键　暂停/播放的时间轴，当在时间轴上点击播放按钮时